Christian Immler
Windows 10

Christian Immler, Jahrgang 1964, war bis 1998 als Dozent für Computer Aided Design an der Fachhochschule Nienburg und an der University of Brighton tätig. Einen Namen hat er sich mit diversen Veröffentlichungen zu Spezialthemen wie 3-D-Visualisierung, PDA-Betriebssysteme, Linux und Windows gemacht. Seit mehr als 20 Jahren arbeitet er als erfolgreicher Autor mit mehr als 200 veröffentlichten Computerbüchern.

Christian Immler

Das große Franzis Handbuch für
Windows 10

Bibliografische Information der Deutschen Bibliothek

Die Deutsche Bibliothek verzeichnet diese Publikation in der Deutschen Nationalbibliografie;
detaillierte Daten sind im Internet über http://dnb.ddb.de abrufbar.

Produktmanagement: Dr. Markus Stäuble
Lektorat: Ulrich Dorn
Satz: DTP-Satz A. Kugge, München
art & design: www.ideehoch2.de
Druck: C.H. Beck, Nördlingen
Printed in Germany

ISBN: Die ISBN finden Sie auf der Buchrückseite.

Inhalt

1 Gib mir 10! – Nur das Beste zählt

Seit Microsoft vor 20 Jahren mit Windows 95 das Startmenü und die Taskleiste eingeführt hat, sind PC-Anwender an diese Art der fensterorientierten Benutzeroberfläche gewöhnt. Mit Windows 8 sah nichts mehr so aus wie vorher. Die Fenster, die dem Betriebssystem seinerzeit seinen Namen gegeben hatten, waren verschwunden. Die neuen sogenannten Apps belegten den vollen Bildschirm. Alles wurde einfacher, übersichtlicher und auch bequem auf Tablets und Touchscreen-Computern bedienbar, ohne sich mühsam durch verschachtelte Menüs klicken zu müssen.

Allerdings konnten sich viele Anwender an diese neue Oberfläche nicht gewöhnen und nahmen gern ein paar Mausklicks mehr in Kauf, um ihre Arbeitsweise nicht umstellen zu müssen.

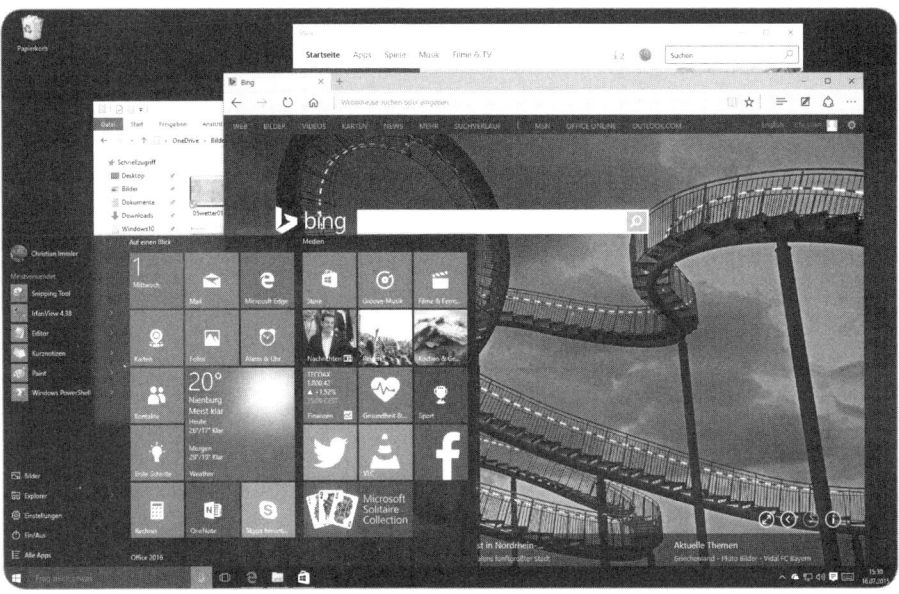

Bild 1.1: Der neue Desktop in Windows 10.

Windows 10 bringt jetzt in geschickter Weise das Beste aus beiden Welten zusammen und bietet moderne Apps wie auch klassische Programme auf einer gemeinsamen Oberfläche.

Umsteiger von Windows 8.1 werden sofort zurechtkommen. Die neue Benutzeroberfläche wird vielen, die Windows seit Jahren kennen, auf den ersten Blick ungewohnt vorkommen – Sie werden aber die Leichtigkeit der neuen Windows-Version bei den ganz alltäglichen Aufgaben schnell zu schätzen lernen, beispielsweise beim

Surfen im Internet, beim Schreiben von E-Mails, beim Betrachten von Fotos oder wenn Sie Musik hören wollen. Und für komplexere Arbeiten und ältere Programme gibt es weiterhin den klassischen Windows-Desktop.

Windows 10 setzt konsequent auf klare Farben und Schriften. Fast alle Glanz- und Transparenzeffekte aus Windows 7 sind verschwunden.

Microsoft bezeichnet Windows 10 – wie bisher jede Windows-Version – als »das beste Windows aller Zeiten«. Die Unterschiede zu den Vorgängerversionen sind so groß, dass man gleich eine Versionsnummer übersprang. Allerdings brachte Windows 8.1, das große Update zu Windows 8, bereits viel Neues. Hätte Microsoft nicht unbedingt an seiner noch relativ jungen Produktmarke Windows 8 festhalten wollen, hätte man diese Version vielleicht sogar als Windows 9 bezeichnet.

Windows 10 – die Neuheiten auf einen Blick
Windows 10 holt all das zu Windows zurück, was die Nutzer, und allen voran die Medien, an Windows 8 und 8.1 vermisst hatten. Das Startmenü ist wieder da, und wer will, kann Windows unter Umgehung fast aller modernen Apps auf dem klassischen Desktop nutzen. Die Möglichkeiten zur Personalisierung der Oberfläche wurden verbessert, die neuen PC-Einstellungen beinhalten wesentlich mehr Optionen, die früher nur in der klassischen Systemsteuerung zu finden waren. Einige neue Apps sind vorinstalliert, altbekannte haben Verbesserungen erfahren, und auch der Windows Store bekommt mit Windows 10 ein komplett neues Design. Dazu wird mit Microsoft Edge ein komplett neuer Browser mitgeliefert, der den technisch veralteten Internet Explorer ablöst.

Windows 10 erleichtert nicht nur die Bedienung von Windows auf klassischen Computern mit Tastatur und Maus, sondern bietet auch Verbesserungen für Tablets und All-in-one-PCs mit Touchscreen, allen voran für die Surface-Tablets. Die neuen Universal Apps passen sich automatisch an die Bildschirmgröße und die verwendete Bedienung – Touchscreen oder Maus – an.

Bild 1.2: Die gleiche App auf unterschiedlichen Geräten. (Pressefoto: Microsoft)

1.1   Das neue Startmenü in Windows 10

Windows 8.1 bestand für den Benutzer aus zwei völlig getrennten Oberflächen, der modernen, touchoptimierten neuen Oberfläche, die einige schon vom Windows Phone kannten, und dem klassischen Windows-Desktop im Windows 7-Stil. In Windows 10 wird diese strikte Trennung aufgelöst, moderne Apps laufen in Fenstern, und die Live-Kacheln des Startbildschirms wurden in das wiederbelebte klassische Startmenü integriert.

Übrigens, die Sache mit dem Namen

Die neue Benutzeroberfläche hatte in den Vorabversionen von Windows 8 den Code-namen Metro erhalten, abgeleitet von der englischen Bezeichnung für U-Bahn. Die meisten U-Bahn-Netze auf der Welt verwenden ein ähnlich augenfälliges, klares Design mit prägnanten Farben und einheitlicher Schriftart für Stationsnamen, Linien-pläne und Hinweisschilder. Microsoft hatte offenbar nicht bedacht, dass der deutsche Metro-Konzern in den vergangenen Jahren bereits mit zahlreichen U-Bahn-Fanseiten und sogar Verkehrsbetrieben Rechtsstreitigkeiten wegen Markenverletzungen ange-zettelt hatte. Kurz vor der Veröffentlichung von Windows 8 ließ man bei Microsoft den Namen Metro wieder fallen. Auch in Windows 10 ist der Name Metro nicht mehr zu finden. Man spricht jetzt von »modernen Apps« oder »Windows Store Apps«, um sie von klassischen Programmen zu unterscheiden. Universal Apps sind noch modernere Vertreter dieser Gruppe, die auf PCs, Tablets und Smartphones laufen und sich dabei an die Möglichkeiten des jeweiligen Geräts anpassen.

Das neue Startmenü zeigt die Apps in Form sogenannter Kacheln. Diese Kacheln bieten mehr als die früheren Desktopsymbole.

Sie können sie anklicken, um die jeweilige App zu starten, die Kacheln zeigen aber auch von sich aus Informationen in Echtzeit an, wie zum Beispiel neue E-Mails, Termine oder die Wettervorhersage. Hier können Sie sich die Informationen und Apps, die Sie häufig brauchen, frei anordnen, ohne auf eine alphabetische oder andere vorgegebene Sortierung angewiesen zu sein.

Bild 1.3: Das neue Startmenü mit Live-Kacheln.

Das Startmenü erreichen Sie jederzeit mit einem Klick auf das Windows-Logo in der unteren linken Bildschirmecke, über die `Win`-Taste auf der Tastatur oder durch Antippen des Windows-Logos auf Geräten mit Touchscreen. Auf Tastaturen ohne `Win`-Taste drücken Sie gleichzeitig `Strg` + `Esc`.

Bild 1.4: Das Windows-Logo als Touchbutton auf dem Microsoft Surface-Tablet.

Am Anfang sind einige Live-Kacheln im Startmenü vorinstalliert, mit neuen Apps kommen weitere dazu. Seit einem Update legt Windows 8.1 nicht mehr automatisch bei jeder Installation einer App eine Kachel an. Dieses Verhalten wurde in Windows 10 übernommen.

Sie können die Kacheln im Startmenü beliebig umsortieren, wobei das Spaltenraster vorgegeben ist. Klicken Sie auf eine Kachel und ziehen Sie sie mit gedrückter Maustaste an die gewünschte Position. Die anderen Kacheln machen dabei automatisch Platz. Auf Touchscreens lassen Sie einfach länger den Finger auf der Kachel, bis sie sich aus dem Verband löst und frei bewegen lässt.

1.1.1 Kachelgrößen festlegen und Live-Kacheln

Die Kacheln im Startmenü können in verschiedenen Größen dargestellt werden, wobei viele Apps auf größeren Kacheln zusätzliche Informationen darstellen. Windows 10 bietet für die meisten Apps vier Kachelgrößen an.

Klicken Sie mit der rechten Maustaste auf eine Kachel, erscheint ein Kontextmenü, in dem Sie die Kachelgröße wählen können.

Bild 1.5: Größe einer Kachel auf dem Startbildschirm ändern.

Über den Menüpunkt *Live-Kachel deaktivieren/aktivieren* legen Sie fest, ob eine Kachel Live-Daten anzeigen soll oder nur das App-Symbol.

Mit dem Menüpunkt *Von »Start« lösen* entfernen Sie eine Kachel vom Startbildschirm, ohne die App selbst zu entfernen. Der Menüpunkt *Deinstallieren* entfernt die App komplett vom PC. Dieser Menüpunkt fehlt bei System-Apps, die nicht deinstalliert werden können.

1.1.2 Mehrere Apps in Gruppen zusammenlegen

Bereits beim ersten Start sind die Apps in senkrechten Gruppen angeordnet, die durch etwas breitere Zwischenräume voneinander getrennt sind. Ziehen Sie eine App auf dem Bildschirm nach rechts unten auf einen freien Bereich des Startmenüs, wird eine neue Gruppe angelegt.

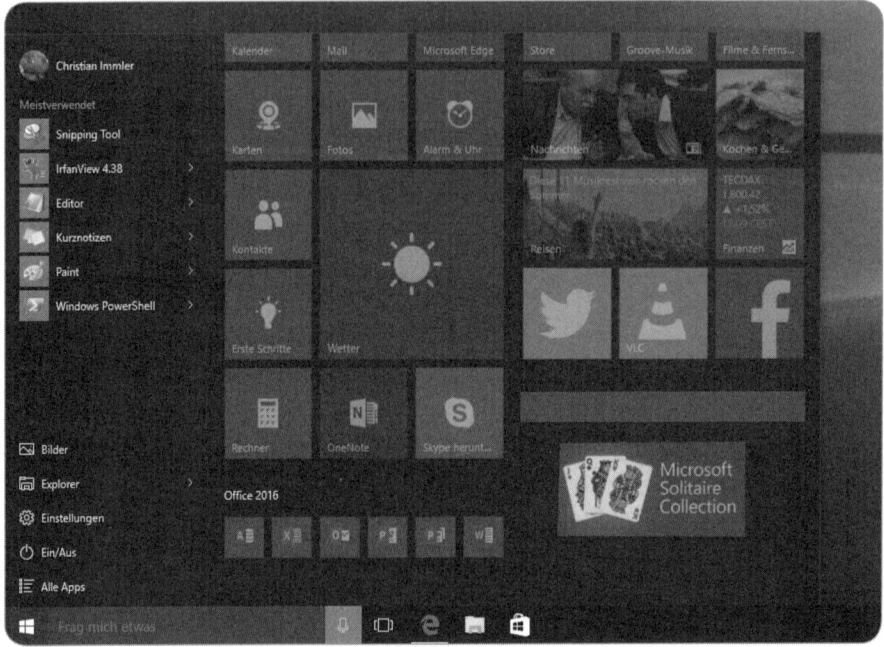

Bild 1.6: Neue App-Gruppe anlegen.

Klicken Sie in das Feld oberhalb einer Gruppe, können Sie jeder Gruppe zur besseren Übersicht einen eigenen Namen geben. Mit dem kleinen Balkensymbol rechts neben dem Gruppennamen verschieben Sie die ganze Gruppe innerhalb des Startmenüs.

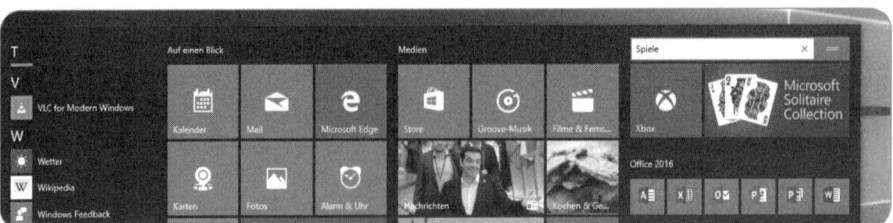

Bild 1.7: Einer App-Gruppe einen Namen geben.

1.1.3 Funktionsweise der Apps-Liste im Startmenü

Das seit Windows 95 bekannte Startmenü in der unteren linken Bildschirmecke gab es seit Windows 8 nicht mehr – weder auf der modernen Oberfläche noch auf dem klassischen Desktop. Windows 10 bringt das klassische Startmenü in der linken Spalte des modernen Startmenüs zurück.

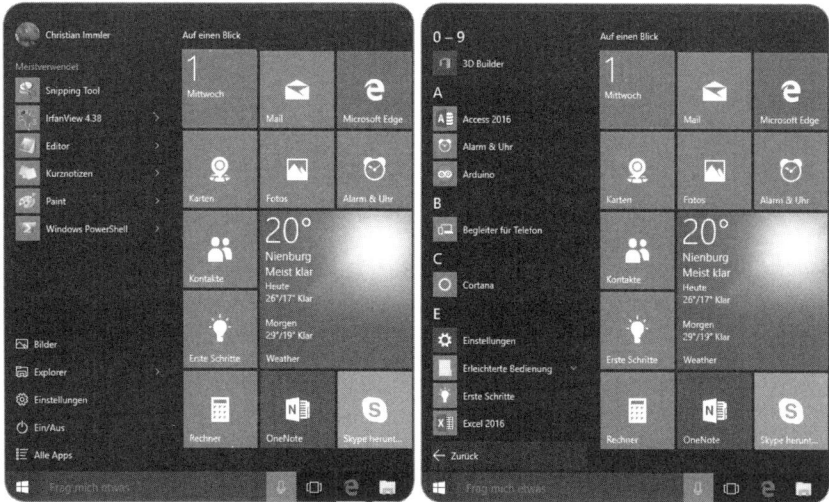

Bild 1.8: Standardstartmenü und Apps-Liste.

Beim Aufrufen zeigt das Startmenü eine Liste der meistverwendeten Apps sowie die zuletzt hinzugefügten. Ein Klick auf *Alle Apps* ganz unten zeigt eine alphabetisch sortierte Liste aller installierten Apps und klassischen Programme an. In dieser Liste sind wie in früheren Windows-Versionen auch Unterordner möglich, wie zum Beispiel die vorinstallierten Ordner *Windows-System* und *Windows-Zubehör*. Mit dem Scrollbalken blättern Sie durch das Startmenü oder schneller auch mit dem Mausrad.

Wenn Sie den Namen des gewünschten Programms kennen, klicken Sie doppelt auf einen der großen Anfangsbuchstaben in der Apps-Liste. Es erscheint ein Buchstabenraster, in dem Sie auf den Anfangsbuchstaben klicken können, zu dem die Liste springen soll. Diese Art der Schnellnavigation wurde aus Windows Phone übernommen.

Keine einfache Tastaturbedienung mehr

Die einfache Methode, eine App durch Eingabe der Anfangsbuchstaben auf dem Startbildschirm aufzurufen, gibt es in Windows 10 leider nicht mehr. Auch stehen Ihnen nicht mehr mehrere Möglichkeiten zur Verfügung, die Apps-Liste zu sortieren. Die Apps werden jetzt immer alphabetisch aufgelistet.

Bild 1.9: Schnellnavigation im Startmenü.

1.1.4 Kacheln für den Schnellzugriff ins Startmenü

Klicken Sie mit der rechten Maustaste auf eine App in der Apps-Liste und wählen Sie *An »Start« anheften*. Damit legen Sie eine Kachel zum Schnellzugriff auf diese App im Startmenü an. Alternativ können Sie die App aus der Apps-Liste auch direkt per Drag-and-drop in den Kachelbereich des Startmenüs ziehen. Sie bleibt trotzdem in der Apps-Liste enthalten. Danach können Sie die Kachel frei verschieben sowie deren Größe und Live-Kachel-Einstellung ändern.

Ist das Startmenü zu klein, um alle gewünschten Kacheln anzuzeigen, ziehen Sie es mit der Maus am Rand einfach größer.

Bild 1.10: Vergrößertes Startmenü.

1.2 Wege, Windows 10 herunterzufahren

In Windows 8 haben viele Anwender den Menüpunkt zum Ausschalten des Computers nicht mehr gefunden. Windows 10 bietet gleich mehrere Möglichkeiten, den Computer auszuschalten.

- **Methode 1**: Die einfachste Methode ist der Ausschalter am Gehäuse oder auf der Tastatur, der wie schon in früheren Windows-Versionen den Computer kontrolliert herunterfährt, statt einfach den Strom abzuschalten.

- **Methode 2**: Das Startmenü zeigt unten links ein Ausschaltsymbol. Mit einem Klick darauf können Sie den Computer herunterfahren oder neu starten.

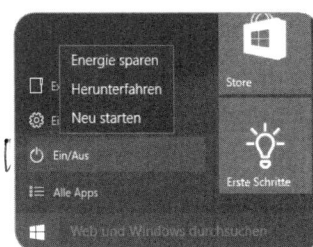

Bild 1.11: Ein-/Ausschalter im Startmenü.

- **Methode 3**: Klicken Sie mit der rechten Maustaste auf das Windows-Logo in der unteren linken Bildschirmecke. Das Systemmenü wird eingeblendet, in dem Sie unter *Herunterfahren oder abmelden* Menüpunkte zum Energiesparen, Herunterfahren und zum Neustart finden.

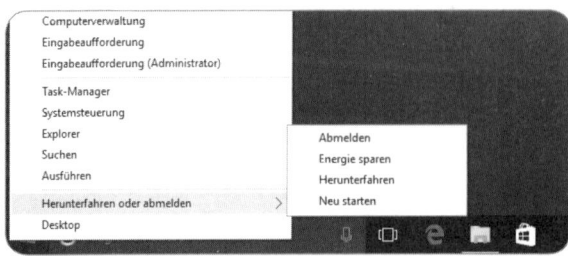

Bild 1.12: Ein-/Ausschalter im Systemmenü.

- **Methode 4**: Das Tastenkürzel `Strg`+`Alt`+`Entf`, der schon aus früheren Windows-Versionen bekannte »Affengriff«, blendet ein Menü mit Systemfunktionen ein. Hier finden Sie ganz unten rechts ein Symbol zum Ausschalten.

- **Methode 5**: Klicken Sie im Startmenü oben auf Ihren Benutzernamen und wählen Sie dann im Menü *Abmelden*. Auf dem Anmeldebildschirm finden Sie ganz unten rechts ein Symbol zum Ausschalten.

2 Kostenloses Upgrade zu Windows 10

Mit Windows 10 wird zum ersten Mal eine komplett neue Windows-Version als kostenloses Upgrade an Nutzer älterer Windows-Versionen verteilt – und das nicht nur für die direkte Vorgängerversion Windows 8.1.

- PCs mit Windows 7 Service Pack 1 und Windows 8.1 (einschließlich Update) bekommen das Upgrade kostenlos. PCs mit Windows XP, Vista oder älteren Windows-Versionen sind nicht mehr upgradefähig.

- Auf dem Gerät muss eine gültige Lizenz aus einer selbst installierten Windows-Version mit Lizenzschlüssel oder aus einer durch den Gerätehersteller vorinstallierten OEM-Version existieren.

- Windows Enterprise-Versionen, die über eine Volumenlizenz installiert wurden, können nicht automatisch auf Windows 10 aktualisiert werden.

Was bedeutet »Für eine begrenzte Zeit kostenlos«?
Das Upgrade auf Windows 10 muss innerhalb eines Jahres nach dem offiziellen Verkaufsstart am 29.07.2015 installiert werden und bleibt dann als Vollversion für die gesamte Lebensdauer des Geräts kostenlos. Die Lizenz ist nicht zeitlich begrenzt. Nur wer sich mit der Installation länger als ein Jahr Zeit lässt, muss für Windows 10 bezahlen.

2.1 Siebenmal Windows 10

Windows 10 ist in sieben verschiedenen Versionen lieferbar, die sich im Funktionsumfang mehr oder weniger unterscheiden. Für private PC-Nutzer ist die Auswahl recht einfach, da nur zwei der Versionen im Handel erhältlich sind. Wer Windows 10 als Upgrade auf Windows 8.1 oder Windows 7 installiert, hat ohnehin keine Wahl, da die Upgradeinstallation automatisch anhand des Geräts und der installierten Vorversion die passende Windows-Version auswählt.

2.1.1 Windows 10 Home …

… ist die Version, die die meisten privaten Nutzer verwenden werden – das typische Windows für PCs, Notebooks, Tablets größer als 8 Zoll und die sogenannten »2-in-1«-Geräte, die als Notebook oder Tablet genutzt werden können, wie die Microsoft Surface-Serie. Windows 10 Home enthält alle wichtigen Neuerungen: die neue Oberfläche, den Webbrowser Microsoft Edge, Cortana, den Continuum-Tablet-Modus, die neuen Microsoft-Apps, Xbox-Gaming und Windows Hello-Anmeldung über Gesichtserkennung oder Fingerabdruck.

Diese Version wird als Update installiert, wenn zuvor Windows 7 Home Basic, Windows 7 Home Premium oder das »normale« Windows 8.1 installiert war.

2.1.2   Windows 10 Pro…

… ist die Version für professionelle Anwender. Es werden die gleichen Gerätetypen unterstützt. Wie schon in früheren Windows Pro-Versionen kommen zusätzliche Funktionen zur Verwaltung von Geräten und Apps sowie zur Einbindung in serverbasierte Windows-Netzwerke hinzu. Windows 10 Pro unterstützt das neue Windows Update for Business, um schneller und unabhängig von klassischen Patchdays Sicherheitsupdates zu bekommen.

Diese Version wird als Update installiert, wenn zuvor Windows 7 Professional, Windows 7 Ultimate oder Windows 8.1 Pro installiert war.

2.1.3   Windows 10 Enterprise…

… entspricht technisch der Version Windows 10 Pro, wird aber nur über Microsoft Software Assurance und Volumenlizenzen angeboten. Hier ist auch ein Long-Time-Service enthalten. Wie bereits in Windows 7 Enterprise fehlen auch hier die vorinstallierten Spiele.

2.1.4   Windows 10 Education…

… basiert auf der Enterprise-Version, wird aber zu besonders günstigen Preisen für Schulen angeboten. Viele Bildungseinrichtungen verwenden aus Kostengründen heute noch Windows XP, womit Microsoft endgültig Schluss machen möchte. Dem Microsoft Windows-Blog zufolge sollen auch Schüler, Lehrer und Schulpersonal diese Version beziehen können.

2.1.5   Windows 10 Mobile…

… ist der Nachfolger von Windows Phone für Smartphones und Tablets kleiner als 8 Zoll. Warum Microsoft wieder auf den Namen eines wenig beliebten Betriebssystems der frühen Pocket PC-Generation zurückschwenkt, ist unverständlich. Auf neuen Geräten wird mit Continuum ein neuer Modus angeboten, mit dem ein kleines Gerät über eine Verbindung mit einem großen Bildschirm zum PC werden kann. Zurzeit im Markt befindliche Windows Phones und Tablets werden diesen Modus nicht unterstützen.

2.1.6   Windows 10 Mobile Enterprise…

… ist die mobile Variante der Enterprise-Version mit allen Funktionen von Windows 10 Mobile und zusätzlicher Geräteverwaltung im Netz. Auch diese Variante ist nur über Volumenlizenzen erhältlich. Eine spezielle Variante dieser Version wird als Nachfolger von Windows CE Embedded für Verkaufsautomaten, Kassensysteme und Industrieroboter angeboten.

2.1.7   Windows 10 IoT core...

... ist die Version für das Internet der Dinge (Internet of Things). Diese Version läuft auf dem Raspberry Pi 2 und anderen Kleinstcomputern, hat aber keine grafische Benutzeroberfläche.

2.2   Welche Version habe ich?

Haben Sie einen PC oder ein Tablet mit Windows 10 und möchten wissen, welche Version installiert ist, drücken Sie die Tastenkombination `Win`+`Pause`. Anschließend wird die verwendete Version angezeigt. Im selben Fenster erfahren Sie auch, ob ein 32-Bit- oder ein 64-Bit-Betriebssystem installiert ist. Alternativ klicken Sie mit der rechten Maustaste auf das Windows-Logo unten links und wählen im Systemmenü *System*.

Bild 2.1: Anzeige der Windows-Version in den Basisinformationen über den Computer.

Windows 10 N-Versionen

Bereits im Vorfeld von Windows 7 gab es seinerzeit lange Diskussionen mit der EU-Kommission, ob die Bündelung von Windows mit dem Internet Explorer und dem Windows Media Player zulässig sei oder gegen europäisches Wettbewerbsrecht verstoße. Zeitweise sah es sogar aus, als würden die europäischen Versionen von Windows 7 keinen Internet Explorer enthalten. Windows 7 wurde in Europa dann doch mit der gleichen Ausstattung wie in der restlichen Welt verkauft. Das gilt auch immer noch für Windows 10.

Obwohl die ursprünglichen wettbewerbsrechtlichen Argumente in Windows 10 kaum noch relevant sind, da das Betriebssystem modular aufgebaut ist und Komponenten über den Windows Store geliefert werden, bietet Microsoft auch bei Windows 10 zusätzlich für EU-konforme Behörden und öffentliche Einrichtungen Versionen mit dem Zusatz »N« an. Diese enthalten keinen Windows Media Player, und auch einige andere Systemkomponenten zur Medienwiedergabe fehlen. Ansonsten beinhalten die N-Versionen den normalen Funktionsumfang von Windows 10.

2.3 Wer bekommt welche Version beim Upgrade?

Beim Upgrade wird anhand der installierten Version automatisch entschieden, welche Windows 10-Version installiert wird. Als Benutzer hat man keinen Einfluss darauf. Wer eine andere als die vorgesehene Windows-Version haben möchte, muss das Betriebssystem komplett neu installieren.

Vorhandene Windows-Version	Aktualisierte Windows 10-Version
Windows 7 Starter	Windows 10 Home
Windows 7 Home Basic	
Windows 7 Home Premium	
Windows 8.1	
Windows 7 Professional	Windows 10 Pro
Windows 7 Ultimate	
Windows 8.1 Pro	
Windows 8.1 Pro (Windows Media Center)	

2.4 Lieb gewonnene Funktionen gestrichen

Leider gehen mit jeder neuen Windows-Version auch einige von Anwendern lieb gewonnene Funktionen verloren. Bei einem automatischen Upgrade auf Windows 10 werden diese Funktionen tatsächlich entfernt. Überlegen Sie sich also vor dem Upgrade, was Sie davon eventuell noch brauchen. Hier die wichtigsten Windows-Funktionen, die nach dem Upgrade von Windows 8.1 oder Windows 7 auf Windows 10 nicht mehr vorhanden sind:

- Wie schon Windows 8.1 enthält auch Windows 10 keine eingebaute Möglichkeit zum Abspielen von DVDs. Hierfür ist externe Software nötig.

- Das Windows Media Center kann nicht mehr verwendet und auch nicht nachinstalliert werden.

- Der Windows DVD Maker aus Windows 7 fehlt.

- Windows EasyTransfer fehlt.

- Der in Windows 8.1 vorinstallierte Betrachter für PDF- und XPS-Dateien fehlt. Diese Dateiformate werden jetzt direkt im Microsoft Edge-Browser angezeigt.

- Die Charms-Leiste sowie die aktiven Bildschirmecken aus Windows 8.1 fehlen.

- Die systemweite *Teilen*-Funktion fehlt.

- Die Nachrichten-Apps (auch: Reisen, Kochen & Genuss, Finanzen, Sport) bieten keine Möglichkeit mehr, Artikel in der Leseliste zu speichern. Diese Leseliste gibt es nicht mehr.

- Das neue Startmenü kann nicht mehr per Drag-and-drop erweitert werden.

- Im Startmenü können nicht mehr mehrere Kacheln gleichzeitig markiert und bearbeitet werden.

- Die Spiele aus Windows 7 fehlen und werden durch moderne Apps ersetzt, die kostenlos aus dem Windows Store heruntergeladen werden müssen. Die besonderen Optionen des *Spiele*-Ordners sowie die Jugendschutzeinstellungen entfallen.

- Apps aus dem Windows Store können, ohne sie neu kaufen zu müssen, in Windows 10 nur noch auf zehn Geräten gleichzeitig installiert werden. In Windows 8.1 waren es noch 81 Geräte.

- Die Bibliotheken werden im Explorer nicht mehr angezeigt, dafür persönliche Standardverzeichnisse. Die Bibliotheken können aber trotzdem weiter verwendet werden.

- Die Minianwendungen auf dem Desktop fehlen. Sie werden durch Live-Kacheln im Startmenü ersetzt.

- Der 3-D-Effekt beim Blättern zwischen Apps, *Flip3D*, fehlt.

- Fast alle Glanz- und Transparenzeffekte des Aero-Designs aus Windows 7 sind verschwunden. Es gibt keine Unterscheidung mehr zwischen Aero-Design und Basis-Design.

- Bildschirmschoner, Sounds und Farben können nicht mehr in Designs gespeichert und angepasst werden. Bestehende Designs lassen sich aber noch nutzen.

- Die Farbeinstellungen der Fenstertitelleisten wurden stark eingeschränkt.

- Die Zeiteinstellungen für den automatischen Wechsel des Hintergrundbilds wurden stark eingeschränkt. Hintergrundbilder können auch nicht mehr zufällig gewechselt werden.

- Die bunten Hintergründe für den Startbildschirm aus Windows 8.1 wurden nicht für das neue Startmenü übernommen.

- Die Möglichkeit, Daten aus älteren Datensicherungen von Windows 7 wieder-herzustellen, fehlt.

- Die Möglichkeit, bei Problemen den Explorer-Prozess über das Startmenü zu beenden, fehlt.

- Die automatischen Windows Updates können nicht mehr deaktiviert werden.

- Der OneDrive-Ordner kann in der Home-Version nicht mehr auf ein anderes Laufwerk verschoben werden.

- Der Windows-Leistungsindex in der Systemsteuerung unter *System und Sicherheit/System* fehlt.

- Die Möglichkeit zum Drucken detaillierter Leistungs- und Systeminformationen aus der Systemsteuerung fehlt.

- Der Systemintegritätsbericht in der Ressourcen- und Leistungsüberwachung fehlt.

- Das Wartungscenter ist nicht mehr über ein Symbol im Infobereich der Taskleiste aufrufbar, sondern nur noch über die Systemsteuerung unter *System und Sicherheit/Sicherheit und Wartung.*

- Die Analoguhr beim Klick auf die Uhr in der Taskleiste wurde durch eine Digitaluhr ersetzt. Die Desktop-Minianwendung Uhr fehlt ebenfalls. Windows 10 hat standardmäßig keine Analoguhr mehr.

- Diskettenlaufwerke, auch externe, werden nicht mehr unterstützt.

2.5   Microsoft Surface und Windows 10?

Microsoft brachte zu Windows 8 erstmals eigene Tablets unter der Marke Surface auf den Markt. Die früher als Surface bezeichneten interaktiven Tische werden seitdem unter dem Namen Pixelsense vermarktet. Im September 2013 wurden die Modelle Surface 2 und Surface Pro 2 vorgestellt, die pünktlich zum Start von Windows 8.1 auf den Markt kamen und jetzt auf Windows 10 aktualisiert werden können.

Im Sommer 2015 ist das neueste Modell Surface 3 erschienen, das mit seinem 10,8-Zoll-Bildschirm ein klassisches Notebook ersetzt (*bit.ly/1J7dgbN*).

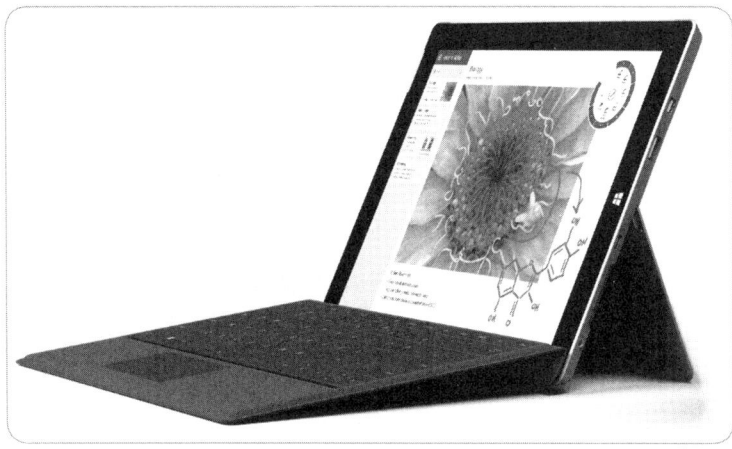

Bild 2.2: Das neue Surface 3 mit Type Cover. (Pressefoto: Microsoft)

Die Tablets der Surface-Serie verfügen über einen ausklappbaren Ständer an der Rückseite. Zusätzlich ist eine Schutzabdeckung für den Bildschirm erhältlich, die als Tastatur magnetisch mit dem Tablet verbunden werden kann und so das Gerät zu einem vollwertigen Netbook macht.

Das Surface 3 läuft mit einem Intel-Atom-x7-Quad-Core-Prozessor mit 1,6 GHz und nutzt je nach Ausbauvariante 2 oder 4 GByte RAM. Der Bildschirm hat mit 1.920 × 1.280 Full-HD-Plus-Auflösung, und auch die Auflösung der Kameras wurde gegenüber den Vorgängermodellen erhöht. Die Hauptkamera hat jetzt 8 Megapixel, die Frontkamera 3,5 Megapixel.

Das Surface 3 wird es in zwei Varianten mit entweder 64 GByte oder 128 GByte internem Speicher geben. Die Anschlussmöglichkeiten wurden mit WLAN (802.11 a/b/g/n/ac), Bluetooth 4.0, USB 3.0, einem microSD-Kartensteckplatz sowie einem Mini-DisplayPort ebenfalls erweitert. Optional ist das Surface 3 auch mit einem LTE-Modul für einen drahtlosen Internetzugang über das Mobilfunknetz erhältlich.

Trotz verbesserter Technik ist das Surface 3 mit 8,7 mm Dicke und 622 g Gewicht das bisher flachste und leichteste Modell der Surface-Serie.

Das Surface 3 bietet, neben Fingergesten auf dem Touchscreen, zusätzlich einen Stift zum Zeichnen in Notizen und Präsentationen. Das zusätzlich erhältliche Type Cover ist eine Tastatur, die ein flüssigeres Schreiben als die Bildschirmtastatur ermöglicht und außerdem den gesamten Bildschirm für die jeweilige Anwendung frei hält. Bildschirmtastaturen belegen hier immer sehr viel Platz.

Der »große Bruder«, das Surface Pro 3, läuft mit einem Intel-i3-Prozessor und hat je nach Ausbauvariante 4 GByte oder 8 GByte RAM sowie zwischen 64 und 512 GByte internen Speicher. Der Bildschirm ist mit 12 Zoll Bilddiagonale und einer Auflösung von 2.160 × 1.140 Pixeln noch etwas größer.

Die Gerätemodelle Surface 3 und Surface Pro 3 werden mit Windows 8.1 ausgeliefert, das kostenlos auf Windows 10 aktualisiert werden kann. Auch die Pro-Variante der ersten Surface-Serie sowie das Surface 2 können auf Windows 10 aktualisiert werden. Das Surface RT bietet dafür keine Möglichkeit. Der dort verbaute

Nvidia-Tegra-Prozessor auf ARM-Basis wird von Windows 10 nicht mehr unterstützt. Es wird keinen Nachfolger von Windows RT mehr geben. Dieses Betriebssystem bekommt aber pünktlich zum Start von Windows 10 ein größeres Update mit neuen Funktionen und aktualisierten Standard-Apps.

2.6 Windows 10 reservieren

Bereits seit Anfang Juni, etwa zwei Monate vor dem Verkaufsstart von Windows 10, erscheint bei upgradeberechtigten PCs im Infobereich der Taskleiste von Windows 7 und Windows 8.1 ein neues Windows-Logo, das auf die neue Windows-Version aufmerksam macht. Dieses Symbol erscheint über das Windows Update KB3035583. Die automatischen Updates müssen aktiviert sein.

Bild 2.3: Das neue Windows 10-Symbol in der Taskleiste von Windows 7 und 8.1.

Ein Klick auf dieses Symbol startet die sogenannte *Get Windows 10 App* – zunächst nur ein Werbefenster, das die Neuheiten von Windows 10 zeigt.

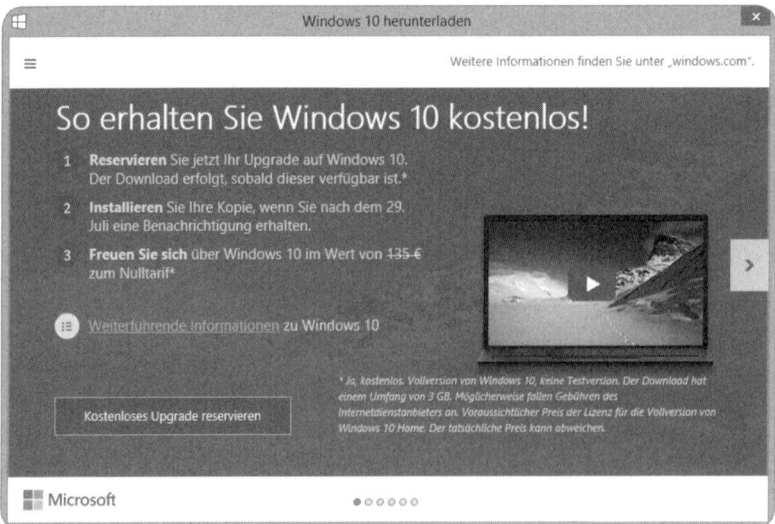

Bild 2.4: Das Infofenster zum Windows 10-Upgrade.

Dieses Fenster bietet an, das kostenlose Upgrade zu reservieren. Diese Reservierung ist nicht zwingend erforderlich, man kann das Upgrade auch ohne sie herunterladen. Die Reservierung bedeutet lediglich, dass die etwa 3 GByte großen Installationsdaten bereits vorab im Hintergrund heruntergeladen werden. Ohne Reservierung muss man die Daten manuell herunterladen und dann möglicherweise sehr lange warten, wenn die Downloadserver stark ausgelastet sind. Da das Upgrade in Wellen ausgeliefert wird, ist man ohne Reservierung auch erst später an der Reihe.

Eine Reservierung bedeutet noch nicht, dass das Upgrade auch gleich installiert wird. Mit der tatsächlichen Installation sollten Sie warten, bis geklärt ist, ob auch alle Programme, die Sie nutzen, unter Windows 10 tatsächlich laufen.

2.6.1 Kompatibilität prüfen

Das Upgradefenster wird auf allen Geräten angezeigt, die, bedingt durch die installierte Windows-Lizenz, upgradeberechtigt sind. Das heißt noch nicht, dass alle diese Geräte auch die technischen Voraussetzungen für Windows 10 erfüllen.

Ein Klick auf das sogenannte »Hamburger-Menü« links oben, ein Bedienelement, das auch in vielen Windows 10-Apps auftaucht, öffnet ein Menü. Der Menüpunkt *PC überprüfen* führt einen kurzen Test durch, der prüft, ob die wichtigsten technischen Voraussetzungen für Windows 10 gegeben sind.

Bild 2.5: Der Kompatibilitätstest für Windows 10.

Entscheidend dafür, dass die Upgradeinstallation durchgeführt werden kann, ist die große grüne Überschrift *Dieser PC ist für Windows 10 geeignet*. Der Satz darunter, *Der PC erfüllt die Systemanforderungen nicht*, wird auch dann angezeigt, wenn eine nicht zwingend notwendige Systemanforderung nicht erfüllt wird, der PC zum Beispiel keinen Touchscreen hat.

Ist der PC für Windows 10 geeignet, können Sie auf *Reservieren* klicken, um die Installationsdaten im Hintergrund herunterzuladen, was je nach Auslastung des PCs und der Server unter Umständen einige Tage dauern kann. Tragen Sie eine

E-Mail-Adresse ein, um automatisch eine Benachrichtigung zu erhalten, wenn Windows 10 zur Installation verfügbar ist.

Bild 2.6: Reservierung erfolgreich abgeschlossen.

Die Reservierung muss auf jedem PC eigens durchgeführt werden. Es ist nicht möglich, die heruntergeladenen Installationsdateien auf mehreren PCs zu verwenden.

Kompatibilitätsprobleme mit vorhandener Software
Der Kompatibilitätstest überprüft keine bereits installierten Programme auf dem klassischen Desktop. Hier gibt es zum Start von Windows 10 diverse Kompatibilitätsprobleme, die von den jeweiligen Softwareherstellern noch über Updates behoben werden müssen. Wenn Sie auf ein bestimmtes Programm angewiesen sind, suchen Sie vor dem Upgrade auf Windows 10 auf der Webseite des Herstellers nach Kompatibilitätsinformationen.

2.7   64-Bit- oder 32-Bit-Version?

Viele Anwender stellen sich die Frage, ob die 64-Bit-Version oder die 32-Bit-Version die bessere Wahl ist. Die 64-Bit-Version unterstützt mehr als 4 GByte RAM und läuft auf High-End-PCs auch schneller. Dafür kann es Kompatibilitätsprobleme mit älterer Software geben, und für einige Geräte sind möglicherweise keine Treiber verfügbar.

Ob sich die 64-Bit-Version überhaupt installieren lässt, hängt natürlich von der Hardware ab. Wenn Sie ein 64-Bit-Betriebssystem auf einem 64-Bit-PC verwenden möchten, muss der Prozessor CMPXCHG16b, PrefetchW und LAHF/SAHF unterstützen.

Installieren Sie Windows 10 als Upgrade, wird automatisch anhand der zuvor installierten Windows-Version entschieden, welche Windows 10-Version installiert wird.

Mit der Tastenkombination `Win` + `Pause` können Sie sich in jeder Windows-Version Systeminformationen anzeigen lassen. In diesem Fenster erfahren Sie auch, ob ein 32-Bit- oder ein 64-Bit-Betriebssystem installiert ist.

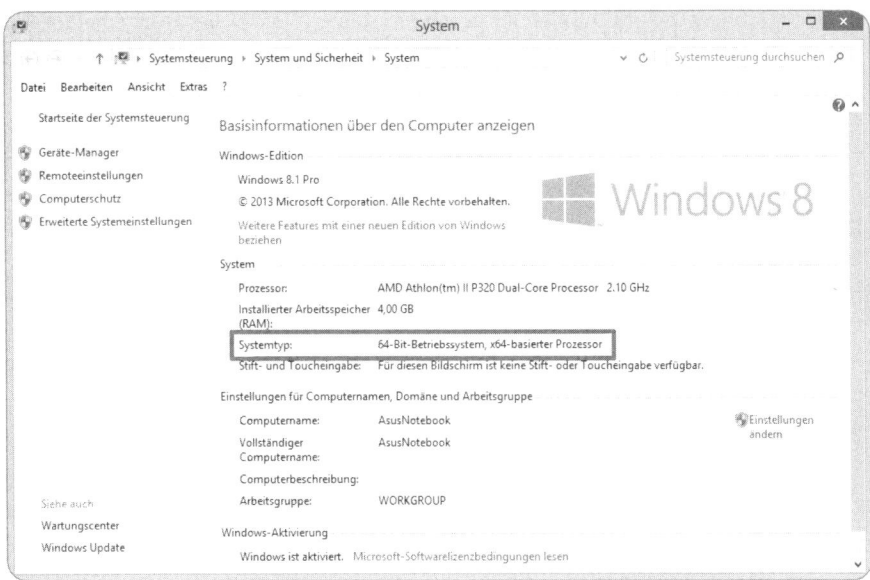

Bild 2.7: Die installierte Betriebssystemversion unter Windows 8.1 anzeigen.

2.7.1 Allgemeine Systemvoraussetzungen

Die Systemvoraussetzungen für Windows 10 sind vergleichbar mit denen von Windows 8.1:

- Prozessor: 1 GHz oder schneller

- RAM: 1 GByte (32 Bit) oder 2 GByte (64 Bit)

- Festplattenpartition: 16 GByte (32 Bit) oder 20 GByte (64 Bit)

- Grafikkarte: mindestens 1.024 × 600, DirectX 9 oder höher mit WDDM-1.0-Treiber

- Bildschirmgröße: mindestens 8 Zoll

2.7.2 Voraussetzungen für die neuen Komponenten

Einige Windows 10-Komponenten benötigen zusätzliche Hardware. Windows 10 läuft auch ohne diese Hardware, die jeweiligen Funktionen oder Apps können dann nur nicht genutzt werden.

- Viele Funktionen wie unter anderem der Windows Store benötigen Internetzugriff.
- Für einige Funktionalitäten ist ein Microsoft-Konto erforderlich.
- Cortana ist derzeit nur für Windows 10 in Deutschland, den Vereinigten Staaten, dem Vereinigten Königreich, China, Frankreich, Italien und Spanien verfügbar.
- Die Verfügbarkeit der Spracherkennung ist abhängig vom Gerätemikrofon. Für eine optimal funktionierende Spracherkennung benötigen Sie ein Hi-Fi-Mikrofon-Array und Hardwaretreiber mit exponierter Mikrofon-Array-Geometrie.
- Windows Hello benötigt eine speziell aktive Infrarotkamera für die Gesichts- oder Iriserkennung oder einen Fingerabdruckleser, der das Windows-Biometrie-Framework unterstützt.
- Continuum wird auf allen Windows 10-Editionen verfügbar sein. Es muss im Info-Center über den Tablet-Modus ein- oder ausgeschaltet werden. Tablets und Two-in-one-Geräte mit GPIO-Sensoren oder solche, die einen Laptop- oder Slate-Sensor besitzen, können automatisch in den Tablet-Modus wechseln.
- Musik- und Videostreaming über Groove Musik oder die Video-App wird nur in bestimmten Regionen bzw. Ländern verfügbar sein.
- Die Zwei-Schritt-Anmeldung benötigt eine PIN, Biometrie (Fingerabdruckleser oder aktive Infrarotkamera) oder ein Smartphone mit WLAN oder Bluetooth.
- Die Anzahl der Anwendungen, die angedockt werden können, hängt von der kleinsten Auflösung der Anwendung ab.
- Für die Toucheingabe ist ein Tablet oder ein Monitor erforderlich, der Multitouch unterstützt.
- Für Secure Boot ist Firmware erforderlich, die UEFIv2.3.1ErrataB unterstützt und die in der UEFI-Signaturdatenbank die Microsoft Windows-Zertifizierungsstelle enthält.
- Einige IT-Administratoren haben möglicherweise Secure Logon (Strg + Alt + Entf) aktiviert, bevor der Anmeldebildschirm erscheint. Bei Tablets ohne Tastatur kann in diesem Fall ein Tablet mit Windows-Taste nötig sein, da die Tastenkombination auf einem Tablet »Windows-Taste«+»Power-Taste« ist.
- Für eine optimale Leistung wird bei einigen Spielen und Programmen möglicherweise eine Grafikkarte vorausgesetzt, die mit DirectX 10 oder höher kompatibel ist.
- Für BitLocker To Go ist ein USB-Speicherstick erforderlich (nur Windows 10 Pro).
- Für BitLocker ist Trusted Platform Module (TPM) 1.2, TPM 2.0 oder ein USB-Speicherstick erforderlich (nur Windows 10 und Windows 10 Enterprise).
- Für Client Hyper-V ist ein 64-Bit-System mit Second Level Address Translation (SLAT) und 2 GByte zusätzlichem RAM erforderlich (nur Windows 10 Pro und Windows 10 Enterprise).

- Für Miracast sind ein Bildschirmadapter, der Windows Display Driver Model (WDDM) 1.3 unterstützt, sowie ein WLAN-Adapter, der Wi-Fi Direct unterstützt, erforderlich.

- Zum Drucken per Wi-Fi Direct sind ein WLAN-Adapter, der Wi-Fi Direct unterstützt, sowie ein Gerät, das Wi-Fi Direct Printing unterstützt, erforderlich.

- InstantGo funktioniert nur mit Computern, die auf den verbundenen Stand-by-Modus ausgelegt sind.

- Geräteverschlüsselung benötigt einen PC mit InstantGo und TPM 2.0.

2.8 So funktioniert das Upgrade

Die Reservierung bedeutet noch kein automatisches Upgrade. Sie können das Upgrade zu einem Zeitpunkt Ihrer Wahl starten, nachdem eine Benachrichtigung erschienen ist, dass die Installationsdateien heruntergeladen wurden.

2.8.1 Datensicherung durchführen

Die Daten der Vorgängerversion sowie der größte Teil der Einstellungen können beim Upgrade übernommen werden. Führen Sie trotzdem auf jeden Fall vor dem Upgrade eine Datensicherung durch. Erstellen Sie dabei am besten ein Systemabbild Ihres bisherigen Betriebssystems, damit Sie dieses im Notfall wiederherstellen können.

Planen Sie ausreichend Zeit ein. Einschließlich des erforderlichen Neustarts kann das Upgrade mehr als eine Stunde dauern.

Wenn Sie sich entschieden haben, das Upgrade zu starten, wird zuerst eine automatische Kompatibilitätsprüfung durchgeführt, und das Update wird nur dann ausgeführt, wenn die wichtigsten Gerätetreiber auch kompatibel sind. So soll sichergestellt werden, dass Windows 10 auf jeden Fall starten kann. Dabei sind noch ein paar Klicks zur Zustimmung erforderlich. Das Upgrade wird auf keinen Fall automatisch oder gar unbemerkt installiert.

2.8.2 Anmeldung mit dem Microsoft-Konto

Wie in früheren Windows-Versionen müssen Sie vor dem ersten Start auf dem PC ein neues Benutzerkonto einrichten. Windows 8 bot erstmals die Möglichkeit, ein Benutzerkonto mit einem Microsoft-Konto zu verbinden. Windows 10 empfiehlt ebenfalls, ein Microsoft-Konto zu verwenden.

Microsoft-Konto, früher Windows Live ID

Microsoft-Konto ist die neue Bezeichnung für die bisher bekannte Windows Live ID. Nur der Name ist anders, die Funktionalität ist geblieben. Wer eine Windows Live ID hat, z. B. eine Hotmail-Adresse oder ein Nutzerkonto des ehemaligen MSN-Messengers, hat jetzt automatisch ein Microsoft-Konto.

Die Nutzung des Microsoft-Kontos zur Anmeldung bietet diverse Vorteile. Benutzereinstellungen können zwischen PCs online synchronisiert werden, außerdem haben Sie sofort Zugriff auf Kontakte, Termine und Statusmeldungen von Freunden, die bei Hotmail oder Windows Live angemeldet sind. Windows 10 kann Ihre Dateien und Fotos auf OneDrive nutzen, und die eigene Hotmail-, MSN-, Live- oder Outlook.com-E-Mail-Adresse wird in der Mail-App eingetragen. Zum Download von Apps aus dem Windows Store und zur Datensynchronisation mit Windows Phones ist ohnehin ein Microsoft-Konto erforderlich, sodass Sie das am besten gleich zur Anmeldung verwenden.

Haben Sie bereits ein Microsoft-Konto, geben Sie jetzt die E-Mail-Adresse und Ihr Kennwort an, um sich anzumelden. Wenn nicht, klicken Sie auf *Möchten Sie sich nicht mit einem Microsoft-Konto anmelden*. In diesem Fall legen Sie wie in früheren Windows-Versionen ein lokales Benutzerkonto an. Später können Sie sich über die Einstellungen dieses Kontos mit einem Microsoft-Konto verbinden.

Waren Sie im alten Betriebssystem über ein lokales Benutzerkonto angemeldet und wechseln Sie jetzt auf ein Microsoft-Konto, werden die bisherigen Einstellungen des Benutzerkontos so weit wie möglich automatisch in das Microsoft-Konto übernommen. Das Gleiche gilt, wenn Sie Windows 10 zunächst mit einem lokalen Benutzerkonto installieren und später doch auf ein Microsoft-Konto wechseln.

30 Tage zurück möglich

Sollte Windows 10 doch nicht wie erwartet funktionieren oder es Probleme mit installierten Programmen geben, kann man das Upgrade noch 30 Tage lang rückgängig machen und wieder zur zuvor installierten Windows-Version zurückkehren. Die Windows-Lizenz gilt weiterhin nur für einen PC, unabhängig von der installierten Version..

3 Der neue Desktop im Einsatz

Es gibt ihn wieder, den klassischen Windows-Desktop. In Windows 8 war er weitgehend in den Hintergrund gedrängt worden, in Windows 10 ist er wieder zentrales Element der Benutzeroberfläche.

Bild 3.1: Windows 10 startet wieder mit einem klassischen Desktop und einem erweiterten Startmenü.

Bei der Vorstellung von Windows 8 hagelte es Kritik von Anwendern des klassischen Desktops, die ihren seit Windows 95 lieb gewonnenen Startbutton vermissten und den klassischen Desktop in Windows 8 vernachlässigt sahen. Mit Windows 10 reagiert Microsoft auf diese Kritik und bietet wieder ein Windows mit dem klassischen Desktop an, in dem aber die modernen Apps gleichermaßen verwendet werden können.

Keine Minianwendungen auf dem klassischen Desktop

Die Minianwendungen, die bei Windows Vista als große Neuerung in der Seitenleiste eingeführt wurden und bei Windows 7 beliebig auf dem ganzen Desktop angeordnet werden konnten, sind vom klassischen Desktop in Windows 8 wieder verschwunden und können auch in Windows 10 nicht mehr verwendet werden. Benutzer wie auch Entwickler sollen zur Anzeige aktueller Informationen die Live-Kacheln nutzen.

Bereits im Juli 2012, einige Zeit vor der Veröffentlichung von Windows 8, verschwanden die Desktop-Minianwendungen offiziell auch aus Windows 7. Microsoft gab bekannt, dass diese Gadgets eine Sicherheitslücke darstellten, und schaltete die Gadget-Downloads in der Internet-Explorer-Galerie ab. Außerdem wird ein Fix-it-Tool angeboten, mit dem sich die Funktionalität zur Nutzung von Desktop-Minianwendungen komplett deaktivieren lässt.

3.1 Klassischer Desktop und Apps im Team

In Windows 10 werden die neuen Apps wie klassische Programme in Fenstern gestartet, die beliebig auf dem Bildschirm verschoben und auch in ihrer Größe verändert werden können.

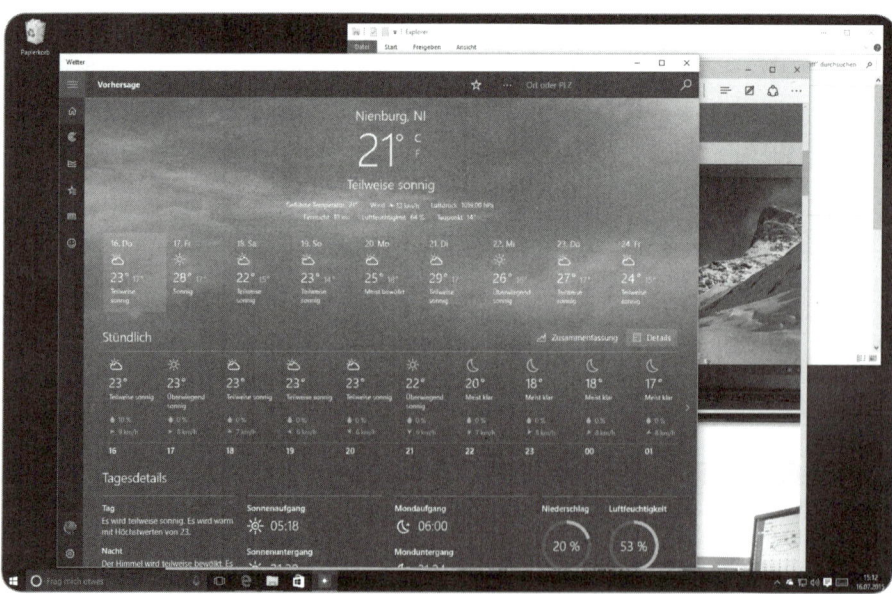

Bild 3.2: Desktop mit modernen Apps und klassischen Programmen.

Alle Fenster, sowohl die der Apps wie auch die der klassischen Programme, haben oben rechts drei Symbole zum Minimieren, Maximieren und Schließen, wie man es aus früheren Windows-Versionen kennt. Einige moderne Apps, vor allem Spiele, haben rechts oben zusätzlich ein Pfeilsymbol, das in einen speziellen Vollbildmo-

dus wechselt, in dem sämtliche Bedienelemente des klassischen Desktops ausgeblendet werden.

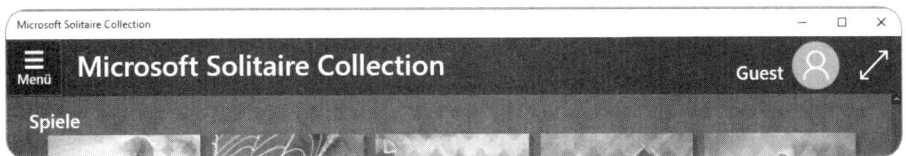

Bild 3.3: Symbol zum Umschalten in den Vollbildmodus (rechts oben) in einem Spiel.

Viele moderne Windows-Apps verwenden anstelle der klassischen Menüleiste am
oberen Fensterrand das sogenannte Hamburger-Menü, ein Symbol oben links, das
aus drei waagerechten Streifen besteht, ähnlich den Schichten eines Hamburgers.
Klicken Sie darauf, wird aus der Symbolleiste links ein Menü. Einige Apps schalten
sogar eine erweiterte Menüleiste ein, die Optionen enthält, die über die Symbolleiste nicht verfügbar sind.

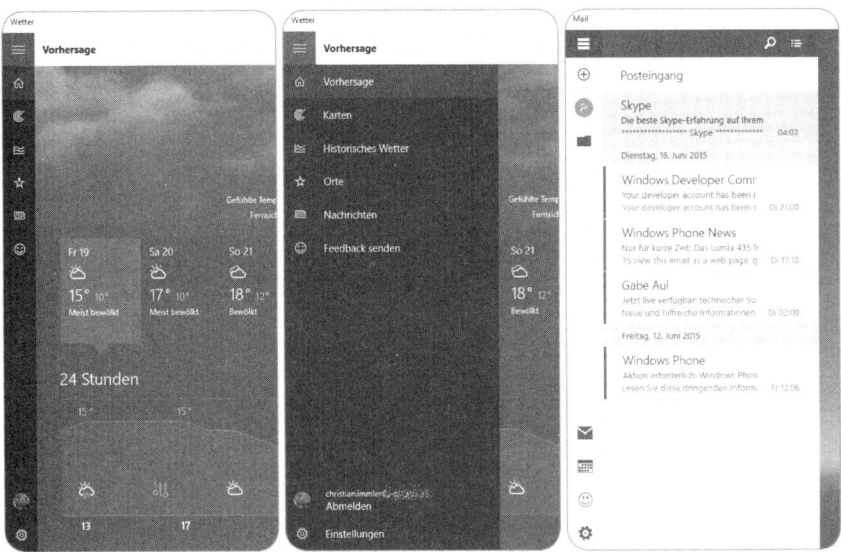

Bild 3.4: Hamburger-Menü in den Apps *Wetter* und *Mail*.

Einige Apps bieten die Befehle der ehemaligen Charms-Leiste aus Windows 8.1 in
einem kleinen Menü an, das sich links oben in der Fenstertitelleiste verbirgt. Leider
gibt es in Windows 10 keine einheitliche Oberfläche für solche Funktionen in allen
Apps, wie es die Charms-Leiste in Windows 8.1 bot.

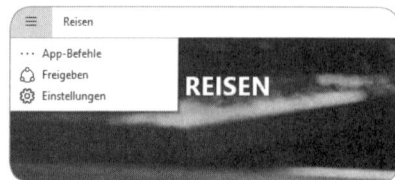

Bild 3.5: Menü in der Titelleiste einer App. (MSN Reisen)

Ein weiterer interessanter Unterschied zwischen modernen Apps und klassischen Fenstern ist deren Verhalten beim Verändern der Fenstergröße.

Die Größe jedes Fensters kann durch Ziehen mit der Maus an den Fensterrändern verändert werden. Im Gegensatz zu früheren Windows-Versionen sind diese Fensterränder deutlich schmaler geworden, haben aber noch die gleiche Funktion. Während sich ein klassisches Windows-Fenster nahezu beliebig klein machen lässt und dann nur noch ein Teil seines Inhalts zu sehen ist, passen die meisten modernen Apps ihre Darstellung der Fenstergröße an. So zeigt zum Beispiel die abgebildete Wetter-App je nach Fensterbreite unterschiedlich viele Tage in der Vorhersage an, und die zusätzlichen Informationen im unteren Teil des Fensters werden entweder nebeneinander oder untereinander angeordnet.

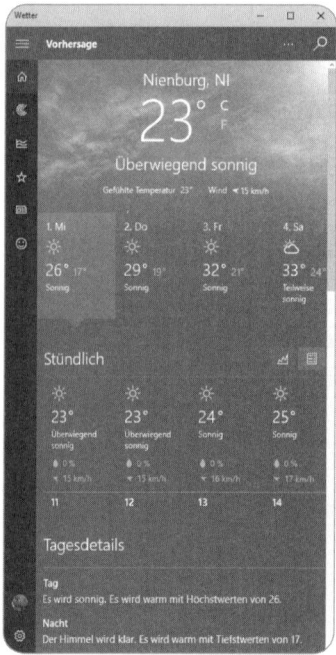

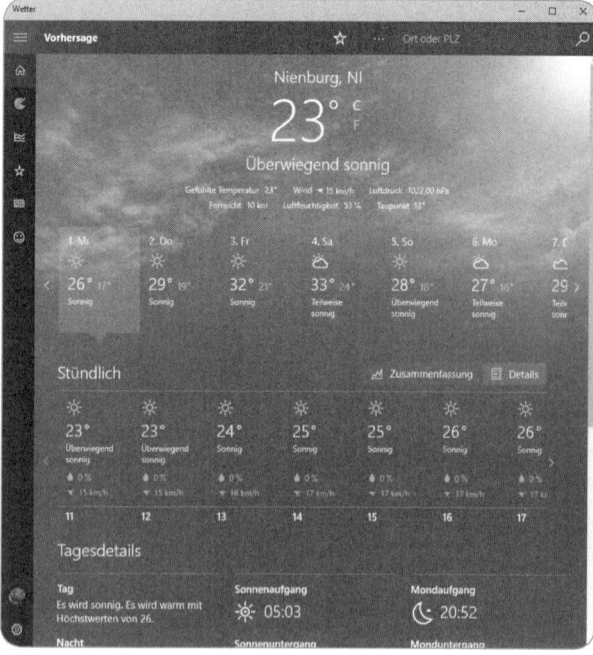

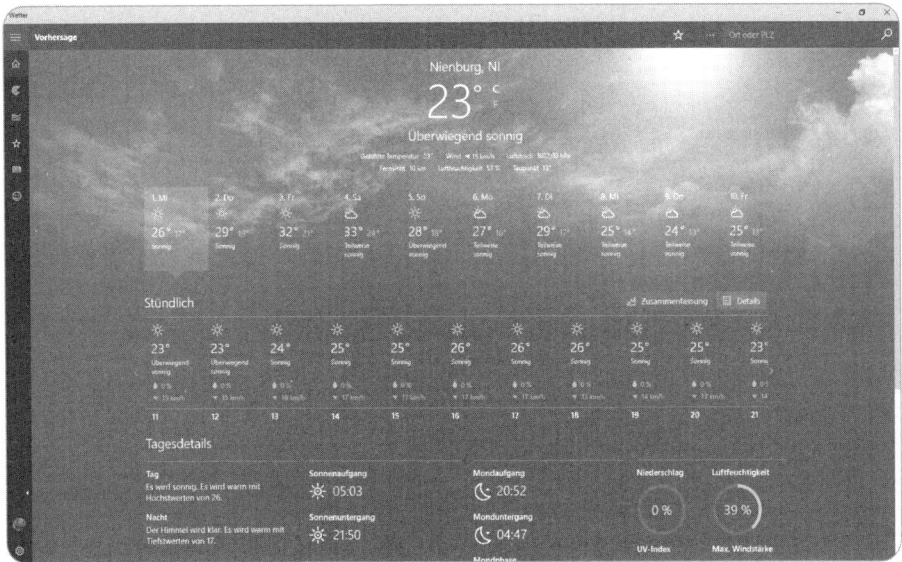

Bild 3.6: Die App *Wetter* bei unterschiedlichen Fensterbreiten.

Vor lauter Fenstern kein Desktop mehr zu sehen

Wenn Sie bei vielen geöffneten Fenstern den Überblick verlieren oder einfach kurz einen Blick auf das Desktophintergrundbild werfen möchten, drücken Sie die Tastenkombination ⌨Win+⌨D. Damit werden alle Fenster minimiert, und der Desktop kommt zum Vorschein. Besonders nützlich ist dieser Trick, wenn Sie auf dem Desktop Symbole zum schnellen Aufruf von Programmen abgelegt haben oder wenn ein spontaner Besucher nicht sehen soll, welche Webseiten Sie sich gerade ansehen. Die gleiche Tastenkombination stellt die ursprünglichen Fenster wieder her.

3.1.1 Fenster automatisch ausrichten

Häufig benötigt man bei der Arbeit zwei Fenster nebeneinander, z. B. eine Textverarbeitung und einen Browser. Windows 10 bietet die aus Windows 7 bekannte Funktion zur automatischen Fensteranordnung. Ziehen Sie ein Fenster ganz nach links, wird es automatisch am linken Bildschirmrand ausgerichtet und belegt die volle Höhe und halbe Breite des Bildschirms. Das Gleiche funktioniert auch am rechten Rand.

Klicken Sie anschließend in den anderen Bildschirmteil, um dort ein weiteres Fenster zu öffnen. Windows 10 zeigt dazu eine Vorschau aller geöffneten Fenster nebeneinander, aus denen Sie eines auswählen können.

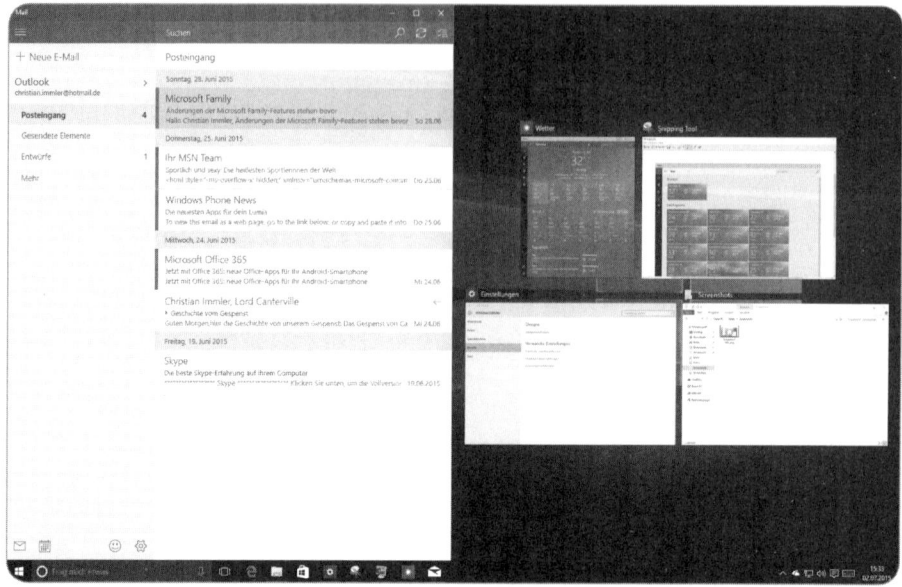

Bild 3.7: Automatisch ausgerichtete Fenster.

Noch schneller geht das Ausrichten eines Fensters mit den Tastenkombinationen
Win + ← und Win + →.

Ziehen Sie ein auf diese Weise ausgerichtetes Fenster wieder in Richtung Bildschirmmitte, nimmt es seine ursprüngliche Position und Größe wieder an.

Bild 3.8: Mehrere Fenster werden automatisch auf dem Desktop angeordnet.

Haben Sie mehr als zwei Fenster gleichzeitig geöffnet, können Sie alle automatisch ausrichten, sodass jedes Fenster komplett zu sehen ist. Klicken Sie dazu mit der rechten Maustaste auf die Taskleiste und wählen Sie im Kontextmenü *Fenster nebeneinander anzeigen*. Je nach Bildschirmauflösung können unterschiedlich viele Fenster in einem Raster angeordnet werden.

3.2   Taskleiste: Info-Center und Sprungbrett

Die Taskleiste ist ein wichtiges Informationszentrum auf dem klassischen Desktop und befindet sich normalerweise am unteren Bildschirmrand. Sie enthält Symbole für Programme und geöffnete Fenster sowie einen Infobereich ganz rechts. Das Windows-Logo ganz links blendet das Startmenü ein.

Neben dem Windows-Logo befinden sich in der Taskleiste standardmäßig ein Suchfeld und vier Symbole für die Taskansicht, den neuen Browser Microsoft Edge, den Windows-Explorer sowie den Windows Store. Mit einem Klick auf eines dieser Symbole wird das jeweilige Programm ausgeführt.

Weitere geöffnete Programme gesellen sich mit ihren Symbolen in der Taskleiste dazu. Das Symbol des aktiven Programmfensters wird leicht hervorgehoben. Symbole mit einer angedeuteten Linie am unteren Rand stehen für geöffnete Fenster, Symbole ohne diese Linie dienen einfach dem schnellen Start von Programmen.

3.2.1   Schneller Wechsel zwischen Apps

Klicken Sie auf eines der Symbole in der Taskleiste, um das jeweilige Fenster in den Vordergrund zu bringen. Ein weiterer Klick auf das Symbol minimiert das Fenster wieder.

Über einen Rechtsklick auf eine Kachel im Startmenü oder in der Liste *Alle Apps* lässt sich diese App fest an der Taskleiste anheften, um sie so ohne den Umweg über das Startmenü jederzeit schnell aufrufen zu können.

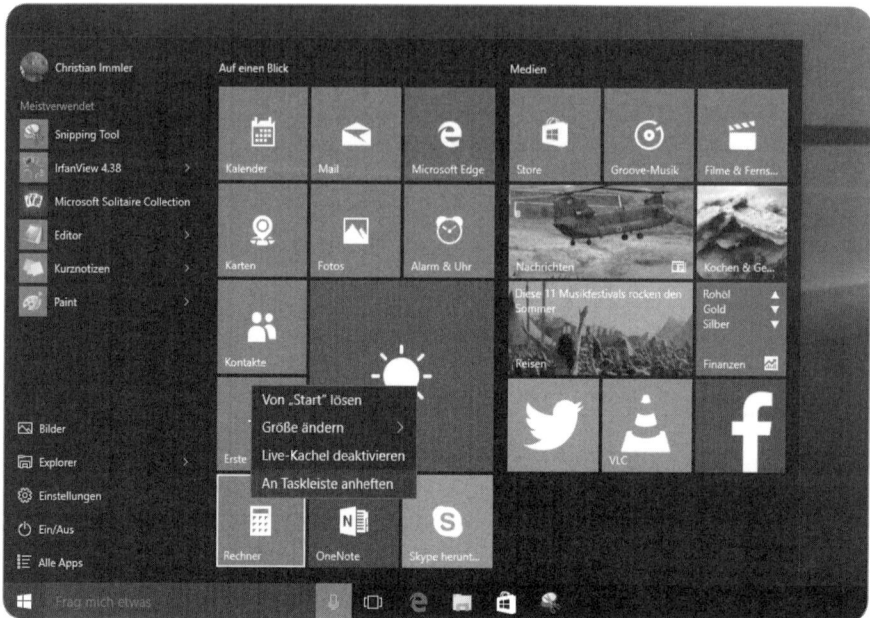

Bild 3.9: App an der Taskleiste anheften.

Umgekehrt kann eine angeheftete App über einen Rechtsklick auf das Taskleisten-symbol von dort wieder entfernt werden. Im Startmenü bleibt die App erhalten.

Bild 3.10: App von der Taskleiste lösen.

Hat ein Programm mehrere Fenster geöffnet, zum Beispiel mehrere Ordnerfenster im Windows-Explorer oder mehrere Webseiten im Browser, erscheint das Symbol in der Taskleiste als Stapel.

Fährt man mit der Maus über ein Taskleistensymbol, werden Vorschaubilder aller Fenster angezeigt, die dieses Symbol darstellt. Werden mehrere Fenster gesta-pelt angezeigt, kann man über die Vorschaubilder mit der Maus ganz einfach das gewünschte Fenster wählen. Alle anderen Fenster werden inaktiv geschaltet, sodass nur noch die Ränder zu sehen sind.

3.2.2 Desktop ohne geöffnete Fenster darstellen

In Windows 7 gab es eine Funktion, die mit einem Klick ganz rechts außen in der Taskleiste alle geöffneten Fenster ausblendet und den Desktop so darstellt, wie Sie ihn eingerichtet haben. Windows 10 hat diese als Aero Peek bezeichnete Funktion standardmäßig wieder aktiviert.

Bleiben Sie mit der Maus am rechten Ende der Taskleiste stehen, werden die Fenster ausgeblendet, und nur noch deren Ränder sind zu sehen. Der Desktop ist sichtbar, kann aber nicht genutzt werden. Eine Mausbewegung blendet die Fenster sofort wieder ein. Ein Klick an der gleichen Stelle schaltet die Fenster komplett aus und macht den Desktop voll nutzbar. Ein weiterer Klick stellt die Fenster wieder dar.

Wenn Sie diese Funktion beim Herumfahren mit der Maus stört, können Sie sie abschalten. Klicken Sie mit der rechten Maustaste auf die Taskleiste und wählen Sie im Kontextmenü *Eigenschaften*. Deaktivieren Sie jetzt auf der Registerkarte *Taskleiste* das Kontrollkästchen *„Aero Peek" für die Desktopvorschau verwenden, ...*

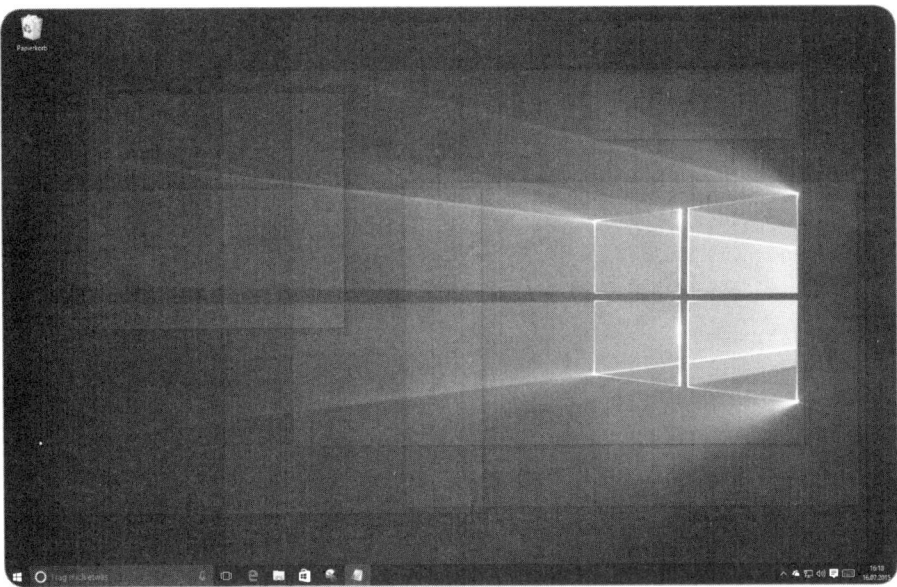

Bild 3.11: Ausgeblendete Fenster auf dem Desktop.

Bild 3.12: Aero Peek in der Taskleiste aktivieren oder deaktivieren.

Versteckte Tricks zu Taskleistensymbolen

Die Reihenfolge der Symbole in der Taskleiste lässt sich ganz einfach ändern. Man braucht ein Symbol nur mit gedrückter linker Maustaste an die gewünschte Position zu ziehen.

Oft ist man mit der Tastatur schneller als mit der Maus. In Windows 10 lässt sich auch die Taskleiste mit der Tastatur steuern. Mit dem Tastenkürzel `Win`+`T` aktivieren Sie die Taskleiste. Anschließend können Sie mit den Pfeiltasten zwischen den Taskleistensymbolen hin- und herschalten. Die `Enter`-Taste aktiviert das zum markierten Symbol gehörige Fenster. Mit der `Esc`-Taste verlassen Sie diesen Tastaturmodus, ohne ein Programm zu öffnen.

Noch schneller starten Sie ein Programm mit der `Win`-Taste in Kombination mit einer Zifferntaste. `Win`+`1` startet das erste Symbol der Taskleiste, meistens den Microsoft Edge-Browser, `Win`+`2` startet das zweite Symbol, meistens den Windows-Explorer etc.

3.2.3 Sprunglisten in der Taskleiste nutzen

Ein Rechtsklick auf ein Symbol in der Taskleiste zeigt eine sogenannte Sprungliste an, ein Menü, das je nach Anwendung weitere Funktionen enthält. So werden im Windows-Explorer Links auf häufig verwendete Ordner angeboten, die Sprungliste zum Edge-Browser zeigt den Verlauf der wiederholt besuchten Webseiten. In anderen Programmen werden programmspezifische Aufgaben in der Sprungliste oder die zuletzt verwendeten Dateien zum schnellen Zugriff angeboten.

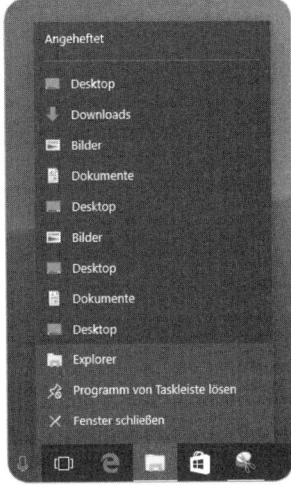

Bild 3.13: Sprunglisten bei Programmen in der Taskleiste.

Ist ein Fenster dieses Programms gerade geöffnet, ist ein Menüpunkt zum Schließen aller Fenster sowie der Punkt *Dieses Programm an Taskleiste anheften* enthalten, mit dem das Programmsymbol zum Schnellzugriff fest in der Taskleiste angeheftet werden kann, wie es bei Internet Explorer und Windows-Explorer standardmäßig der Fall ist. Ein auf diese Weise angeheftetes Programmsymbol kann mit *Programm von Taskleiste lösen* aus der Taskleiste auch wieder entfernt werden.

3.2.4 Weitere Anpassungen an der Taskleiste

In den Taskleisteneigenschaften kann deren Aussehen und Verhalten noch weiter angepasst werden. Dieses Dialogfeld erreichen Sie über einen Rechtsklick auf die Taskleiste.

Bild 3.14: Eigenschaften der Taskleiste festlegen.

Wenn Sie z. B. mehr Platz auf einem kleinen Bildschirm benötigen, können Sie sich kleine Symbole anzeigen lassen oder die Taskleiste automatisch ausblenden. In diesem Fall erscheint sie immer erst dann, wenn Sie mit dem Cursor den unteren Bildschirmrand erreichen.

Die Option *Gruppieren, wenn die Taskleiste voll ist* in der Liste *Schaltflächen der Taskleiste* stellt die Taskleiste von Windows 10 dar wie die von Windows XP – mit einzelnen beschrifteten Schaltflächen für jedes offene Fenster. Ist die Taskleiste voll, werden gleichartige Symbole gruppiert. Die Option *Immer gruppieren, Beschriftungen ausblenden* stellt das Standardverhalten von Windows 10 wieder her.

Nur wenn *Taskleiste fixieren* in den Eigenschaften der Taskleiste ausgeschaltet ist, können die einzelnen Bereiche auf der Taskleiste verschoben werden, was unter Windows 10 nur noch nötig ist, wenn zusätzliche Symbolleisten auf der Taskleiste eingeblendet sind.

Bild 3.15: Optionen zum Gruppieren der Symbole auf der Taskleiste.

3.2.5 Symbole im Infobereich der Taskleiste

Auf der rechten Seite der Taskleiste befindet sich der Infobereich. Neben der Uhr werden die hier angezeigten Symbole meist von den installierten Programmen automatisch angelegt, einige der Symbole legt Windows 10 aber auch selbst an. Sie informieren über bestimmte Ereignisse, z. B. die Netzwerkverbindung oder den Batteriestatus.

Bild 3.16: Der Infobereich der Taskleiste.

Um eine gute Übersicht zu gewährleisten, blendet Windows 10 einige Symbole, die gerade keine wichtigen Informationen bereithalten, automatisch aus. Ein Klick auf das kleine Dreieck öffnet die Liste der ausgeblendeten Symbole. Dieses Dreieck ist nur vorhanden, wenn es auch ausgeblendete Symbole gibt. Leider bietet Windows

10 an dieser Stelle keinen Link mehr, um direkt zu den Einstellungen für die Task-leistensymbole zu kommen.

Diese Einstellungen finden Sie jetzt in der neuen App *Einstellungen* unter *System/ Benachrichtigungen und Aktionen*.

Bild 3.17: Einstellungen für *Benachrichtigungen und Aktionen.*

Klicken Sie hier auf *Symbole für die Anzeige auf der Taskleiste auswählen*, können Sie für jedes Symbol festlegen, ob es ständig angezeigt werden soll oder nur, wenn es aktuelle Benachrichtigungen gibt.

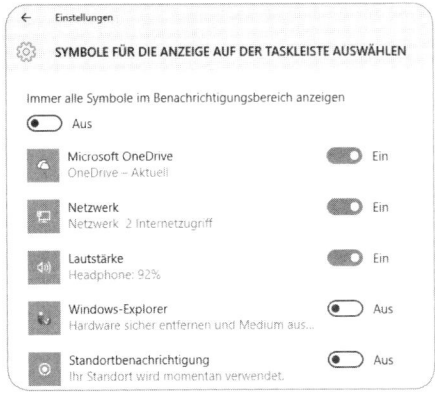

Bild 3.18: Einstellungen für die Benachrichtigungssymbole im Infobereich.

Mit dem Link *Systemsymbole aktivieren oder deaktivieren* lassen sich einzelne Sys-temsymbole oder auch die Uhr ganz abschalten. Wird hier ein Systemsymbol deak-tiviert, wird das Symbol entfernt, und die Benachrichtigungen werden deaktiviert.

Bild 3.19: Systemsymbole aktivieren oder deaktivieren.

In den meisten Fällen enthält der Infobereich drei Standardsymbole für Netzwerk, Lautstärke und Benachrichtigungen, auf Notebooks erscheint ein viertes für die Akkuanzeige. Bei besonderen Ereignissen oder durch Installation zusätzlicher Software können weitere hinzukommen.

 **Bild 3.20:** Standardsymbole im Infobereich der Taskleiste.

- *Uhr*: Zeigt Datum und Uhrzeit an. Ein Klick darauf blendet einen Kalender sowie einen Link zu den Datum- und Uhrzeiteinstellungen ein.

- *Lautstärke*: Zeigt, ob der Lautsprecher ein- oder ausgeschaltet ist. Ein Klick darauf blendet einen Lautstärkeregler ein.

- *Netzwerk*: Zeigt verbundene Netzwerke an. Ein Klick blendet den Einstellungsdialog für Netzwerke ein. Bei WLAN-Verbindungen ist die Stärke des WLAN-Signals zu sehen. Hier können Sie über das Symbol auch die Verbindung trennen und sich mit einem anderen WLAN verbinden.

- *Stromversorgung*: Das Symbol steht nur auf Notebooks zur Verfügung und zeigt den Batteriestand an. Hier können Sie einen Energiesparplan auswählen und Energieeinstellungen vornehmen.

- *Eingabeindikator*: Zeigt die verwendete Eingabesprache an. Sie können unter den installierten Eingabesprachen auswählen.

- *Position*: Das Symbol steht nur auf mobilen Geräten zur Verfügung und zeigt an, ob die aktuelle Position bestimmt und genutzt wird.

- *Info-Center*: Ein Klick darauf blendet die neue Benachrichtigungsleiste ein, die neben Wartungsaufgaben auch Benachrichtigungen verschiedener Programme anzeigt. Das Windows-Info-Center weist hier auf eventuelle Probleme hin und bietet Lösungsmöglichkeiten an.

Bild 3.21:
Der Lautstärkeregler
und der Kalender im
Infobereich der Taskleiste.

3.3 Wichtige Einstellungen im Info-Center

Windows 10 fasst ähnlich wie Windows Phones und auch Android-Smartphones
die wichtigsten Einstellungen und Systembenachrichtigungen an einer zentralen
Stelle zusammen. So werden Systemmeldungen nicht mehr so leicht übersehen,
und für alltägliche Einstellungen muss man nicht jedes Mal die Systemsteuerung
oder die neue Einstellungen-App aufrufen.

Ein Klick auf das Benachrichtigungssymbol im Infobereich der Taskleiste neben
der Uhr blendet das neue Info-Center ein. Alternativ lassen sich die Benachrichtigungen auch mit der Tastenkombination [Win]+[A] anzeigen.

Im oberen Teil dieser Leiste erscheinen Systembenachrichtigungen sowie wichtige Benachrichtigungen von Apps. Klicken Sie auf eine dieser Benachrichtigungen,
wird sie in der entsprechenden App geöffnet. Danach verschwindet sie auch aus
dem Info-Center.

Bild 3.22: Das Info-Center am rechten Bildschirmrand.

Im unteren Bereich des Info-Centers befinden sich Schalter für wichtige Systemeinstellungen. Welche Schalter hier angezeigt werden, hängt davon ab, welche Funktionen das jeweilige Gerät zur Verfügung stellt:

- *Tabletmodus* – schaltet in einen speziellen Touchscreen-optimierten Modus für Tablets um, in dem die meisten Apps ähnlich wie unter Windows 8.1 im Vollbildmodus laufen.

- *Verbinden* – verbindet den Computer mit einem externen Monitor oder Beamer.

- *Notiz* – öffnet OneNote, um eine neue Notiz anzulegen.

- *Alle Einstellungen* – öffnet die Einstellungen-App. Einstellungen, die noch nicht in die neue App überführt wurden, lassen sich über Links aus den Einstellungen in der klassischen Systemsteuerung aufrufen.

- *VPN* – öffnet den Einrichtungsdialog für eine VPN-Verbindung. Ist sie eingerichtet, kann sie über dieses Symbol verbunden werden.

  VPN = Virtual Private Network

- *Ruhezeiten* – schaltet zu bestimmten Tageszeiten alle akustischen Benachrichtigungen aus.

- *Ort* – legt fest, ob Apps den aktuellen Standort nutzen und auswerten können.

- *Bluetooth* – schaltet Bluetooth ein und aus (nur wenn verfügbar).

- *WLAN* – schaltet WLAN ein und aus (nur wenn verfügbar).

- *Helligkeit* – regelt die Helligkeit stufenweise (nur auf Tablets).

- *Rotation* – schaltet die automatische Bildschirmdrehung ein und aus (nur auf Tablets).

- *Energie sparen* – schaltet den Energiesparmodus ein und aus (nur auf Geräten mit Akkubetrieb.

- *Flugzeugmodus* – schaltet das Gerät in den Flugzeugmodus und alle Funkverbindungen aus (nur auf Tablets).

3.4 Arbeiten mit der Bildschirmtastatur

Auf Tablets erscheint beim Antippen eines Texteingabefelds automatisch die Bildschirmtastatur. Diese kann in bestimmten Fällen auch auf PCs mit Tastatur nützlich sein. Umgekehrt gibt es auf Tablets Apps, in denen das automatische Ein- und Ausblenden der Tastatur nicht funktioniert.

Klicken Sie mit der rechten Maustaste in die Taskleiste oder tippen Sie auf dem Tablet länger darauf. Schalten Sie dann den Kontextmenüpunkt *Bildschirmtastatur anzeigen (Schaltfläche)* ein. Im Infobereich der Taskleiste erscheint neben der Uhr ein Tastatursymbol, mit dem sich die Bildschirmtastatur jederzeit ein- und ausschalten lässt.

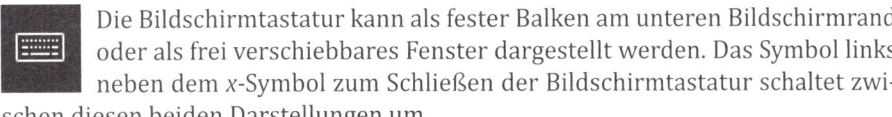 Die Bildschirmtastatur kann als fester Balken am unteren Bildschirmrand oder als frei verschiebbares Fenster dargestellt werden. Das Symbol links neben dem *x*-Symbol zum Schließen der Bildschirmtastatur schaltet zwischen diesen beiden Darstellungen um.

Bild 3.23: Die Bildschirmtastatur als verschiebbares Fenster.

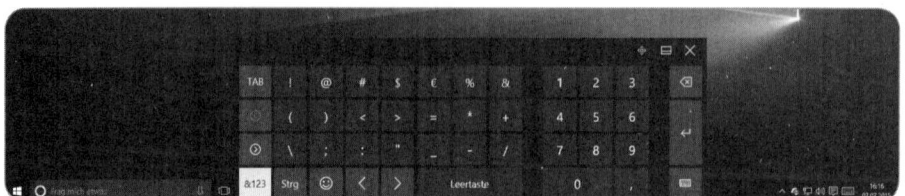

Bild 3.24: Ein Klick auf die Taste &123 unten links schaltet auf ein Tastaturlayout mit Ziffern und Sonderzeichen um.

3.5　Virtuelle Desktops für mehr Überblick

Wer mit vielen offenen Fenstern auf dem Desktop arbeitet, verliert schnell die Übersicht. Windows 10 bietet die Möglichkeit, virtuelle Desktops anzulegen, die jeweils nur einen Teil der geöffneten Fenster enthalten. Je nachdem, was man gerade am PC tut, schaltet man auf den entsprechenden Desktop um, anstatt immer das passende Programmfenster suchen zu müssen.

Dieses Symbol in der Taskleiste schaltet auf die sogenannte Taskansicht um, einen Übersichtsbildschirm für die virtuellen Desktops. Alternativ können Sie die Tastenkombination Win + Tab drücken. Hier sehen Sie zunächst alle Fenster nebeneinander, die auf dem aktuellen Desktop geöffnet sind.

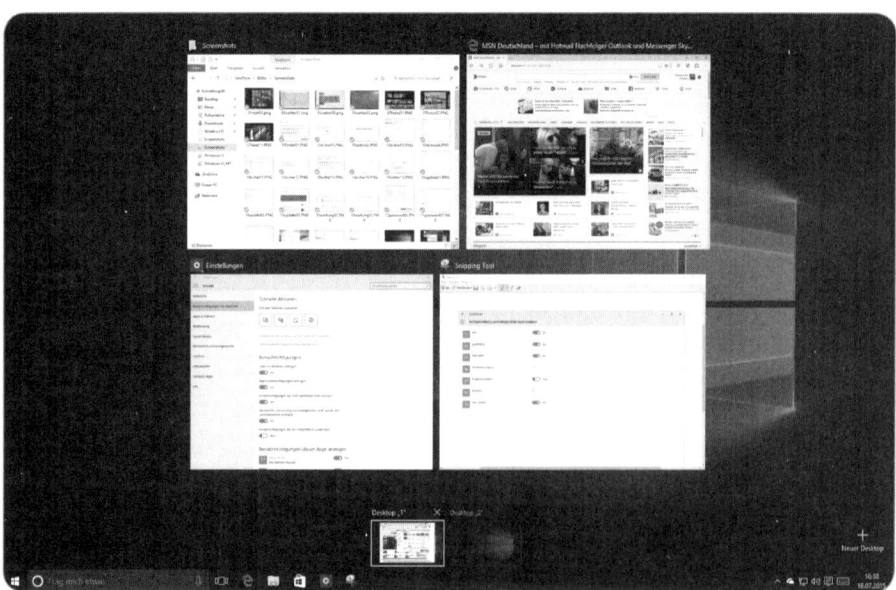

Bild 3.25: Übersicht über virtuelle Desktops.

Ein Klick auf das Symbol *Neuer Desktop* ganz rechts legt einen neuen virtuellen Desktop an. Durch Klick auf eines der Desktopsymbole in der unteren Leiste oder mit den Tastenkombinationen `Win`+`Strg`+`←` und `Win`+`Strg`+`→` wechseln Sie zwischen den Desktops.

Auf jedem Desktop können Sie jetzt Programme starten. In der Taskansicht haben Sie sogar die Möglichkeit, einzelne Programmfenster von dem einen auf einen anderen Desktop zu verschieben. Wenn Sie dann einen Desktop schließen, werden die dort vorhandenen Fenster auf den letzten verbliebenen Desktop verschoben. Es werden dabei also keine Programme beendet.

Virtuelle Desktops auch für frühere Windows-Versionen

Microsoft bietet die virtuellen Desktops bereits seit Windows XP als kostenloses Zusatztool bei *technet.microsoft.com/de-de/sysinternals/cc817881* zum Download an. In Windows 10 ist diese Funktion erstmals fest im System integriert.

Wenn Sie die virtuellen Desktops nicht benutzen und Sie das Symbol in der Taskleiste stört, können Sie es mit einem Rechtsklick auf die Taskleiste über den Kontextmenüpunkt *Taskansicht-Schaltfläche anzeigen* ausblenden.

3.6 Tastenkürzel für schnellere Bedienung

Die moderne Windows-Oberfläche wurde sowohl zur Bedienung auf Touchscreens wie auch auf klassischen PCs mit Tastatur und Maus entwickelt. Tastenkürzel mit der `Win`-Taste erleichtern die Bedienung bei der Verwendung einer Tastatur erheblich.

Tastenkürzel	Funktion
`Win`	Blendet das *Startmenü* ein oder aus.
`Win`+`↑`	Maximiert das aktuelle Fenster auf Bildschirmgröße oder bringt ein auf die Taskleiste minimiertes Fenster auf seine ursprüngliche Größe zurück.
`Win`+`↓`	Minimiert das aktuelle Fenster in die Taskleiste oder bringt ein auf Bildschirmgröße maximiertes Fenster auf seine ursprüngliche Größe zurück.
`Win`+`Umschalt`+`↑`	Vergrößert das aktuelle Fenster auf Bildschirmhöhe, die Fensterbreite bleibt bestehen.
`Win`+`←`	Dockt das aktuelle Fenster an den linken Bildschirmrand an.
`Win`+`→`	Dockt das aktuelle Fenster an den rechten Bildschirmrand an.
`Win`+`Umschalt`+`←`	Verschiebt ein Fenster vom rechten auf den linken Monitor, ohne Position und Größe zu verändern.
`Win`+`Umschalt`+`→`	Verschiebt ein Fenster vom linken auf den rechten Monitor, ohne Position und Größe zu verändern.
`Win`+`Pos1`	Minimiert alle Fenster mit Ausnahme des aktuellen in die Taskleiste und macht beim nächsten Mal diese Aktion wieder rückgängig.
`Win`+`,`	Blendet die Fenster kurz aus.
`Win`+`Strg`+`D`	Legt einen neuen virtuellen Desktop an.

Tastenkürzel	Funktion
Win + Strg + F4	Schließt den aktuellen virtuellen Desktop.
Win + Strg + ←	Wechselt zwischen virtuellen Desktops.
Win + Strg + →	
Win + +	Aktiviert die Bildschirmlupe und vergrößert die Ansicht.
Win + -	Schaltet auf Normalgröße zurück. Die Bildschirmlupe bleibt aktiv.
Win + Enter	Schaltet die Sprachausgabe ein.
Win + Leertaste	Schaltet Eingabesprache und Tastaturlayout um.
Win + Tab	Schaltet zwischen Apps um.
Win + Pause	Öffnet die Systemsteuerung und zeigt die Basisinformationen über den Computer an.
Win + 1	Startet die erste Anwendung (von links) in der Taskleiste, üblicherweise den Microsoft Edge-Browser. Win + 2 und folgende Zahlen starten weitere Anwendungen.
Win + A	Blendet die Benachrichtigungen ein.
Win + D	Blendet das Info-Center ein
Win + E	Öffnet ein Explorer-Fenster.
Win + H	Blendet die Seitenleiste *Teilen* ein.
Win + I	Öffnet die *Einstellungen*.
Win + K	Zeigt die Seitenleiste für Anzeige und Audiogeräte an.
Win + L	Sperrt den Computer mit dem Sperrbildschirm.
Win + O	Schaltet den Orientierungssensor zur Bildschirmdrehung (wenn vorhanden) ein und aus.
Win + P	Startet den Präsentationsmodus.
Win + R	Öffnet das Dialogfeld *Ausführen*.
Win + S	Startet die Suchfunktion nach Dateien, Fotos, E-Mails etc.
Win + T	Schaltet zwischen den Fenstern um.
Win + U	Schaltet die erleichterte Bedienung ein.
Win + X	Öffnet das *Systemmenü*.

3.7   Das macht der neue Explorer besser

Der Explorer ist das Fenster zu Ihrer Festplatte und allen anderen Laufwerken des Computers. Sie starten den Explorer, indem Sie in der Taskleiste oder unten links im Startmenü auf das Explorer-Symbol klicken. Noch schneller geht es mit dem Tastenkürzel Win + E.

Beim Start zeigt der Explorer Symbole für häufig verwendete Ordner sowie die zuletzt verwendeten Dateien. Auf diese Weise können Sie sehr schnell auf die Arbeit der letzten Minuten zugreifen, um zum Beispiel Dateien zu verschieben oder zu versenden.

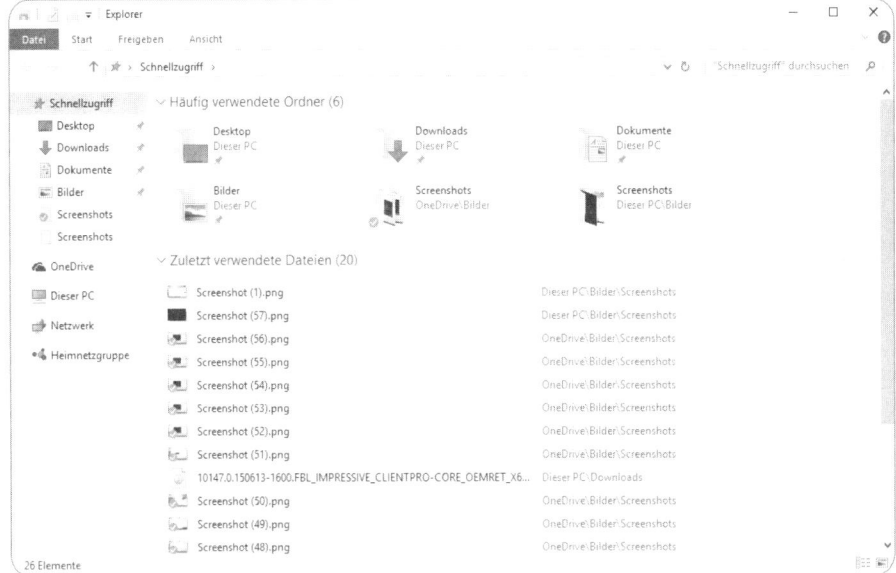

Bild 3.26: Die Startansicht des Explorers.

Bild 3.27: Ein Klick auf den kleinen Pfeil neben dem Wort *Explorer* öffnet diesen direkt mit einem bestimmten Ordner.

3.7.1 Infos über Laufwerke und wichtige Ordner

Die Ansicht des Explorers, die Windows als *Dieser PC* bezeichnet und die früher die Startansicht war, zeigt wichtige Ordner für *Bilder*, *Dokumente*, *Downloads* etc. sowie eine Übersicht aller lokalen und Netzlaufwerke.

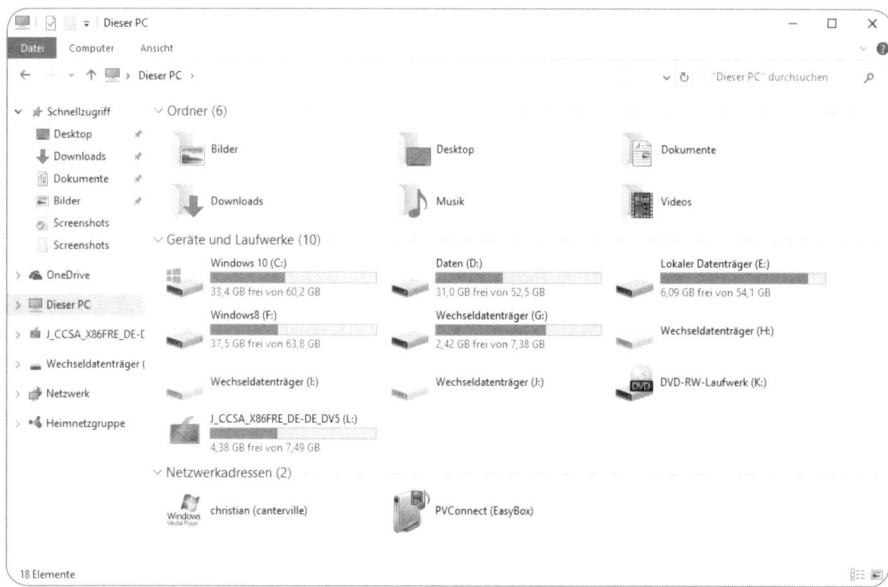

Bild 3.28: Die Ansicht *Dieser PC* zeigt alle Laufwerke auf dem Computer.

USB-Sticks und Kartenleser nutzen

USB-Sticks und Speicherkarten in Kartenlesern werden von Windows 10 unter *Geräte und Laufwerke* angezeigt. Das Gleiche gilt für im Laufwerkmodus angeschlossene Smartphones oder MP3-Player. Jedes Wechselmedium bekommt automatisch einen Laufwerkbuchstaben zugeordnet.

Bild 3.29: Meldung beim Anschließen eines USB-Sticks.

Beim Anschließen eines USB-Sticks zeigt Windows 10 eine Meldung. Nach einem Klick darauf wird ein Dialogfeld angezeigt, in dem Sie eine Aktion für den Wechseldatenträger auswählen können. Je nach Gerät werden beim ersten Mal noch Treiber installiert. Dies geschieht vollautomatisch, ohne dass Sie sich darum kümmern müssen.

Bild 3.30: Dialogfeld mit
Aktionen für den USB-Stick.

Wählen Sie die Option *Ordner öffnen, um Dateien anzuzeigen*, öffnet sich ein neues
Explorer-Fenster mit dem Inhalt des USB-Sticks.

USB-Sticks können theoretisch jederzeit angeschlossen und wieder entfernt werden. Nach dem Kopieren großer Datenmengen sollten Sie jedoch einige Sekunden
warten, bis temporär zwischengespeicherte Daten auch wirklich auf den USB-Stick
geschrieben wurden.

Um ganz sicherzugehen, dass keine Daten verloren gehen, klicken Sie auf das Symbol *Hardware sicher entfernen* im Infobereich der Taskleiste und wählen das Gerät
aus, das Sie entfernen möchten. Jetzt werden alle Daten aus dem Cache physikalisch geschrieben. Danach erscheint der Hinweis, dass das Gerät vom PC getrennt
werden kann.

Bild 3.31: Am USB-Anschluss
angeschlossene Geräte sicher entfernen.

3.7.2 Explorer-Oberfläche im Stil von Office 2013

Der klassische Windows-Explorer hat in Windows 10 eine überarbeitete neue
Oberfläche im Stil von Office 2013 erhalten, wobei auch diverse neue Funktionen
und Verbesserungen integriert wurden. Ob diese Oberfläche tatsächlich benutzerfreundlicher ist, ist Geschmackssache. Die Neuerungen gegenüber Windows 7 werden an dieser Stelle zusammenfassend beschrieben.

Die klassische Menüleiste wurde durch neue Befehlspaletten im sogenannten
Menüband ersetzt, die je nach Ansicht und Art der Dateien und Ordner automatisch passende Funktionen anbieten. Diese Menübänder sind in Gruppen einge-
teilt, die sich über Registerkarten ganz oben umschalten lassen.

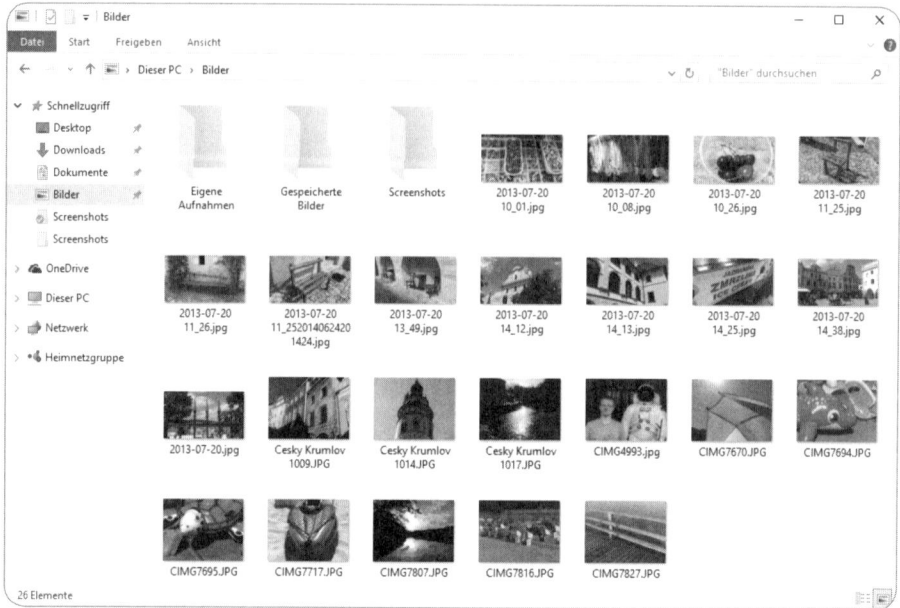

Bild 3.32: Bilderverzeichnis im Windows-Explorer.

Die Befehlspaletten bringen auch Funktionen an die Oberfläche, die früher tief in Menüs oder Optionsdialogen versteckt waren.

Befehlspaletten ein- oder ausblenden

Einen Nachteil haben die Befehlspaletten gegenüber klassischen Menüs: Sie belegen auf kleinen Bildschirmen deutlich mehr Platz. Deshalb sind sie in Windows 10 standardmäßig minimiert. Klickt man auf den Titel eines der Register, wird die jeweilige Palette temporär angezeigt. Der kleine Pfeil oben rechts oder die Tastenkombination $\boxed{\text{Strg}}$ + $\boxed{\text{F1}}$ maximiert oder minimiert das Menüband.

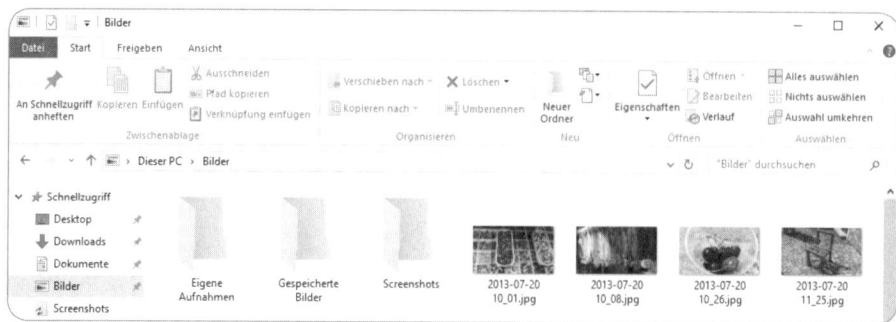

Bild 3.33: Permanent eingeblendete Befehlspalette.

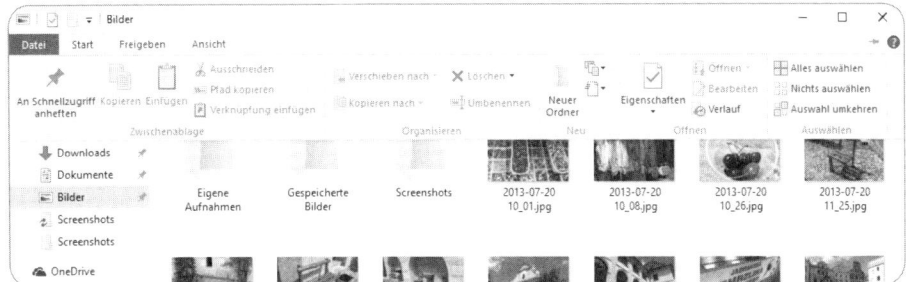

Bild 3.34: Temporär eingeblendete Befehlspaletten verdecken einen Teil des Fensterinhalts, verschwinden aber schnell wieder.

Nach oben springen

Im Explorer von Windows XP gab es sie noch, in Windows 7 ist sie verloren gegangen – die Schaltfläche, mit der man eine Verzeichnisebene nach oben springt.

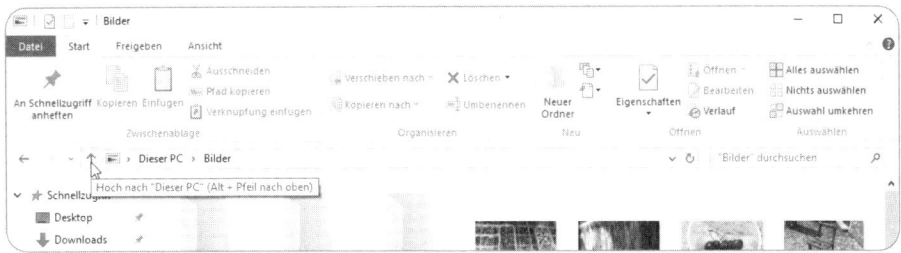

Bild 3.35: Verzeichnisebene nach oben springen.

Natürlich können Sie aber weiterhin durch Anklicken eines der Verzeichnisse in der Pfadangabe oder im Verzeichnisbaum links zu einem übergeordneten Verzeichnis wechseln. Auch das Tastenkürzel $\boxed{\text{Alt}}$+$\boxed{\uparrow}$ springt eine Verzeichnisebene nach oben.

Schnellzugriffssymbole in der Titelleiste

Die Titelleiste der neuen Explorer-Fenster enthält links oben häufig gebrauchte Funktionen in einer sogenannten Symbolleiste für den Schnellzugriff, die immer zur Verfügung steht, unabhängig davon, ob und welche Befehlspalette gerade im Menüband angezeigt wird. Neben den beiden standardmäßig angezeigten Symbolen für *Eigenschaften* und *Neuer Ordner* können Sie weitere Symbole an dieser Stelle einblenden. Klicken Sie dazu auf den kleinen Pfeil rechts außen in der Schnellzugriffsleiste und markieren Sie die gewünschten Symbole.

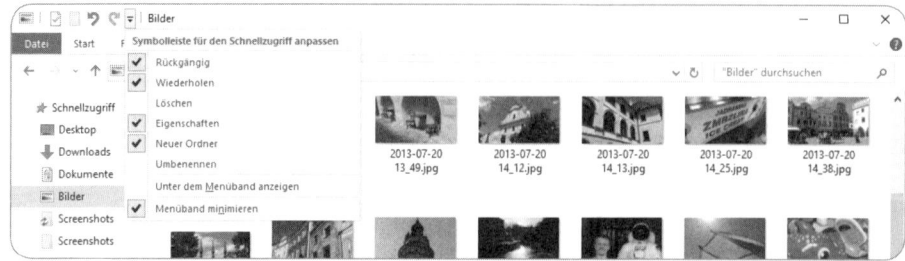

Bild 3.36: Einstellungsmöglichkeiten unter *Symbolleiste für den Schnellzugriff anpassen*.

Kopieren und Verschieben nach

Dateien im Explorer in einen Ordner zu kopieren, der an einer ganz anderen Stelle in der Verzeichnisstruktur liegt, erfordert jedes Mal viel Geschicklichkeit. Der Explorer in Windows 10 bietet im Menüband unter *Start* die beiden neuen Symbole *Verschieben nach* und *Kopieren nach*.

Wählen Sie zunächst wie gewohnt die zu kopierenden Dateien aus und klicken Sie danach auf das Symbol *Kopieren nach*. Ein Auswahlmenü zeigt ein paar typische sowie in letzter Zeit verwendete Ordner an. Mit einem Klick werden die markierten Dateien dorthin kopiert. Auf die gleiche Weise lassen sich Dateien mit *Verschieben nach* verschieben.

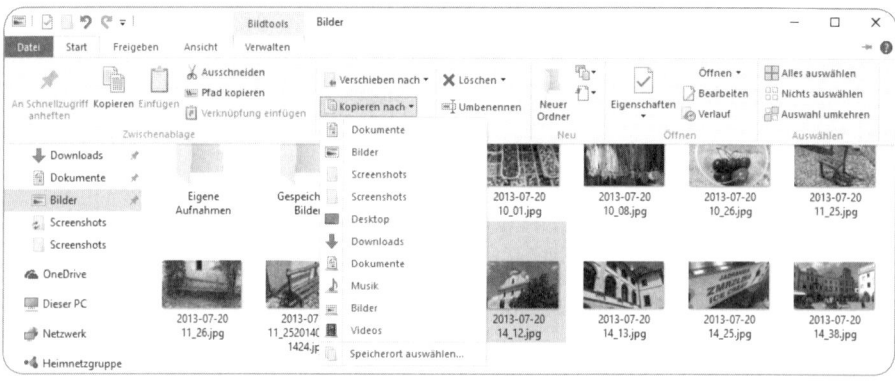

Bild 3.37: Das Symbol *Kopieren nach* im Explorer.

Über den Menüpunkt *Speicherort auswählen* können Sie jeden beliebigen Ordner als Ziel wählen. Dazu erscheint ein spezielles Dialogfeld, das Windows an mehreren Stellen zur Ordnerauswahl nutzt.

Bild 3.38: Zum Kopieren von
Elementen einen Ordner auswählen.

Fortschrittsanzeige beim Kopieren und Verschieben

Beim Kopieren oder Verschieben von Dateien in einen anderen Ordner oder auf ein anderes Laufwerk zeigte der Windows-Explorer bisher eine Animation an, erst mit einem Klick auf *Details* gab es einen Hinweis darauf, wie lange der Vorgang noch dauern wird. In Windows 8 und Windows 10 wurde diese Anzeige erweitert. Ein Klick auf *Details* zeigt die Geschwindigkeit sowie die zu erwartende Restzeit an.

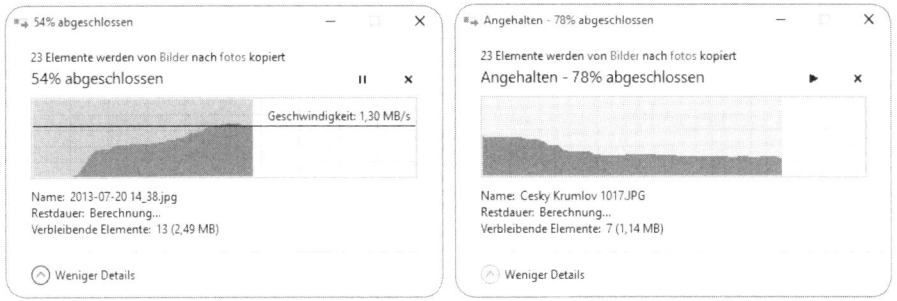

Bild 3.39: Fortschrittsanzeige beim Kopieren. Rechts: Der Kopiervorgang wurde angehalten.

Wenn Ihnen der Vorgang zu lange dauert, können Sie ihn an dieser Stelle unterbrechen und zu einem späteren Zeitpunkt an der gleichen Stelle fortsetzen. Voraussetzung dafür ist nur, dass die zu kopierenden Dateien in der Zwischenzeit nicht geändert werden.

Bessere Übersicht bei Dateikonflikten beim Kopieren und Verschieben

Versucht man, Dateien zu kopieren, die es im Zielverzeichnis mit gleichem Namen bereits gibt, erscheint zunächst eine Abfrage, die wissen möchte, ob diese durch die neuen Dateien überschrieben werden sollen oder man die alten Dateien behalten möchte und somit die gleichnamigen neuen beim Kopieren übersprungen werden sollen.

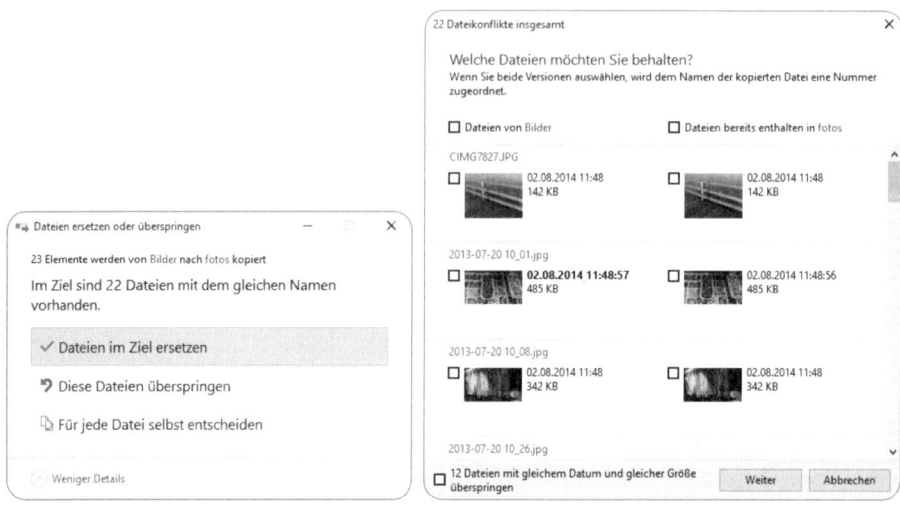

Bild 3.40: Neues Dialogfeld für Dateikonflikte beim Kopieren.

Die neue Option *Für jede Datei selbst entscheiden* öffnet ein Dialogfeld, in dem Sie für jede Datei angeben können, ob die Originaldatei behalten oder die neue Version genommen werden soll. Unterschiedliche Dateigrößen und Datumsangaben werden angezeigt, bei Bildern auch ein Vorschaubild. Damit wird ein umfangreicher Kopiervorgang nicht mehr bei jedem Dateikonflikt unterbrochen. Mit den Kontrollkästchen ganz oben lassen sich alle Dateien auf einmal markieren. Markiert man beide Versionen einer Datei, wird an den Dateinamen der Kopie eine Nummer angehängt. Danach sind das Original und die Kopie im Zielverzeichnis vorhanden.

Dateien einfacher auswählen

Der neue Explorer bietet Vereinfachungen beim Auswählen mehrerer Dateien zum Kopieren oder Verschieben. Die Registerkarte *Start* zeigt im Menüband ganz rechts drei Schaltflächen, mit denen Sie alle Dateien auswählen, nichts auswählen oder die vorhandene Auswahl umkehren können.

Die Anzahl ausgewählter Dateien und die Gesamtgröße werden, ähnlich wie bei Windows 7, unten in der Statusleiste angezeigt.

Bild 3.41: Komfortable Funktionen zur Dateiauswahl.

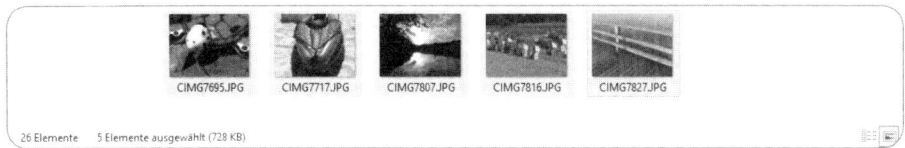

Bild 3.42: Die Statusleiste im Explorer-Fenster.

Die Statusleiste zeigt rechts zwei neue Symbole, mit denen man schnell zwischen den beiden wichtigsten Ansichten im Explorer umschalten kann, der Detailansicht und der Ansicht *Große Symbole*.

Verbesserte Suche

Die Suchfunktion im Explorer war in Windows 7 bereits deutlich erweitert worden. Windows 10 macht sie durch die Registerkarte *Suchen* im Menüband, die automatisch erscheint, wenn man im Suchfeld einen Text eingibt, leichter bedienbar. Hier lassen sich Filter und erweiterte Suchparameter einfach per Klick einrichten.

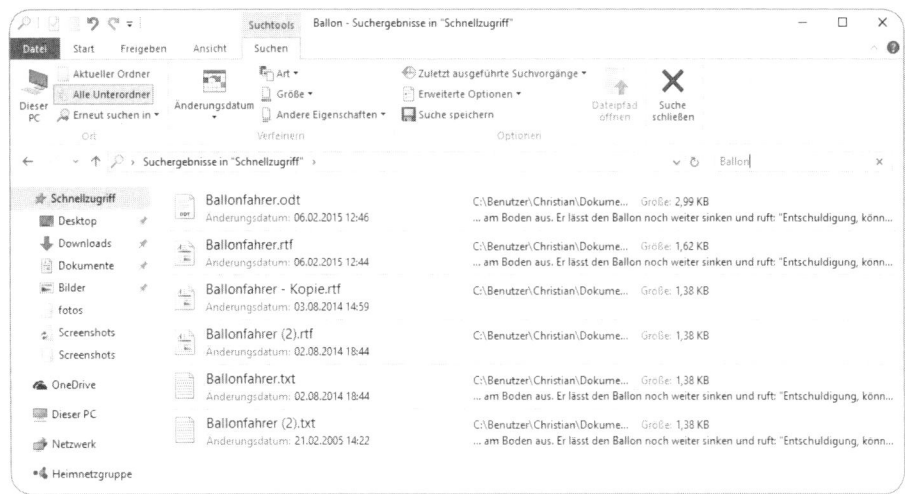

Bild 3.43: Suchoptionen im Menüband.

3.7.3 Arbeiten mit Dateien, Ordnern und Bibliotheken

Alle Informationen auf einem Computer werden in Dateien gespeichert. Eine Datei kann ein Dokument sein, aber auch jede andere Art von Informationseinheit, zum Beispiel Bilder, Programme, Datenbanken, Musik, Videos, Verknüpfungen etc. Im großen Explorer-Fenster wird der Inhalt des aktuellen Ordners angezeigt. Jedes Element, das nicht durch die gelbe oder eine andersfarbige Ablagemappe dargestellt wird, ist eine Datei. In den Listen werden Ordner üblicherweise zuerst angezeigt, danach die Dateien. Dateien haben je nach Dateityp besondere Symbole, Fotos werden als kleine Vorschaubilder angezeigt.

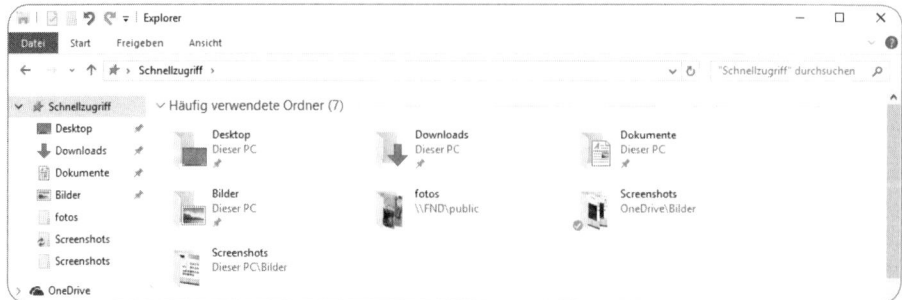

Bild 3.44: Persönliche Standardverzeichnisse unter *Schnellzugriff* im Explorer.

Zur Ablage persönlicher Bilder, Dokumente, Downloads, Musik und Videos verwendet Windows 10 Standardverzeichnisse. Zusammen mit diesen Verzeichnissen erscheinen auf der Startseite *Schnellzugriff* des Explorers auch noch die in letzter Zeit häufig verwendeten Verzeichnisse.

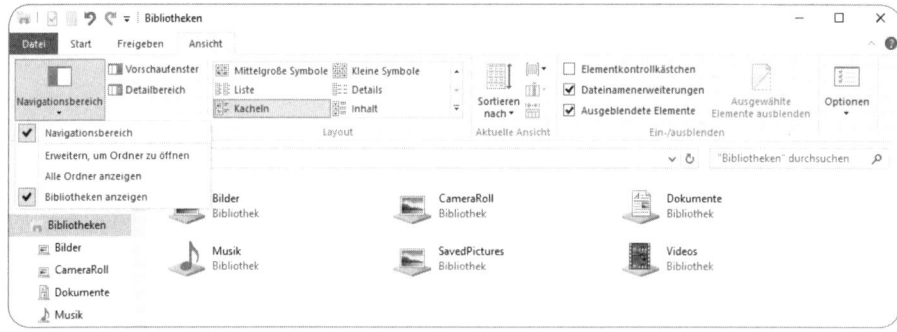

Bild 3.45: Bibliotheken im Explorer anzeigen.

Die aus Windows 7 und 8 bekannten Bibliotheken werden in Windows 10 standardmäßig nicht mehr angezeigt, können aber noch verwendet werden. Um die Bibliotheken aufzurufen, klicken Sie im Menüband unter *Ansicht* auf das Symbol *Navigationsbereich* und schalten dort *Bibliotheken anzeigen* ein.

Die wichtigen Dateiendungen

Jede Datei hat unter Windows einen Dateinamen und dahinter eine Endung, die meist aus drei Zeichen besteht. Sollte der Explorer die wichtigen Dateiendungen standardmäßig nicht anzeigen, schalten Sie im Menüband unter *Ansicht* das Kontrollkästchen *Dateinamenerweiterungen* ein, um die Endungen sichtbar zu machen.

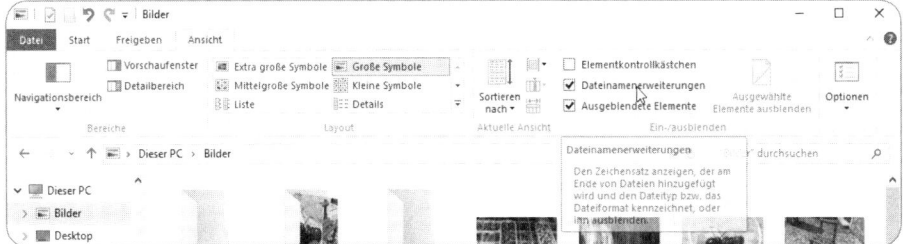

Bild 3.46: Dateien mit ihren Dateinamenserweiterungen anzeigen lassen.

Sicherheitshinweis: Erweiterungen bei bekannten Dateitypen nicht ausblenden
Lassen Sie die Anzeige der Dateinamenserweiterung immer eingeschaltet. Sie erhalten zum Beispiel per E-Mail eine Datei mit dem Namen *info.txt*. Sie haben die Datei gespeichert und öffnen sie jetzt ohne Argwohn. Aber plötzlich haben Sie einen böswilligen Virus installiert. Wie kommt das?
Sie haben die Anzeige der Dateiendungen ausgeschaltet. Die Datei war eine ausführbare Datei und hieß in Wirklichkeit *info.txt.exe*. Irgendjemand hat sie Ihnen untergejubelt. Windows lässt nämlich leider mehrere Punkte im Dateinamen zu, nur der letzte trennt den eigentlichen Namen von der Endung.
Die Dateinamenserweiterung .exe kennzeichnet ausführbare Programme. Öffnen Sie solche Dateien mit Doppelklick nur, wenn Sie das Programm kennen. Auch Dateien mit den Endungen *.bat*, *.com*, *.dll*, *.ini*, *.scr* und *.sys* sollten Sie nur öffnen, wenn Sie wissen, was diese Dateien bewirken.

Schalten Sie die Ansicht im Explorer mit den Schaltflächen unten rechts auf *Details* um, werden neben den Dateinamen auch die Typen im Klartext angezeigt.

✓ 💻 Dieser PC	🖼 CIMG7717.JPG	15.08.2012 14:09	JPG-Datei	161 KB
> 🖼 Bilder	🖼 CIMG7807.JPG	19.08.2012 19:35	JPG-Datei	131 KB
> 🖥 Desktop ⌄	🖼 CIMG7816.JPG	19.08.2012 19:46	JPG-Datei	153 KB
	🖼 CIMG7827.JPG	19.08.2012 19:50	JPG-Datei	143 KB
26 Elemente				

Bild 3.47: Umschalten zwischen Miniaturansicht und Detaildarstellung.

Dateiendung nicht ändern
Ändern Sie die Dateiendung nicht, da Windows daran den Dateityp erkennt und sich die Datei nach einer Änderung möglicherweise nicht mehr öffnen lässt.

Unbekannte Dateitypen öffnen

Sie haben sicher schon einmal eine Datei aus dem Explorer heraus zum Bearbeiten geöffnet. Ein Doppelklick auf das Dateisymbol genügt, und die Datei wird mit dem richtigen Programm zur Ansicht oder Bearbeitung geöffnet. Aber woher kennt Windows das passende Programm? Ein Dateiname besteht immer aus dem eigentlichen Namen und der Dateinamenserweiterung. Dabei handelt es sich um die (meistens) drei Buchstaben nach dem letzten Punkt.

Windows verwaltet intern eine Liste mit Dateinamenserweiterungen und den zugehörigen Programmen. Dort ist z. B. verzeichnet, dass Dateien mit der Endung .*txt* immer mit dem Programm *Editor* geöffnet werden sollen. Wenn Sie ein neues Programm installieren, wird die Liste meistens von diesem Programm aktualisiert, wenn neue Dateitypen verwendet werden.

So weit, so gut. Was ist aber, wenn die Dateiendung dem Betriebssystem nicht bekannt ist? In dem Fall fragt Windows Sie, ob Sie im Windows Store nach einer App suchen möchten. Die alternative Variante, ein neues Programm auf dem klassischen Desktop zu installieren, wird leider nicht erwähnt.

Bild 3.48: Wie soll eine unbekannte Datei geöffnet werden?

Der Menüpunkt *Weitere Apps* liefert meistens die beste Lösung. Im nächsten Fenster empfiehlt Windows einige Programme, die es für geeignet hält. Die Auswahl kann sehr zufällig sein und enthält diverse Programme, die die betreffende Datei sicher nicht öffnen können. Wählen Sie ein Programm aus, von dem Sie wissen, dass es die betreffende Datei öffnen kann. Sollte das gewünschte Programm nicht angezeigt werden, können Sie es mit der Option *Andere App auf diesem PC suchen* ganz unten in der Liste unter den installierten Programmen finden.

Das Kontrollkästchen *Immer diese App zum Öffnen von .xxx-Dateien verwenden* können Sie aktivieren, wenn der unbekannte Dateityp häufiger verwendet wird. Ein solcher Dateityp wird dann immer mit dem ausgewählten Programm ausgeführt.

Dateitypen zuordnen

Es gibt eine weitere Möglichkeit, eine Datei mit einem ganz bestimmten Programm zu öffnen. Dies ist besonders dann interessant, wenn Sie z. B. mehrere Bildbetrachter oder mehrere Office-Pakete installiert haben. Bei Dateien mit bekannten Dateitypen erscheint neben der *Öffnen*-Schaltfläche im Menüband des Explorers unter *Start* ein kleines Dreieck. Darüber können Sie das gewünschte Programm auswählen. Die gleiche Auswahl gibt es auch bei einem Rechtsklick auf eine Datei über den Kontextmenüpunkt *Öffnen mit.*

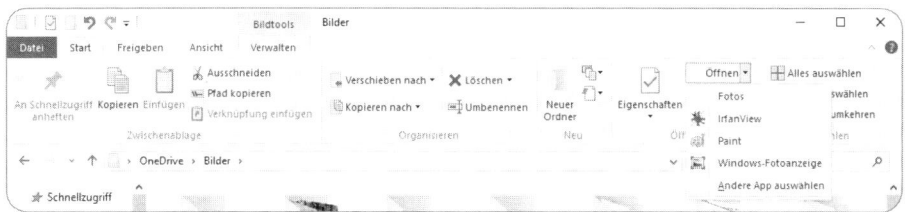

Bild 3.49: Auswahl eines Programms zum Öffnen einer Datei.

Windows zeigt hier die empfohlenen Programme an und bietet auch eine Möglichkeit, ein neues Standardprogramm einzurichten. Wenn Sie keines für das richtige halten, können Sie den Computer nach einem geeigneten Programm durchsuchen.

3.7.4 Wo sind die Favoriten im Explorer?

Die ehemaligen Favoriten im Windows-Explorer von Windows 7 und 8.1 wurden in Windows 10 durch den Schnellzugriffsbereich ersetzt. Dieser befindet sich jederzeit links oben im Explorer und wird auch direkt beim Öffnen eines neuen Explorer-Fensters angezeigt.

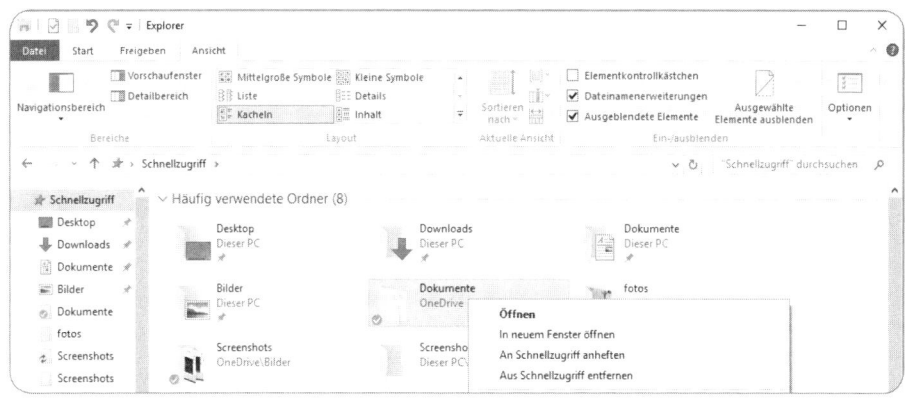

Bild 3.50: *Schnellzugriff* im Explorer.

Der Bereich *Schnellzugriff* kombiniert automatisch Favoriten mit der Liste häufig verwendeter Ordner. Auf diese Weise haben Sie alle Ordner, die Sie ständig brauchen, jederzeit im schnellen Zugriff.

Schnellzugriff hinzufügen

Die Ordner *Desktop*, *Downloads*, *Dokumente* und *Bilder* sind hier automatisch angeheftet. Weitere Ordner können jederzeit mit einem Rechtsklick und dem Kontextmenüpunkt *An Schnellzugriff anheften* oder im Menüband unter *Start* im Schnellzugriffsbereich verfügbar gemacht werden. Dabei können Sie sogar die Position festlegen, an der die Verknüpfung erscheinen soll. Diese Liste wird nicht automatisch sortiert. Sie können jederzeit mit der Maus die Reihenfolge der Favoriten ändern. Bei den Symbolen unter *Schnellzugriff* handelt es sich nur um Verknüpfungen. Die Ordner bleiben an ihrer Position im Dateisystem erhalten.

Der Menüpunkt *Aus Schnellzugriff entfernen* löscht einen Eintrag ohne weitere Nachfrage aus der Liste. Das verknüpfte Verzeichnis selbst bleibt bestehen, es wird nur die Verknüpfung gelöscht.

Favoritenordner im Startmenü

Der Kontextmenüpunkt *An »Start« anheften* legt eine Kachel für den Favoritenordner im Startmenü an. Ein Klick darauf öffnet ein Explorer-Fenster, in dem sofort der jeweilige Favoritenordner angezeigt wird. So müssen Sie nicht erst den Explorer aufrufen.

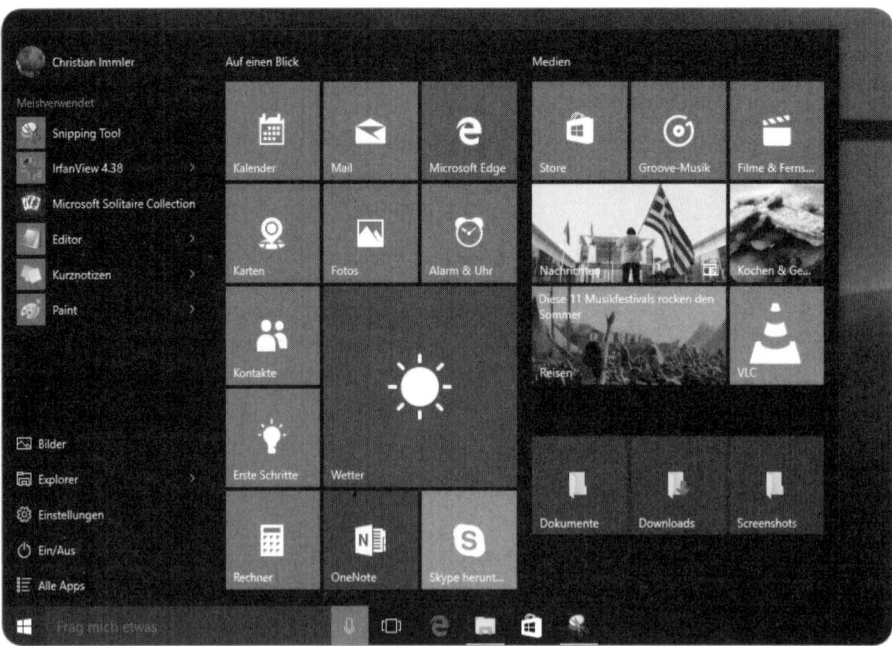

Bild 3.51: Für die angehefteten Ordner wird automatisch eine neue Gruppe im Startmenü angelegt.

3.7.5 Tastenkürzel machen die Arbeit komfortabler

Wichtige Funktionen des Explorers lassen sich über die Tastatur viel schneller aufrufen als über die passende Schaltfläche.

Tastenkürzel	Funktion
`Alt` + `↑`	Übergeordneten Ordner anzeigen.
`Alt` + `→`	Nächsten Ordner anzeigen (in der Reihenfolge vorblättern).
`Alt` + `←`	Zuletzt angezeigten Ordner anzeigen (in der Reihenfolge zurückblättern).
`Alt` + `A`	Registerkarte *Ansicht* im Menüband öffnen.
`Alt` + `B`	Registerkarte *Freigeben* im Menüband öffnen.
`Alt` + `D`	Menü *Datei* öffnen.
`Alt` + `Enter`	Eigenschaften des markierten Elements anzeigen.
`Alt` + `F4`	Explorer-Fenster schließen.
`Alt` + `J`	Registerkarte *Verwalten* im Menüband öffnen (wenn für das markierte Element verfügbar).
`Alt` + `P`	Vorschaubereich ein- oder ausblenden.
`Alt` + `R`	Registerkarte *Start* im Menüband öffnen.
`Ende`	Letztes Element des Ordners markieren.
`Entf`	Markiertes Element löschen.
`F11`	Explorer-Fenster im Vollbildmodus.
`Pos1`	Erstes Element des Ordners markieren.
`Strg` + `A`	Alle Elemente im Ordner markieren.
`Strg` + `C`	Kopiert das markierte Element in die Zwischenablage.
`Strg` + `F`	Suchfeld aktivieren.
`Strg` + `F1`	Menüband ein- oder ausblenden.
`Strg` + `F4`	Adressfeld aktivieren.
`Strg` + `N`	Neues Explorer-Fenster im gleichen Verzeichnis öffnen.
`Strg` + `Umschalt` + `N`	Neuen Ordner anlegen.
`Strg` + `V`	Fügt das Element aus der Zwischenlage an dieser Stelle ein.
`Strg` + `X`	Verschiebt das markierte Element in die Zwischenablage.
`Win` + `E`	Neues Explorer-Fenster in der Startansicht öffnen.

Ein Druck auf die `Alt`-Taste blendet Buchstaben bei wichtigen Symbolen im Menüband ein. Ein Druck auf die jeweilige Taste bewirkt das Gleiche wie ein Klick auf das entsprechende Symbol.

Bild 3.52: Buchstaben zur Tastaturbedienung des Menübands.

3.7.6 Komprimierte Daten sparen nicht nur Speicherplatz

Neue PCs enthalten mittlerweile Festplatten mit riesigem Speichervolumen. Aber irgendwann wird auch da der Platz knapp. Deshalb bietet Windows mit verschiedenen Komprimierungsmethoden Möglichkeiten an, erheblich Platz zu sparen.

ZIP-Archive sind spezielle Ordner, die Sie als Datencontainer betrachten können. Darin werden Dateien ohne Datenverlust komprimiert und können daraus auch wieder in ihrer Originalgröße extrahiert werden.

Komprimierung in Windows 10

Wie immer bei Windows gibt es mehrere Wege, Sie müssen nur den günstigsten für Ihren Arbeitsstil und die jeweilige Situation auswählen.

1. Im Kontextmenü der zu komprimierenden Datei wählen Sie *Senden an/ZIP-komprimierter Ordner*. Es wird ein neuer Ordner mit dem Namen der komprimierten Datei und der Dateiendung *.zip* erstellt. Er befindet sich im selben Ordner. Sie können auch mehrere Dateien gleichzeitig markieren, die alle in einen einzigen ZIP-Ordner gepackt werden.

2. Erstellen Sie im Menüband des Explorers unter *Start* mit dem Symbol *Neues Element/ZIP-komprimierter Ordner* einen neuen Ordner. Geben Sie ihm einen aussagekräftigen Namen. In diesen Ordner können Sie nun Ihre Bilder, Dokumente, Videos oder auch weitere Ordner kopieren oder einfach mit der Maus hineinziehen und fallen lassen, genau so, wie Sie es auch mit einem normalen Ordner machen würden.

Bild 3.53: ZIP-komprimierten Ordner erstellen.

3. Markieren Sie die zu komprimierenden Dateien im Explorer und klicken Sie dann auf der Registerkarte *Freigeben* im Menüband auf das Symbol *ZIP*. Die markierten Dateien werden in einen Ordner gepackt, dem Sie jetzt nur noch einen Namen zu geben brauchen.

Bild 3.54: *Tools für komprimierte Ordner* beim Packen im Explorer.

Der ZIP-Ordner wird als Ordnersymbol mit einem Reißverschluss (engl. Zip) ange-zeigt. Natürlich können Sie die Dateien aus dem Ordner wieder entpacken. Öffnen Sie den ZIP-Ordner mit einem Doppelklick. Sie sehen alle darin verpackten Dateien. Jetzt können Sie einzelne oder mehrere Dateien gleichzeitig in einen normalen Ordner ziehen. Der ZIP-Ordner bleibt unverändert erhalten. Einige Programme können auch direkt Dateien aus komprimierten Ordnern öffnen, was aber beson-ders bei großen Dateien viel Arbeitsspeicher und Leistung kostet und daher gene-rell nicht zu empfehlen ist.

Der Explorer zeigt bei geöffneten ZIP-Ordnern eine Registerkarte *Tools für kompri-mierte Ordner* im Menüband. Hier sind Symbole für wichtige Standardordner zu sehen, in die man ausgewählte Inhalte aus dem ZIP-Ordner mit einem Klick kopie-ren kann.

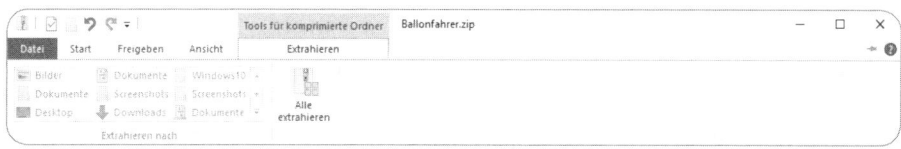

Bild 3.55: Menüband für ZIP-komprimierte Ordner.

Was Sie beim Zippen beachten sollten

Obwohl das Komprimieren in Windows 10 sehr einfach gelöst ist, sollten doch einige Punkte beachtet werden:

* Wenn Sie mehrere Dateien transportieren wollen, z. B. per E-Mail oder freige-gebenen Downloadlink auf OneDrive, lohnt sich ein ZIP-Ordner immer, da Sie dann nur eine Datei verschicken müssen. Dies ist bei heutigen Festplattengrö-ßen der wesentlich wichtigere Vorteil von ZIP-Ordnern gegenüber der Platzer-sparnis durch Komprimierung.

* Bilddateien mit der Dateiendung *.bmp* (sogenannte Bitmapdateien) oder Text-dateien mit den Dateiendungen *.txt*, *.doc*, *.docx*, *.rtf* und *.htm* lassen sich sehr gut komprimieren. Bilddateien, die von sich aus schon komprimiert sind, wie *.jpg*, *.png* oder *.gif*, werden bei der Komprimierung im ZIP-Ordner nur ganz unwe-sentlich kleiner. Die Detailansicht im Explorer zeigt bei jeder Datei in einem ZIP-Ordner neben der Originalgröße auch die komprimierte Größe und das Kompressionsverhältnis an.

Aktuelle Arbeitsdateien nicht komprimieren

Dateien, die regelmäßig benötigt und verändert werden, sollten nicht in einen ZIP-Ordner gepackt werden. Sie können zwar die Dateien schnell entpacken und sogar per Doppelklick direkt aus dem ZIP-Ordner heraus öffnen, Sie können sie aber nach einer Änderung aus den meisten Anwendungsprogrammen heraus nicht wieder in den ZIP-Ordner speichern. Sie müssten die Datei zunächst auf dem Desktop oder in einem anderen Ordner speichern und von dort in den ZIP-Ordner ziehen. Es besteht sehr schnell die Gefahr, dass Sie Dateien mit unterschiedlichen Aktualisierungsständen aufbewahren.

Bild 3.56: Anzeige eines ZIP-komprimierten Ordners im Explorer.

Windows-Echtzeitkomprimierung

Windows bietet bereits seit einigen Versionen zusätzlich zur ZIP-Komprimierung eine weitere Möglichkeit, Ordner und Dateien in Echtzeit zu komprimieren, auf die danach mit jedem Programm normal zugegriffen werden kann. Eine solche Echtzeitkomprimierung von ganzen Verzeichnissen oder Datenträgern ist nur auf NTFS-Datenträgern möglich. Die erstmalige Komprimierung eines Verzeichnisses oder einer Partition kann je nach Menge der enthaltenen Daten mehrere Stunden dauern. Danach gehen die Zugriffe relativ schnell. Allerdings ist die Kompressionsrate bei Weitem nicht so gut wie bei speziellen Packprogrammen oder ZIP-Ordnern.

Komprimieren nur mit Administratorrechten

Das erste Komprimieren eines Laufwerks ist nur durchzuführen, wenn man als Benutzer Administratorrechte besitzt. Der Zugriff auf ein komprimiertes Verzeichnis ist später wieder für alle Benutzer möglich.

Um ein Verzeichnis in Echtzeit zu komprimieren, gehen Sie folgendermaßen vor:

1. Markieren Sie das Verzeichnis und klicken Sie im Menüband unter *Start* auf das Symbol *Eigenschaften*.

2. Klicken Sie im Dialogfeld auf *Erweitert* und aktivieren Sie im nächsten Dialogfeld den Schalter *Inhalt komprimieren, um Speicherplatz zu sparen.*

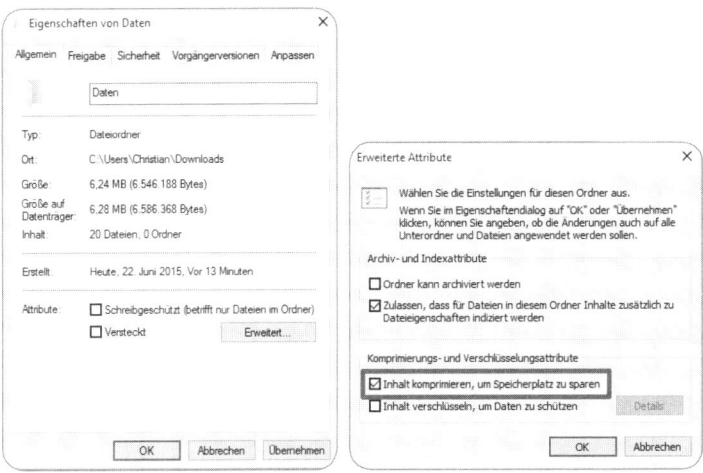

Bild 3.57: Ordnerkomprimierung aktivieren.

3. Verlassen Sie beide Dialogfelder mit *OK.* Jetzt können Sie noch auswählen, ob
die Komprimierung auch für alle Unterordner des gewählten Verzeichnisses
gelten soll. Danach wird die erstmalige Komprimierung durchgeführt.

NTFS-komprimierte Verzeichnisse werden zur besseren Unterscheidung im Windows-Explorer blau dargestellt. Sollte das auf Ihrem Computer nicht der Fall sein,
klicken Sie im Menüband des Explorers unter *Ansicht* auf das Symbol *Optionen* und
schalten dort auf der Registerkarte *Ansicht* das Kontrollkästchen *Verschlüsselte
oder komprimierte NTFS-Dateien in anderer Farbe anzeigen* ein.

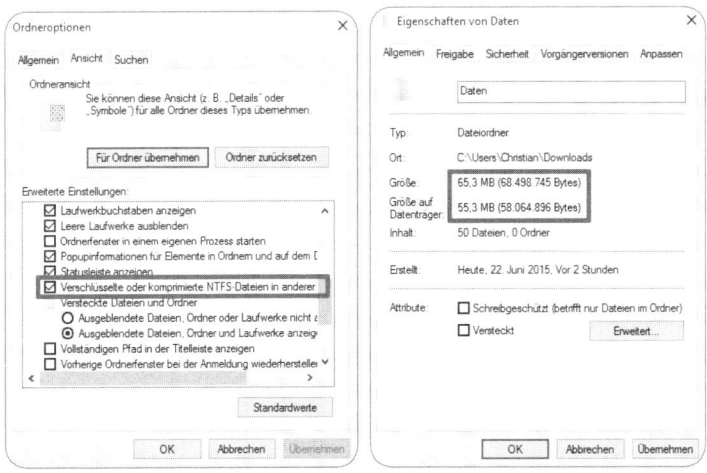

Bild 3.58: Links: blaue Darstellung aktivieren, rechts: komprimierte Ordnergröße vergleichen.

Möchten Sie wissen, wie viel die Kompression eines Ordners wirklich gebracht hat, können Sie sich über das Symbol *Eigenschaften* im Menüband die zusammengerechnete Größe aller Dateien im Ordner sowie den tatsächlich auf der Festplatte belegten Speicherplatz anzeigen lassen.

Echtzeitkomprimierung wieder ausschalten

Auf dem gleichen Weg über das Kontextmenü *Eigenschaften* und das Dialogfeld *Erweitert* können Sie später bei Bedarf die Echtzeitkomprimierung auch wieder ausschalten.

3.7.7 Daten auf CD-/DVD-Datenträger brennen

Windows 10 enthält komfortable Funktionen zum Brennen von Daten auf CD oder DVD. Dabei unterscheiden sich CD und DVD prinzipiell nur in der Größe, der Vorgang des Brennens unter Windows ist in beiden Fällen der gleiche. Eine CD fasst etwa 650 bis 700 MByte Daten, eine DVD etwa 4,7 GByte. Windows 10 unterstützt zwei verschiedene Formate, in denen CDs und DVDs beschrieben werden können, das klassische Mastered-Dateisystem und das moderne Livedateisystem.

Brennen mit dem Livedateisystem

Das Livedateisystem, auch als UDF bezeichnet, ist ein neues Format für CDs und DVDs. Dabei werden die Daten nicht auf der Festplatte zwischengelagert, sondern direkt auf die CD oder DVD gebrannt. Das Format bietet sich an, wenn eine CD ständig im Laufwerk liegt. Sie kann wie ein USB-Stick oder eine Speicherkarte als Datenspeicher verwendet werden, ohne dass ein spezieller Brennvorgang gestartet werden muss.

Kompatibilität zu anderen Systemen

Mit dem Livedateisystem erstellte CDs und DVDs können mit Windows ab Version XP genutzt werden. Sie sind weder kompatibel zu CD- und DVD-Playern noch zu Macintosh und Linux. Eine Auswahl älterer UDF-Versionen zur Unterstützung von Windows 2000 wird in Windows 10 nicht mehr angeboten. Wenn Sie selbst gebrannte CDs mit älteren Windows-Versionen vor XP verwenden wollen, müssen Sie also auf das Mastered-Dateisystem zurückgreifen.

---

1. Um Dateien mit dem Livedateisystem zu brennen, wählen Sie im Explorer die gewünschten Dateien aus und klicken dann im Menüband unter *Freigeben* auf die Schaltfläche *Auf Datenträger brennen*.

Bild 3.59: Die Brennfunktion von Windows 10 im Menüband des Explorers.

2. Es erscheint die Aufforderung, eine CD oder DVD in den Brenner einzulegen.

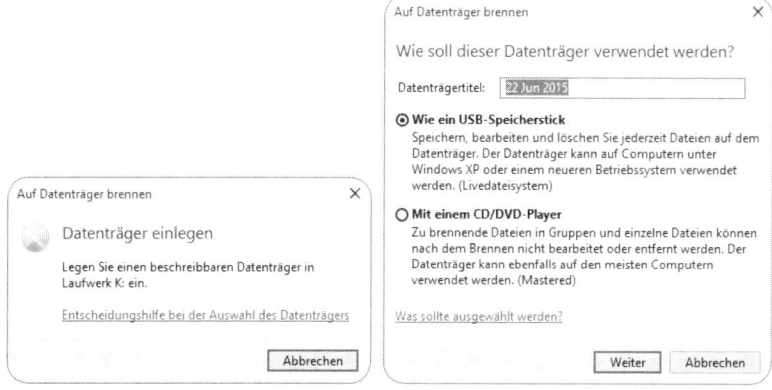

Bild 3.60: Vorbereitung zum Brennen einer CD/DVD mit dem Livedateisystem.

3. Nachdem der Datenträger kurz geprüft wurde, müssen Sie im nächsten Dialogfeld der leeren CD einen Namen geben. Der voreingestellte Datenträgername ist das aktuelle Datum. Sie können aber auch selbst einen aussagekräftigeren Namen vergeben.

4. Wählen Sie in diesem Dialogfeld noch das gewünschte Dateisystem aus, für das Livedateisystem wählen Sie die Voreinstellung *Wie ein USB-Speicherstick*. Mit einem Klick auf *Weiter* wird die CD mit dem Livedateisystem formatiert, und die Dateien werden auf die CD kopiert.

Weitere Dateien können später mit den normalen Kopierfunktionen des Explorers auf die CD kopiert werden. Die CD wird als Laufwerk in der Ansicht *Dieser PC* angezeigt. Hier ist im Gegensatz zu nicht beschreibbaren CD-ROMs auch der belegte und freie Speicherplatz zu erkennen.

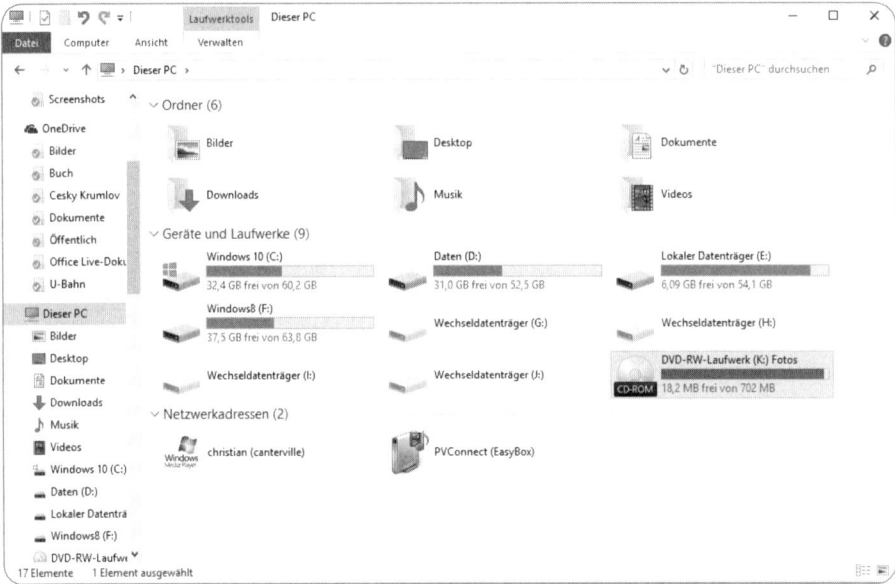

Bild 3.61: CD/DVD mit dem Livedateisystem im Explorer.

Daten auf CDs löschen

Bei CDs und DVDs mit dem Livedateisystem können Sie auch Daten vom Laufwerk löschen und überschreiben. Allerdings werden diese auf einfachen CD-R-Medien nicht physikalisch gelöscht, es wird lediglich ein neues Inhaltsverzeichnis geschrieben. Die scheinbar gelöschten Dateien sind aber nicht mehr zu sehen. Wenn Sie ein wiederbeschreibbares CD-RW-Medium im Brenner verwenden, können Sie Dateien tatsächlich löschen und überschreiben.

---

5. Bevor die CD/DVD in einem anderen Computer verwendet werden kann, muss die aktuelle Sitzung geschlossen werden. Klicken Sie dazu im Menüband unter *Verwalten* auf *Auswerfen* und warten Sie, bis sich das Laufwerk automatisch öffnet.

Bild 3.62: *Laufwerktools* für ein CD-/DVD-Laufwerk.

6. Erst dann dürfen Sie die CD aus dem Laufwerk nehmen. Es können später trotzdem weitere Daten auf die CD/DVD gebrannt werden. Diese erscheinen zwar physikalisch in einer eigenen Sitzung, werden aber in einem Dateisystem zusammengefasst, sodass die Sitzungen für den Benutzer nicht zu unterschei-

den sind. Für jedes Schließen einer Sitzung werden etwa 20 MByte Platz benötigt, um das neue Verzeichnis zu schreiben.

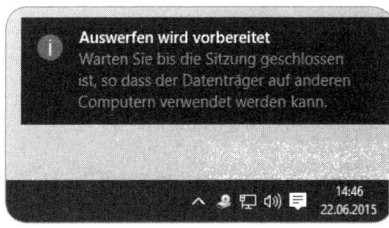

Bild 3.63: Diese Meldung zeigt, dass die CD noch nicht aus dem Laufwerk genommen werden darf.

7. Sie können in den Eigenschaften des Brenners allerdings festlegen, dass UDF-Sitzungen unter bestimmten Voraussetzungen beim Auswerfen der CD automatisch geschlossen werden. Markieren Sie dazu im Explorer in der Ansicht *Dieser PC* das CD-/DVD-Laufwerk und klicken Sie im Menüband *Computer* auf *Eigenschaften.*

8. Gehen Sie dann auf die Registerkarte *Aufnahme* und klicken Sie auf *Globale Einstellungen.* Im nächsten Dialog können Sie auswählen, ob die Sitzung bei Singlesession- oder bei Multisessionmedien automatisch geschlossen werden soll.

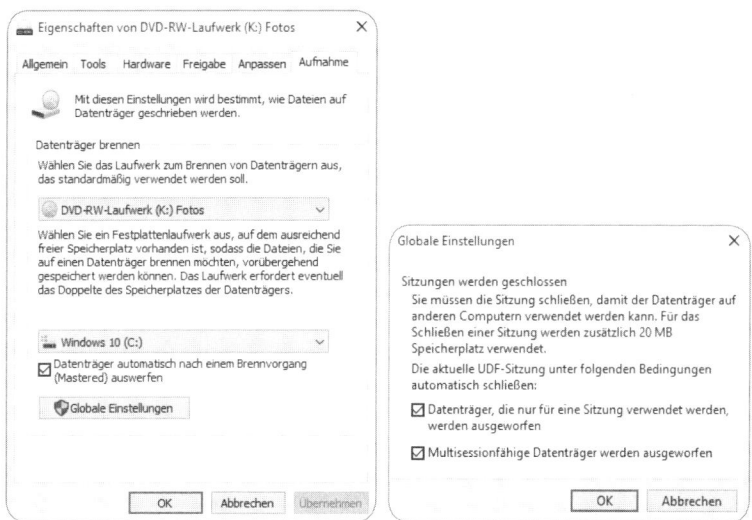

Bild 3.64: Einstellungen zum automatischen Schließen von UDF-Sitzungen.

Brennen mit dem Mastered-Dateisystem

Beim Mastered-Dateisystem werden die zu brennenden Daten zuerst auf der Festplatte gesammelt und dann alle zusammen auf die CD/DVD gebrannt. Auf der Festplatte ist dazu so viel freier Speicherplatz erforderlich, wie Daten auf die CD oder DVD gebrannt werden sollen. Dieses Dateisystem hat den Vorteil der höheren

Kompatibilität zu älteren Windows-Versionen, zu Linux und Macintosh sowie auch zu CD- und DVD-Playern.

1. Um Dateien mit dem Mastered-Dateisystem zu brennen, gehen Sie zunächst analog vor. Wählen Sie im Explorer die gewünschten Dateien aus und klicken Sie dann im Menüband unter *Freigeben* auf die Schaltfläche *Auf Datenträger brennen*.

2. Es erscheint die Aufforderung, eine CD oder DVD in den Brenner zu legen. Nachdem der Datenträger kurz geprüft wurde, müssen Sie im nächsten Dialogfeld der leeren CD einen Namen geben. Der voreingestellte Datenträgername ist das aktuelle Datum. Sie sollten aber einen aussagekräftigeren Namen festlegen.

3. Wählen Sie dann die Option *Mit einem CD/DVD-Player* und klicken Sie auf *Weiter*.

4. Die Dateien werden in ein temporäres Verzeichnis auf der Festplatte kopiert. Sie erscheinen im Explorer in einer schattierten Darstellung auf dem Brennerlaufwerk. Ein auffälliges Pfeilsymbol zeigt zusätzlich, dass die Dateien noch nicht physikalisch auf der CD vorhanden sind. Weitere Dateien können mit den normalen Kopierfunktionen des Explorers auf das Laufwerk kopiert werden. Sie werden dabei ebenfalls nur temporär auf der Festplatte abgelegt.

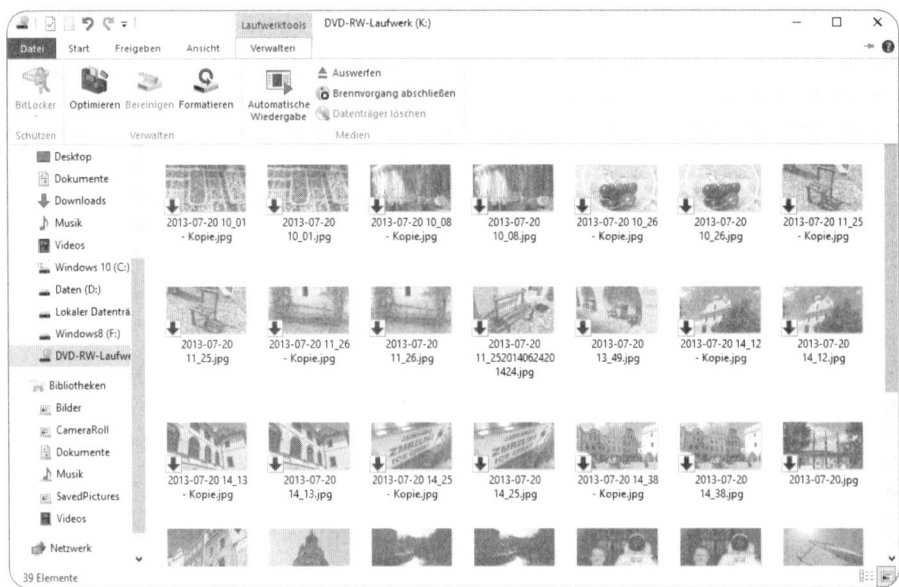

Bild 3.65: Zu brennende Dateien im Mastered-Dateisystem.

5. Erst ein Klick auf die Schaltfläche *Brennvorgang abschließen* im Menüband unter *Verwalten* brennt die Daten auf die CD, die anschließend automatisch ausgeworfen wird.

6. Möchten Sie die Daten doch nicht brennen, können Sie sie vor dem Klick auf *Brennvorgang abschließen* einfach aus dem Verzeichnis löschen.

Bild 3.66: Diese Meldung erinnert daran, dass noch zu brennende Dateien temporär auf der Festplatte liegen.

Laufwerk für Temporärdateien festlegen

Beim Brennen mit dem Mastered-Dateisystem ist sehr viel Festplattenplatz für die temporären Kopien der Dateien erforderlich. Diese müssen aber nicht unbedingt auf Laufwerk C: abgelegt werden. Wenn Sie auf einem anderen Laufwerk mehr Speicherplatz frei haben, können Sie auch das für die temporären Dateien nutzen. Klicken Sie dazu im Explorer mit der rechten Maustaste auf das CD-/DVD-Laufwerk und wählen Sie im Kontextmenü *Eigenschaften*. Auf der Registerkarte *Aufnahme* können Sie in der unteren Liste das Laufwerk auswählen, auf dem die Daten vor dem Brennen zwischengespeichert werden sollen.

ISO-Abbilder brennen

Bootfähige CDs, wie zum Beispiel Windows-Installationsmedien, kostenlose Linux-Distributionen oder Notfall-CDs, können nicht einfach als Ansammlung von Dateien gebrannt werden, da dann der Bootsektor nicht korrekt geschrieben würde. Solche CDs oder DVDs werden im Internet als ISO-Datei zum Download angeboten. Diese Dateien enthalten die komplette Struktur der CD/DVD einschließlich aller Ordner, Dateien und auch des Bootblocks in einer einzigen Datei. Ein solches ISO-Abbild kann auch nicht einfach auf einen CD- oder DVD-Rohling kopiert werden, hier ist ein besonderes Brennverfahren notwendig, das in Windows 7 erstmals integriert war. Früher waren zum Brennen von ISO-Dateien noch externe Brennprogramme nötig.

Markieren Sie die ISO-Datei im Explorer und klicken Sie im Menüband unter *Datenträgerimagetools/Verwalten* auf das Symbol *Brennen*. Es öffnet sich ein Fenster, in dem Sie den Brenner auswählen und den Brennvorgang sofort starten können.

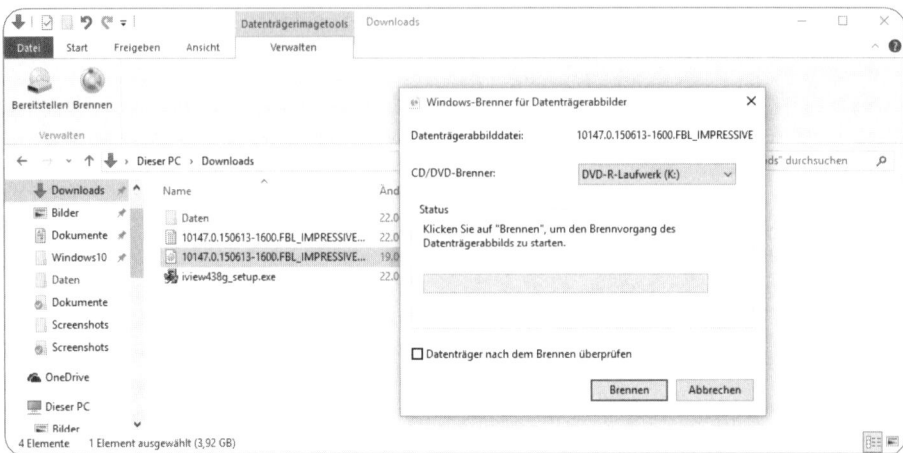

Bild 3.67: ISO-Abbild brennen.

ISO-Abbilder als Laufwerk nutzen

Windows 8 war als erste Windows-Version in der Lage, ISO-Abbilder, auch ohne sie auf einen Datenträger zu brennen, direkt als Laufwerke einzubinden. Klicken Sie doppelt auf eine ISO-Datei, erscheint ihr Inhalt im Explorer-Fenster. Das neue virtuelle Laufwerk bekommt sogar einen Laufwerkbuchstaben zugeordnet.

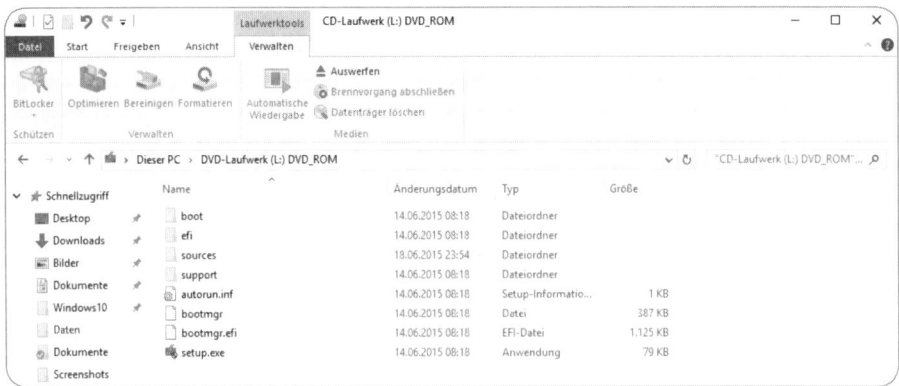

Bild 3.68: Ein ISO-Abbild wird wie eine echte CD oder DVD als Laufwerk im Windows-Explorer angezeigt.

Jetzt können Sie einzelne Dateien aus der ISO-Datei auf die Festplatte kopieren und auch Programme direkt aus dem virtuellen Laufwerk aufrufen oder auf dem PC installieren. Wie bei einer CD oder DVD können Sie aber keine Dateien auf das virtuelle Laufwerk schreiben oder dort ändern. Möchten Sie das virtuelle Laufwerk wieder abmelden und nicht weiter nutzen, klicken Sie im Menüband unter *Laufwerktools/Verwalten* auf *Auswerfen*. Das ist auch notwendig, bevor die ISO-Datei selbst auf ein anderes Laufwerk verschoben wird.

3.8 Kurznotizen auf den Desktop kleben

Viele Menschen kleben sich die beliebten gelben Klebezettel auf den Monitor, um irgendetwas immer im Blick zu haben und nicht zu vergessen. Windows 10 liefert eine kleine Anwendung mit, mit der sich solche Notizen virtuell auf den Bildschirm kleben lassen. Sie finden diese *Kurznotizen* im Startmenü unter *Windows-Zubehör*.

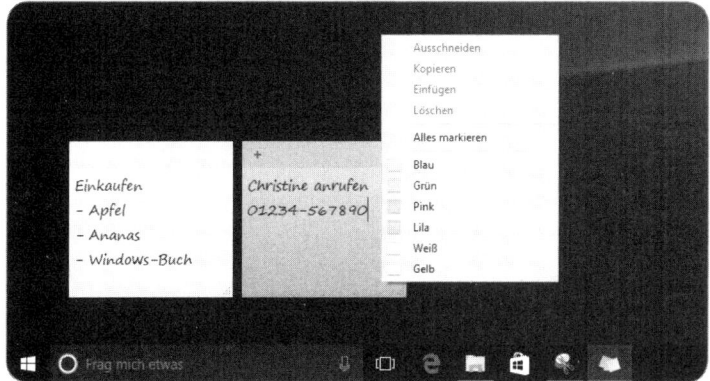

Bild 3.69: Kurznotizen auf den Desktop kleben.

Eine Kurznotiz können Sie direkt beschreiben oder Text aus der Zwischenablage in die Notiz einfügen. Ein Klick mit der rechten Maustaste blendet ein Menü ein, in dem sich die Farbe des Notizzettels verändern lässt. Die Notizzettel können mit der Maus frei auf dem Bildschirm bewegt werden, wenn man sie im oberen, etwas dunkleren Bereich anfasst. Wie normale Fenster können Sie sie durch Anfassen an den Rändern in der Größe verändern. Ein Klick auf das Pluszeichen oben links erstellt eine neue Notiz, ein Klick auf das *x*-Symbol oben rechts löscht die Notiz.

Alle Kurznotizen entfernen

Ist der Bildschirm irgendwann voll mit Kurznotizen, können Sie alle auf einmal beseitigen. Klicken Sie dazu mit der rechten Maustaste auf das Kurznotizensymbol in der Taskleiste und wählen Sie dort die Option *Fenster schließen*. Damit werden die Kurznotizen vom Bildschirm entfernt, bleiben aber gespeichert. Beim nächsten Start der Kurznotizen-Anwendung sind sie wieder da.

4 Edge, Cortana, Mail und Skype

Der Zugang zum Internet ist für die meisten PCs eine der wichtigsten Aufgaben. Viele PCs in Privathaushalten werden sogar einzig und allein dazu genutzt.

4.1 Microsoft Edge, der neue Browser

Fast 20 Jahre lang lieferte Windows zum Surfen im Internet den Internet Explorer mit, der sowohl in Sachen Unterstützung aktueller Webtechnologien wie auch im Hinblick auf Sicherheit anderen Browsern deutlich hinterherhing. Mit Windows 10 startet Microsoft komplett neu mit dem Browser *Microsoft Edge*. Dieser Browser, der in den Vorabversionen von Windows 10 noch Project Spartan hieß, wurde in Edge umbenannt, damit weiterhin ein Logo in Form des Buchstabens »e« verwendet werden kann, um langjährige Windows-Nutzer nicht zu verwirren. Technisch basiert Microsoft Edge auf der Trident-Engine und nicht mehr auf dem alten Internet Explorer-Programmkern.

Microsoft Edge startet mit einer neuen Startseite, die aktuelle Nachrichten aus der App *MSN Nachrichten* anzeigt. Für wichtige Webseiten sind Lesezeichensymbole vordefiniert, die aber auch einzeln abgeschaltet werden können.

Kein Edge-Browser für Unternehmen

Im Zusammenhang mit dem Windows 10-Update verunsicherte eine Nachricht viele Anwender, die Windows beruflich nutzen. Angeblich sollten diese Anwender auf dem alten Internet Explorer sitzen bleiben und nicht in den Genuss des modernen Browsers kommen. Diese Befürchtung ist nur teilweise wahr. Lediglich Unternehmen, die die Version Windows 10 Enterprise nutzen und sich dabei auch noch für den Long Term Servicing Branch (LTSB) entschieden haben, bekommen den Browser Microsoft Edge nicht. LTSB ist ein spezieller Langzeitsupport, bei dem das Betriebssystem nur sicherheitsrelevante Updates und keine neuen Funktionen bekommt, um auf jeden Fall, auch mit Anwendungen von Drittentwicklern, über die nächsten Jahre ausfallsicher zu laufen.

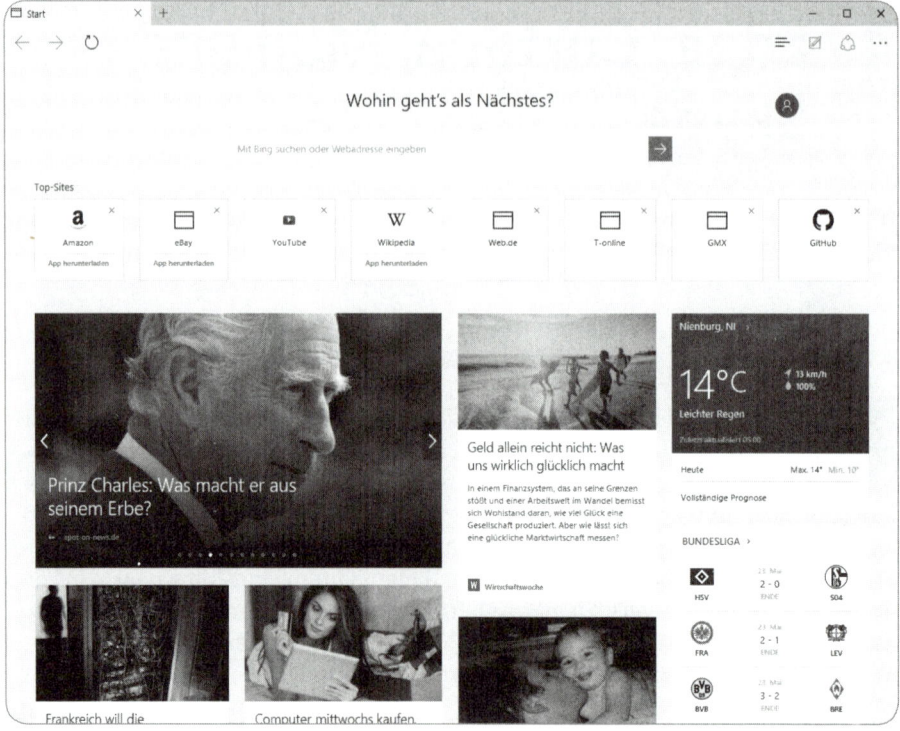

Bild 4.1: Der neue Browser Microsoft Edge.

Das Suchfeld *Wohin geht's als Nächstes* dient gleichzeitig als Eingabefeld für Internetadressen. Wird die Eingabe als Internetadresse erkannt, wird die Suche gar nicht erst angestoßen. Andernfalls startet automatisch Microsofts Suchmaschine Bing und zeigt Suchergebnisse an.

Beim Besuch der ersten Webseite erscheint oben die Browserleiste zur Eingabe von Internetadressen, wie man sie von allen Browsern kennt. Klicken Sie in diese Zeile, können Sie eine Internetadresse eingeben. Dabei erscheinen automatisch Vorschläge aus häufig besuchten Webseiten und den letzten Suchanfragen. Wie auch in anderen Browsern enthält diese Leiste Schaltflächen zum Vor- und Zurückblättern sowie zum Neuladen der Seite.

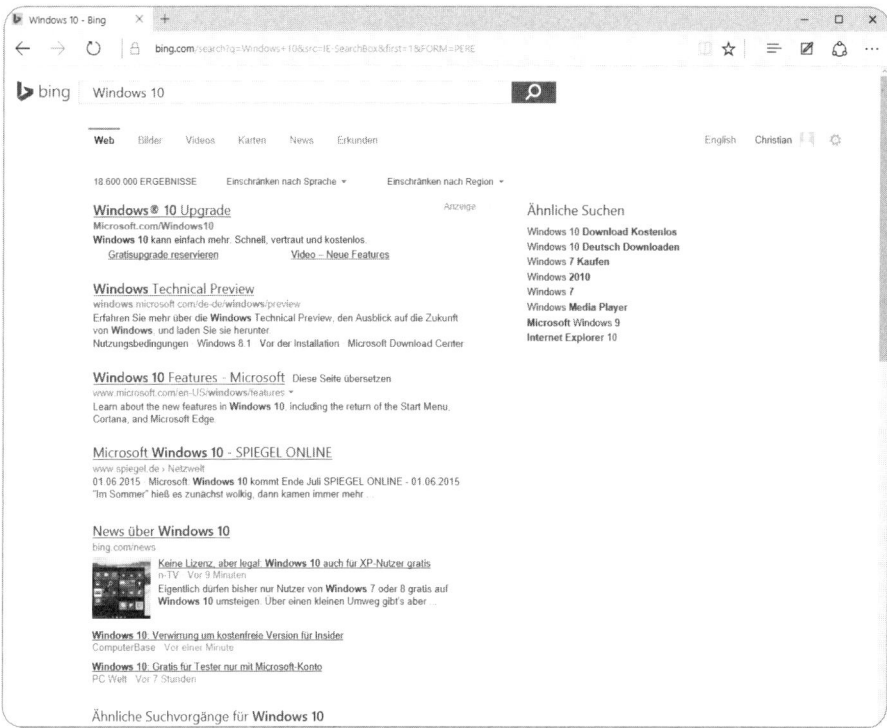

Bild 4.2: Microsoft Edge sucht automatisch bei Bing.

4.1.1 Surfen auf mehreren Registerkarten

Wie in fast allen Browsern lassen sich in Microsoft Edge mehrere Webseiten gleichzeitig auf mehreren Registerkarten – auch als Tabs bezeichnet – darstellen. Klicken
Sie mit der mittleren Maustaste bzw. mit dem Mausrad auf einen Link, wird dieser
auf einer neuen Registerkarte geöffnet. Auf Touchscreens tippen Sie länger auf den
Link. Links auf Webseiten, die eigentlich ein neues Browserfenster öffnen sollen,
öffnen in Microsoft Edge meistens eine neue Registerkarte.

Bild 4.3: Die Registerkartenleiste am oberen Fensterrand des Browsers.

Mit dem Plussymbol ganz rechts in der Registerkartenleiste öffnen Sie eine neue
Registerkarte. Mit den *x*-Symbolen rechts neben den Registerkartentiteln schließen Sie nicht mehr benötigte Registerkarten. Wird bei vielen gleichzeitig geöffneten Registerkarten der Platz knapp, erscheinen die Symbole zum Schließen erst
beim Überfahren einer Registerkarte mit der Maus.

Versehentlich geschlossene Registerkarten wiederherstellen

Haben Sie eine Registerkarte versehentlich geschlossen, klicken Sie mit der rechten Maustaste auf eine andere Registerkarte. Per Kontextmenü können Sie einen geschlossenen Tab wieder öffnen.

Um die Informationen von zwei Webseiten direkt zu vergleichen, können Sie diese anstatt auf zwei Registerkarten auch in zwei unabhängigen Browserfenstern öffnen. Die Tastenkombination $\boxed{\text{Strg}}$+$\boxed{\text{N}}$ öffnet ein neues Microsoft Edge-Fenster. Sie können aber auch einfach eine Registerkarte per Drag-and-drop aus dem Browser heraus auf den Desktop ziehen, um sie als eigenständiges Fenster zu nutzen.

4.1.2 Lesezeichen und Verlaufsliste

Tippen Sie auf das Sternsymbol, können Sie die aktuelle Seite als Favorit im Browser speichern. Dabei haben Sie auch die Möglichkeit, Ordner anzulegen, um eine umfangreiche Favoritensammlung übersichtlicher zu halten. Hier brauchen Sie nur noch einen Namen einzugeben oder die Vorgabe zu übernehmen und auf die Schaltfläche *Hinzufügen* zu klicken.

Bild 4.4: Webseite als Lesezeichen speichern.

Besuchen Sie später eine Webseite, die als Favorit gespeichert ist, erscheint das Sternsymbol in Gelb, um darauf hinzuweisen. Klicken Sie darauf, können Sie den Namen des Lesezeichens ändern oder das Lesezeichen selbst wieder entfernen.

 Das Symbol mit den drei Linien rechts neben dem Sternsymbol in der Symbolleiste öffnet eine neue Listenansicht, die die Verlaufsliste wie auch Favoriten, Leseliste und Downloads anzeigt.

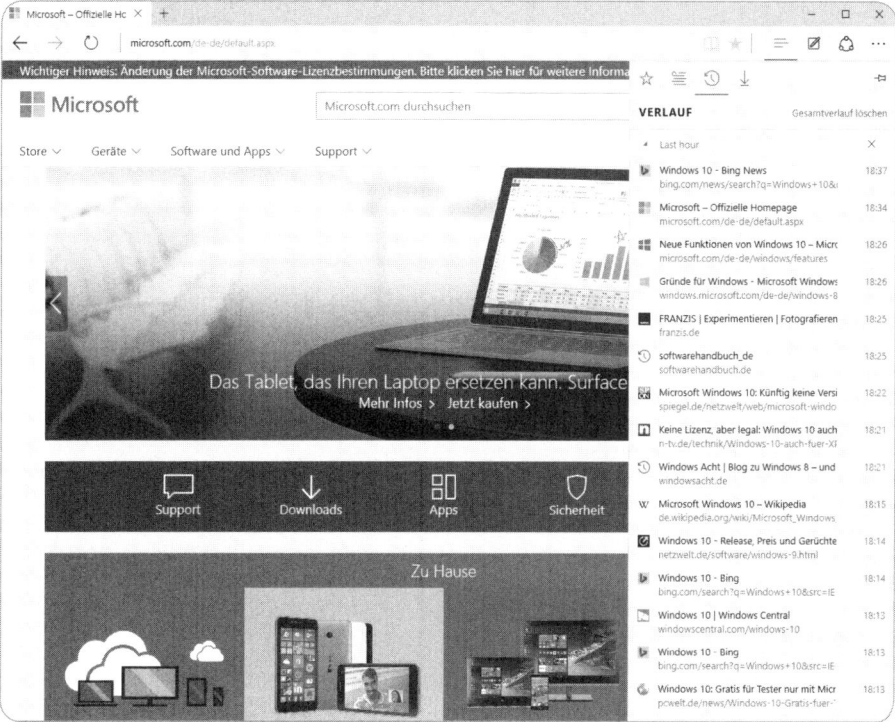

Bild 4.5: Die Verlaufs- und Lesezeichenliste im Microsoft Edge-Browser.

Klicken Sie auf einen Eintrag, um die jeweilige Webseite zu öffnen. Mit einem Rechtsklick auf einen Favoriten können Sie diesen auch in einem neuen Tab öffnen, umbenennen oder bearbeiten. Fahren Sie in der Verlaufsliste mit der Maus auf einen Eintrag, erscheint anstelle der Uhrzeit ein *x*-Symbol, mit dem Sie diesen Eintrag aus der Verlaufsliste entfernen können.

4.1.3 Wichtige Lesezeichen direkt im Startmenü

Webseiten, die Sie besonders häufig brauchen, können Sie direkt als Kachel ins Startmenü legen. Klicken Sie dazu im Browser oben rechts auf das Menüsymbol und wählen Sie *An »Start« anheften*. Eine neue Kachel im Startmenü öffnet in Zukunft den Browser direkt mit dieser Webseite.

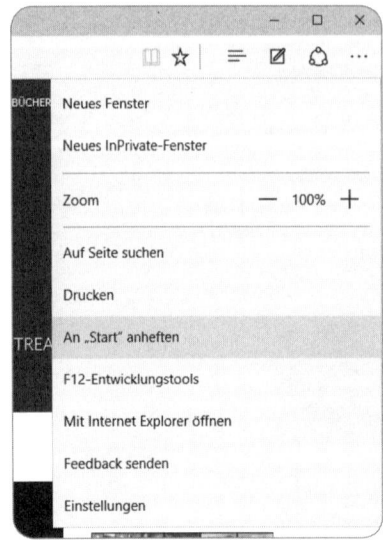

Bild 4.6: Wichtige Webseiten als Kachel im Startmenü ablegen.

4.1.4 Die Leseliste als Merkzettel im Browser

Immer wieder kommt es vor: Man sieht etwas Spannendes im Internet, hat aber nicht die Zeit, den Beitrag wirklich zu lesen. Oder man bekommt von Freunden einen Link, öffnet die Seite kurz und beschließt, sie später zu lesen. Diese Seiten bleiben dann in einem Browsertab geöffnet, damit man sie nicht vergisst. Auf diese Weise sammeln sich zahlreiche offene Browsertabs an, die viele Ressourcen verbrauchen und nicht wirklich genutzt werden.

Onlinedienste wie Pocket (*www.getpocket.com*) oder Instapaper (*www.instapaper. com*) bieten die Möglichkeit, solche Weblinks einfach als Leseliste zu speichern, um sie später lesen zu können, ohne extra ein Lesezeichen dafür anlegen und verwalten zu müssen.

Microsoft Edge bietet eine eigene Leseliste, in der Sie Webseiten, die Sie später lesen möchten, schnell speichern können.

Um eine Webseite in der Leseliste abzulegen, klicken Sie auf das Sternsymbol wie beim Anlegen eines Favoriten. Wählen Sie dann oben die Option *Leseliste* anstatt *Favoriten*. Sie können den vorgegebenen Namen übernehmen oder einen neuen vergeben. Wenn der Browser ein Bild erkennt, wird dieses automatisch mit gespeichert. Klicken Sie einfach auf *Hinzufügen*.

Bild 4.7: Die *Leseliste* in Microsoft Edge.

Um später eine Webseite aus der persönlichen Leseliste anzusehen, klicken Sie auf das Symbol *Leseliste* rechts neben dem Stern. Damit wird die Leseliste in chronologischer Reihenfolge angezeigt, und Sie können den gewünschten Eintrag auswählen. Der zuletzt aufgerufene Eintrag erscheint ganz oben noch einmal mit einem großen Bild. Mit einem Rechtsklick auf einen Eintrag können Sie diesen aus der Leseliste entfernen, um die Liste übersichtlich zu halten.

4.1.5 Übersicht im Downloadmanager

Beim Herunterladen von Dateien aus dem Internet bietet Microsoft Edge deutlich weniger Möglichkeiten als andere Browser, dafür ist er aber übersichtlicher. Bei der Entwicklung des Browsers ging man davon aus, dass Anwender in den meisten Fällen eine Datei – oft ein Programm – herunterladen, installieren und danach die Installationsdatei nicht mehr brauchen.

Beim Herunterladen einer Datei wird nicht gefragt, wo sie gespeichert werden soll. Alle Downloads landen automatisch im Downloadordner. Dafür kann ein laufender Download jederzeit angehalten und später fortgesetzt werden.

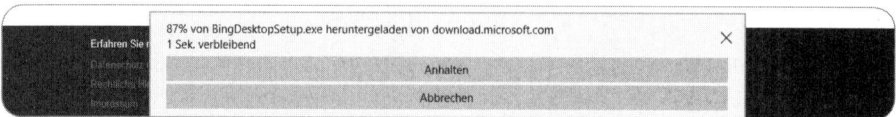

Bild 4.8: Meldung beim Download einer Datei aus dem Internet.

Die Meldung am unteren Rand des Browserfensters kann jederzeit geschlossen werden, ohne dass der Download beendet wird.

Nach erfolgreichem Download erscheint eine weitere Meldung, aus der heraus die Datei direkt geöffnet werden kann.

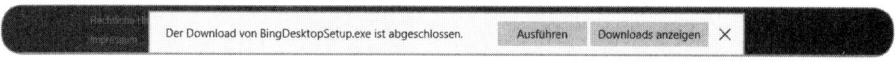

Bild 4.9: Meldung nach dem Download.

Ein Klick auf *Downloads anzeigen* blendet eine Seitenleiste ein, die die letzten Downloads anzeigt. Auch hier können Sie eine heruntergeladene Datei direkt ausführen.

 Die Seitenleiste *Downloads* lässt sich auch über das Symbol für die Verlaufsliste und die Lesezeichen einblenden.

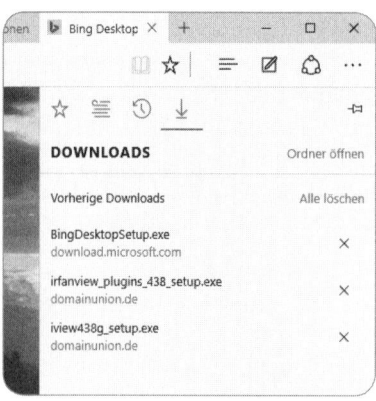

Bild 4.10: Die *Downloads*-Liste im Microsoft Edge-Browser.

- *Ordner öffnen* öffnet das Downloadverzeichnis im Explorer. Die Liste im Browser enthält nur die tatsächlich über den Browser heruntergeladenen Dateien, nicht alle, die in diesem Ordner liegen.

- *‚x'-Symbol* (neben einem Eintrag in der Liste) entfernt den markierten Eintrag aus der Liste, ohne die heruntergeladene Datei zu löschen.

- *Alle löschen* leert die Downloadliste, ohne die Dateien zu löschen.

4.1.6 Die neue Leseansicht

Einen längeren Artikel auf einer Webseite zu lesen ist nicht immer ganz einfach. Grafische Elemente der Seite und Werbung bremsen den Lesefluss, Banner und Flash-Pop-ups verhindern oft sogar das gleichmäßige Scrollen durch den Text.

Die neue Leseansicht im Microsoft Edge-Browser bietet die Lösung. Um einen Text wirklich lesen zu können, wird er Schwarz auf Weiß ohne störende Grafikelemente dargestellt.

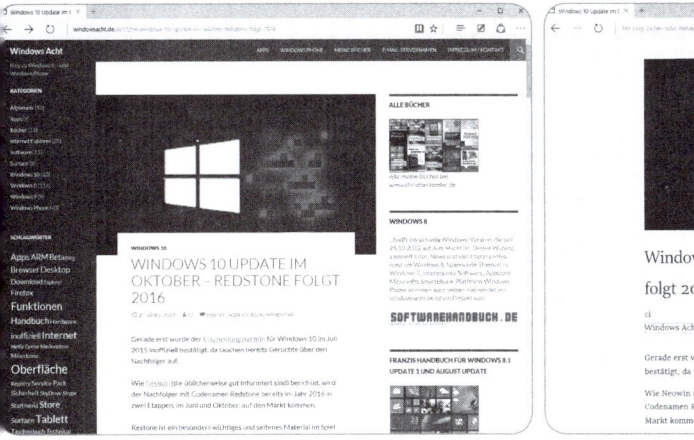 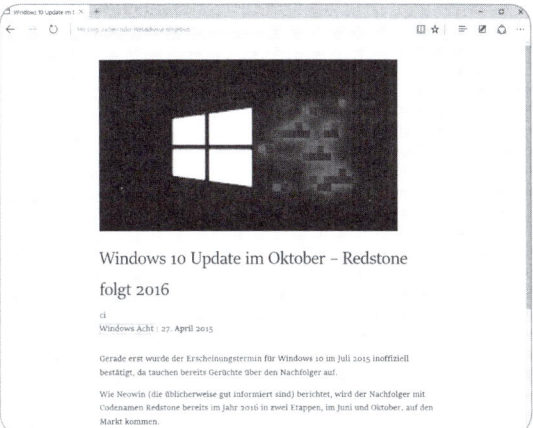

Bild 4.11: Der gleiche Artikel in Normalansicht und Leseansicht.

Allerdings müssen Webseiten diese Leseansicht unterstützen, was bei den gängigen CMS wie WordPress automatisch der Fall ist. Es bleibt abzuwarten, ob Webseitenbetreiber in Zukunft bewusst auf Inkompatibilität setzen, um den Lesern weiterhin ihre Werbung aufzuzwingen.

4.1.7 PDF-Dokumente direkt im Browser lesen

Erstmals benötigt ein Microsoft-Browser kein Plug-in zur Darstellung von Dokumenten im PDF-Format. Unter Windows 10 ist nicht einmal ein lokal installierter PDF-Reader mehr nötig, da der Microsoft Edge-Browser lokal auf dem PC gespeicherte PDF-Dokumente wie auch Dokumente, die von Webseiten heruntergeladen werden, automatisch darstellt. Über das Menüsymbol oben rechts kann man das Dokument zoomen und auch eine Volltextsuche nach beliebigen Stichwörtern durchführen.

PDF= portable document format

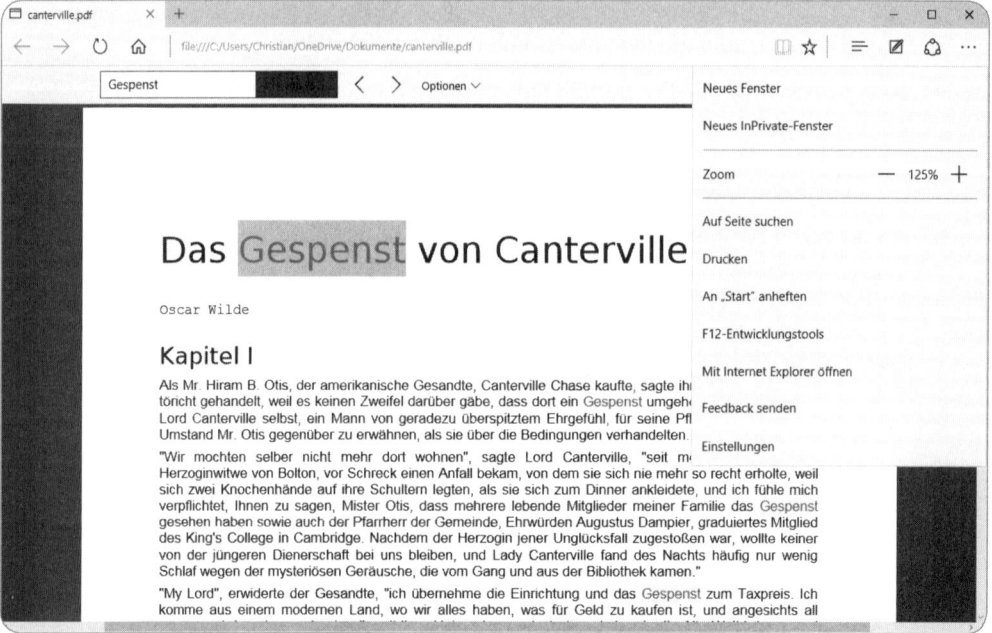

Bild 4.12: Anzeige und Suche in einem PDF-Dokument im Microsoft Edge-Browser.

4.1.8   Das Internet als Notizblock

Die interessanteste Neuerung in Microsoft Edge ist die Möglichkeit, sich auf Internetseiten Notizen zu machen und diese auch mit Freunden zu teilen. Auf einer Webseite einen Text zu markieren oder einen kurzen Kommentar zu schreiben ist viel einfacher und auch eindeutiger, als jemandem schriftlich oder mündlich zu erklären, was man da gerade im Internet gefunden hat.

1. Klicken Sie auf der Webseite, auf der Sie sich Notizen machen möchten, oben rechts auf das Symbol *Webseitennotiz erstellen*. Daraufhin erscheint oben eine auffällig violette Symbolleiste von OneNote, dem Programm, das für die Notizen verwendet wird. OneNote ist in Windows 10 vorinstalliert, auch wenn man kein kostenpflichtiges Microsoft Office installiert hat.

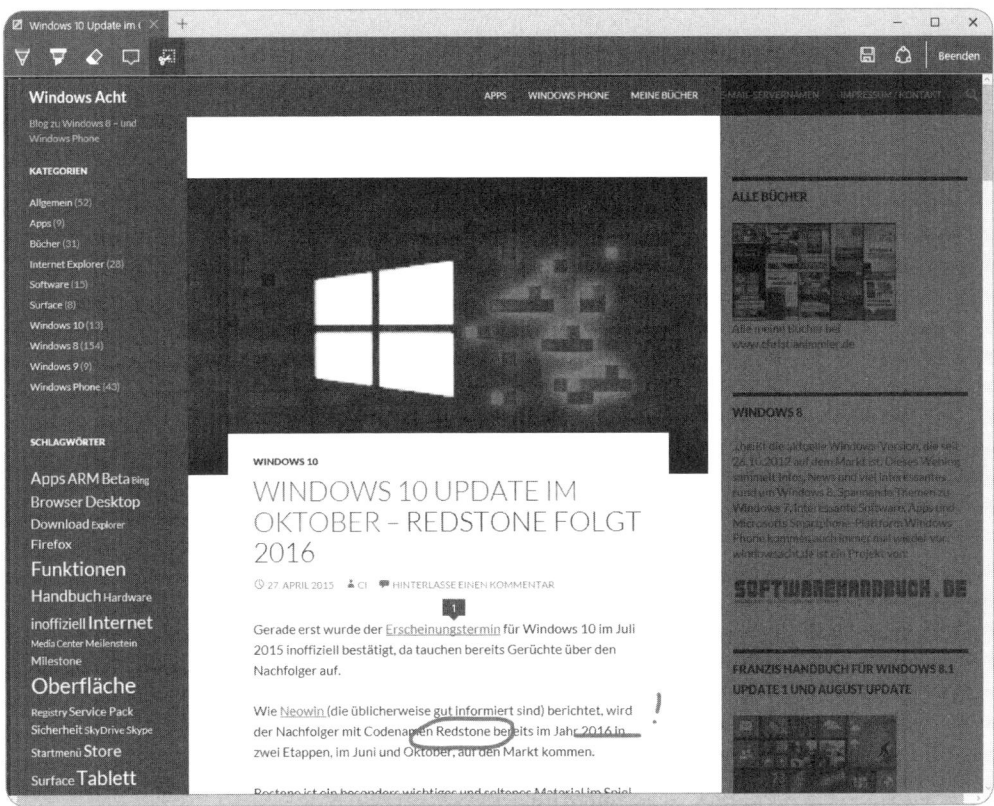

Bild 4.13: Notizen auf einer Webseite im Microsoft Edge-Browser.

2. Mit den Symbolen links oben können Sie dann auf einem Screenshot der Webseite malen, Texte markieren und Kommentare schreiben.

3. Schneiden Sie mit dem Scherensymbol den relevanten Teil des Screenshots aus. Bei längeren Webseiten wird sonst ein riesiges Bild als Notiz abgelegt, da nicht nur der im Browserfenster sichtbare Teil der Webseite, sondern auch noch alles darüber und darunter gespeichert wird.

4. Speichern Sie zum Schluss die Notizen mit einem Klick auf das Diskettensymbol oben rechts. Dabei können Sie einen bereits vorhandenen Abschnitt Ihres OneNote-Notizbuchs wählen. Einen neuen Abschnitt anzulegen ist leider nicht möglich, aber jede neu erstellte Notiz erscheint als eigene Seite in diesem Notizbuch.

Bild 4.14: Notiz in OneNote speichern.

5. Natürlich werden die Notizen nicht direkt auf der Webseite gespeichert, sondern nur in einem Screenshot. OneNote hängt aber unten an die Notiz den Originallink zur markierten Webseite an.

6. Mit dem *Teilen*-Symbol oben rechts können Sie die Notiz über alle im Microsoft Edge-Browser nutzbaren Teilen-Apps weitergeben. Dazu wird die aus Windows 8.1 bekannte Seitenleiste eingeblendet.

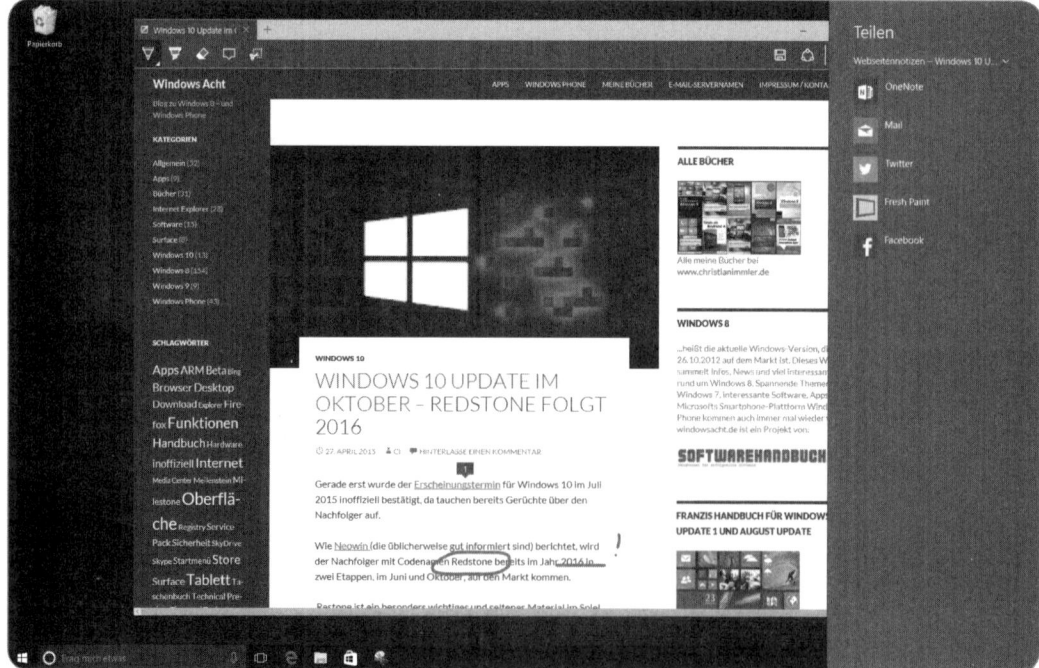

Bild 4.15: Notiz auf einer Webseite aus dem Browser teilen.

7. Klicken Sie zum Abschluss oben rechts auf *Beenden*, um den Notizenmodus wieder zu verlassen und den Browser normal weiterzunutzen.

8. Da die Notiz in OneNote gespeichert wird, haben Sie auch alle dort nutzbaren Methoden zum Weitergeben zur Verfügung.

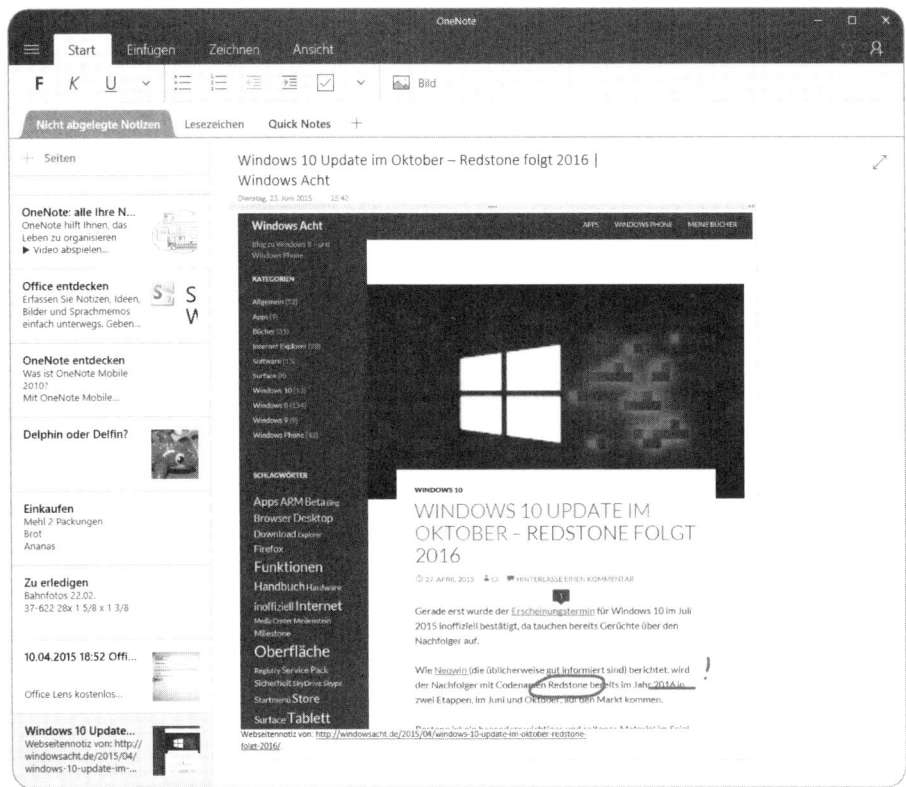

Bild 4.16: Die Webseitennotiz in OneNote.

4.1.9 Webseiten mit Freunden teilen

 Möchten Sie keine Webseitennotiz, sondern einfach nur den Link zu einer Webseite mit Freunden teilen oder für sich selbst als Notiz speichern, klicken Sie auf das *Teilen*-Symbol oben rechts im Browser.

Hier können Sie wahlweise einen Link oder einen Screenshot der Seite als Notiz in OneNote oder anderen geeigneten Apps ablegen.

Bild 4.17: Link oder Screenshot aus dem Browser teilen.

4.1.10 Bessere Bedienung mit neuen Touchfunktionen

Microsoft Edge wurde noch mehr als der Internet Explorer auf die Bedienung mit Touchscreens optimiert. In vielen Situationen war es früher nicht eindeutig, ob eine Berührung mit dem Finger ein Element anklicken oder es überfliegen sollte.

Tippen Sie kurz auf einen Link, wird er geöffnet. Halten Sie den Finger länger darauf, erscheint ein Kontextmenü, über das Sie diesen Link in einer neuen Registerkarte oder einem neuen Fenster öffnen oder in die Zwischenablage kopieren können.

4.1.11 Neue komfortable Einstellungsmöglichkeiten

Die Einstellungen im Internet Explorer haben viele Nutzer verwirrt, sie waren kompliziert und unlogisch angeordnet. Microsoft Edge übernimmt weitgehend das Einstellungskonzept von Google Chrome.

• • • Klicken Sie oben rechts auf das Menüsymbol. Viele Webseiten sind in der Breite festgelegt und skalieren sich nicht auf die volle Bildschirmbreite moderner Bildschirme. Mit dem Zoomregler im Menü vergrößern Sie die Darstellung. Damit werden Schrift und Bilder größer, die Breite ist also besser ausgefüllt, dafür passt in der Höhe nicht mehr so viel Webseiteninhalt auf den Bildschirm.

Wählen Sie im Menü *Einstellungen*, um die Einstellungen im Browser einzublenden.

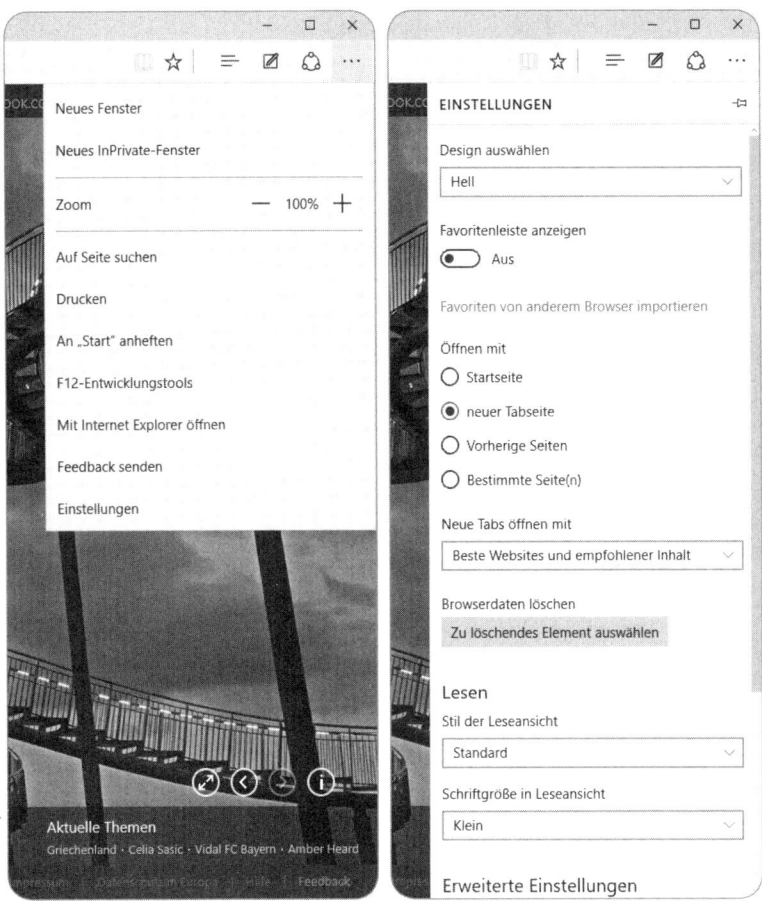

Bild 4.18: Die *Einstellungen* im Microsoft Edge-Browser.

Wem das helle Design des Browsers nicht gefällt, der kann auf ein dunkles Farbschema umschalten. Titelleiste, Tabs, Lesezeichen, Verlaufsliste, Einstellungen und andere Bedienelemente erscheinen dann alle in Schwarz mit heller Schrift.

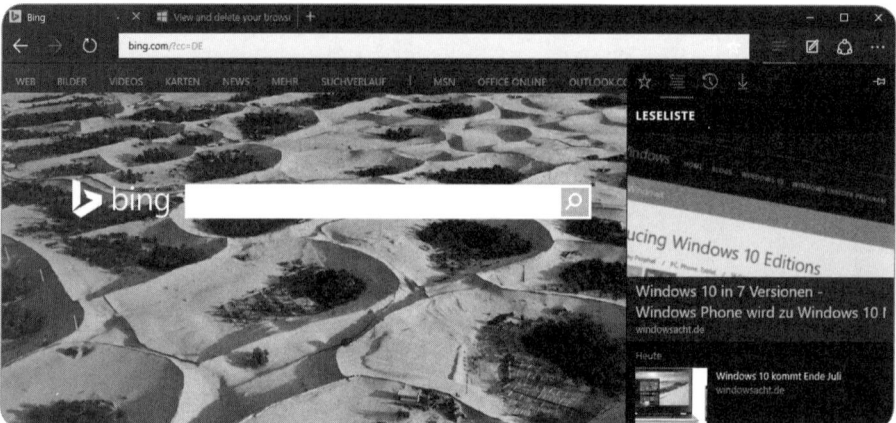

Bild 4.19: Der Browser Microsoft Edge im dunklen Design.

Wie die meisten Browser kann auch Microsoft Edge eine Favoritenleiste unterhalb der Adresszeile anzeigen. Diese ist nur standardmäßig abgeschaltet. Unter den Favoriten wird automatisch ein Ordner *Favoritenleiste* angelegt. Alle dort gespeicherten Favoriten werden in der Leiste angezeigt. Über einen Rechtsklick lassen sie sich auch leicht wieder entfernen, ohne den Umweg über die Favoritenverwaltung gehen zu müssen.

Bild 4.20: Die Favoritenleiste.

Mit dem Link *Favoriten aus anderem Browser importieren* können Favoriten aus einem anderen auf demselben PC installierten Browser übernommen werden. Dabei ist auch der Import von Favoritenordnern möglich. Schlagwörter zu Lesezeichen, wie sie Firefox verwendet, kennt Microsoft Edge nicht.

Die Startseite im Browser ist frei einstellbar. In den Einstellungen können Sie eine oder mehrere Adressen eingeben, die als Startseiten auf einzelnen Registerkarten geöffnet werden sollen. Alternativ können Sie den Browser auch jedes Mal mit den zuletzt geöffneten Webseiten starten.

Weiter unten besteht die Möglichkeit, die Darstellung und Schriftgröße der Leseansicht an Ihre persönlichen Lesegewohnheiten anzupassen.

Klicken Sie ganz unten auf *Erweiterte Einstellungen anzeigen*, erscheinen diverse andere und durchaus interessante Einstellungsmöglichkeiten.

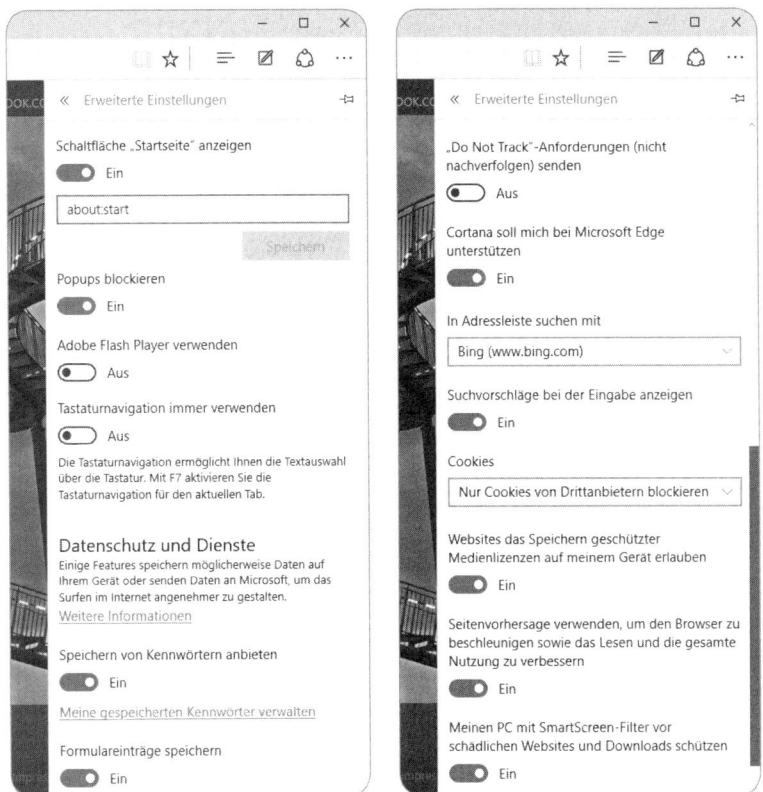

Bild 4.21: Erweiterte Einstellungen in Microsoft Edge.

Hier kann zum Beispiel das Haussymbol, das früher in jedem Browser Standard war und immer zur Startseite führt, wieder eingeblendet werden. Die Tastaturnavigation ist eine nützliche Hilfe beim Markieren und Kopieren von Text aus Webseiten. Ist sie in den Einstellungen einmal aktiviert, lässt sie sich mit der Taste $\boxed{F7}$ auf jeder Registerkarte einzeln ein- und ausschalten.

4.1.12 Kennwörter in der Kennwortverwaltung ablegen

Es gibt täglich mehr Passwörter, die man sich im Internetalltag merken muss. Viele Anwender verwenden deshalb immer wieder das gleiche Passwort für mehrere Webseiten, was ein deutliches Sicherheitsrisiko darstellt. Mithilfe eines Passwortmanagers im Browser kann man überall unterschiedliche Passwörter verwenden, ohne sie sich merken zu müssen, da sie im Browser gespeichert werden. Allerdings hat jeder, der Zugriff auf den PC erlangt, damit auch sofort Zugriff auf sämtliche gespeicherten Anmeldedaten.

Der Browser Microsoft Edge beinhaltet eine Kennwortverwaltung, die automatisch erkennt, wenn Sie auf einer Webseite Anmeldedaten eingeben.

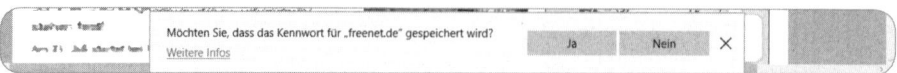

Bild 4.22: Meldung der Kennwortverwaltung bei der Eingabe von Zugangsdaten einer Webseite.

Bei jeder Webseite können Sie entscheiden, ob die eingegebenen Anmeldedaten für zukünftige Besuche gespeichert werden sollen oder nicht. Besuchen Sie später eine Webseite, deren Anmeldedaten in der Kennwortverwaltung gespeichert sind, erfolgt die Anmeldung automatisch. Webseiten, die Benutzerdaten als Cookies speichern, sind unabhängig von der Kennwortverwaltung.

In den Einstellungen des Microsoft Edge-Browsers sehen Sie unter *Meine gespeicherten Kennwörter verwalten* alle gespeicherten Benutzernamen und können diese auch einzeln bearbeiten oder löschen. Die Kennwörter sind, anders als in anderen Browsern wie beispielsweise Firefox, nicht im Klartext zu sehen.

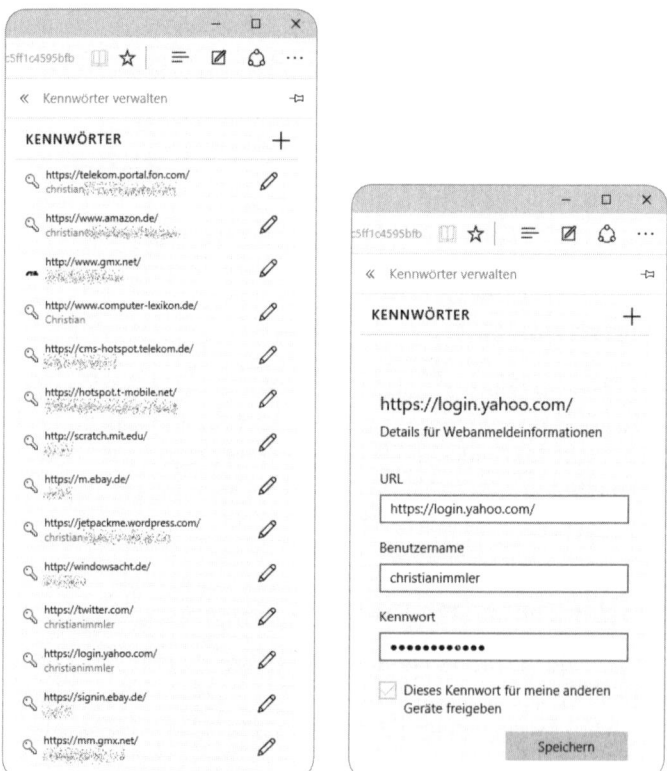

Bild 4.23: Die Benutzernamen wurden nur in der Abbildung anonymisiert, sie sind im Browser im Klartext zu erkennen, die Kennwörter dagegen nicht.

Möchten Sie die Kennwortverwaltung gar nicht verwenden, z. B. auf öffentlich zugänglichen Computern, können Sie sie in den Einstellungen auch abschalten.

4.1.13 Im InPrivate-Modus anonym durchs Internet

Die Verlaufsliste, Cookies, Temporärdateien und andere Spuren, die ein Browser auf dem PC hinterlässt, bieten jedem, der Zugriff auf den Computer hat, freien Einblick auf alle Seiten, die Sie zuletzt besucht haben.

Möchten Sie nicht, dass ein anderer Benutzer des Computers oder ein Webseitenbetreiber im Internet sieht, dass Sie bestimmte Webseiten besucht haben, können Sie für diese Seiten den InPrivate-Modus des Microsoft Edge-Browsers nutzen. Zum InPrivate-Surfen wird immer ein neues Browserfenster gestartet. Alle neuen Registerkarten in diesem Fenster werden ebenfalls im InPrivate-Modus geöffnet.

> ••• Klicken Sie auf das Menüsymbol mit den drei Punkten und wählen Sie im Menü *Neues InPrivate-Fenster* oder drücken Sie die Tastenkombination `Strg` + `Umschalt` + `P`.

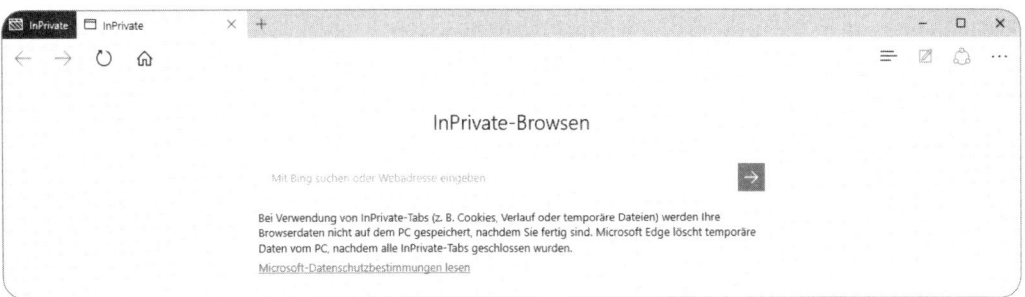

Bild 4.24: Neues Fenster für das InPrivate-Browsen öffnen.

Fenster im InPrivate-Modus werden mit einem blauen InPrivate-Symbol links neben der Adressleiste deutlich gekennzeichnet. In diesem Modus speichert der Browser keine temporären Dateien oder Cookies. Die besuchten Seiten werden auch nicht in die Verlaufsliste eingetragen. Außerdem werden im InPrivate-Modus alle Erweiterungen deaktiviert, damit diese ebenfalls keine Möglichkeit haben, Daten an Dritte zu übertragen.

> **Datenschutz im Internetcafé**
> Wenn Sie in einem Internetcafé auf Webseiten surfen, auf denen Sie eigene Daten weitergeben – beispielsweise wenn Sie bei eBay bieten, Facebook nutzen oder Webmail abrufen –, sollten Sie grundsätzlich im InPrivate-Modus surfen, damit niemand später Zugriff auf Ihre Benutzerdaten hat.

Beim Surfen auf Internetseiten mit zweifelhaften oder jugendgefährdenden Inhalten sollte man auch zu Hause den InPrivate-Modus einschalten, um den Computer, der möglicherweise von jüngeren Familienmitgliedern verwendet wird, frei von Spuren dieser Webseiten zu halten.

InPrivate zum Testen

Möchten Sie sehen, wie eine anmeldepflichtige Seite wie zum Beispiel eine Community, Ihre eigene Fotogalerie oder Ihr Facebook-Profil für die Öffentlichkeit aussieht, öffnen Sie die Seite einfach im InPrivate-Modus. Hier werden weder die Anmeldung noch Cookies aus einer anderen Browsersitzung übernommen. Der Browser gibt sich der Seite gegenüber wie ein anonymer Besucher aus. Auf diese Weise können Sie sich auch auf demselben PC in zwei Fenstern mit zwei unterschiedlichen Microsoft-Konten oder Google-Konten anmelden, was im normalen Modus nicht funktioniert, da jedes neue Browserfenster alle Anmeldecookies übernimmt.

4.1.14 Private Surfspuren sicher beseitigen

Die Spuren, die Sie beim alltäglichen Surfen im Browser ohne InPrivate-Modus hinterlassen haben, können Sie jederzeit löschen. Allerdings finden Sie nach dem Löschen der Verlaufsliste die früher besuchten Seiten selbst nicht mehr, wenn Sie die Namen nicht wissen.

Klicken Sie zum Löschen der Surfspuren in den Einstellungen des Microsoft Edge-Browsers unter *Browserdaten löschen* auf *Zu löschendes Element auswählen*.

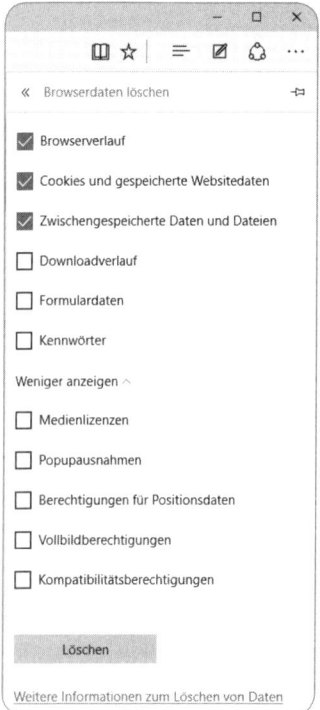

Bild 4.25: Private Daten und Browserverlauf löschen.

Hier eine Auswahl verschiedener Datentypen, die gelöscht werden können:

- *Browserverlauf*: Die Verlaufsliste der zuletzt besuchten Webseiten im Browser.

- *Cookies und gespeicherte Websitedaten*: Cookies enthalten Informationen zum Besuch einer Seite, zum Beispiel Anmeldedaten in Shops und Communitys, persönliche Einstellungen für interaktive Seiten, aber auch statistische Daten der Benutzerverfolgung, die für Werbetreibende und Spione interessant sind. Nach dem Löschen von Cookies müssen eventuell persönliche Einstellungen auf bestimmten Webseiten neu vorgenommen werden.

- *Zwischengespeicherte Daten und Dateien*: Der Microsoft Edge-Browser speichert wie jeder Browser Grafiken, kleine Mediendateien und ganze Webseiten in einem temporären Cachespeicher, damit sie bei einem erneuten Besuch schneller aufgerufen werden. Diese Daten können gefahrlos gelöscht werden. Der nächste Besuch der Seite dauert dann nur etwas länger.

- *Downloadverlauf*: Die Verlaufsliste der zuletzt heruntergeladenen Dateien im Browser.

- *Formulardaten*: Daten, die in Anmeldeformulare eingegeben wurden und beim erneuten Anklicken dieser Formulare automatisch vorgeschlagen werden.

- *Kennwörter*: Gespeicherte Passwörter beim Besuch kennwortgeschützter Webseiten. Sollte jemand anders Zugriff auf den Computer haben, sollten Sie nie Kennwörter speichern und eventuell versehentlich gespeicherte Kennwörter immer löschen.

Keine Cookie-Favoriten mehr in Microsoft Edge

Die im Internet Explorer von Windows 8.1 neu eingeführte Möglichkeit, Anmeldecookies für Webshops und personalisierte Webseiten, die als Favoriten gespeichert sind, zu behalten, und zwar selbst dann, wenn Sie die übrigen Cookies, die Werbe- und Spionagezwecken dienen, löschen lassen, wurde in Microsoft Edge leider nicht übernommen.

Weitere selten benötigte und weniger sicherheitsrelevante Datentypen werden beim Klick auf *Mehr anzeigen* aufgelistet.

- *Medienlizenzen*: Lizenzen für das Abspielen DRM-geschützter Medien. Werden diese Daten gelöscht, müssen die entsprechenden Mediendateien erneut freigeschaltet werden, was je nach Anbieter unter Umständen zu Kosten führt.

- *Popupausnahmen*: Ausnahmen, nach denen bestimmte Webseiten trotz aktivierten Pop-up-Blockers neue Fenster öffnen dürfen.

- *Berechtigungen für Positionsdaten*: Einstellungen, die festlegen, welche Webseiten den eigenen Standort zur Anzeige regionaler Informationen verwenden dürfen – nützlich z. B. bei Navigationsseiten und Landkarten.

- *Vollbildberechtigungen*: Einstellungen, die festlegen, welche Webseiten den Vollbildmodus des Browsers verwenden dürfen.

- *Kompatibilitätsberechtigungen*: Einstellungen, die festlegen, welche Webseiten in einem Kompatibilitätsmodus für ältere Browser aufgerufen werden.

4.1.15 Auch für den Anbieter unerkannt bleiben

Möchten Sie nicht nur selbst auf dem PC keine Spuren hinterlassen, sondern auch für die Betreiber der Webseiten unerkannt bleiben, können Sie mit dem Tracking-Schutz (DNT = Do Not Track) im Microsoft Edge-Browser Inhalte bestimmter Drittanbieter blockieren.

Viele Webseiten beziehen heute Informationen aus mehreren Quellen, nicht nur vom eigentlichen Seitenbetreiber, sondern auch von Dritten. Vielfach handelt es sich dabei um Werbung oder um Statistikmodule, die das Surfverhalten der Besucher beobachten.

Der Tracking-Schutz weist den jeweiligen Webserver an, Skripte von Drittanbietern auf Webseiten, die das eigene Surfverhalten ausspionieren, zu blockieren. Dabei werden nur »heimliche« Aufrufe blockiert. Klicken Sie eine der betreffenden Webseiten direkt an, können Sie sie ganz normal besuchen. Der Tracking-Schutz ist also kein Webfilter. Die Technik basiert auf der Kooperation der Werbeanbieter, deren Skripte die vom Browser zurückgemeldeten Benutzerwünsche respektieren müssen. Wenn ein Webserver die DNT-Einstellung des Browsers ignoriert, ist der Tracking-Schutz wirkungslos.

4.1.16 Einstellungen für den Tracking-Schutz

Die Einstellung für den Tracking-Schutz finden Sie in den erweiterten Einstellungen unter *Do Not Track-Anforderungen (nicht nachverfolgen) senden*. Eine Auswahl vorgefertigter Listen zum Tracking-Schutz, die große im Datenschutz tätige Unternehmen kostenlos anbieten – wie es sie im Internet Explorer gab –, bietet Microsoft Edge nicht mehr an.

> **DNT (Do Not Track) – inzwischen weitgehend wirkungslos**
>
> Das Verfolgen von Benutzeraktivitäten, um personalisierte Inhalte anzuzeigen, ist an sich eine nützliche Technologie, die nur von den Medien immer häufiger in schlechtes Licht gerückt wird, da sie von Werbetreibenden gern missbraucht wird.
>
> Als Microsoft mit der Release Preview von Windows 8 den Tracking-Schutz standardmäßig aktivierte, nahm die beim W3C (World Wide Web Consortium) für dieses Thema zuständige Arbeitsgruppe öffentlich Stellung: Ein Nutzer soll selbst entscheiden, ob er Tracking wünscht oder nicht. Ein Browser dürfe standardmäßig keinen »Do Not Track«-(DNT-)Header übertragen. Wenn Browser standardmäßig einen DNT-Header senden, werden Werbeanbieter ganz schnell dazu übergehen, dies nicht mehr zu beachten. Webseiten mit offensichtlich illegalen Spionageinteressen werden den Tracking-Schutz ohnehin ignorieren.

Nach Aussage des W3C steht es Microsoft natürlich frei, den Internet Explorer auch weiterhin einen DNT-Header senden zu lassen. Das entspreche aber nicht dem W3C-Standard. Sollte Microsoft dennoch behaupten, W3C-konform zu arbeiten, sei das dann ein Fall für die Aufsichtsbehörden.

Die »Digital Advertising Alliance« (DAA), die Interessenvertretung der Werbetreibenden, will DNT generell nur akzeptieren, wenn es nicht voreingestellt ist. Andernfalls würden sich Anbieter von Werbung entscheiden, die DNT-Header des Internet Explorer einfach zu ignorieren.

Da in Windows 8 trotz aller Kritik der Tracking-Schutz im Internet Explorer voreingestellt blieb, solange Benutzer bei der Einrichtung die Express-Einstellungen verwenden, haben viele große Werbenetzwerke inzwischen beschlossen und auch bekannt gegeben, Do Not Track-Anfragen nicht mehr zu beachten. Damit wurde diese ursprünglich für Ausnahmefälle gut gemeinte Funktion weitgehend wirkungslos. Im Microsoft Edge-Browser von Windows 10 ist wie in allen anderen Browsern DNT wieder standardmäßig ausgeschaltet.

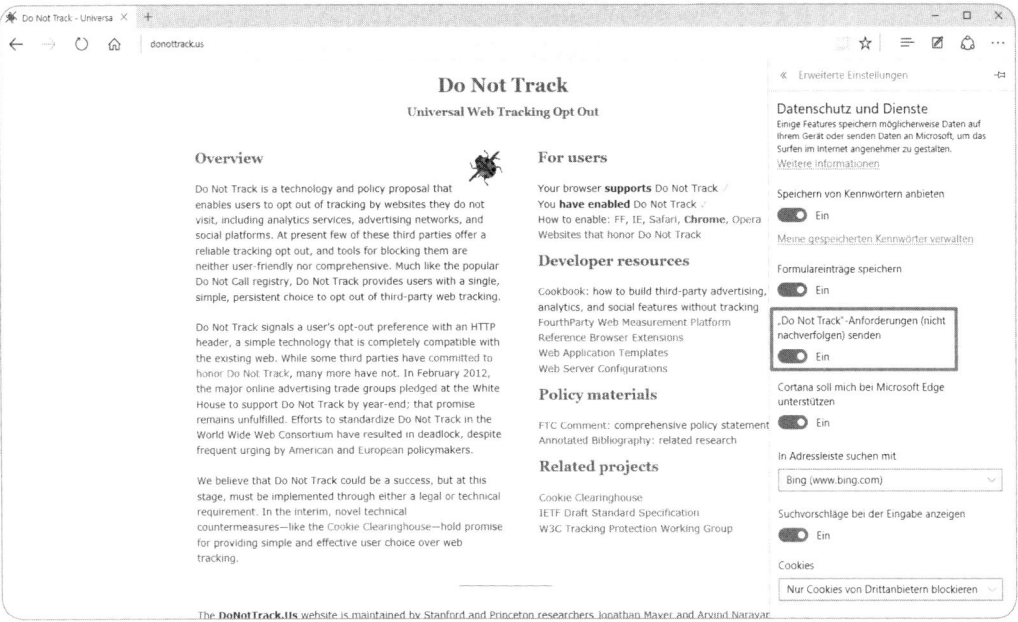

Bild 4.26: Onlineüberprüfung der Do Not Track-Einstellungen im Browser.

Auf der Seite *donottrack.us* können Sie testen, ob der Tracking-Schutz des Browsers theoretisch von anderen Webseiten erkannt wird. Welche Webseiten diese Anfragen tatsächlich akzeptieren, lässt sich nicht testen. Die Seite zeigt aber eine Liste von Werbediensten, die Do Not Track noch anerkennen. Unter den ganz großen Webseiten ist nur noch Twitter dabei.

4.1.17 Microsoft Edge im HTML5-Test

Der Browser Microsoft Edge ist schneller und komfortabler als sein Vorgänger, was sich nur subjektiv beweisen lässt. Die Unterstützung für CSS und HTML5 wurde ebenfalls deutlich verbessert.

Hier ist ein Beweis einfach. Die Testseite *www.html5test.com* bescheinigt Microsoft Edge ein Gesamtergebnis von 402 Punkten. Der Internet Explorer 11 aus Windows 8.1 erreichte gerade einmal 372 Punkte. Aber auch Microsoft Edge liegt immer noch weit hinter aktuellen anderen Browsern wie Chrome 43 mit 526 Punkten und Firefox 38 mit 467 Punkten zurück.

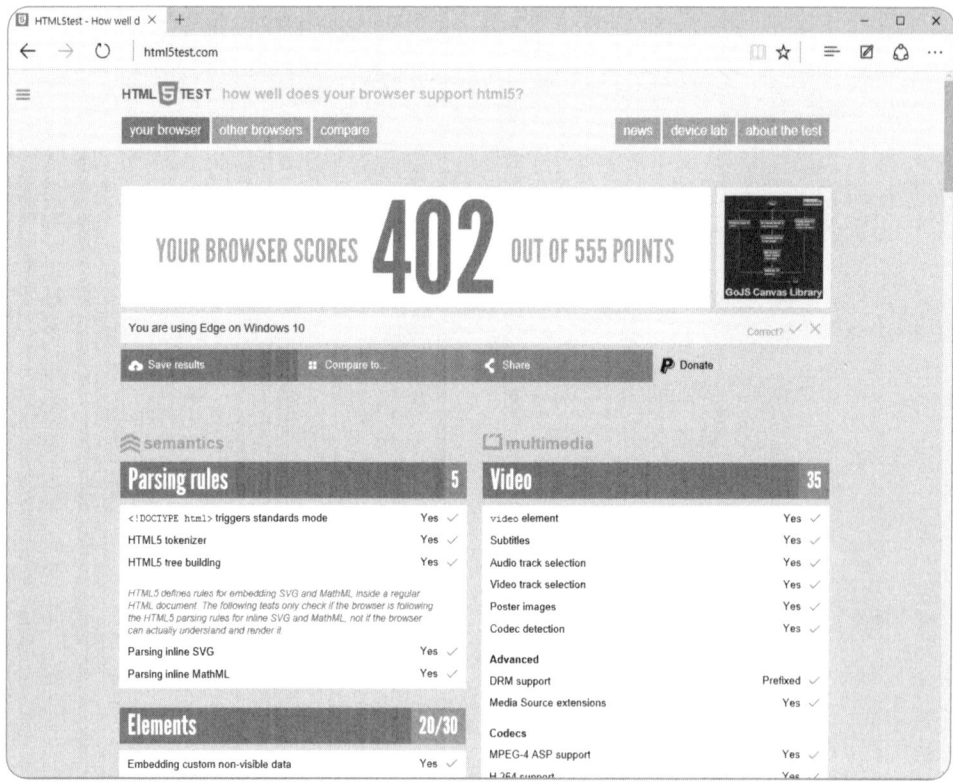

Bild 4.27: Der Browser Microsoft Edge im HTML5-Test.

4.2   Internet Explorer – es gibt ihn noch

Microsoft hatte jahrelang versucht, Softwareentwickler davon zu überzeugen, den Programmkern des Internet Explorers zur Anzeige von HTML-Inhalten und sogar für Benutzeroberflächen in eigenen Programmen zu nutzen. Mittlerweile gibt es auch diverse Software unterschiedlichster Hersteller, die diese Technik nutzt.

Mit dem Ersatz des Internet Explorers durch Microsoft Edge in Windows 10 würden alle diese Programme nicht mehr funktionieren. Aus Kompatibilitätsgründen ist daher der Internet Explorer auch in Windows 10 noch enthalten, taucht aber auf der Benutzeroberfläche nicht mehr auf. Geben Sie allerdings im Suchfeld der Taskleiste den Suchbegriff *iexplore.exe* ein, können Sie den Internet Explorer 11 auch noch als Browser starten.

Bild 4.28: Der Internet Explorer fristet in Windows 10 ein Schattendasein.

Der Internet Explorer sollte nur noch bei Kompatibilitätsproblemen verwendet werden, er wird aber (zurzeit noch) mit Sicherheitsupdates versorgt.

Da der Internet Explorer zu aktuellen Webstandards noch nie kompatibel war, haben viele Webmaster zwei Varianten ihrer Webseiten angeboten, eine spezielle für den Internet Explorer und eine weitere nach den üblichen W3C-Standards für alle anderen Browser. Um mit Microsoft Edge nicht diese bewusst falsche Version einer Seite anzuzeigen, gibt sich der neue Browser gegenüber Webservern über den User Agent String als Chrome aus. Der Name »Edge« und die Versionsnummer werden ebenfalls übertragen, aber von vielen Servern noch nicht ausgewertet.

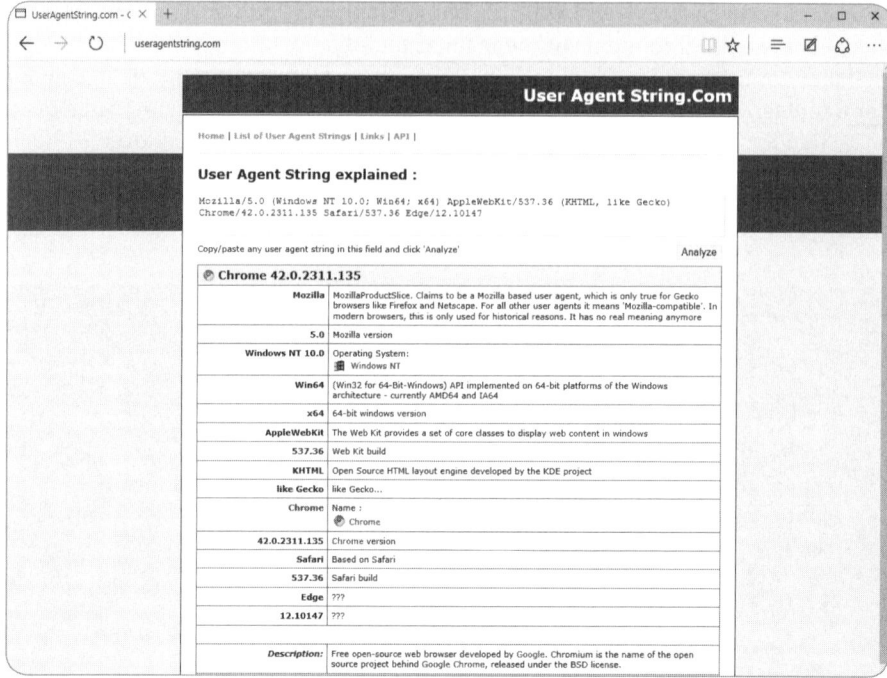

Bild 4.29: Die Webseite *useragentstring.com* zeigt, welche Daten der eigene Browser an Server liefert.

Wenn es im neuen Browser Microsoft Edge mit einer Webseite wirklich ein Problem gibt, klicken Sie dort auf das Menüsymbol oben rechts und wählen *Mit Internet Explorer öffnen*. Die gerade angezeigte Webseite wird dann in einem neuen Internet Explorer-Fenster dargestellt.

4.3   Globale Suche für Web und Windows

Windows 10 beinhaltet eine globale Suchfunktion, mit der sich sowohl Dateien und Apps als auch Inhalte innerhalb von lokal gespeicherten Dokumenten suchen lassen. Aber auch Suchziele im Internet werden gefunden.

Bild 4.30: Das Suchfeld in der Taskleiste.

Tippen Sie im Suchfeld *Web und Windows durchsuchen* auf der Taskleiste den Suchbegriff ein, erscheint ein Suchfeld, das nach kurzer Zeit lokale Suchergebnisse auf dem PC und weitere Suchvorschläge im Internet anzeigt.

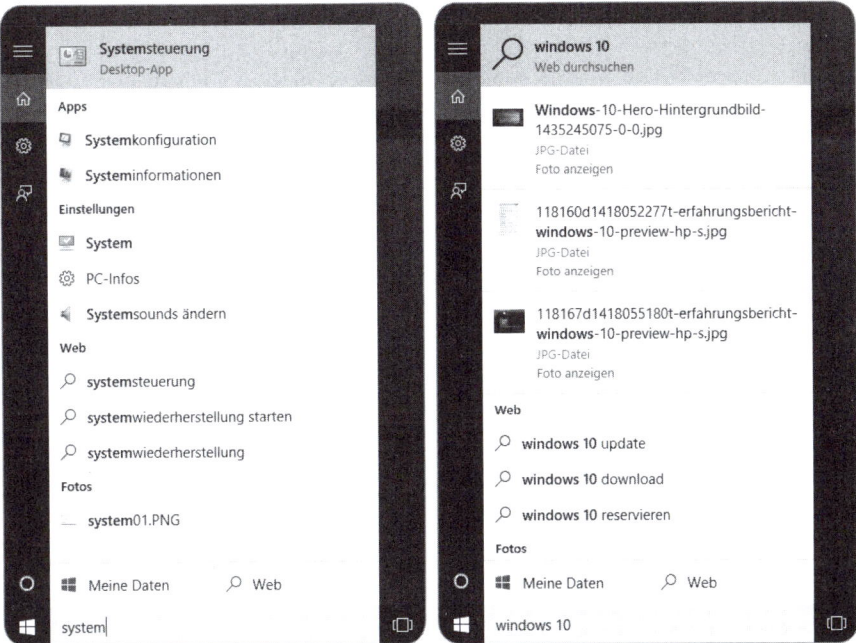

Bild 4.31: Je nach Suchbegriff tauchen in den Suchergebnissen Einstellungen, Apps, Dokumente und Websuchvorschläge auf.

Ganz oben in der Liste versucht Windows 10, den wahrscheinlichsten Treffer zu platzieren. Meist ist das eine installierte App oder einfach die Websuche nach dem eingegebenen Begriff. Dieser Vorschlag kann einfach mit der ⌜Enter⌟-Taste aufgerufen werden. Zur Websuche wird der Microsoft Edge-Browser geöffnet, und bei Bing wird gesucht.

Wählen Sie direkt eines der lokalen Suchergebnisse, um eine Datei zu öffnen oder eine App zu starten. Mit den Schaltflächen unten können Sie die Suchergebnisse auf lokale Dateien oder Websuchergebnisse einschränken.

4.4 Cortana, Ihre neue digitale Assistentin

Eine der mit größter Spannung erwarteten Neuheiten in Windows 10 ist die digitale Assistentin Cortana, die nicht nur die Suche erweitert, sondern auch an Termine erinnern und diverse weitere Fragen beantworten kann. Cortana kann selbstständig Inhalte wie Nachrichten, Verkehrsmeldungen oder das Wetter vorschlagen. Besonders auf mobilen Geräten kann man sich abhängig vom aktuellen Standort lokale Gastronomie empfehlen lassen.

Cortana muss vor der ersten Nutzung kurz eingerichtet werden. Klicken Sie dazu in das Suchfeld der Taskleiste und dann auf das Kreissymbol unten links. Überall, wo dieses Symbol auftaucht, ist Cortana im System aktiv.

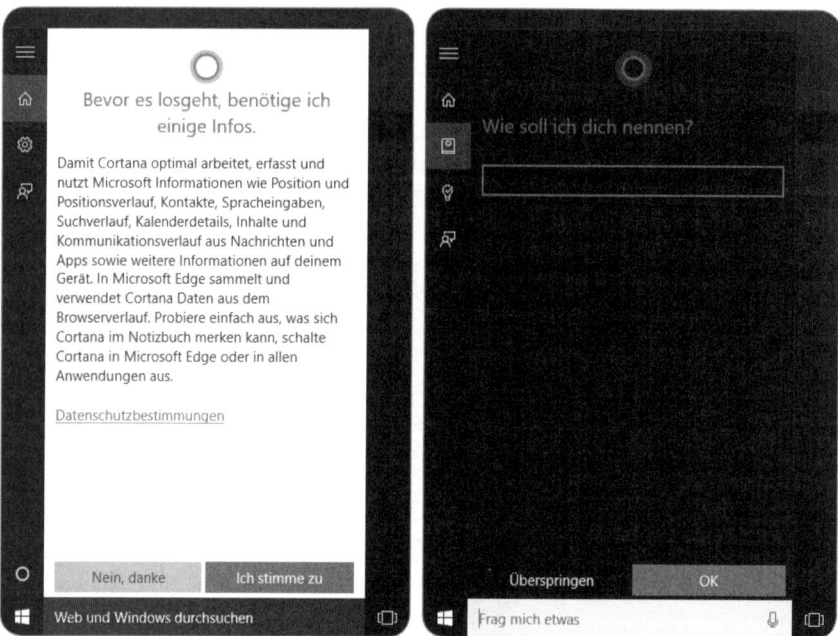

Bild 4.32: Erste Schritte bei der Einrichtung von Cortana.

Nach dem Bestätigen der obligatorischen Datenschutzbestimmungen geben Sie einen Namen ein, unter dem Sie in Zukunft von Cortana angesprochen werden möchten.

Cortana versteht nicht nur im Suchfeld eingetippte Anfragen, sondern kann auch gesprochene Texte verstehen und darauf antworten. Dazu muss natürlich ein Mikrofon am Computer angeschlossen sein. Während der Einrichtung können Sie festlegen, ob Cortana auf den Sprachbefehl *Hey Cortana* aktiviert werden soll. Die meisten Geräte mit Mikrofon sind Tablets und Notebooks, und gerade hier verbraucht das ständige Zuhören und Warten auf den Aktivierungsbefehl viel Strom. Überlegen Sie sich also, ob Sie diese Funktion wirklich brauchen.

Spracheingabe in Cortana aktivieren
Die Spracheingabe für Cortana kann außer über den Sprachbefehl *Hey Cortana* auch durch Klicken auf das Mikrofonsymbol im Suchfeld der Taskleiste oder über die Tastenkombination ⊞Win+C aktiviert werden. Cortana hört zu und zeigt den erkannten Text an. So stellen Sie jederzeit fest, ob Cortana alles richtig verstanden hat.

Bild 4.33: Einrichtung von Cortana abschließen.

Nach der Einrichtung zeigt Cortana das aktuelle Wetter und Nachrichtenschlagzeilen an. Als deutlichen Hinweis, dass Cortana aktiv ist, zeigt das Suchfeld das kreisförmige Cortana-Symbol sowie den neuen Text *Frag mich etwas*. Auch wenn Cortana aktiv ist, können Sie das Suchfeld weiterhin wie gewohnt nutzen.

In der Symbolleiste links neben dem Cortana-Feld können Sie Einstellungen vornehmen, zum Beispiel welche Nachrichtenthemen im Feld angezeigt werden sollen. Über das *Einstellungen*-Symbol lässt sich der Sprachbefehl *Hey Cortana* jederzeit ein- oder ausschalten.

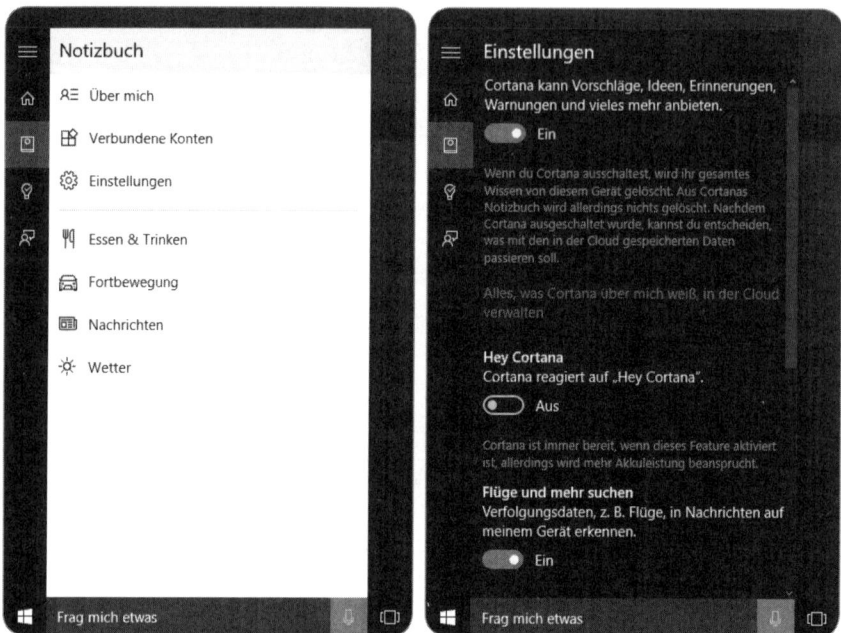

Bild 4.34: Einstellungen für Cortana.

Vorsicht beim Abschalten

In den Einstellungen von Cortana können Sie diese digitale Assistentin auch ganz abschalten. Allerdings vergisst sie damit alles, was sie mit der Zeit gelernt und auf dem PC gespeichert hat. Es gehen keine eigenen Dateien verloren, aber Cortana verliert ihr Gedächtnis und muss beim nächsten Aktivieren alles wieder von Neuem lernen. Nur die im Microsoft-Konto gespeicherten Daten, wie gespeicherte persönliche Orte und der Websuchverlauf, bleiben erhalten.

4.4.1 Cortana im Browser nutzen

Beim Lesen eines Texts im Browser kann Cortana bei unbekannten Begriffen jederzeit helfen. Markieren Sie mit der Maus ein Wort im Browser und klicken Sie mit der rechten Maustaste darauf. Wählen Sie im Kontextmenü *Cortana fragen*.

Cortana stellt daraufhin Informationen zum gesuchten Begriff zusammen. Diese können aus Wikipedia oder anderen Quellen stammen. Findet Cortanas Suchalgorithmus nichts Zuverlässiges, wird automatisch eine Bing-Suche mit dem Suchbegriff gestartet. Diese kann auch manuell über einen Link unten im Cortana-Feld aufgerufen werden.

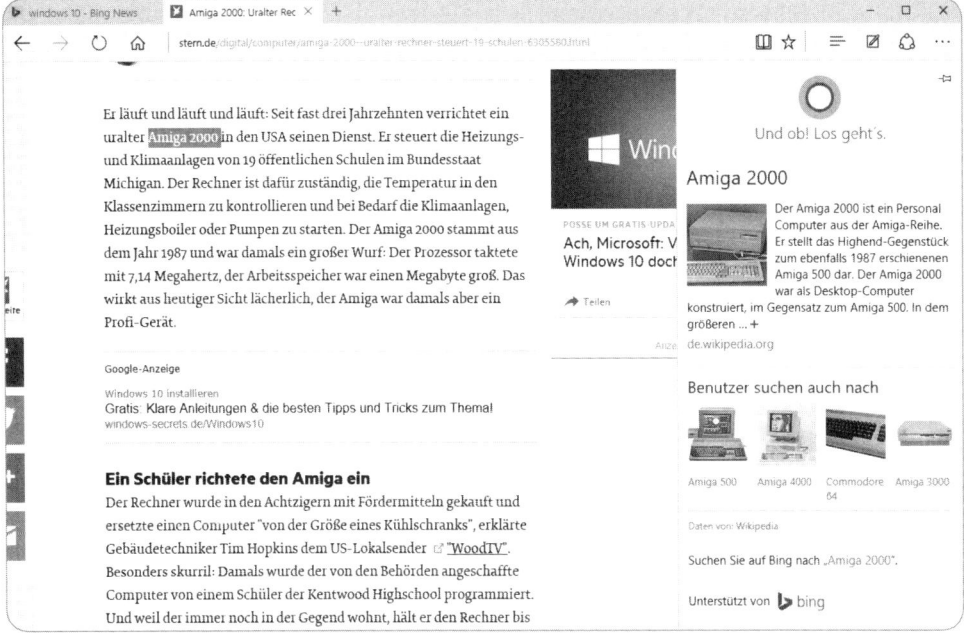

Bild 4.35: Cortana liefert Informationen zu einem Begriff, der auf einer Webseite markiert wurde.

Mit dem Pinnsymbol oben rechts lässt sich das Cortana-Feld im Browser fest anpinnen. Das hat den Vorteil, dass es keine Inhalte der aktuellen Webseite überdeckt und außerdem immer stehen bleibt, wenn man eines der Suchergebnisse aufruft.

4.5 E-Mail-Verkehr mit der Mail-App

Windows 10 liefert eine App zum Lesen und Schreiben von E-Mails mit. Beim ersten Start werden auf anderen Geräten verwendete E-Mail-Konten vorgeschlagen, die durch Eingabe der jeweiligen Passwörter schnell eingerichtet werden können. Das Microsoft-Konto, das zur Anmeldung verwendet wird, wird automatisch eingerichtet. Die Kachel im Startmenü zeigt dann immer neue E-Mails direkt an.

Die App *Mail* zeigt in einer Touchscreen-freundlichen Oberfläche eine Liste der neuesten E-Mails in einer dreispaltigen Ansicht. Die linke Spalte zeigt die Ordner des aktuellen E-Mail-Kontos, die mittlere Spalte eine Liste aller E-Mails und die rechte Spalte die ausgewählte E-Mail.

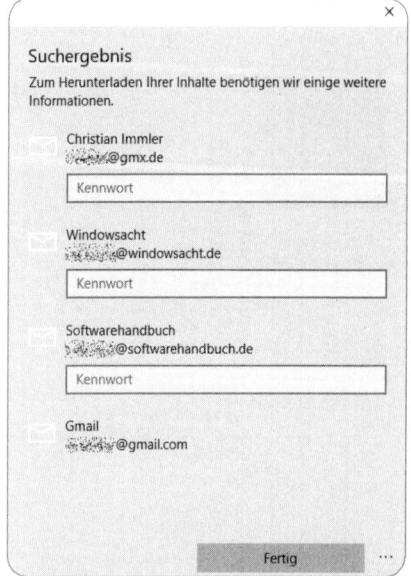

Bild 4.36: Vorschläge zur Einrichtung von E-Mail-Konten beim ersten Start der Mail-App.

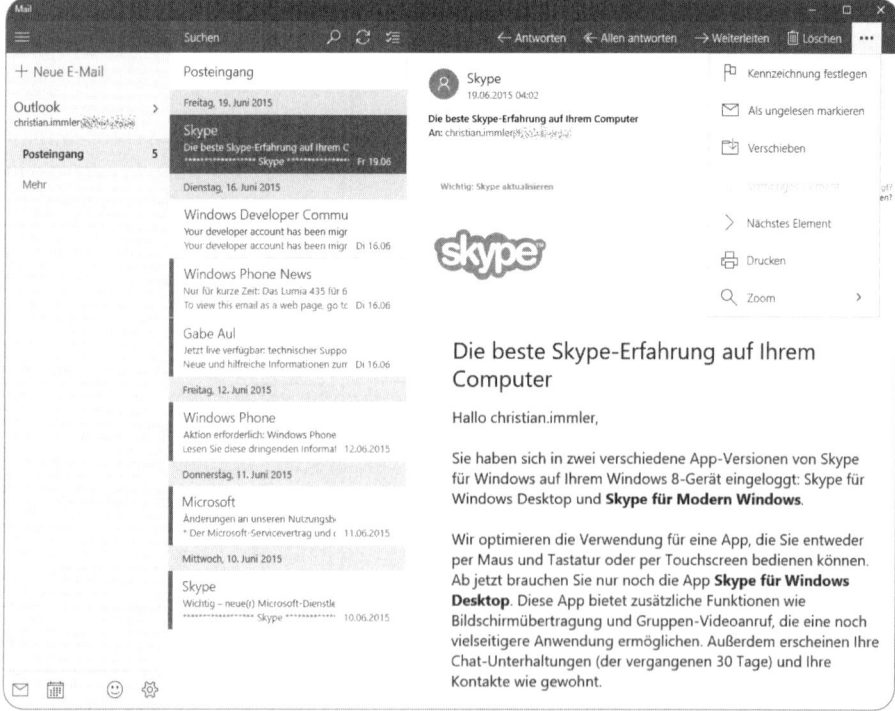

Bild 4.37: Die Mail-App in Windows 10.

Klicken Sie auf eine E-Mail, erscheint sie in der rechten Bildschirmhälfte. Oben rechts finden Sie Schaltflächen zum Beantworten, Weiterleiten und Löschen der angezeigten E-Mail. Weitere Funktionen wie Kennzeichnung, Verschieben in andere Ordner oder Drucken sind über das Menüsymbol zu finden.

Mehr Platz für E-Mails

Auf kleinen Bildschirmen kann der Platz zur Anzeige einer E-Mail leicht zu klein werden. Ein Klick auf den Hamburger-Button oben links minimiert die linke Spalte zu einer einfachen Symbolleiste und gibt damit mehr Platz für die Anzeige der E-Mails in der rechten Spalte frei.

4.5.1 Wie man ein weiteres Mailkonto hinzufügt

Die Mail-App bietet die Möglichkeit, neben dem Hotmail-Konto weitere E-Mail-Konten zu nutzen. Seit Windows 8.1 können neben Google Mail- und Exchange-Konten auch Yahoo!- und IMAP-Mailkonten sowie natürlich weitere Hotmail-Konten – auch Live, MSN und Outlook.com – verwendet werden.

1. Um der Mail-App ein neues Mailkonto hinzuzufügen, klicken Sie unten links auf das Zahnradsymbol *Einstellungen*.

2. Klicken Sie danach in der Seitenleiste rechts auf *Konten*. Hier sehen Sie das bereits vorhandene Hotmail-Konto. Klicken Sie auf *Konto hinzufügen*.

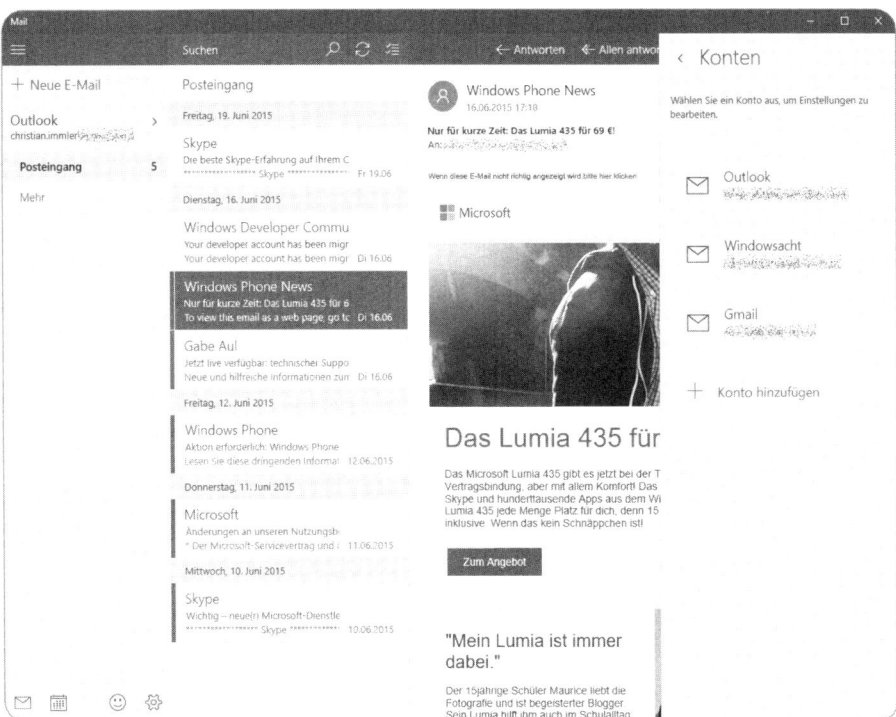

Bild 4.38: Das Seitenmenü *Konto hinzufügen* in der Mail-App.

3. Im nächsten Schritt können Sie wählen, ob Sie ein Outlook-/Hotmail-Konto, ein Google-Konto, ein Office 365-/Exchange-Konto, Yahoo! Mail, iCloud oder ein anderes E-Mail-Konto, das per IMAP genutzt wird, hinzufügen möchten.

4. Bei Hotmail-, Google- und Yahoo!-Konten brauchen Sie nur E-Mail-Adresse und Passwort einzugeben. Google verlangt zusätzlich eine eigene Autorisierung. Dazu wird kurz ein Google-Fenster eingeblendet. Bei Exchange-Konten reichen diese Daten häufig auch. Nur wenn die automatische Erkennung nicht funktioniert, geben Sie Server- und Domainnamen manuell ein.

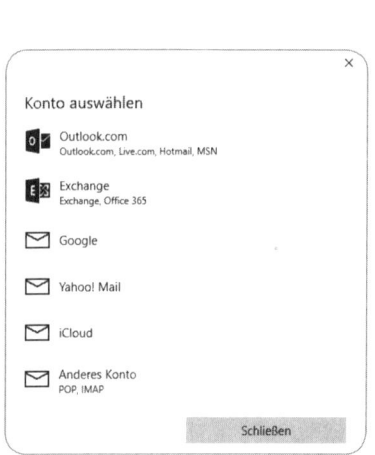

Bild 4.39: Google-Konto hinzufügen.

5. IMAP-Konten der großen Mailanbieter werden ebenfalls automatisch eingerichtet. Bei E-Mail-Adressen auf Firmenservern oder eigenen Domains bei Webhostern müssen Sie die Daten manuell eintragen.

Bild 4.40: Anderes E-Mail-Konto hinzufügen.

6. Klicken Sie danach auf *Anmelden*, wird das Konto hinzugefügt, eine Verbindung zum Mailserver wird hergestellt, und die dort liegenden E-Mails werden abgeholt. Je nach Anzahl und Größe der E-Mails, die auf dem Server liegen, kann das Abholen einige Zeit dauern. Danach werden alle Mails im Posteingang angezeigt.

Passworteingabe in Windows 10
Passwörter werden in Windows 10 grundsätzlich nicht im Klartext angezeigt. Während der Passworteingabe sehen Sie im Eingabefeld ein Augensymbol. Klicken Sie darauf, erscheint das eingegebene Passwort kurzzeitig im Klartext.

4.5.2 Neue Mails verfassen und direkt senden

Sobald Sie ein E-Mail-Konto eingerichtet haben, können Sie die erste E-Mail verfassen und senden.

1. Klicken Sie oben links auf das Symbol *Neue E-Mail* oder drücken Sie einfach die Tastenkombination [Strg]+[N]. Es öffnet sich ein Eingabefeld für eine neue Nachricht.

2. Schreiben Sie in die Zeile *An:* die E-Mail-Adresse des Empfängers. Beim Tippen einiger Buchstaben erscheint sofort eine Auswahl passender Kontakte aus dem Adressbuch, sodass Sie die E-Mail-Adresse nicht komplett einzutippen brauchen.

3. Tragen Sie dann in der Zeile *Betreff* eine Überschrift für die neue E-Mail ein und schreiben Sie im Hauptfenster anschließend den Text der E-Mail.

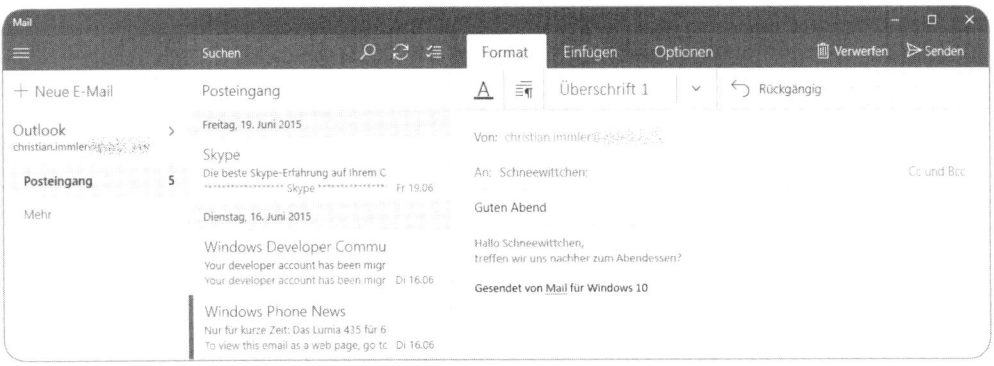

Bild 4.41: Eine neue E-Mail schreiben.

4. Mit der Symbolleiste oben können Sie den Text formatieren. Hier stehen verschiedene Schriftarten, -größen und -farben zur Verfügung sowie Absatzformatierungen und sogar Formatvorlagen, um den E-Mails einen professionellen Anstrich zu geben.

Bild 4.42: Zeichen- und Absatzformate in der Mail-App.

5. Um die E-Mail zu versenden, klicken Sie oben rechts auf die Schaltfläche *Senden*.

Betreffzeile sinnvoll verwenden

Tragen Sie in die Betreffzeile etwas Sinnvolles ein, sodass der Empfänger sofort weiß, worum es in der Mail geht. Die Betreffzeile ist auch ein wichtiges Kriterium für Spamfiltersoftware. Geben Sie vollständige deutsche Wörter und nicht einfach nur »Hey« oder Ähnliches ein, wenn Sie möchten, dass Ihre E-Mail auch ankommt.

4.5.3 Vorgegebene E-Mail-Signatur ersetzen

Die Mail-App hängt an jede geschriebene E-Mail standardmäßig eine Zeile *Gesendet von Mail für Windows 10* an. Diese sogenannte Signatur können Sie auch abschalten oder durch einen eigenen Text wie zum Beispiel Ihre Adresse ersetzen.

Klicken Sie dazu unten links auf das Zahnradsymbol *Einstellungen*. Klicken Sie dann in der Seitenleiste rechts auf *Optionen* und wählen Sie ganz oben das gewünschte E-Mail-Konto.

Schalten Sie *E-Mail-Signatur verwenden* aus, wenn Sie keine Signatur verwenden möchten, oder tragen Sie im Textfeld darunter eine persönliche Signatur ein.

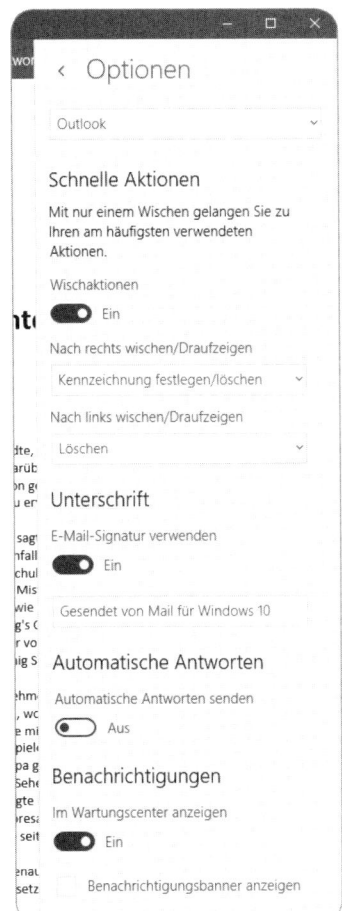

Bild 4.43: E-Mail-Signatur in den Optionen eines E-Mail-Kontos.

4.5.4 Persönliche Gefühle mit Smileys ausdrücken

Persönliche Gefühle in schriftlicher Form auszudrücken ist nicht jedermanns Sache. Besonders in fremdsprachigen E-Mails ist es sehr schwierig, eine einfache Gefühlsregung so auszudrücken, dass auch ein Gegenüber aus einer ganz anderen Kultur sie richtig interpretiert. Was man in einem gesprochenen Satz über Gestik, Mimik und Betonung darstellt, kann man in einer E-Mail mit sogenannten Smileys oder Emoticons sagen. Dies waren ursprünglich einfache Zeichenkombinationen aus Satzzeichen und Klammern, die um 90 Grad gedreht ein Gesicht ergeben, das eine bestimmte Stimmung ausdrückt. Besonders bekannt sind das lachende Smiley **:-)** sowie das zwinkernde **;-)** und das traurige **:-(** Gesicht.

Die E-Mail-App in Windows 8.1 bot eine Symbolleiste mit Hunderten grafischer Emoticons, nach verschiedenen Themen geordnet, zur Auswahl an. In Windows 10 fehlt diese Symbolleiste leider, Sie können aber die Bildschirmtastatur verwenden. Diese verfügt ebenfalls über zahlreiche Smileys und andere grafische Symbole für E-Mails.

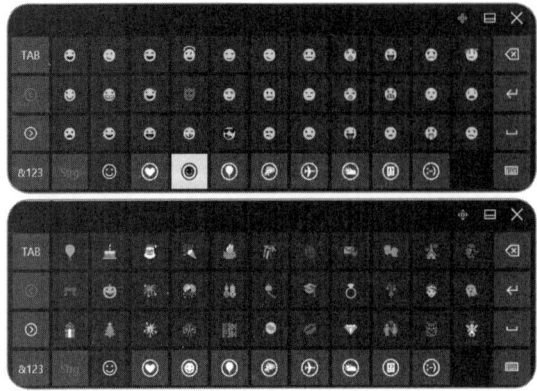

Bild 4.44: Emoticons und grafische Symbole für E-Mails auf der Bildschirmtastatur.

Beachten Sie, dass nicht jedes E-Mail-Programm beim Empfänger diese Emoticons problemlos anzeigen kann. Und auch nicht jeder Empfänger will sie sehen, vor allem nicht im geschäftlichen E-Mail-Verkehr.

4.5.5 Mails beantworten oder weiterleiten

Wenn Sie eine E-Mail lesen, können Sie sie gleich auch ganz einfach beantworten, indem Sie oben auf das Symbol *Antworten* klicken oder die Tastenkombination Strg + R drücken.

Automatisch erscheint ein neuer Bildschirm, in dem bereits der Absender der E-Mail als neuer Empfänger eingetragen ist. Den Originalmailtext sehen Sie ebenfalls in diesem Fenster.

Bild 4.45: Antwort auf eine empfangene E-Mail.

Ist eine E-Mail an mehrere Empfänger gerichtet, können Sie die Antwort mit der Option *Allen antworten* an den Absender sowie an alle Empfänger der Originalmail schicken.

Weiterleiten funktioniert ähnlich wie *Antworten*, jedoch mit dem Unterschied, dass die E-Mail nicht an den Absender, sondern an beliebige andere Adressen verschickt werden kann.

4.5.6 Fotos und andere Dateitypen als Anhang

Die Mail-App bietet die Möglichkeit, Fotos und andere Dateien per E-Mail zu verschicken. Umgekehrt können natürlich auch Dateianhänge empfangener E-Mails auf dem PC gespeichert werden.

> **Dateigröße beim Verschicken von E-Mails beachten**
> Beim Verschicken von Dateien als E-Mail-Anhang sollten Sie die Dateigröße beachten. Mehrere MByte große Dateien verursachen beim Empfänger lange Ladezeiten, besonders wenn dieser seine E-Mails auf dem Handy liest. Unter Umständen verweigert der Provider des Empfängers die Annahme einer Mail mit einem zu großen Anhang. Allgemein lässt sich sagen: Was früher nicht auf eine Diskette passte, gehört auch nicht in eine E-Mail. E-Mails mit Anhängen über 2 MByte gelten als typische Anfängerfehler.

Beim Versand von Fotos mit der Mail-App gibt es zwei Methoden, die sich grundsätzlich unterscheiden: Fotos als Anhang schicken sowie als Bild eingebettet in eine HTML-Mail.

Fotos als Anhang verschicken

Um Fotos oder andere Dateien als Anhang zu versenden, schreiben Sie die E-Mail und klicken oben auf *Einfügen*. In der sich öffnenden Symbolleiste klicken Sie auf *Anfügen* und wählen die gewünschten Dateien aus.

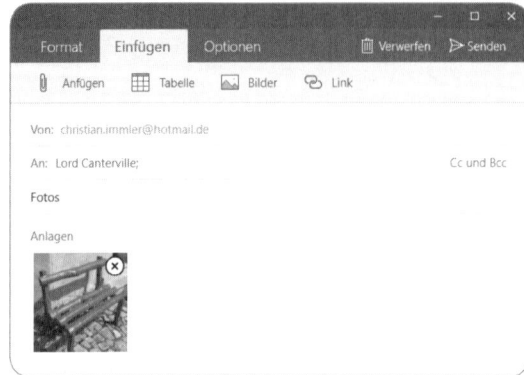

Bild 4.46: Foto als Anhang versenden.

Auf diese Weise versendete Fotos behalten ihre Originalgröße und -auflösung und auch ihre Dateinamen.

Fotos in HTML-Mails verschicken

Die zweite Möglichkeit ist, Fotos in eine HTML-Mail eingebettet zu verschicken. Der Vorteil ist, dass man hier die Bilder nicht einfach anhängt, sondern die Mail wirklich layouten und die Bilder an den passenden Stellen einfügen kann. In diesem Fall werden die Bilder auf die im Layout verwendete Größe reduziert, was die Mail im Ganzen deutlich kleiner macht. Auf dem Bildschirm betrachtet, wirkt die Mail wesentlich ansprechender, dafür haben die Fotos nicht mehr die volle Auflösung, können also vom Empfänger nicht mehr zum Ausdrucken oder Weiterbearbeiten genutzt werden.

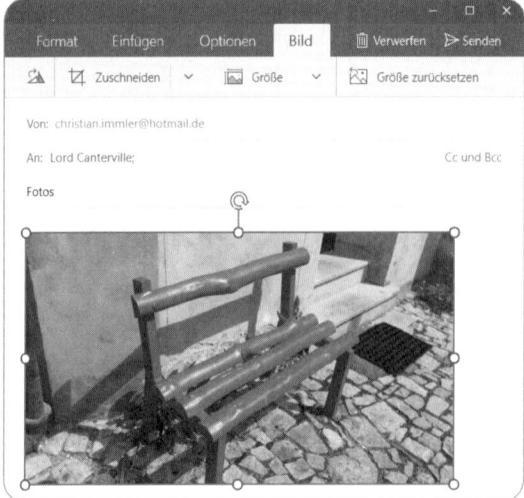

Bild 4.47: Foto in eine HTML-Mail einfügen.

Um Fotos in einer HTML-Mail zu versenden, schreiben Sie die E-Mail und klicken dann oben auf *Einfügen*. Es öffnet sich wieder eine Symbolleiste. Klicken Sie dort auf *Bilder* und wählen Sie das gewünschte Bild aus. Schieben Sie es an die passende Stelle im Text und ziehen Sie es auf die gewünschte Größe.

Mit den Werkzeugen in der oberen Symbolleiste lässt sich das Bild drehen, zuschneiden und in der Größe skalieren. Zusätzlich haben Sie die Möglichkeit, das Bild über die Griffe interaktiv zu skalieren und zu drehen.

Die Mail-App erstellt automatisch eine Bilddatei mit dem passenden Ausschnitt und der richtigen Größe, die mit der E-Mail verschickt wird. Das Originalbild bleibt auf dem eigenen PC unverändert erhalten.

4.5.7 Eingegangene Mails ordentlich archivieren

Je mehr E-Mails man bekommt, desto schwieriger ist es, die Übersicht zu behalten. In den meisten E-Mail-Programmen werden eingehende Mails in Ordner sortiert, damit sie später leichter zu finden sind.

- Ein Klick auf *Mehr* in der linken Spalte zeigt die Ordnerstruktur des ausgewählten E-Mail-Kontos. Die Zahl bei jedem Ordner zeigt die Anzahl ungelesener E-Mails.

- Klicken Sie mit der rechten Maustaste auf einen Ordner, können Sie diesen zu den Favoriten hinzufügen, was in diesem Fall bedeutet, dass er in der linken Spalte permanent angezeigt wird.

- Klicken Sie in der E-Mail-Liste bei wichtigen Mails auf das Fähnchen rechts, um die Mail besonders hervorzuheben.

Bild 4.48: E-Mails als wichtig kennzeichnen.

- Auf die gleiche Weise können Sie mit einem Klick auf das Papierkorbsymbol in der E-Mail-Liste einzelne Mails schnell löschen.

- Möchten Sie mehrere E-Mails in einen anderen Ordner verschieben, mit Fähnchen kennzeichnen oder löschen, klicken Sie auf das Symbol *Auswählen* in der Symbolleiste am oberen Bildschirmrand. Markieren Sie die Kontrollkästchen bei allen Mails, die verschoben werden sollen. Klicken Sie dann auf das Ordnersymbol in der Symbolleiste und wählen Sie den gewünschten Ordner aus, um die E-Mails zu verschieben. Auf die gleiche Weise löschen oder kennzeichnen Sie mehrere E-Mails auf einmal.

Auf Tablets oder Notebooks mit Touchscreen lassen sich E-Mails über Touchgesten noch einfacher kennzeichnen oder löschen. Da die Symbole zum Antippen hier sehr klein sind, schieben Sie eine E-Mail in der Liste einfach nach rechts, um sie mit einem Fähnchen zu kennzeichnen oder diese Kennzeichnung zu entfernen. Schieben Sie die E-Mail in der Liste nach links, um sie zu löschen. Je nach persönlichen Gewohnheiten können Sie diese beiden Aktionen in den Optionen der Mail-App auch gegen andere Aktionen wie *Als gelesen markieren* oder *Verschieben* tauschen.

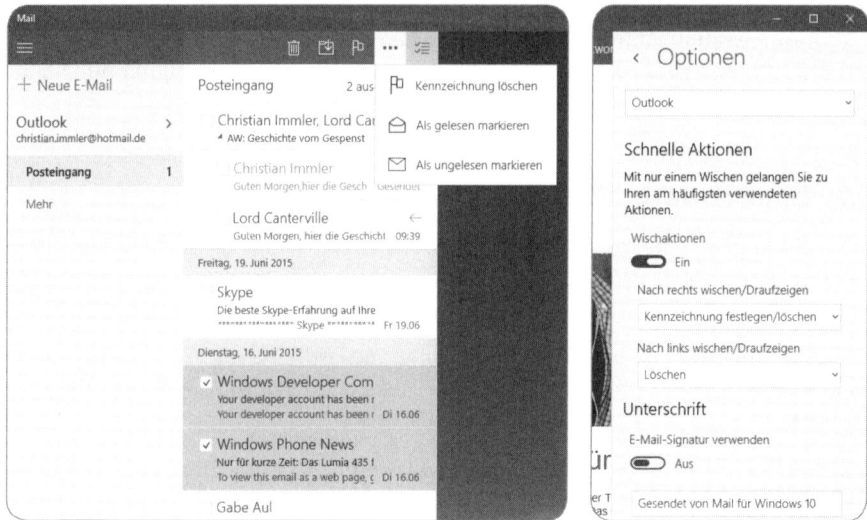

Bild 4.49: Mehrere Mails bearbeiten und Touchgesten für E-Mails.

4.5.8 Microsofts Webmaildienst Outlook.com

Microsoft hatte seinen Webmaildienst Hotmail im Jahr 2012 rechtzeitig zum Start von Windows 8 gründlich modernisiert, mit vielen neuen Funktionen versehen und an das neue Design angepasst. Outlook.com, der Nachfolger von Hotmail, bietet im Browser eine ernst zu nehmende Alternative zu Mail-Apps, die auf dem PC vorhanden sind oder erst installiert werden müssen.

Outlook.com kann mit den gleichen Userdaten wie das Microsoft-Konto genutzt werden, die auch zur Anmeldung bei Windows 10 verwendet werden. Neben den neuen E-Mail-Adressen *@outlook.com* lassen sich auch vorhandene Microsoft-Konten mit E-Mail-Adressen von Hotmail, MSN und Live in Outlook.com nutzen.

Outlook.com lässt sich in jedem Browser nutzen und bietet eine vollwertige Mail-App mit deutlich mehr Funktionen als die Standard-Mail-App aus Windows 10. So bietet Outlook.com nicht nur die Möglichkeit, E-Mails in starre Ordner zu sortieren, sondern auch variable Kategorien einzurichten. Filterregeln ermöglichen die automatische Sortierung nach beliebigen Kriterien, und eigene Aufräumfunktionen helfen, den Posteingang übersichtlich zu halten.

Beim Schreiben neuer E-Mails und beim Beantworten eingegangener E-Mails sieht Outlook.com der Windows 10-Mail-App zum Verwechseln ähnlich. Auch hier gibt es die Möglichkeit, den Text zu formatieren und Dateien anzuhängen. Das Adressbuch des eigenen Microsoft-Kontos steht in Outlook.com ebenfalls zur Verfügung.

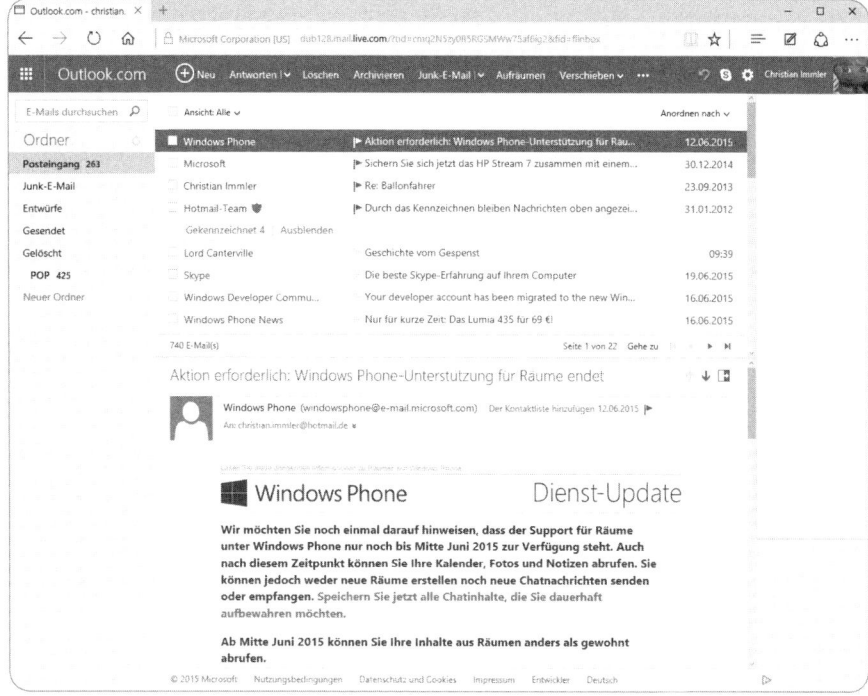

Bild 4.50: Der Posteingang in Outlook.com.

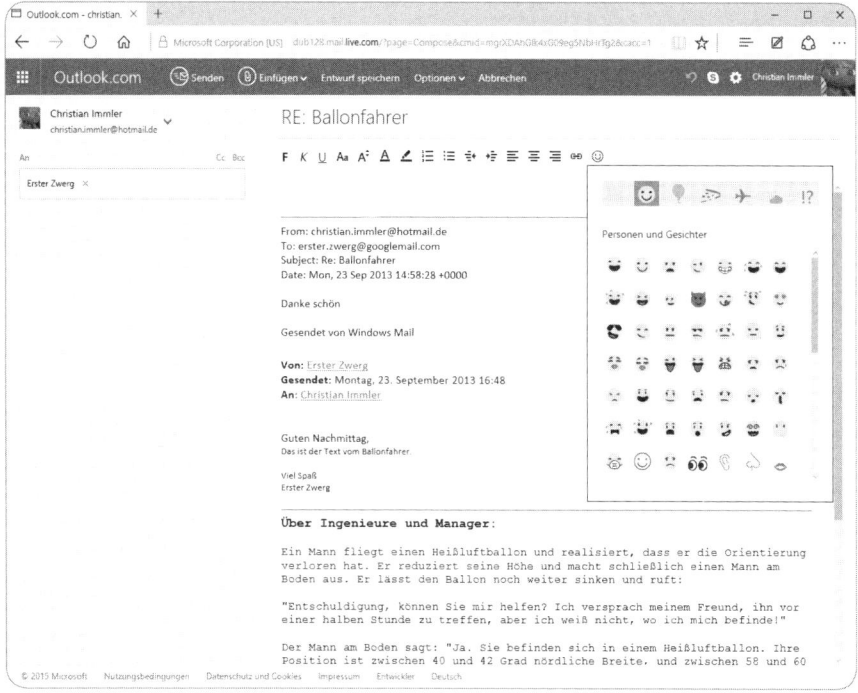

Bild 4.51: E-Mail in Outlook.com beantworten.

Outlook.com stellt sogar eine umfangreiche Liste von Smileys zur Verfügung, die mit dem Update auf Windows 10 aus der Mail-App verschwunden ist.

4.6 Telefonieren und chatten mit Skype

Skype ist eine der beliebtesten Telefon- und Chatplattformen im Internet. Im Jahr 2011 kaufte Microsoft Skype, im November 2012 ersetzte Skype den damaligen Windows Messenger, und seit Windows 8.1 ist Skype fest ins Betriebssystem integriert und ersetzt die alte Chat-App.

Skype hat zurzeit über 45 Millionen aktive Nutzer in aller Welt, die kostenlos miteinander telefonieren und chatten. Zusätzlich bietet Skype verschiedene Möglichkeiten, weltweite Telefongespräche zu normalen Festnetzanschlüssen und Handys zu führen – und das zu deutlich günstigeren Preisen als bei den klassischen Telefonanbietern.

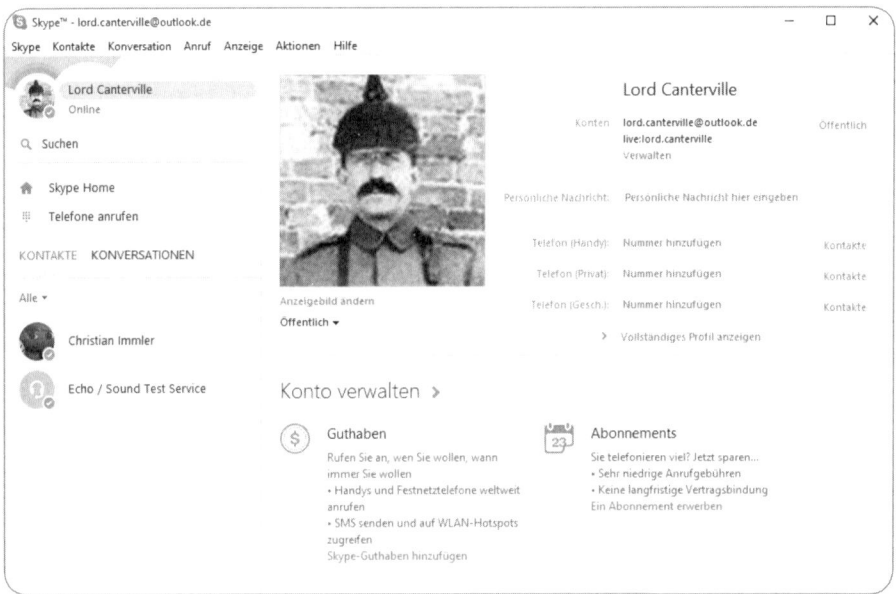

Bild 4.52: Startbildschirm und eigenes Profil in Skype.

Skype meldet sich in Windows 10 nicht mehr automatisch mit dem eigenen Microsoft-Konto an, sondern bietet alternativ auch die Möglichkeit, ein früheres Skype-Konto weiterzunutzen und mit dem Microsoft-Konto zu verbinden, um alle Freunde und auch das Guthaben einer früheren Installation zu übernehmen.

Über das Lupensymbol können Sie neben den bereits bekannten Freunden andere Personen nach Namen, Skype-Namen oder E-Mail-Adresse finden. Um per Skype zu kommunizieren, muss die andere Person in die eigene Kontaktliste aufgenommen werden und dem auch zustimmen. So wird Spam effektiv verhindert.

Klicken Sie auf die gefundene Person und dann auf *Zu Kontakten hinzufügen*. Geben Sie anstelle des Standardtexts besser einen kurzen, persönlichen Text ein. Die Kontaktanfrage wird der Person als Skype-Nachricht zugestellt. Erst wenn diese sie bestätigt, erscheinen Sie beide gegenseitig in den Kontaktlisten und können miteinander kommunizieren.

Die Kontaktliste zeigt bei jeder Person den Onlinestatus an – also ob diese Person für Chats und Anrufe verfügbar ist oder nicht. Standardmäßig zeigt Skype immer den grünen Status *Online* an, wenn das Programm läuft. Sie können Ihren eigenen Status jederzeit mit einem Klick auf das kleine Häkchen an Ihrem Profilbild links oben neben Ihrem Skype-Namen ändern. Tippen Sie auf das Foto, und Sie können ein neues, persönliches Foto hochzuladen und es als Profilbild verwenden.

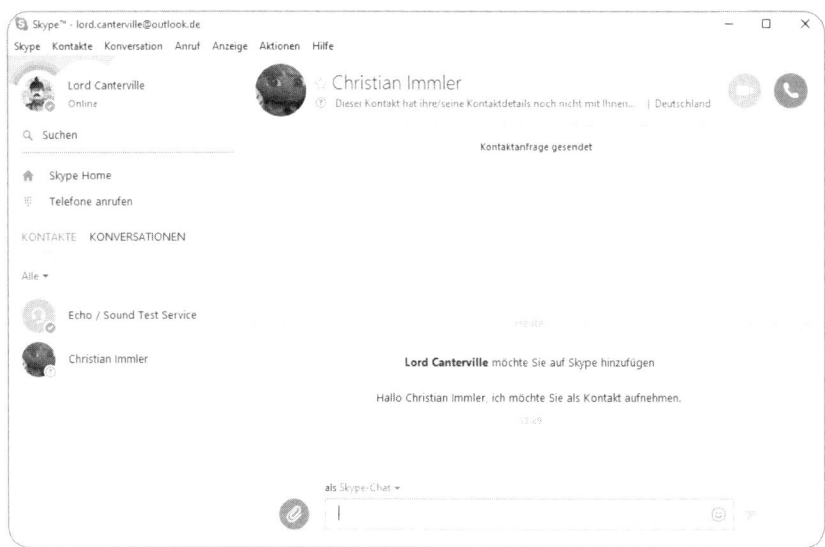

Bild 4.53: Skype-Kontaktanfrage senden.

4.6.1 Lautsprecher und Mikrofon klarmachen

Um mit Skype zu telefonieren, benötigen Sie einen Lautsprecher und ein Mikrofon oder – noch bequemer – ein Headset. Die meisten modernen Notebooks haben bereits Lautsprecher und Mikrofon eingebaut. Wählen Sie im Menü *Aktionen/Optionen*.

Hier wählen Sie die zu verwendenden Audiogeräte aus. An den Pegelanzeigen sehen Sie, ob die Geräte funktionieren. Unter *Videoeinstellungen* richten Sie Ihre Webcam ein, die zum Telefonieren aber nicht unbedingt nötig ist.

Wählen Sie gleich weiter unten unter *Privatsphäre*, wer Sie anrufen und wer Ihnen Nachrichten schicken darf. Um Spammer auszuschließen, schalten Sie am besten beide *Privatsphäre*-Optionen auf *Nur meine Kontakte*.

Audiofunktionen mit einem Testgespräch prüfen

Ob die Audiogeräte wirklich funktionieren, lässt sich am besten mit einem Testgespräch überprüfen. Skype hat dazu einen Echo/Sound-Testservice in die Kontaktliste
eingetragen. Wählen Sie diesen Kontakt aus und klicken Sie auf das Telefonsymbol.
Nach einer Ansage sprechen Sie selbst ein paar Worte in normaler Lautstärke. Diese
sollten nach einer kurzen Pause gut verständlich zu hören sein. Ist das nicht der Fall,
optimieren Sie Ihre Audiogeräteeinstellungen.

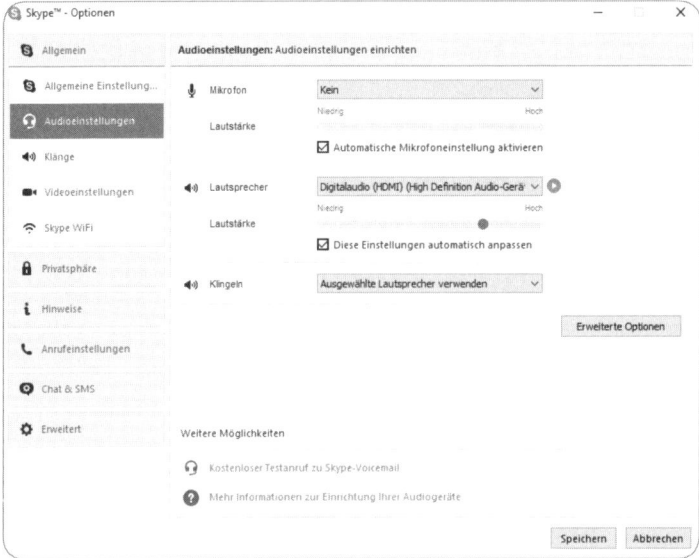

Bild 4.54: *Audioeinstellungen* für Skype.

4.6.2 Telefongespräche mit Skype führen

Skype-Nutzer können untereinander kostenlos telefonieren. Die gesamte Kommunikation läuft dabei über das Internet und nicht über das klassische Telefonnetz.
Wählen Sie eine Person in der Kontaktliste und klicken Sie auf das Telefonsymbol. Bei der angerufenen Person ertönt ein Klingelton, und auf dem Bildschirm
erscheint eine Benachrichtigung mit dem Namen des Anrufers. Mit einem Klick
kann der Anruf angenommen oder abgelehnt werden.

Während des Gesprächs ist das Profilbild des Gesprächspartners oder bei Video-
gesprächen das Kamerabild zu sehen. Mit dem roten Telefonhörersymbol beenden
Sie die Verbindung jederzeit.

Über das Chatsymbol unten rechts blenden Sie auf dem Bildschirm ein Chatfenster
ein, um während des Gesprächs Texte oder Weblinks zu übermitteln.

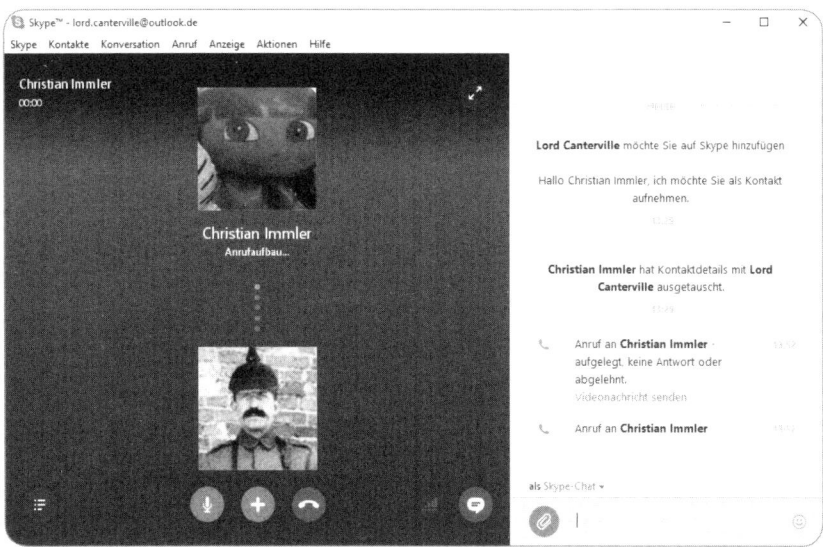

Bild 4.55: Kostenlos telefonieren mit Skype-Freunden.

Das Mikrofonsymbol schaltet das Mikrofon stumm, wenn Sie während eines Gesprächs vor Ort Rücksprache nehmen wollen oder während eines längeren Monologs des Gesprächspartners eigene Hintergrundgeräusche über das Mikrofon vermeiden möchten.

4.6.3 Kostenpflichtige Skype-Dienste nutzen

Neben den beliebten kostenlosen Diensten bietet Skype auch kostenpflichtige Dienste an. Dazu gehören unter anderem Anrufe zu Festnetz- oder Mobiltelefonen in Deutschland und auf der ganzen Welt, der SMS-Versand sowie Gruppenvideo- konferenzen. Diese Dienste werden wie bei einem Prepaid-Handy über vorausbe- zahltes Skype-Guthaben abgerechnet.

Keine Notrufe über Skype
Skype ist kein vollständiger Ersatz für ein normales Telefon. Die Notrufnummern 110 und 112 sind über das Skype-Netz nicht erreichbar. Sie sollten also immer zusätzlich ein Festnetztelefon oder ein Handy in Reichweite haben.

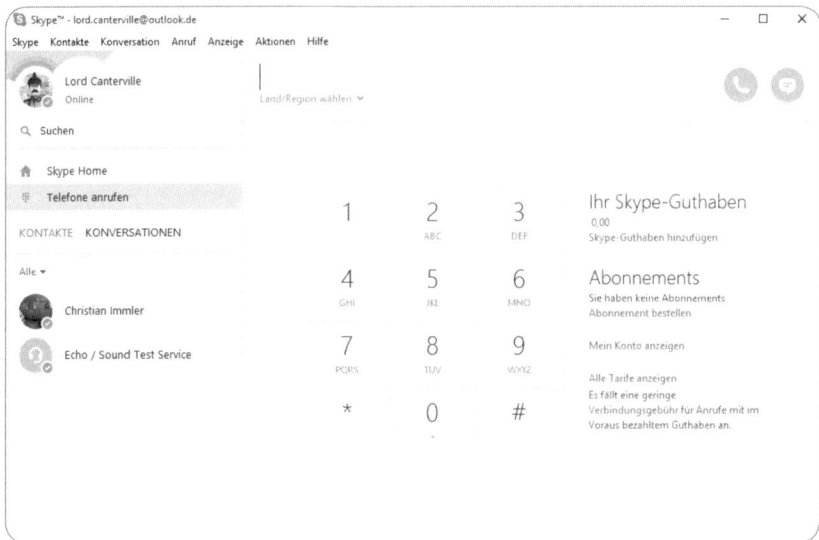

Bild 4.56: Telefonieren mit Skype.

Tippen Sie auf dem Skype-Startbildschirm links auf das Symbol *Telefone anrufen*, wird eine Telefontastatur eingeblendet. Klicken Sie hier auf *Skype-Guthaben hinzufügen*, um online ein Guthaben von 10 Euro (zuzüglich 15 % luxemburgische MwSt.) zu kaufen. Die automatische Aufladefunktion kann jedes Mal weitere 10 Euro aufladen, wenn das Guthaben unter 2 Euro gefallen ist. Möchten Sie das nicht, deaktivieren Sie den Schalter.

Mit etwas Guthaben können Sie über die Telefontastatur Festnetztelefone und Handys in vielen Ländern der Welt anrufen. Für Gespräche innerhalb Deutschlands lohnt sich Skype bei Minutentarifen von 2,1 Cent ins Festnetz kaum, Gespräche in Mobilfunknetze, die nur mit 9 Cent berechnet werden, sind auch kaum günstiger als bei den meisten Festnetzanbietern.

Verbindungen ins Ausland sind bei Skype deutlich billiger als bei den meisten Telefonanbietern. So kosten z. B. Festnetzgespräche nach Israel, üblicherweise eines der teuersten Länder beim Telefonieren, ebenfalls nur 2,1 Cent pro Minute. Eine Übersicht aller Tarife ins Festnetz finden Sie bei *www.skype.com/de/rates*. Für Vieltelefonierer können selbst die günstigsten Skype-Tarife nicht günstig genug sein. Ähnlich wie die meisten Telefonanbieter bietet Skype Minutenpakete und auch Flatrates an.

5 Apps für Touchscreen und PC

Windows 10 kennt wie Windows 8.1 zwei verschiedene Arten von Programmen: die neuen Apps, die sich besonders einfach auf Touchscreens bedienen lassen, sowie die klassischen Programme, die wie in früheren Windows-Versionen laufen und per Tastatur und Maus bedient werden. Allerdings sind die Unterschiede inzwischen fließender geworden, da beide Arten von Programmen in Fenstern auf dem Desktop laufen.

5.1 Kontakte: rundum synchronisiert

 Windows 10 verfügt über eigene Apps für Kontakte und Kalender. Diese erinnern stark an Smartphone-Apps und gleichen ihnen auch in der Funktionalität weitgehend.

Kalender und Kontakte werden über das Microsoft-Konto mit dem eigenen Kalender und dem eigenen Adressbuch im Microsoft-Konto synchronisiert. Wie auf einem Smartphone kann man weitere Konten, z. B. Google-, Outlook- oder Exchange-Konten, verbinden und auch von dort Kontakte ins Adressbuch übernehmen. Facebook-Konten werden in der neuen Windows 10-App nicht mehr unterstützt.

Alle Daten, die man auf dem PC bzw. Tablet in diese Apps einträgt, werden automatisch mit den jeweiligen Onlinekonten synchronisiert und stehen dann auch auf Smartphones oder anderen PCs zur Verfügung.

5.1.1 Mehr als nur Adressen und Termine verwalten

Die App *Kontakte* zeigt zentral alle Kontaktdaten einer Person an. Von hier aus können Sie direkt eine E-Mail schreiben oder per Skype mit dieser Person Kontakt aufnehmen. Natürlich können Sie die dort vorhandenen Kontakte auch bearbeiten und neue hinzufügen.

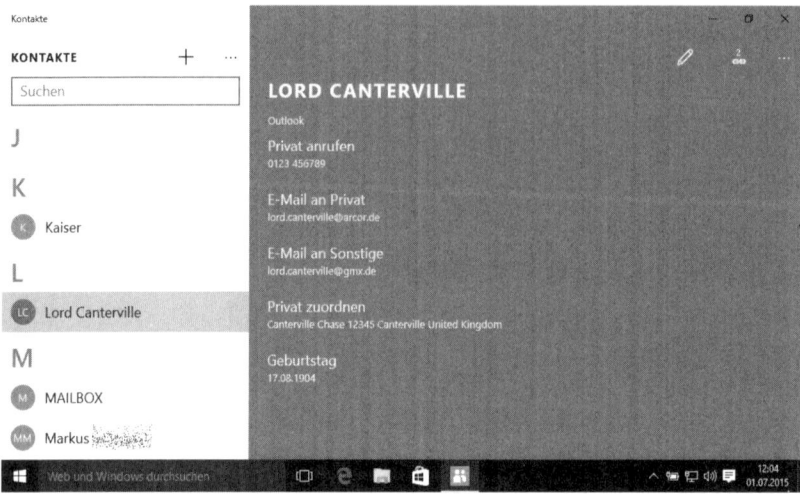

Bild 5.1: Die Kontakte-App in Windows 10.

5.2 Kalender: Ereignisse und Termine

Die *Kalender*-App wird über eine Kachel, die im Startmenü das aktuelle Datum zeigt, gestartet – oder über das Kalendersymbol links unten in der Mail-App. Mit einem Klick in die Leiste am oberen Bildschirmrand schalten Sie den Kalender zwischen Terminliste, Tages-, Wochen- und Monatsansicht um.

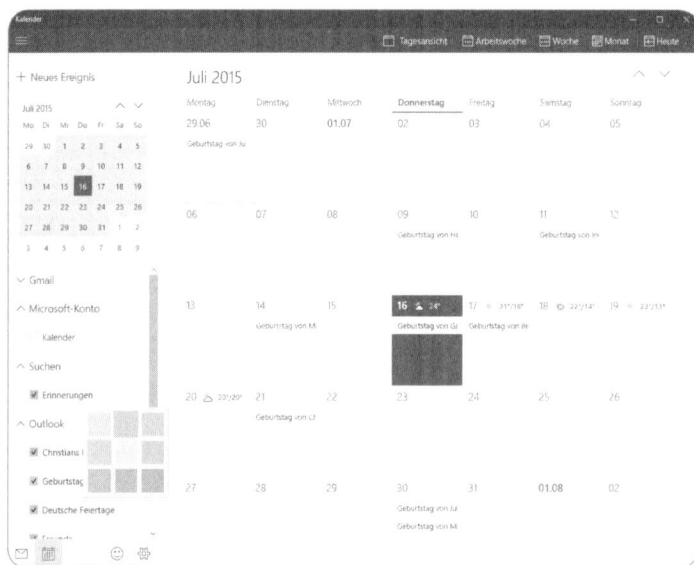

Bild 5.2: Der Kalender in der Monatsansicht.

Haben Sie mehrere Kalender in Ihrem Microsoft-Konto eingerichtet, wählen Sie links unten für jeden Kalender aus, ob er in der Kalender-App angezeigt werden soll. Mit einem Rechtsklick geben Sie jedem Kalender eine persönliche Farbe. Auf diese Weise lassen sich die Termine mehrerer Kalender in einem Kalender zentral darstellen.

5.2.1 Cortana nach dem nächsten Termin fragen

Fragen Sie Cortana nach Ihren nächsten Terminen, werden diese direkt angezeigt oder auch vorgelesen. Probieren Sie ein paar unterschiedliche Formulierungen aus, da Cortana lernfähig ist und am Anfang nicht immer das gleiche Ergebnis liefert.

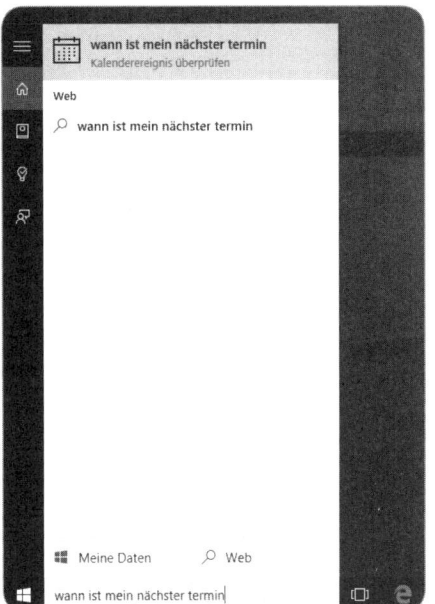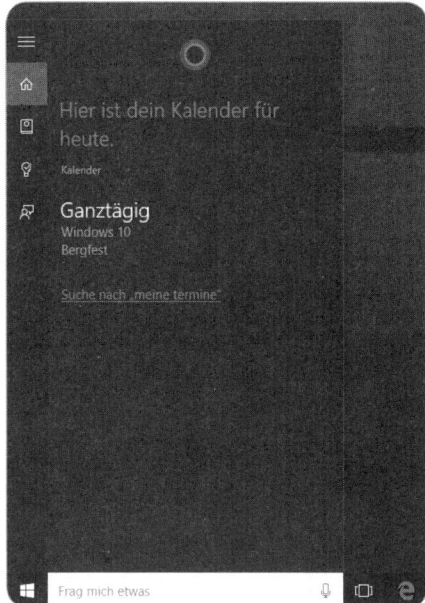

Bild 5.3: Cortana informiert über die nächsten Termine.

5.3 OneNote: Notizen immer griffbereit

 OneNote, der Notizblock aus Microsoft Office, ist in Windows 10 standardmäßig enthalten, ohne dass man das komplette Office-Paket installieren muss. Mit OneNote lassen sich Notizen erstellen, die Texte wie auch grafische Elemente enthalten können.

Bild 5.4: OneNote, der Notizblock in Windows 10.

OneNote arbeitet nicht mit klassischen Dateien und Ordnern, sondern sehr intuitiv mit Notizbüchern, die mehrere Seiten enthalten können. Die Notizbücher werden automatisch über OneDrive synchronisiert, sodass sie auch auf anderen Computern und Smartphones zur Verfügung stehen. Über das Plussymbol links oben legen Sie eine neue Seite im aktuellen Notizbuch an, über das Hamburger-Menü wechseln Sie zwischen vorhandenen Notizbüchern innerhalb des Microsoft-Kontos.

- Geben Sie jeder Seite einen eindeutigen Namen, um sie schnell wiederzufinden. Wann die Seite angelegt wurde, wird automatisch mit Datum und Uhrzeit eingetragen.

- Auf der Registerkarte *Start* finden Sie Funktionen zur Textformatierung.

- Auf der Registerkarte *Einfügen* können Sie eine Tabelle, eine Datei als Anhang, ein Bild oder einen Link auf eine Webseite einfügen. Nach dem Einfügen eines Bilds erscheinen Griffe an den Ecken und Kanten des Bilds, mit deren Hilfe Sie das Bild vergrößern oder verkleinern können. Klicken Sie mitten in das Bild, können Sie es auf dem Bildschirm verschieben.

- Zum Malen oder handschriftlichen Schreiben auf dem Notizblock stehen auf der Registerkarte *Zeichnen* verschiedene Stifte, Textmarker und Radierer zur Verfügung.

- Mit dem Auswahltool (Lassosymbol auf der Registerkarte *Zeichnen*) können Sie ein eingefügtes Bild später noch anklicken, um es zu skalieren oder zu verschieben. Gezeichnete Objekte lassen sich ebenfalls auf diese Weise anklicken und bewegen, oder man umfährt mit dem Auswahltool eine ganze Gruppe von Objekten, um sie auf einmal zu verschieben.

- Textbereiche können Sie direkt verschieben oder vergrößern. Ein Text innerhalb eines Textbereichs lässt sich jederzeit nachträglich bearbeiten. Mit den Werkzeugen auf der Registerkarte *Start* kann ein markierter Text formatiert werden.

5.3.1 Anmerkungen in Dokumenten

Über *Einfügen/Datei/PDF-Druck einfügen* fügen Sie eine PDF-Datei auf einer Notizbuchseite ein. Anschließend können Sie Anmerkungen vornehmen und die so kommentierte Notiz speichern und weitergeben. Das gedruckte Dokument wird nicht als Textbereich in der Notiz angelegt, sondern als Hintergrund, der nicht verändert werden kann. Auch die Radierfunktion von Windows-Journal löscht nur die eigenen Anmerkungen, nicht aber das gedruckte Dokument

Bild 5.5: Anmerkungen in OneNote.

5.3.2 OneNote für Android

  Microsoft bietet auch für Android-Smartphones eine kostenlose OneNote-App an, mit der man seine Notizen unterwegs auf dem Smartphone lesen und bearbeiten kann.

5.4 Immer noch da: Windows-Journal

Windows-Journal war das vorinstallierte Notizprogramm in Windows 7 sowie auf dem klassischen Desktop von Windows 8.1 und damit sozusagen der Vorläufer von OneNote. Windows-Journal ist in Windows 10 im Startmenü unter *Windows-Zube-hör* immer noch enthalten.

Drucker für den Journalnotizdruck einrichten

Windows-Journal liefert einen eigenen Druckertreiber mit, mit dem man aus beliebi-gen anderen Programmen heraus ein Dokument auf einen Notizzettel »drucken« kann, um anschließend mit Windows-Journal Anmerkungen anzufügen. Beim ersten Start empfiehlt Windows-Journal, diesen Druckertreiber zu installieren.

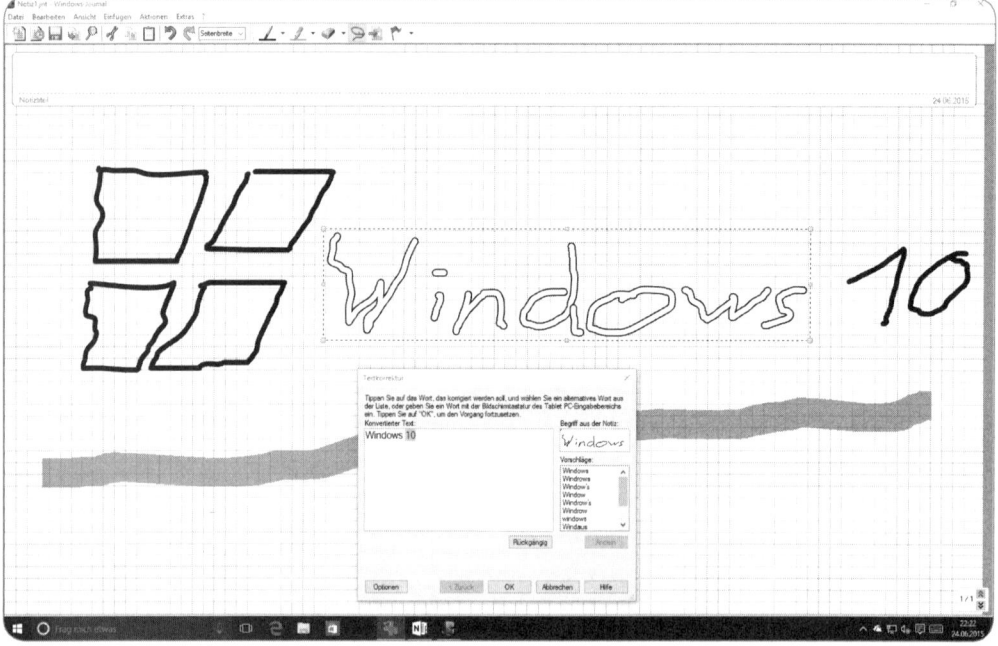

Bild 5.6: Handschriftenerkennung in Windows-Journal.

Eine interessante Funktion von Windows-Journal, die eingebaute Handschriftener-kennung, die einen handschriftlichen Text in einen »echten« bearbeitbaren Text umwandelt, fehlt in OneNote bis jetzt: Wer eine einigermaßen lesbare Handschrift hat, kann auf einem Tablet oder Touchscreen-PC einen Text direkt handschriftlich auf den Notizzettel schreiben. Wählen Sie dazu den handschriftlichen Text mit dem Auswahltool aus und verwenden Sie dann den Menüpunkt *Aktionen/Handschrift in Text konvertieren*.

Windows-Journal macht nun einen Vorschlag, wie der Text konvertiert werden kann. In diesem Dialogfeld können Sie den Text noch korrigieren, falls einzelne Buchstaben nicht richtig erkannt wurden. Im nächsten Schritt kopieren Sie bei

Bedarf den konvertierten Text in die Zwischenablage, um ihn an anderer Stelle im Windows-Journal oder auch in einem anderen Programm wieder einzufügen. Alternativ kann der Text direkt als Textbereich in die Notiz eingefügt werden und den handschriftlichen Text ersetzen. Diesen Text können Sie nachträglich formatieren und auf der Notiz verschieben.

5.5 Karten: Position und Routenplanung

Windows 10 liefert eine eigene App für den Kartendienst HERE Maps mit. Auf Tablets mit GPS-Empfänger wird die eigene Position genau ermittelt und auf der Karte angezeigt. PCs greifen zur Lokalisierung auf die IP-Adresse zurück, die sich aber auf den Einwahlknoten des Internetproviders bezieht, der sich oft viele Kilometer entfernt in der nächsten Großstadt befindet.

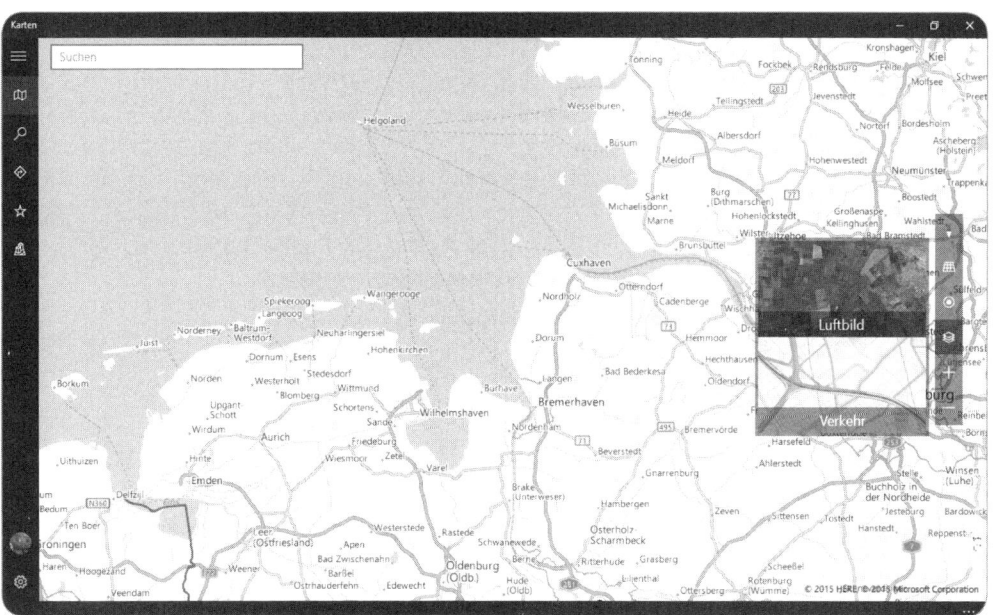

Bild 5.7: Die *Karten*-App bietet eine Kartenansicht mit optionalen Verkehrsinformationen sowie eine Luftbildansicht.

5.5.1 Neue 3-D-Ansichten in der Karten-App

Die neue Windows 10-Version der App enthält für viele größere Städte auf der ganzen Welt neue 3-D-Ansichten mit sehr hoher Auflösung.

Bild 5.8: Interaktive 3-D-Ansichten gibt es bis jetzt nur von großen Städten.

5.5.2 Umschalten auf die Routenplanung

Die Schaltfläche *Wegbeschreibung* in der Symbolleiste links schaltet auf die Routenplanung von HERE Maps um. Geben Sie Start und Ziel ein oder übernehmen Sie den Startpunkt aus der aktuellen Position. Die App zeigt einen Routenvorschlag. Klicken Sie in der Liste auf einen Wegpunkt, zoomt die Karte automatisch an die entsprechende Stelle.

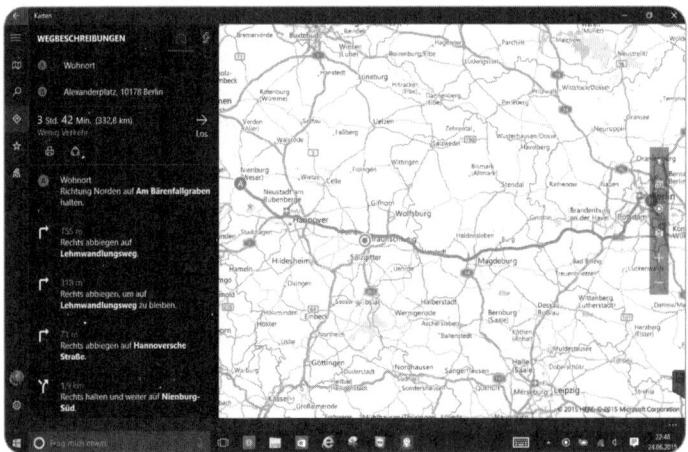

Bild 5.9: Von Nienburg nach Berlin: Routenplanung mit der Windows-*Karten*-App.

5.6 Wetter: Vorhersage lokal und weltweit

Die neue *Wetter*-App in Windows 10 zeigt den Wetterbericht für den aktuellen Ort oder für frei wählbare andere Orte auf der Welt direkt auf einer Kachel auf dem Startbildschirm. Hat man die größtmögliche Kachel eingestellt, lassen sich die Wetterberichte von drei Städten gleichzeitig auf der Kachel

anzeigen. In der App selbst können Wetterberichte für mehrere Orte parallel angezeigt werden.

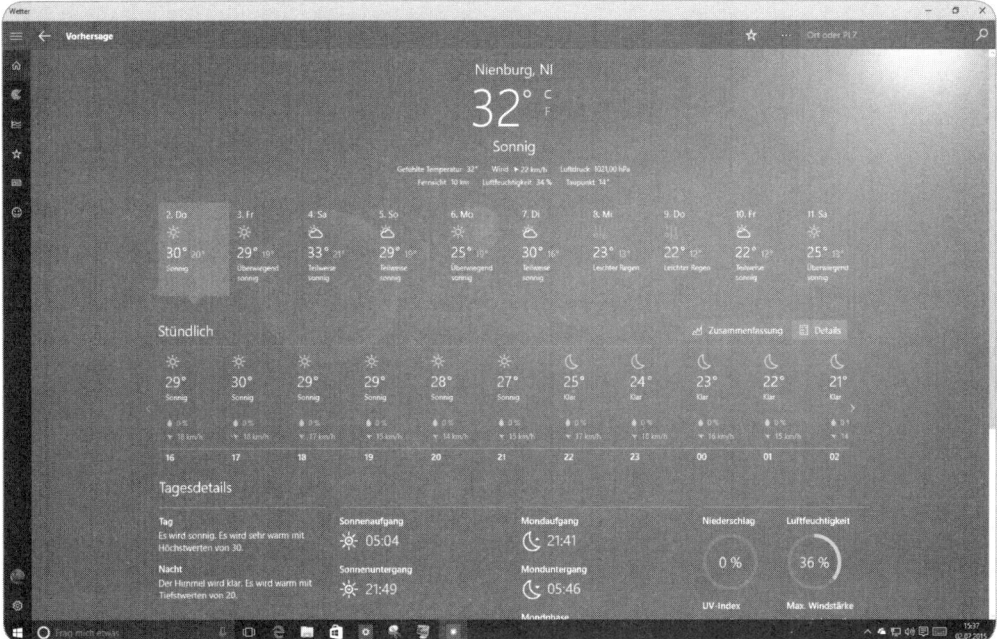

Bild 5.10: Wettervorhersage mit der Wetter-App.

Über die Symbolleiste am linken Fensterrand lassen sich verschiedene Wetterkar-
ten sowie historische Wetterdaten für den ausgewählten Ort anzeigen. Die Wetter-
karten zeigen Wetteranimationen für die kommenden Stunden, ähnlich wie man es
von diversen Wetterseiten im Internet kennt.

Auf der Seite *Orte* können Sie neue Orte auswählen, die in der Wetter-App angezeigt werden sollen. So haben Sie jederzeit im Blick, an welchem Ihrer Lieblings-
aufenthaltsorte das Wetter am besten ist.

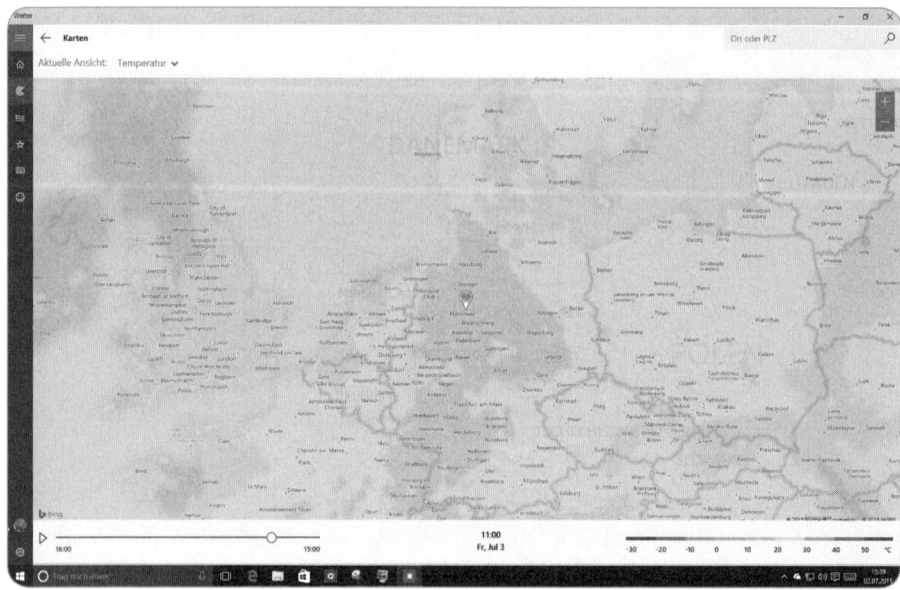

Bild 5.11: Animierte Wetterkarte in der Wetter-App.

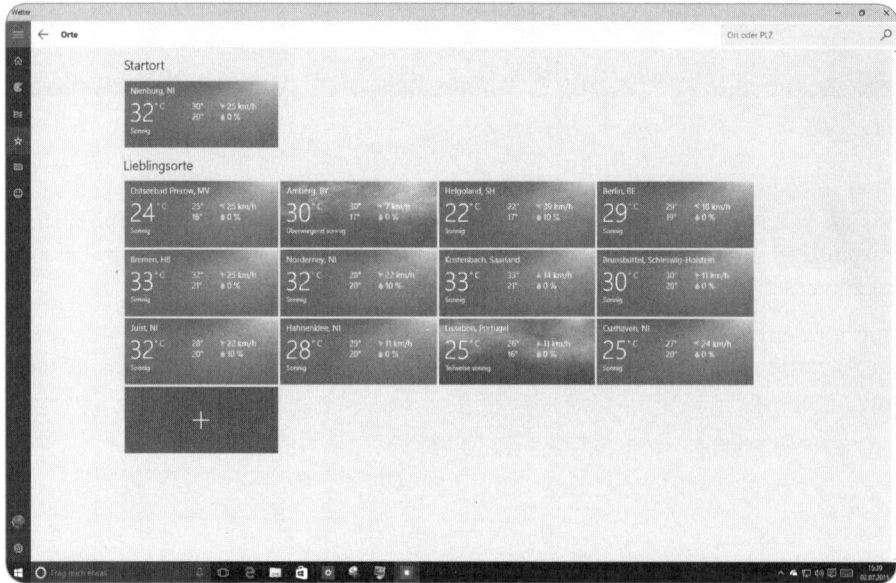

Bild 5.12: Weitere Orte in der Wetter-App anzeigen.

5.6.1 Cortana sagt das Wetter voraus

Cortana kann automatisch das Wetter am aktuellen Ort anzeigen. Ein Problem dabei ist, dass auf »normalen« PCs ohne GPS die Position anhand der vom Provider vergebenen IP-Adresse bestimmt wird. Damit liegt der Ort oft weit neben der tatsächlichen Position – und 100 km machen für die Wettervorhersage schon einen deutlichen Unterschied.

Klicken Sie in der Cortana-Symbolleiste auf *Notizbuch* und wählen Sie dort *Wetter*. Hier können Sie den Ort bestimmen, für den die Wettervorhersage angezeigt werden soll.

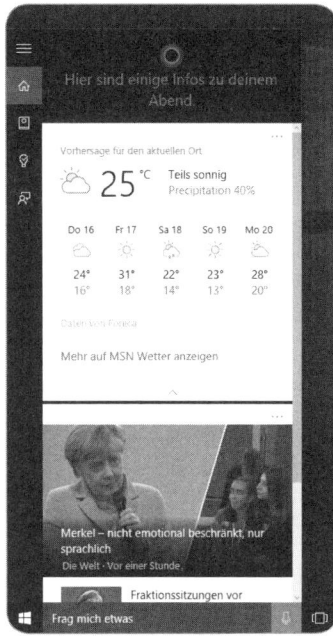
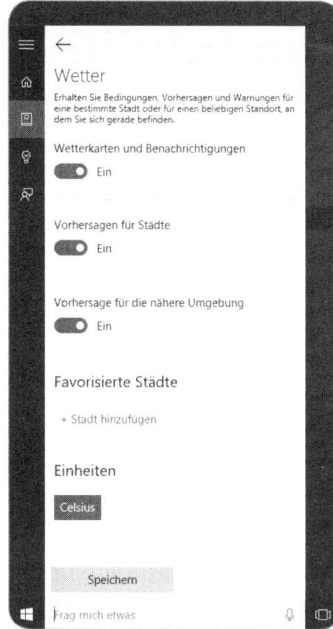

Bild 5.13:
Wettervorhersage
und Einstellungen
in Cortana.

5.7 Nachrichten: immer top informiert

Die *Nachrichten*-App zeigt aktuelle Nachrichten des Tages aus verschiedenen Quellen und zu verschiedenen Themen an. Ein Artikel des Tages kann auch direkt auf der Live-Kachel dargestellt werden. Klicken Sie dazu mit der rechten Maustaste auf die Kachel *Nachrichten* und wählen Sie im Kontextmenü *Live-Kachel aktivieren*.

Die Nachrichten sind thematisch nebeneinander angeordnet. Auf dem Touchscreen wechselt man zum Durchblättern zwischen den Kategorien horizontal mit einer Fingergeste, auf dem PC über die Kategorienleiste am oberen Bildschirmrand.

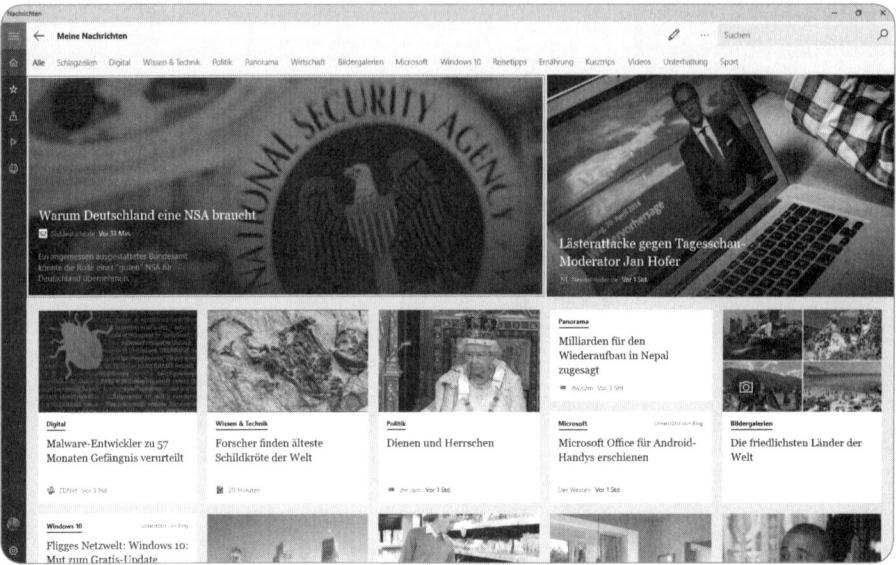

Bild 5.14: Die Nachrichten-App.

5.7.1 Nachrichtenkategorien für die Startseite festlegen

In der App können Sie selbst festlegen, welche Nachrichtenkategorien erscheinen sollen. Klicken Sie dazu auf das Sternsymbol *Interessengebiet* in der Symbolleiste. Ziehen Sie dort die Bereiche einfach in die gewünschte Reihenfolge und schalten Sie uninteressante Nachrichtenkategorien ab.

Bild 5.15: Nachrichtenthemen personalisieren.

Über das Plussymbol oben können Sie frei wählbare Themen, über die Sie aktuell informiert werden möchten, selbst hinzufügen. Die Nachrichten-App stellt dann in diesem persönlichen Bereich aktuelle Nachrichten aus den verfügbaren Quellen zusammen. Über den Link *Themenvorschläge* links oben finden Sie aktuelle Themen, die sich mit einem Klick hinzufügen lassen.

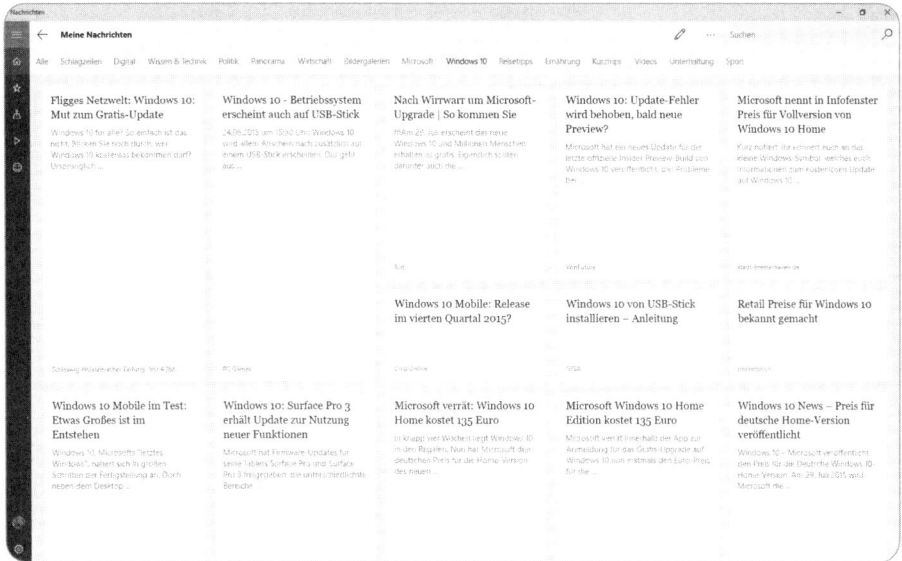

Bild 5.16: Nachrichten zu frei wählbaren Themen.

Die ausgewählten Themenbereiche lassen sich auf der Seite *Interessengebiete* an einer gewünschten Position in der Kategorienliste ablegen.

Die neue Windows 10-Version der Nachrichten-App liefert auch lokale Nachrichten. Wählen Sie dazu über das *Standort*-Symbol oben den Ort aus, für den Lokalnachrichten gesucht werden sollen. Meistens beziehen sich diese dann auf die nächstgelegene Großstadt.

Keine RSS-Feeds und freie Anbieterwahl

Die Nachrichten-App in Windows 8.1 bot noch die Möglichkeit, die Anbieter der anzuzeigenden Nachrichten frei zu wählen. Dies fehlt in der Windows 10-Version und ebenso die Möglichkeit, beliebige RSS-Feeds mit Nachrichten einzubinden.

5.7.2   Aktuelle Schlagzeilen bei Cortana

Cortana zeigt Nachrichten zu verschiedenen Themen automatisch an. Erscheint eine Nachrichtenkategorie, die Sie nicht interessiert, klicken Sie auf das Symbol mit den drei Punkten (...) rechts oberhalb der ersten Nachricht. Damit können Sie diese Kategorie ausschalten.

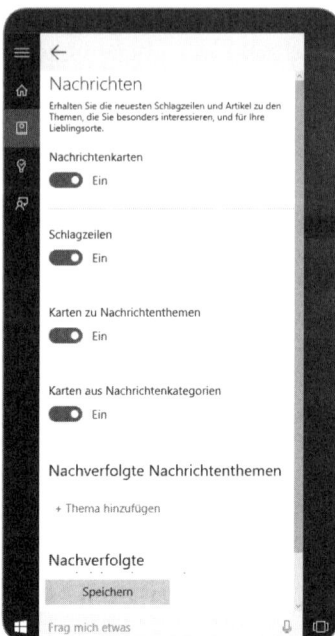

Bild 5.17: Aktuelle Nachrichten in Cortana.

Um Nachrichten zu speziellen Themen zu sehen, die nicht automatisch vorgeschlagen werden, klicken Sie in der Cortana-Symbolleiste auf *Notizbuch* und wählen dort *Nachrichten*. Unter *Nachrichtenthema hinzufügen* können Sie beliebige Themen eintragen.

5.8 Reisen: Städtetrips und Urlaubsziele

Die *Reisen*-App ähnelt im Aufbau der Nachrichten-App. Hier werden interessante Reiseziele mit Texten, Fotos und interaktiven 360-Grad-Panoramabildern vorgestellt.

Die verschiedenen Module der App sind nebeneinander angeordnet. Auf dem Touchscreen scrollt man zum Durchblättern horizontal mit einer Fingergeste, auf dem PC mithilfe des Scrollbalkens ganz unten oder einfach mit dem Mausrad.

Bild 5.18: Wechselnde Nachrichten zum Thema Reisen auf der Startseite der Reisen-App.

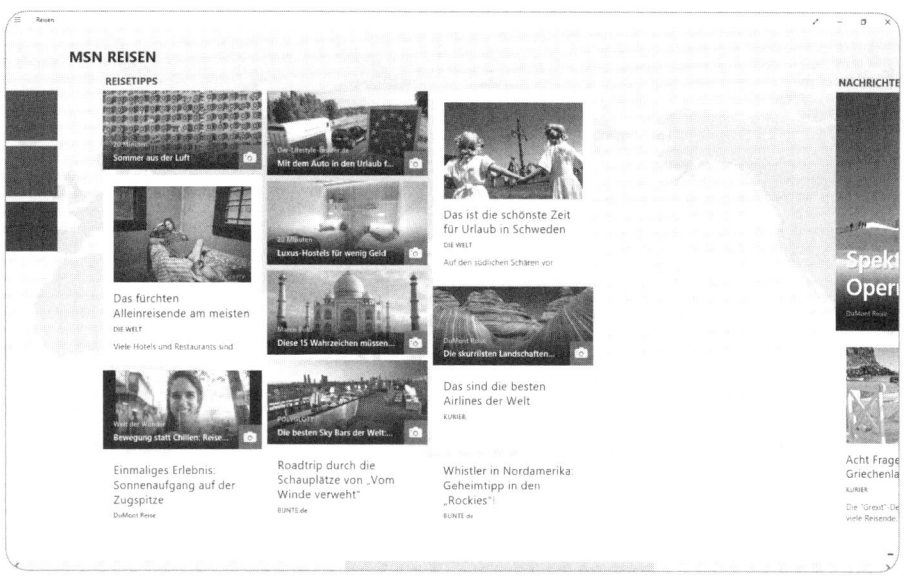

Bild 5.19: Aktuelle Reisetipps in der App *MSN Reisen*.

5.9 Kochen & Genuss: Rezepte en masse

Die *Kochen & Genuss*-App liefert ein ansprechend bebildertes Kochbuch mit zahlreichen Rezepten, die sich nach Themen, Regionen, wichtigen Zutaten oder auch besonderen Ernährungsplänen, z. B. »vegan«, filtern lassen.

Wie die meisten neuen Medien-Apps lässt sich auch diese über ein Suchfeld oben rechts nach beliebigen Stichwörtern durchsuchen. Ein Rechtsklick blendet zusätzlich am oberen Bildschirmrand eine Symbolleiste mit den wichtigsten Themen ein.

Bild 5.20: Die App *Kochen & Genuss* nach Rezepten durchsuchen.

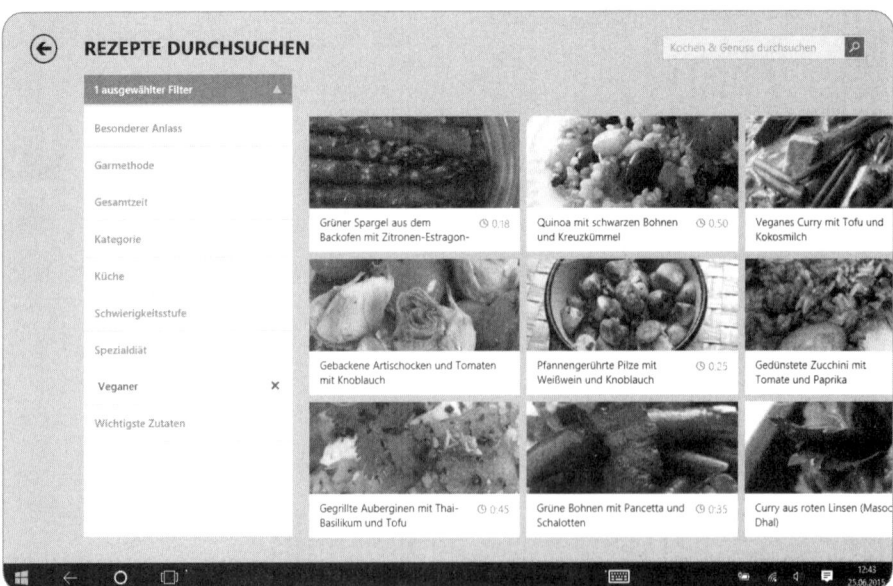

Bild 5.21: Die Rezepte lassen sich nach verschiedenen Kriterien filtern.

Zusätzlich zu den aus ähnlichen Apps bekannten Funktionen können Sie hier eigene Rezeptsammlungen mit Lieblingsrezepten aus der umfangreichen Sammlung zusammenstellen. Noch interessanter ist es, eigene Rezepte in die App mit aufzunehmen. Dazu gibt es ein komfortables Formular, in dem Sie die Zutatenliste, Zubereitungshinweise und Fotos eintragen.

5.9.1 Berührungslose Bedienung in der Küche

Eine App wie diese nutzt man weniger am Computer im Büro als vielmehr auf einem Tablet direkt in der Küche. Dabei müssen Sie nicht mit schmierigen Fingern versuchen, den Touchscreen zu bedienen. Die *Kochen & Genuss*-App bietet innerhalb der Rezepte einen berührungslosen Modus zur Steuerung an. Nutzen Sie ein Tablet oder Notebook mit Frontkamera, reicht eine horizontale Handbewegung vor der Kamera, um zwischen den Seiten eines Rezepts zu blättern.

5.10   Finanzen: Börsenkurse und News

Für manche lebenswichtig, für andere das Langweiligste überhaupt – Finanznachrichten und Börsenkurse. Die App *Finanzen* liefert aktuelle News und jede Menge Zahlen und Kurstabellen aus der Finanzwelt im Stil der anderen Nachrichten-Apps von Windows 10.

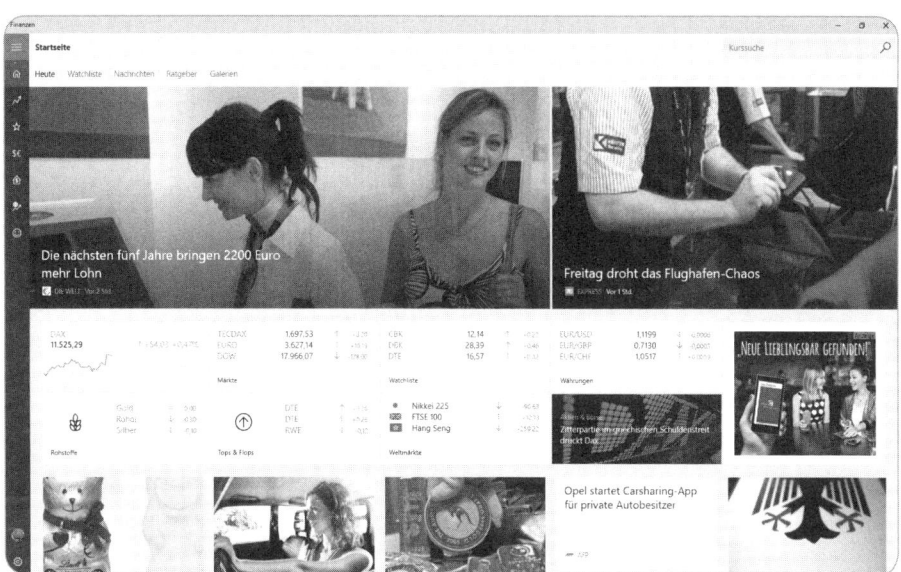

Bild 5.22: Aktuelle Nachrichten aus der Finanzwelt.

Ausgewählte Topnachrichten sowie wichtige Kurse und Börsenindizes werden im Wechsel auf der Live-Kachel angezeigt.

Die Watchliste der wichtigsten Kurse lässt sich frei konfigurieren, beispielsweise wenn man selbst Aktien hat, deren Wert man beobachten will. In der Symbolleiste verstecken sich diverse auch für »Normalbürger« interessante Funktionen der App, etwa ein Währungsrechner für Kurse aller wichtigen Währungen der Welt, der beliebige Preise in unterschiedliche Währungen umrechnet, sowie interaktive Kredit- und Finanzierungsrechner.

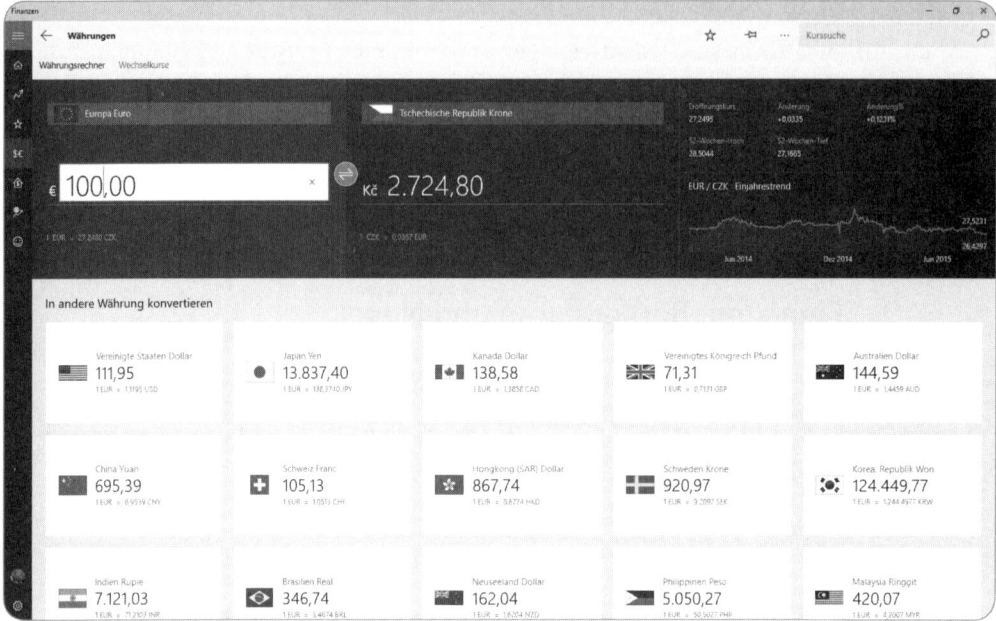

Bild 5.23: Währungsrechner und nützliche Tools in der *Finanzen*-App.

5.11   Sport: aktuelle Sportnachrichten weltweit

 Die *Sport*-App ähnelt im Aufbau der neuen Nachrichten-App von Windows 10. Hier werden aktuelle Sportnachrichten aus aller Welt in einem übersichtlichen Format angezeigt.

Im Suchfeld oben rechts können Sie alle verfügbaren Inhalte nach einem bestimmten Stichwort, nach Sportarten oder nach Mannschaften durchsuchen. Ausgewählte Topnachrichten aus dem Sport werden auf der Live-Kachel angezeigt. In der Symbolleiste links gibt es für wichtige Themen wie z. B. die Bundesliga eigene Spezialseiten mit ausführlichen News, Tabellen und Livetickern.

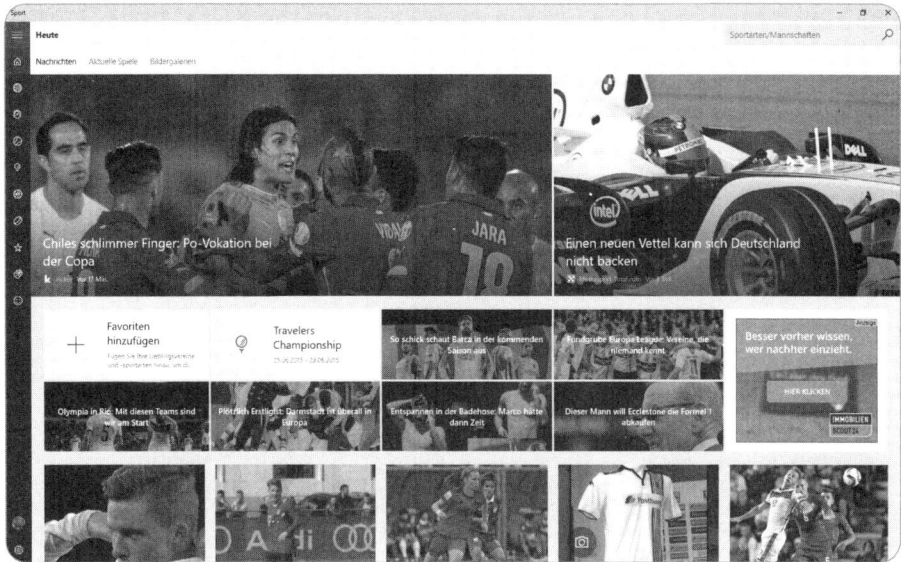

Bild 5.24: Die *Sport*-App mit aktuellen Nachrichten des Tages.

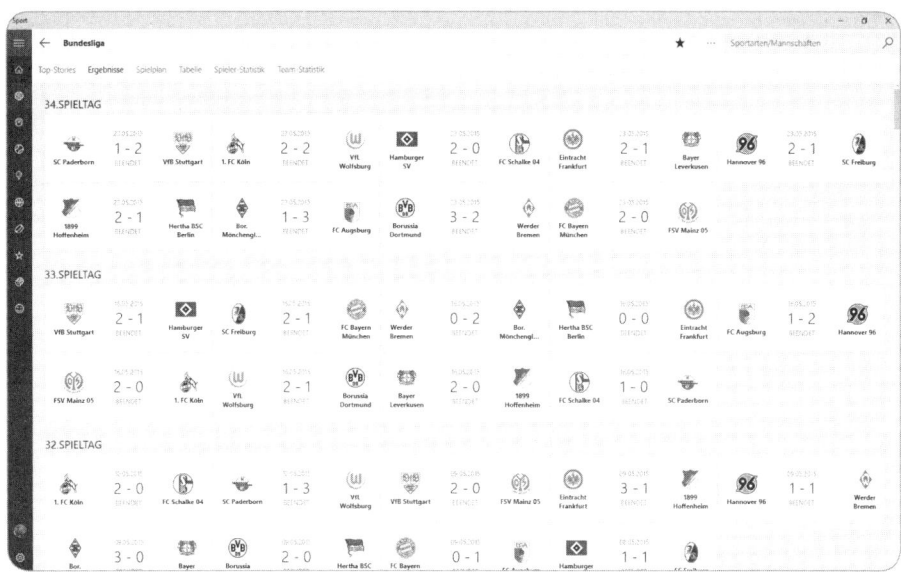

Bild 5.25: Die deutsche Bundesliga in der Sport-App.

5.12 Gesundheit & Fitness: nie mehr krank

Die *Gesundheit & Fitness*-App liefert ein multimediales Fitnessprogramm. Hier können Sie die Ergebnisse der eigenen Übungen eintragen und sich Informationen zu verschiedenen Krankheitssymptomen holen. Dazu gibt es diverse aktuelle Nachrichten zu Gesundheits- und Fitnessthemen.

Bild 5.26: Die *Gesundheit & Fitness*-App.

5.12.1 Kalorienverbrauch und Gewichtsabnahme

Bei den Übungen geht es – typisch amerikanisch – nur um Kalorienverbrauch und Gewichtsabnahme. Weitere gesundheitsrelevante Übungsergebnisse werden kaum beachtet. Die Datenbank der Lebensmittel wurde im Vergleich zur Windows 8-Version mittlerweile auf den gegenüber den Amerikanern deutlich gesundheitsbewussteren europäischen Nutzer abgestimmt und enthält nicht mehr nur die Fertiggerichte der großen Schnellrestaurantketten.

Bild 5.27: Suche in der Lebensmitteldatenbank.

5.13 Rechner: mit Einheitenkonverter

Taschenrechner lagen früher auf allen Schreibtischen herum. Seitdem jedes Handy eine Rechner-App eingebaut hat, werden die klassischen Taschenrechner immer seltener. Auf einem PC oder Tablet ist eine Rechner-App noch deutlich komfortabler zu bedienen als auf einem Handy. Zudem besitzen Rechner-Apps eine Vielzahl interessanter Zusatzfunktionen.

5.13.1 Standard oder wissenschaftlich?

In der Standardansicht zeigt die *Rechner*-App nichts besonders Neues, die Bedienung erschließt sich jedem schnell. Anstatt auf den Bildschirm zu tippen oder zu klicken, können Sie auch die Tastatur zur Eingabe von Zahlen und Formelzeichen nutzen. Die Enter -Taste entspricht dem Gleichheitszeichen.

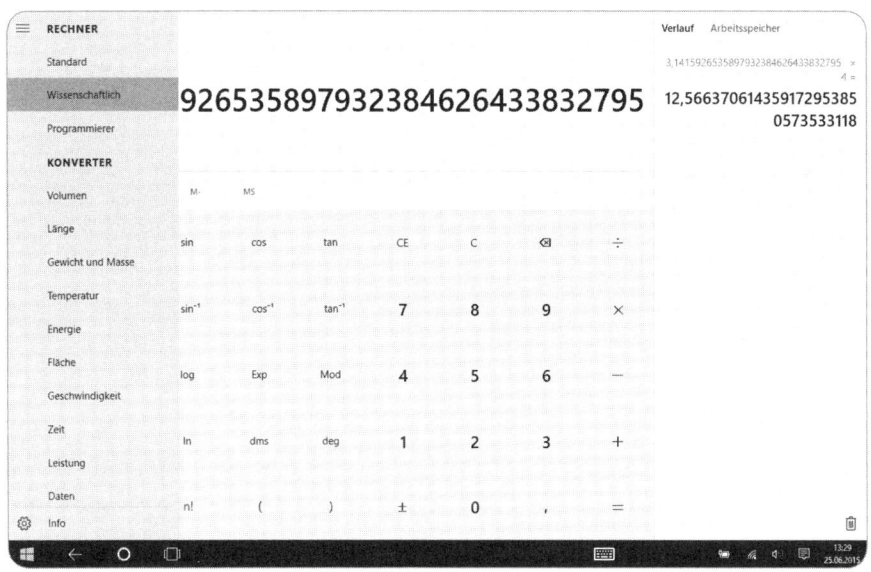

Bild 5.28: Menü zur Auswahl verschiedener Ansichten im Taschenrechner.

Mehrere Zahlenwerte zwischenspeichern

Jeder klassische Taschenrechner hat einen Zahlenspeicher, der über die Taste M genutzt werden kann. Die Rechner-App von Windows 10 bietet die Möglichkeit, gleich mehrere Zahlenwerte zu speichern. Tippen Sie auf die Taste *MS*, wird der aktuell angezeigte Zahlenwert rechts neben der Tastatur in der Spalte *Arbeitsspeicher* abgelegt. Auf diese Weise können Sie mehrere Zahlen speichern und mit einem Klick wieder zurück in die Anzeige bringen, um damit weiterzurechnen. Mit *M+* lässt sich der aktuell angezeigte Wert zur Speicherzelle addieren oder mit *M–* davon subtrahieren. Wird die Liste der gespeicherten Werte irgendwann zu unübersichtlich, klicken Sie auf das Papierkorbsymbol unten rechts, um den Speicher zu leeren.

In der wissenschaftlichen Ansicht hält der Taschenrechner die wichtigsten mathematischen und trigonometrischen Funktionen bereit. Durch mehrfaches Drücken der Taste *Deg* links oben schaltet man zwischen Altgrad (*Deg*), Bogenmaß (*Rad*) und Neugrad (*Grad*) um.

5.13.2 Rechner als Einheitenkonverter

Taschenrechner werden erfahrungsgemäß häufig dafür genutzt, Maßeinheiten umzurechnen. Rechnet man Meter in Zentimeter noch im Kopf, wird es bei Knoten in Kilometer pro Stunde schon schwieriger, und die Formel zum Umrechnen von °F in °C kennt kaum jemand auswendig. Die neue Rechner-App bietet diverse Konverter, mit denen sich wichtige Einheiten komfortabel umrechnen lassen. Am unteren Rand werden in Echtzeit außerdem Umrechnungsergebnisse in weiteren wichtigen Einheiten angezeigt.

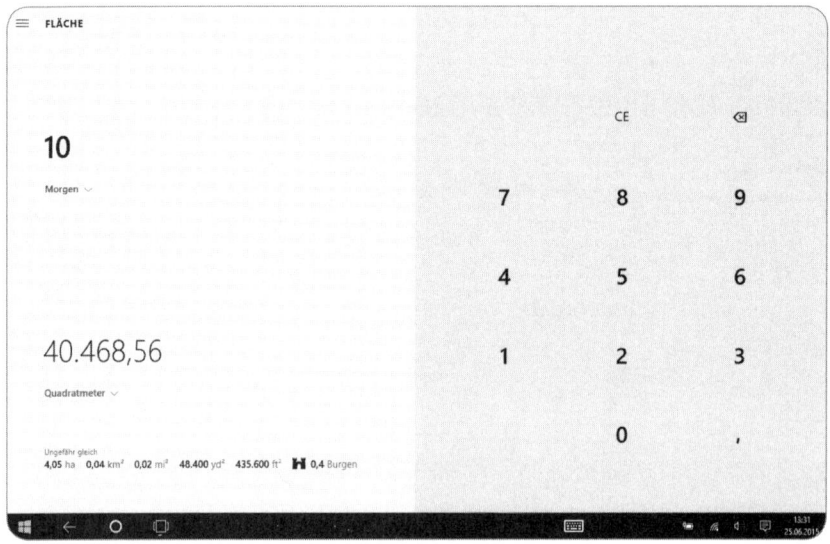

Bild 5.29: Der Einheitenkonverter in der neuen Rechner-App.

5.14 Alarm & Uhr: drei Uhren in einer

Die neue *Alarms & Uhr*-App beinhaltet einen Wecker, eine Weltzeituhr, einen Zeitgeber (Countdown) sowie eine Stoppuhr. Alle drei Uhren sind ohne weitere Erklärung zu bedienen. Leider wurde das coole Design der Uhr aus Windows 8.1 nicht übernommen.

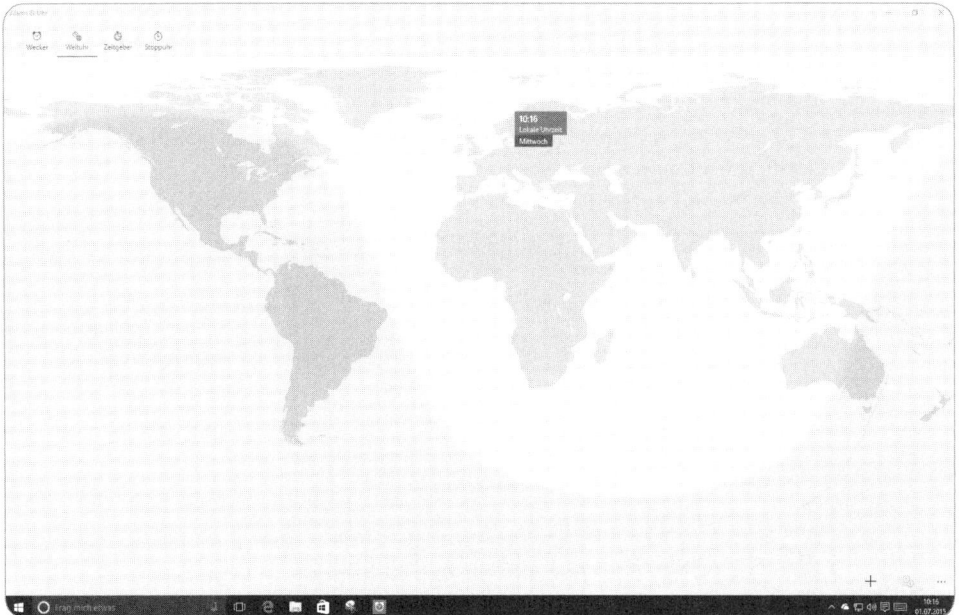

Bild 5.30: Die Weltzeituhr in Windows 10.

Mit dem Plussymbol rechts unten können mehrere Wecker und Zeitgeber parallel eingerichtet werden.

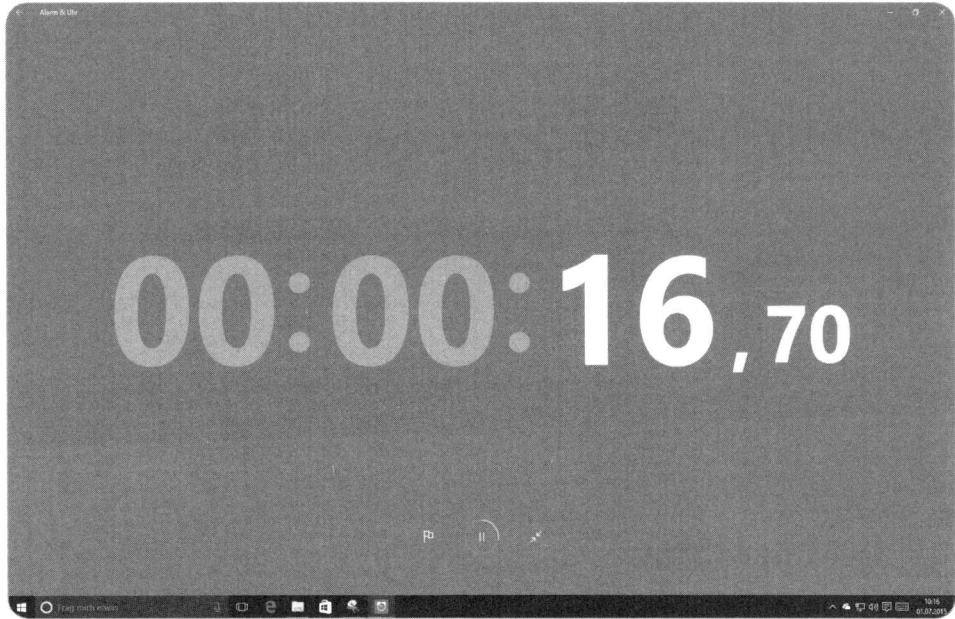

Bild 5.31: Der schräge Doppelpfeil bei Stoppuhr und Countdown schaltet diese auf eine auffälligere Vollbildansicht um.

5.14.1 Cortana erinnert an Termine

Noch bequemer als ein Wecker kann Cortana an bestimmte Termine oder Aktivitäten erinnern. Die Erinnerung kann nicht nur zu einer vorgegebenen Zeit erfolgen, sondern wahlweise auch, wenn man mit einer bestimmten Person kommuniziert oder mit einem mobilen Gerät an einem bestimmten Ort ankommt.

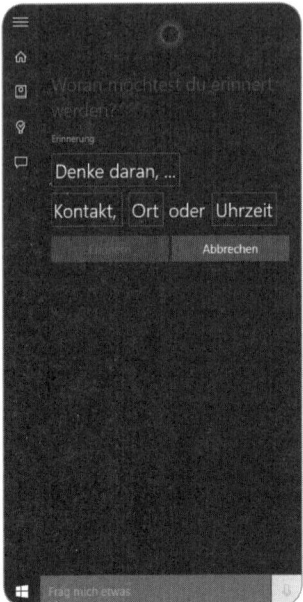
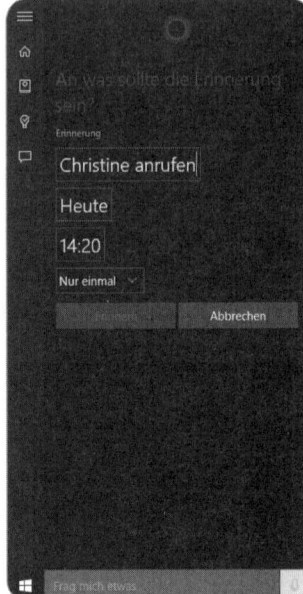

Bild 5.32: Erinnerung in Cortana einrichten.

Die Erinnerungsliste erscheint bei einem Klick auf das Symbol mit der Glühbirne in der Symbolleiste von Cortana. Über das Plussymbol lassen sich neue Erinnerungen hinzufügen. Dazu braucht man nur einen Kontakt, einen Ort oder eine Uhrzeit auszuwählen und einen Erinnerungstext einzugeben.

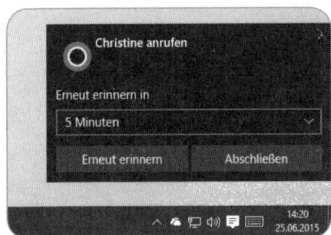

Bild 5.33: Zum gewählten Zeitpunkt erinnert Cortana an eine Aufgabe.

5.15 Groove-Musik – Microsofts Antwort auf iTunes

Pünktlich zum Start von Windows 10 präsentiert Microsoft seinen neuen Musikdienst Groove, den Nachfolger von Xbox Music, das in Windows 8 den früheren Zune-Player ersetzte. Die neue Musik-App vereint ähnlich wie Apple iTunes oder Google Music einen Onlinemusikshop und einen Medienplayer für lokale Musik.

Die App *Groove-Musik* durchsucht den Computer nach gespeicherter Musik und zeigt die eigene Musik aus den Verzeichnissen der *Musik*-Bibliothek an. Um Musik auf allen Ihren Geräten abspielen zu können, kopieren Sie die MP3-Dateien in das Verzeichnis *Musik* auf OneDrive. Die Groove-Musik-App kann darauf ebenfalls zugreifen und Musik auch von OneDrive streamen, ohne dass die Dateien lokal auf dem PC vorhanden sein müssen.

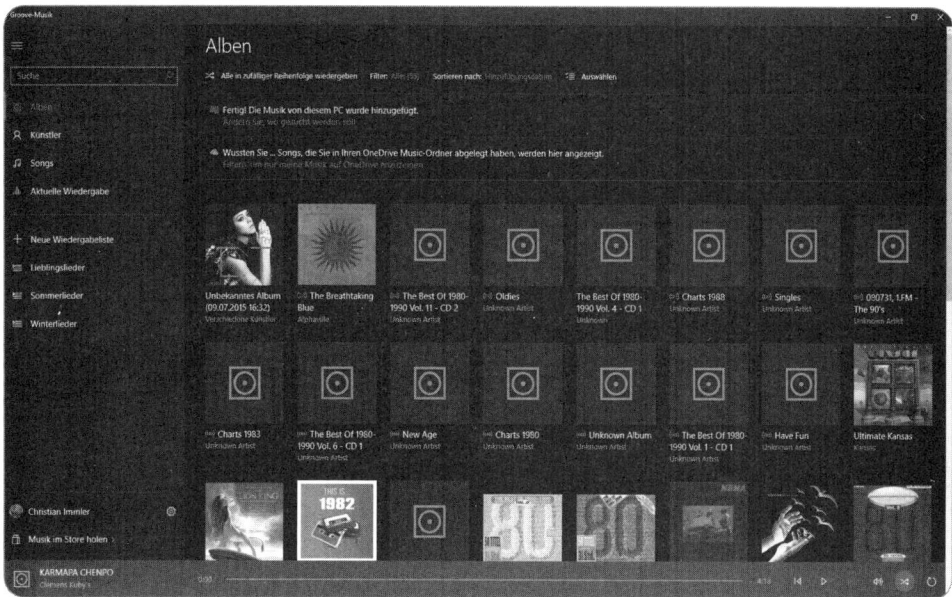

Bild 5.34: Eigene Musik im neuen Groove-Musik-Look.

Helles oder dunkles Design

Über das Zahnradsymbol unten links können Sie zwischen einem hellen und einem dunklen Design der Groove-Musik-App wählen. Hier legen Sie auch fest, in welchen Verzeichnissen und auf welchen Laufwerken nach Musik gesucht werden soll.

5.15.1 Eigene Titel mit der Groove-Musik-App abspielen

Beim Abspielen eigener Musiktitel erscheint am unteren Bildschirmrand eine Symbolleiste mit Steuerelementen sowie Informationen zum aktuell abgespielten Titel. Die Musik läuft weiter, wenn Sie zu einer anderen App oder auf den klassischen Desktop wechseln. Ein Klick auf eines der Alben zeigt die komplette Titelliste an. Nun können Sie das ganze Album oder auch einzelne Titel abspielen.

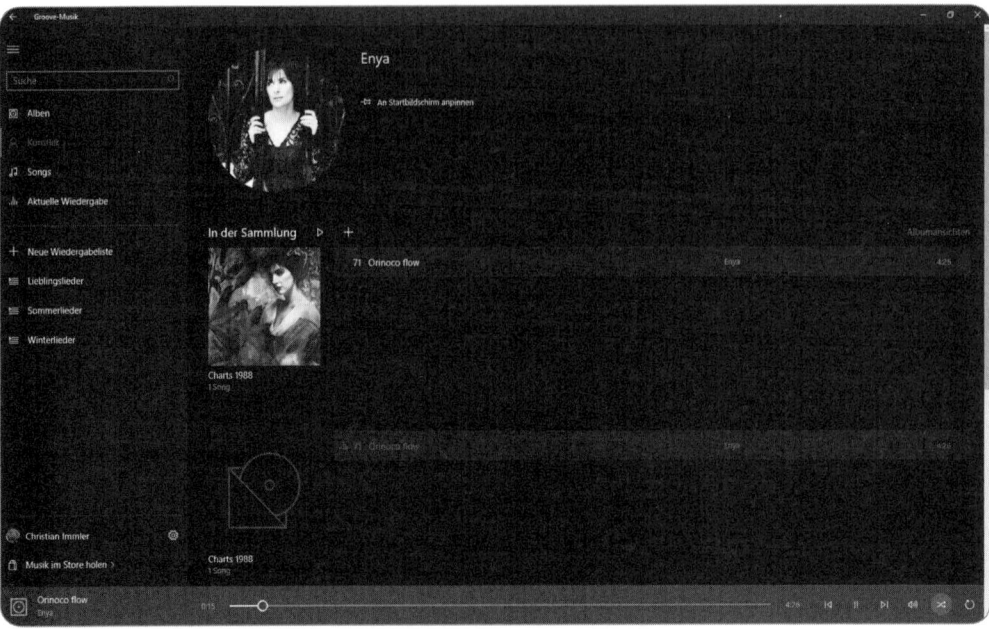

Bild 5.35: Musik mit Groove-Musik abspielen.

5.15.2 Ausgesuchte Titel in Wiedergabelisten ablegen

In Groove-Musik haben Sie die Möglichkeit, eigene Wiedergabelisten zu verschiedenen Themen oder Anlässen oder auch mit Titeln, die Sie gern und häufig hören, zu erstellen. Mit einem Klick auf *Neue Wiedergabeliste* erzeugen Sie eine neue leere Wiedergabeliste, die als Erstes einen Namen braucht.

Mit dem Plussymbol in der Ansicht eines Titels oder Albums fügen Sie diesen einer Wiedergabeliste hinzu. Die Wiedergabelisten sehen Sie links in der Seitenleiste. Hier werden automatisch auch Wiedergabelisten aus der Musikbibliothek des Windows Media Player angezeigt.

In der Symbolleiste am unteren Bildschirmrand können Sie die *Zufallswiedergabe* einschalten. Dann wird die starre Reihenfolge der Titel aufgelöst, und alle Lieder des Albums oder der Wiedergabeliste werden in zufälliger Reihenfolge abgespielt.

Die Ansicht der Wiedergabelisten zeigt bei jeder Wiedergabeliste die Anzahl der Titel sowie die Gesamtabspielzeit an. Jede Liste kann im Ganzen abgespielt werden oder auch einzelne Titel daraus. Außerdem ist es möglich, Wiedergabelisten komplett an die aktuelle Wiedergabe anzuhängen; so können Sie sich ein Musikprogramm für einen längeren Zeitraum zusammenzustellen. Einzelne Titel können per Rechtsklick in andere Wiedergabelisten übertragen werden.

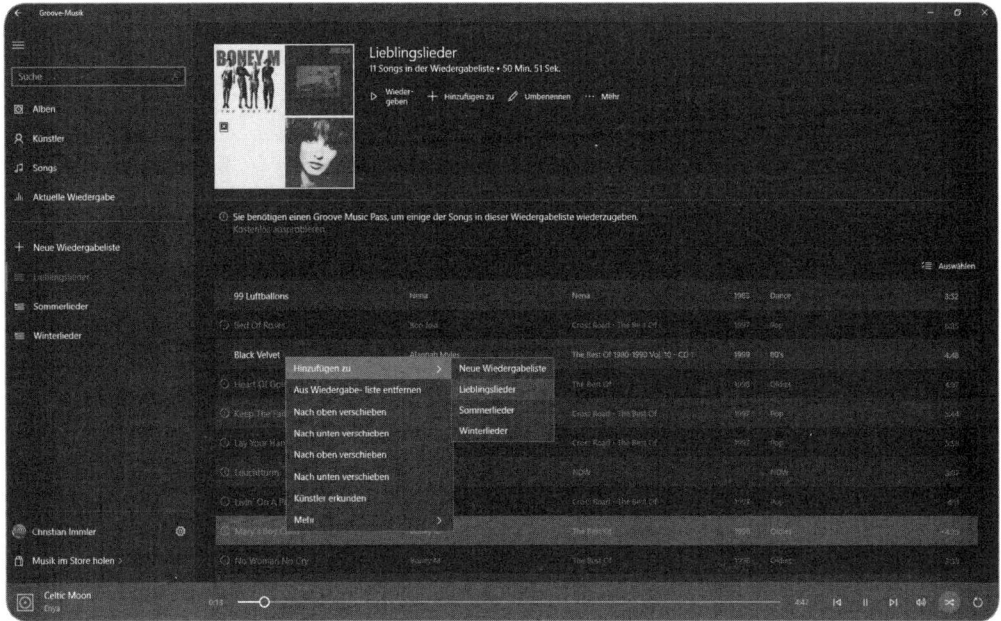

Bild 5.36: Eine eigene Wiedergabeliste bearbeiten.

5.15.3 Groove-Musik-App oder klassischer Media Player

Beim ersten Doppelklick auf eine Musikdatei im Explorer zeigt Windows 10 eine
Meldung, in der Sie auswählen können, ob die Groove-Musik-App, der Windows
Media Player oder ein anderer installierter Medienplayer zum Abspielen verwendet werden soll.

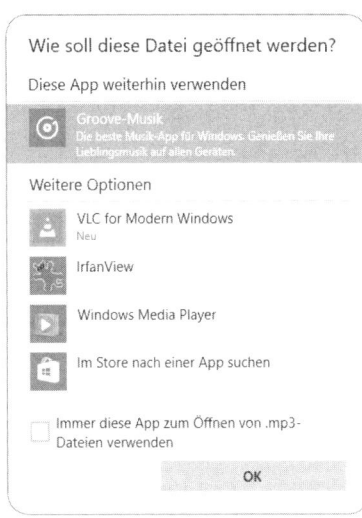

Bild 5.37: Auswählen, worüber die
Musik abgespielt werden soll.

Aktivieren Sie das Kontrollkästchen *Immer diese App zum Öffnen von .mp3-Dateien verwenden*, um in Zukunft jede Musikdatei per Doppelklick mit dem gewählten Player starten zu können

Zuordnung der Dateitypen nachträglich ändern

Sie können auch jederzeit nachträglich die Zuordnung der Dateitypen beim Doppelklick ändern. Dies ist in Windows 10 deutlich einfacher geworden.

Klicken Sie mit der rechten Maustaste im Explorer auf eine MP3-Datei und wählen Sie im Kontextmenü *Öffnen mit/Andere App auswählen*. Jetzt erscheint wieder der Auswahldialog. Wählen Sie einen anderen Musikplayer aus und schalten Sie auch diesmal *Immer diese App zum Öffnen von .mp3-Dateien verwenden* ein. Damit ist die Standarddateizuordnung geändert. Sie brauchen nicht mehr den altbekannten Weg über die Systemsteuerung zu gehen.

Auch den klassischen Windows Media Player gibt es noch

Wählen Sie beim Abspielen einer MP3-Datei den Windows Media Player aus, wird dieser in einer Miniansicht gestartet und spielt die Musik ab.

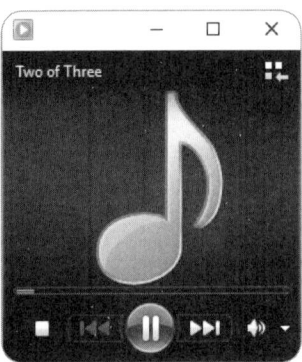

Bild 5.38: Der Windows Media Player in der Miniansicht.

Der Windows Media Player wird bedient wie schon in früheren Windows-Versionen. Hier gibt es kaum Änderungen. Klicken Sie auf das Symbol mit den Quadraten oben rechts, wird auf die Bibliotheksansicht umgeschaltet, in der Sie auf Ihre gesamte Medienbibliothek zugreifen können.

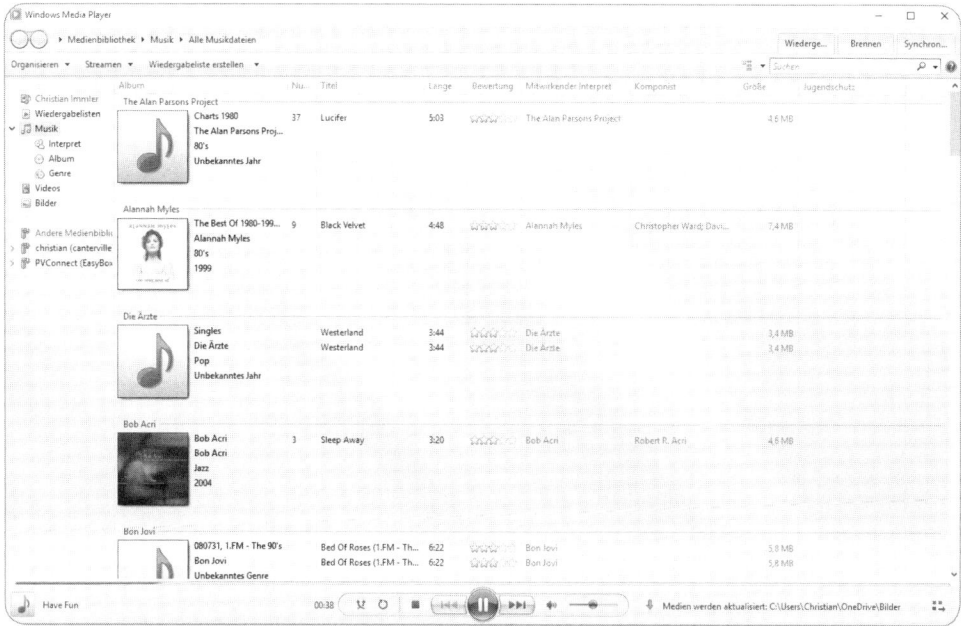

Bild 5.39: Der Windows Media Player in der Bibliotheksansicht.

Audio-CDs abspielen und kopieren

Die Groove-Musik-App bietet bisher noch keine Möglichkeit, Audio-CDs abzuspielen oder in MP3-/WMA-Formate umzuwandeln. Dazu brauchen Sie weiterhin den Windows Media Player. Legen Sie die Audio-CD ein und klicken Sie oben
in der Symbolleiste des Windows Media Players auf *CD kopieren*, um sie in die
Medienbibliothek zu übertragen und später mit der Musik-App anhören zu können.

5.16 Store: Shopping im Windows Store

Windows 8 beinhaltete erstmals einen eigenen Store, aus dem nach dem
Vorbild der App-Stores auf Smartphones Apps heruntergeladen und installiert werden können. Der Windows Store stellt die einzige Möglichkeit
dar, die neuen Apps zu installieren. Dabei sorgt der Name *Store* bei vielen Anwendern für Verwirrung – die meisten Apps sind nämlich kostenlos. Anwendungen für
den klassischen Desktop werden weiter wie gewohnt installiert. Zur Nutzung des
Windows Stores ist die Anmeldung mit einem Microsoft-Konto erforderlich.

Der Windows Store erhielt für Windows 10 ein komplett neues Design, um ihn
übersichtlicher zu machen – sicherlich Ansichtssache. Auf den ersten Blick fällt auf,
dass die Beschreibungen erheblich kürzer geworden sind und Empfehlungen ähnlicher Apps einen größeren Raum einnehmen.

Die Apps im Windows Store sind nach Themen sortiert, im regelmäßigen Wechsel
werden bestimmte Apps auf der Startseite vorgestellt.

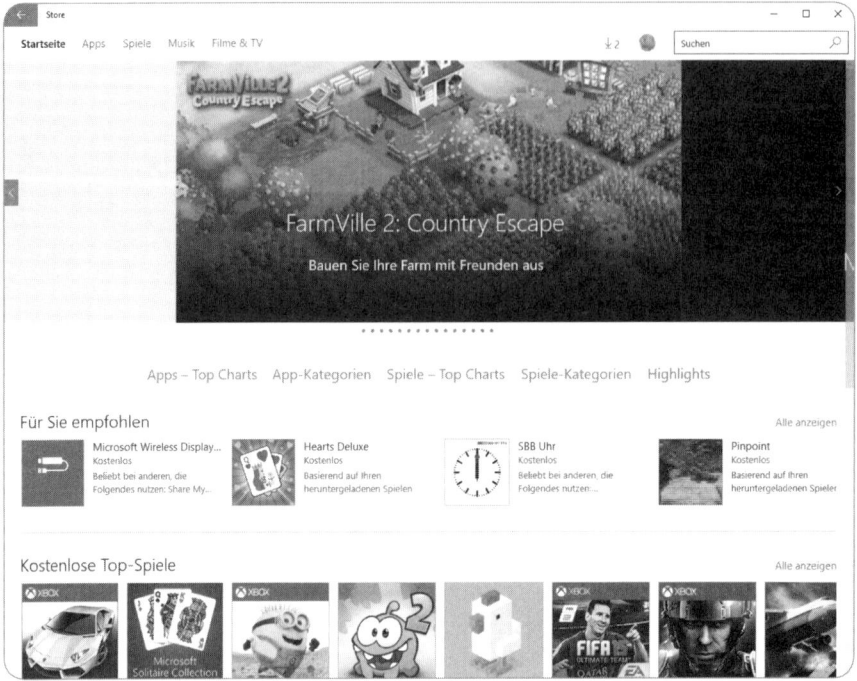

Bild 5.40: Der Startbildschirm des neuen Windows Store.

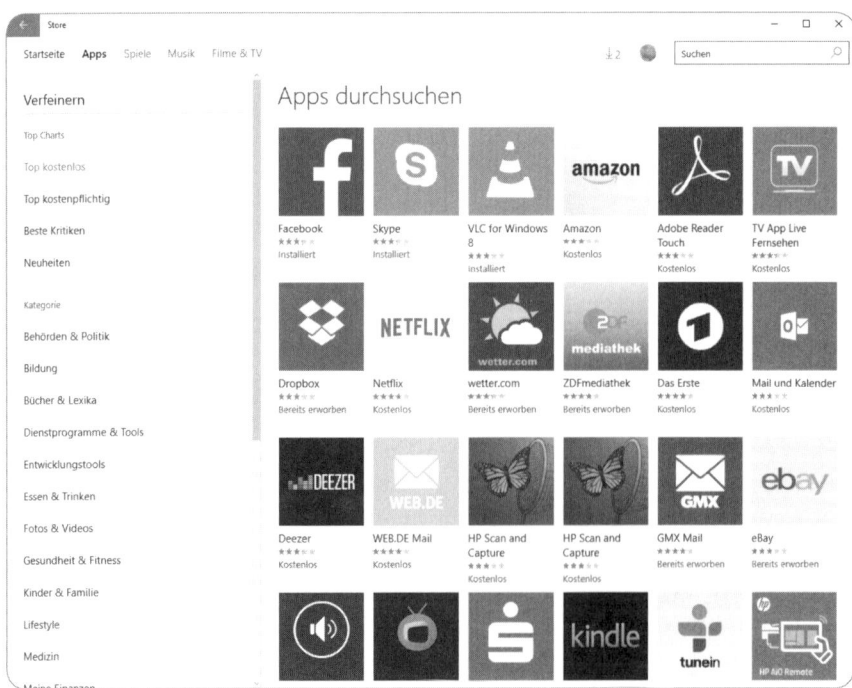

Bild 5.41: Eine der Top-Listen im *Store*.

Ein Klick auf eine der Kategorien zeigt eine Liste aller Apps dieser Kategorie an. Wählen Sie eine davon aus, werden Screenshots sowie eine detaillierte Beschreibung angezeigt.

Ein Klick auf *Installieren* installiert die App auf dem PC. Im Gegensatz zu Anwendungen in früheren Windows-Versionen oder auf dem klassischen Desktop brauchen Sie sich um Verzeichnisstrukturen oder weitere Einstellungen keine Gedanken zu machen. Mit einem einzigen Klick wird die App ohne weitere Nachfragen installiert.

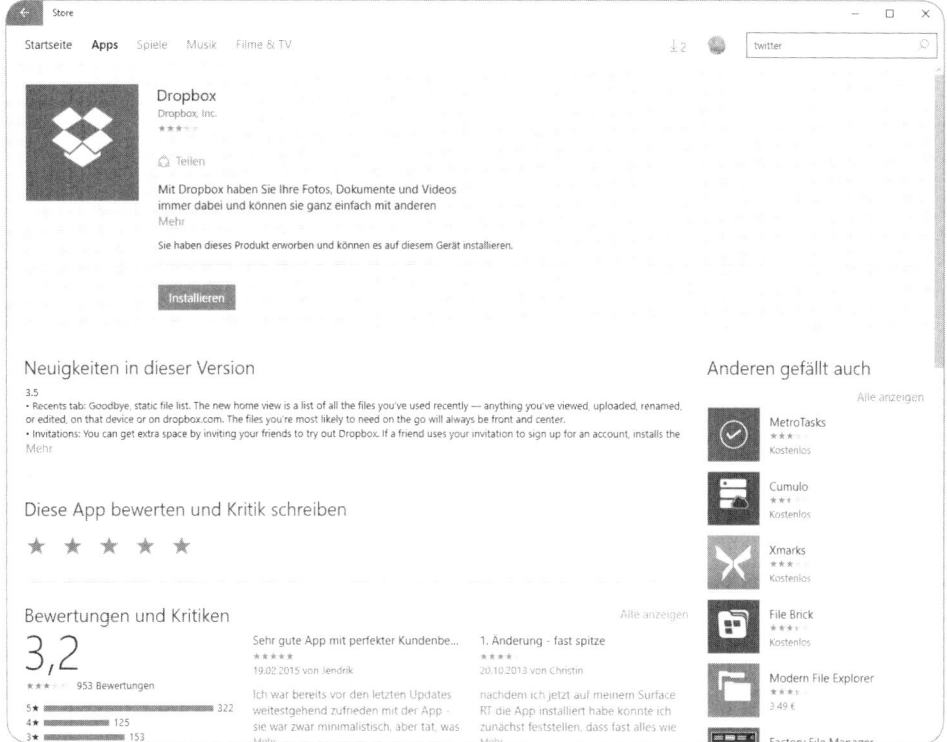

Bild 5.42: Detailansicht einer App im Windows Store.

Im Gegensatz zu Windows 8 erscheinen neu installierte Apps in Windows 10 nicht automatisch als Kachel, sondern zunächst nur in der Liste *Alle Apps* im Startmenü; dort sind sie als neu markiert. Sie können sie natürlich jederzeit in den Kachelbereich des Startmenüs ziehen.

Sollten Sie einmal eine kostenpflichtige App aus dem Windows Store nutzen wollen, brauchen Sie sie seit Windows 8.1 nicht mehr für jeden PC einzeln zu erwerben. Windows Store Apps können unter Windows 10 auf bis zu zehn PCs oder Tablets gleichzeitig verwendet werden, solange diese mit dem gleichen Microsoft-Konto angemeldet sind.

5.16.1 Gezielte App-Suche im neuen Store

Mit zunehmender Zahl von Apps im Windows Store sind längst nicht mehr alle in den Listen vertreten. Sie können nach Stichwörtern suchen, um passende Apps zu finden. Geben Sie den Suchbegriff einfach in das Suchfeld oben rechts ein.

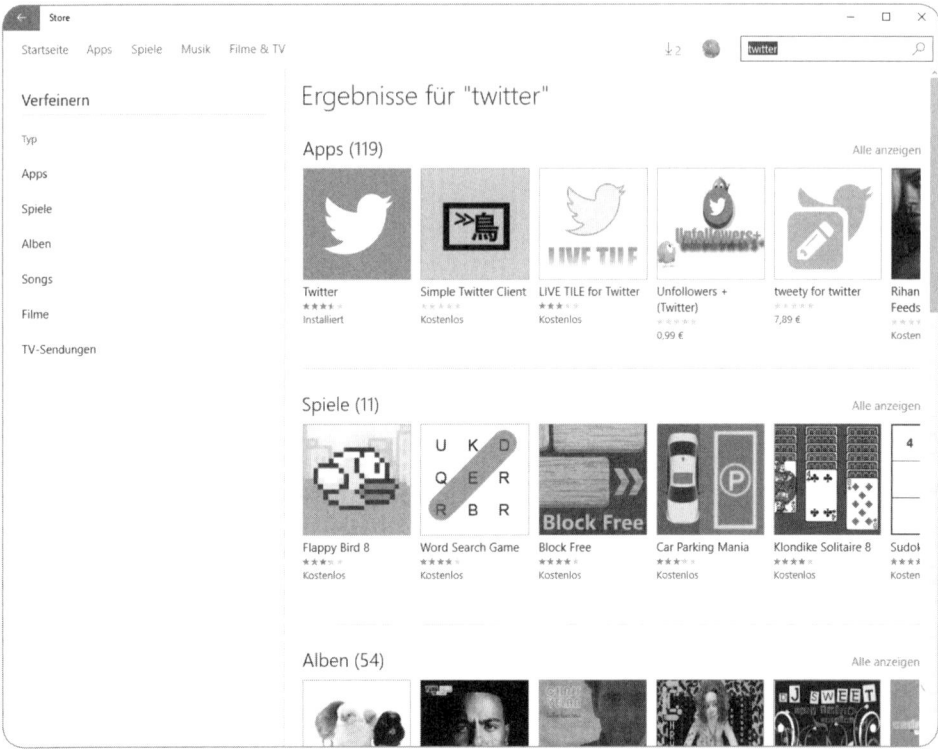

Bild 5.43: Suchen im Windows Store.

5.16.2 Automatische App-Updates durchführen

Viele der Windows-Apps werden häufig aktualisiert. Die Installation einer neuen Version ist nicht mehr wie bei früheren Windows-Programmen mit großem technischem Aufwand verbunden, sondern heute genauso einfach wie auf einem Smartphone. Sie müssen sich um gar nichts mehr kümmern. Sie brauchen sich auch keine Gedanken um Verzeichnisstrukturen, Datensicherung oder Neustarts zu machen. Die Updates werden installiert, und danach stehen die Apps sofort wieder zur Verfügung.

Das Symbol mit dem Pfeil oben neben dem Suchfeld im Windows Store zeigt an, wie viele Updates zur Verfügung stehen. Klicken Sie darauf, erscheint eine Liste, in der Sie die jeweiligen App-Updates einzeln oder alle auf einmal installieren können.

Bild 5.44: App-Updates im Windows Store.

Auch viele vorinstallierte Apps werden auf diesem Weg aktualisiert und nicht über das übliche Windows Update, das Sicherheitsupdates im System herunterlädt.

5.16.3 Apps, die man einfach kennen muss

Der Windows Store bietet eine Vielzahl kostenloser Apps für den neuen Windows 10-Desktop. Wir stellen ein paar besonders interessante und häufig heruntergeladene Apps kurz vor. Stöbern Sie einfach selbst im ständig wachsenden Angebot des Windows Stores, und Sie werden immer wieder spannende Apps finden.

VLC Media Player

Windows 10 enthält keine Möglichkeit, DVDs, SVCDs oder andere Videodatenträger abzuspielen. Da auch das früher hierfür verwendete Windows Media Center nicht mehr nachinstalliert werden kann, wird eine externe App benötigt. Die kostenlose *VLC-App* war schon in früheren Windows-Versionen dafür bekannt, nahezu jedes Video- oder Audioformat abspielen zu können.

VLC übernimmt automatisch die Mediensammlungen der vorinstallierten Player. Auf einer gemeinsamen Startseite sehen Sie Videos und Musik aus Ihrer Sammlung. Zudem bietet der VLC Media Player über einen integrierten Dateimanager die Möglichkeit, eine Mediendatei aus einem beliebigen Verzeichnis zu öffnen, auch wenn dieses nicht in der Sammlung eingetragen ist.

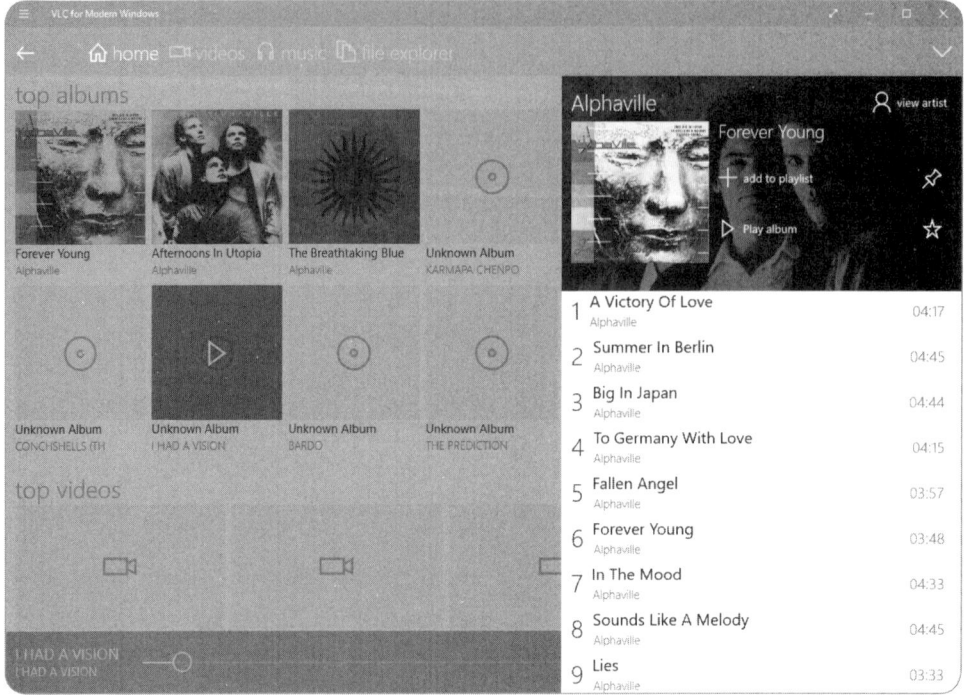

Bild 5.45: Der VLC Media Player for Modern Windows.

Facebook

Windows 8 hatte noch diverse Facebook-Funktionen integriert, damals brauchte man nicht unbedingt eine eigene App. Seitdem Microsoft die Facebook-Integration aus dem Betriebssystem entfernt hat, gibt es entweder die Möglichkeit, über den Microsoft Edge-Browser auf Facebook zuzugreifen, oder – noch komfortabler – über die Facebook-App aus dem Windows Store.

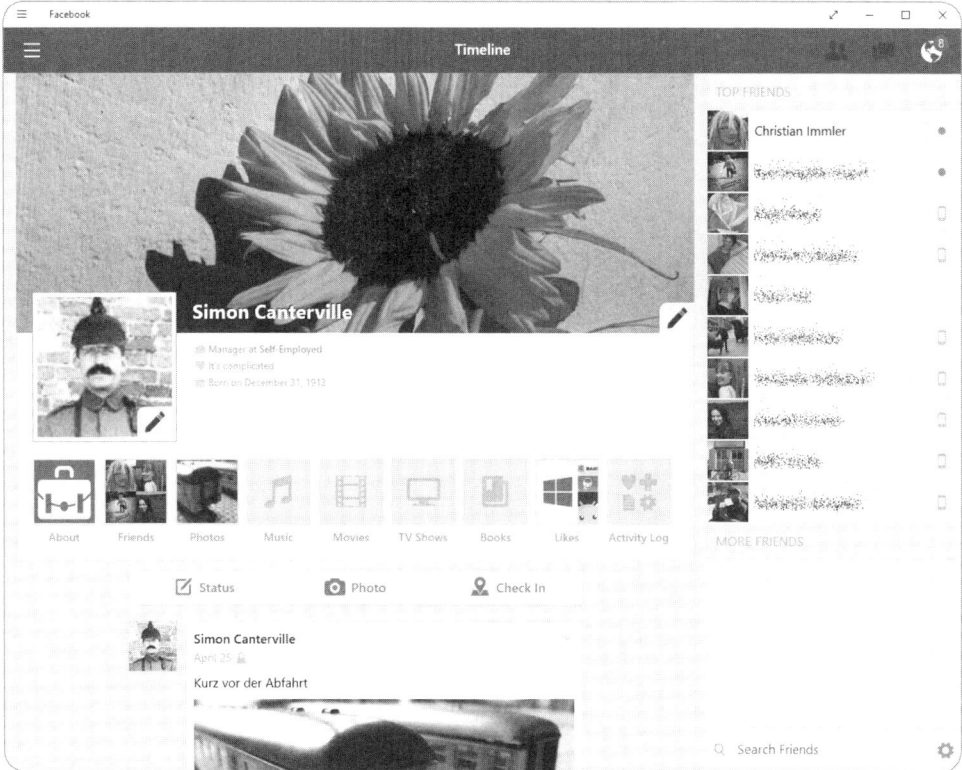

Bild 5.46: Die Facebook-App für Windows 10.

Wikipedia

Wikipedia liefert eine optisch ansprechende Windows-App, die Zugriff auf Wikipedia-Artikel in allen Sprachen bietet.

Inoffizielle Wikipedia-Apps

Vorsicht! Im Windows Store sind neben der offiziellen Wikipedia-App noch einige inoffizielle zu finden, deren Funktionsumfang oft stark eingeschränkt ist, die dafür aber Geld kosten oder voller Werbung sind. Installieren Sie lieber die offizielle Wikipedia-App.

Die App zeigt auf der Startseite ein paar *Exzellente Artikel* zu aktuellen Themen sowie die neuesten Änderungen in der Wikipedia an. Ein Klick auf einen der Artikel ruft diesen in einer übersichtlichen Darstellung auf. Mit dem Mausrad oder einer Fingerbewegung auf dem Touchscreen scrollen Sie horizontal durch den Artikel. Vertikales Scrollen ist nicht nötig.

Bild 5.47: Die Wikipedia-App für Windows 10.

Bild 5.48: Ein aktueller Artikel der deutschen Wikipedia.

Die blauen Links führen zu weiteren Wikipedia-Artikeln, die ebenfalls in der App auf die gleiche Weise dargestellt werden.

Google-Suche

Eine der am häufigsten heruntergeladenen Apps aus dem Windows Store ist die Google-Suche. Trauen die Windows-Nutzer der Bing-Suche nicht genug zu? Die App *Google Search* bringt ein großformatiges Google-Suchfeld auf den Bildschirm. Geben Sie hier einen Suchbegriff ein, erscheint die bekannte Google-Suche mit den Suchoptionen unter anderem für Bilder und News sowie ein Symbol zum direkten Zugriff auf andere Google-Apps wie Gmail, Google Drive, Google Maps etc.

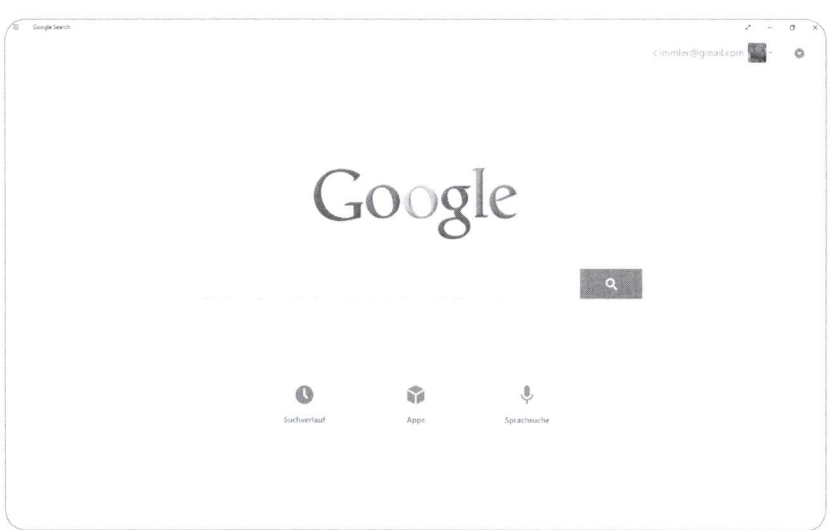

Bild 5.49: Die Windows 10-App *Google Search* im typisch schlichten Google-Design.

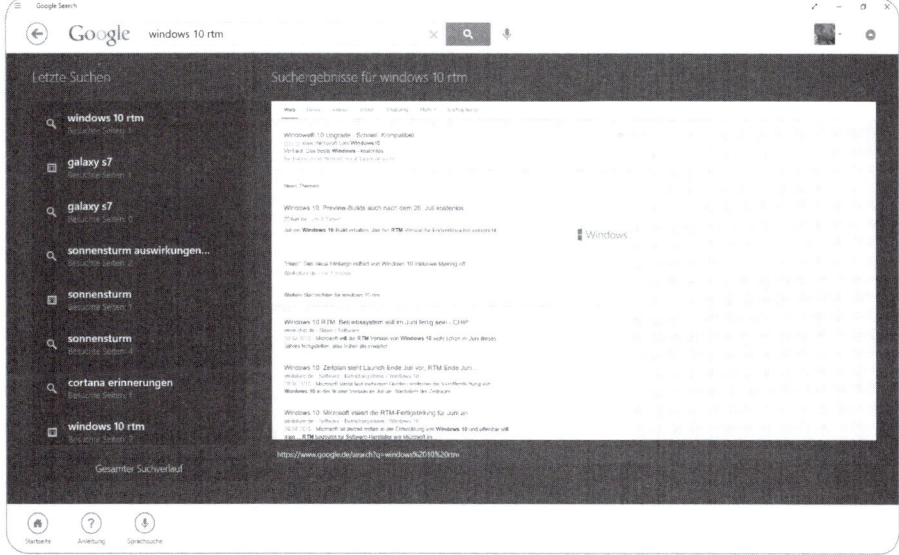

Bild 5.50: Im Suchverlauf kann man jederzeit auf frühere Suchanfragen, auch von anderen Geräten, zugreifen.

Erlauben Sie Google beim ersten Start den Zugriff auf die Position, erhalten Sie auch lokale Suchergebnisse, etwa zur Gastronomie und zu Geschäften am Ort. Wirklich interessanten Nutzen bringt die App erst nach Anmeldung mit dem persönlichen Google-Konto. Jetzt wird der Suchverlauf mit anderen PCs und Smartphones, die dasselbe Google-Konto verwenden, synchronisiert, sodass Sie schnell etwas wiederfinden, was Sie z. B. unterwegs auf einem Android-Smartphone gesucht haben.

Kindle

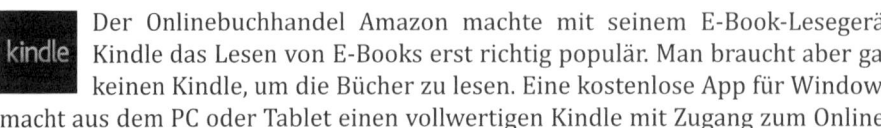 Der Onlinebuchhandel Amazon machte mit seinem E-Book-Lesegerät Kindle das Lesen von E-Books erst richtig populär. Man braucht aber gar keinen Kindle, um die Bücher zu lesen. Eine kostenlose App für Windows macht aus dem PC oder Tablet einen vollwertigen Kindle mit Zugang zum Onlineshop wie auch zu den kostenlosen Büchern.

Aber auch die kostenlosen Bücher muss man bei Amazon »kaufen«. Dazu ist ein Amazon-Kundenkonto erforderlich, mit dem man sich nach dem Start in der Kindle-App anmelden muss. Nach der Bestellung wählt man nur noch das Gerät aus, auf dem man das Buch lesen möchte, falls man mehrere Kindles oder Tablets in Gebrauch hat. In der Kindle-App finden Sie alle gekauften sowie auch die kostenlos heruntergeladenen Bücher. Die Titel ohne Häkchen unten rechts sind noch nicht lokal auf dem Gerät verfügbar.

Bild 5.51: Übersicht der gekauften und kostenlosen E-Books in der Kindle-App.

Tippen Sie auf ein Buch, öffnet es sich in einem angenehm zu lesenden Vollbildmodus ohne störende Bedienelemente auf dem Bildschirm. Bücher, die noch nicht auf dem Gerät sind, werden automatisch heruntergeladen und können danach auch offline gelesen werden. Ein Tablet halten Sie zum Lesen am besten senkrecht. Auf dem PC werden zwei Seiten nebeneinander angezeigt.

Auf einem Touchscreen blättern Sie im Buch einfach mithilfe von Fingergesten. Statt mit dem Finger über den Bildschirm zu wischen, können Sie auch mit der Maus an den rechten Bildschirmrand klicken, um eine Seite weiterzublättern. Tippen Sie an den linken Bildschirmrand, kommen Sie wieder eine Seite zurück. Das Symbol *Bibliothek* oben links springt wieder zurück in die Liste der Bücher, wobei die aktuelle Position im gerade gelesenen Buch gespeichert wird.

Klicken Sie mit der rechten Maustaste, werden oben und unten Symbolleisten eingeblendet. Über das Symbol *Gehe zu* können Sie an bestimmte Positionen im Buch springen, wie z. B. zum Inhaltsverzeichnis, falls das Buch eines hat. Bei den meisten Kindle-E-Books findet sich das Inhaltsverzeichnis wie bei gedruckten Büchern ganz am Anfang hinter dem Titelbild. Im Inhaltsverzeichnis sind die einzelnen Überschriften verlinkt, sodass man nur noch darauf zu tippen braucht.

Mit dem Symbol *Anzeigen* können Sie je nach Lesegewohnheit die Schriftgröße auf ein angenehmes Maß einstellen. Beim Lesen in der Nacht schalten Sie auf den augenfreundlichen Nachtmodus um, der helle Schrift auf dunklem Grund zeigt und so den Leser nicht so stark blendet.

Bild 5.52: Persönliche Einstellungen zur augenfreundlichen Darstellung vornehmen.

Das Suchfeld oben rechts ermöglicht eine Volltextsuche nach einem beliebigen Begriff im Buch – eine Funktion, die in gedruckten Büchern undenkbar wäre.

Tippen Sie in der normalen Leseansicht oben rechts auf das Lesezeichensymbol, speichern Sie die aktuelle Position. Derart gespeicherte Positionen lassen sich über das Symbol *Notizen/Mark.* jederzeit wiederfinden. Indem Sie mit dem Finger oder der Maus über eine Textstelle streichen, können Sie diese markieren und mit einer Textnotiz versehen. Solche Notizen werden ebenfalls in der Liste bei den Lesezeichen angezeigt.

Twitter

 Twitter liefert eine eigene offizielle App für Windows 10 mit allen wichtigen Funktionen von Twitter. Hier können Sie Tweets zu bestimmten Themen oder Statusmeldungen Ihrer Freunde mitverfolgen und auch selbst twittern.

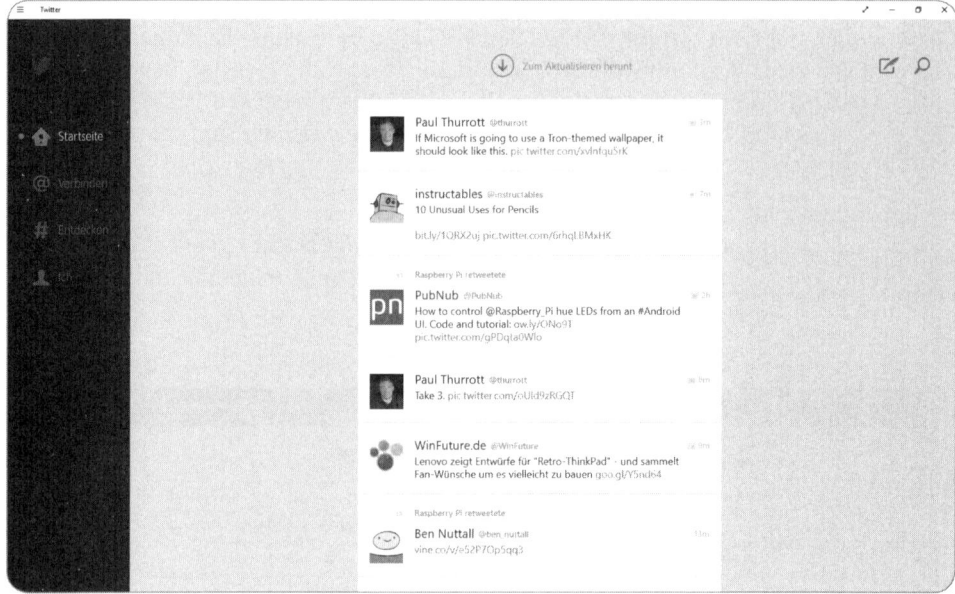

Bild 5.53: Die Twitter-App für Windows 10.

Was ist Twitter?

Twitter ist ein immer beliebter werdender Kurznachrichtendienst, der zunehmend auch von Firmen und Infoportalen genutzt wird und auf dem besten Weg ist, die klassischen E-Mail-Newsletter zu ersetzen. Twitter eroberte in gerade einmal fünf Jahren in rasanter Geschwindigkeit das Internet. Die Nachrichten, die mit nur 140 Zeichen kürzer als eine SMS sein müssen, gehen schneller um die Welt als jede Tickermeldung einer Agentur. So erfuhr man als Erstes per Twitter den Ausgang der Wahl des Bundespräsidenten, den Tod Osama Bin Ladens oder die geglückte Notlandung eines Flugzeugs im Hudson River. Twitter ist längst kein Spielzeug für Internetfreaks mehr, selbst Barack Obama, das britische Königshaus und der Papst twittern wie 200 Millionen andere Menschen. Auch die Deutsche Bahn nutzt Twitter, um über kurzfristige Fahrplanänderungen aufgrund von Baustellen zu informieren.

Twitter funktioniert seit einiger Zeit nur noch mit persönlicher Anmeldung. Anonym bei Twitter mitzulesen war früher auf der Webseite *www.twitter.com* möglich, wurde aber mittlerweile abgeschaltet. Beim ersten Start wird ein spezielles Fenster geöffnet, in dem Sie sich bei Twitter mit Ihren Benutzerdaten einloggen und den Datenzugriff für die App freigeben müssen.

Im linken Seitenbalken finden Sie die wichtigsten Twitter-Funktionen zur Kommunikation mit anderen Personen (@) und zur Suche nach bestimmten Themen (#), in Twitter als Hashtags bezeichnet.

Sternatlas

 Die *Sternatlas*-App bringt den Sternenhimmel auf den PC. Hier können Sie sich interaktiv umsehen und die Namen aller Sterne und Planeten finden. Auf Tablets mit GPS-Empfänger und Kompass übernimmt die App automatisch die aktuelle Position des Benutzers, um den Sternenhimmel an genau diesem Ort zu zeigen. Sie brauchen das Tablet nur in Richtung Himmel zu halten und sehen bei jedem Stern gleich dessen Namen.

Bild 5.54: Klicken Sie auf einen Stern oder Planeten, zeigt der Sternatlas interessante astronomische Details dazu an.

5.17 Spiele: gegen den tristen Büroalltag

Was wäre Windows ohne die kleinen Spiele, die seit Jahren Millionen Nutzern ihren Büroalltag versüßen? Der Windows Store liefert jede Menge Spiele zum Download, viele davon kostenlos.

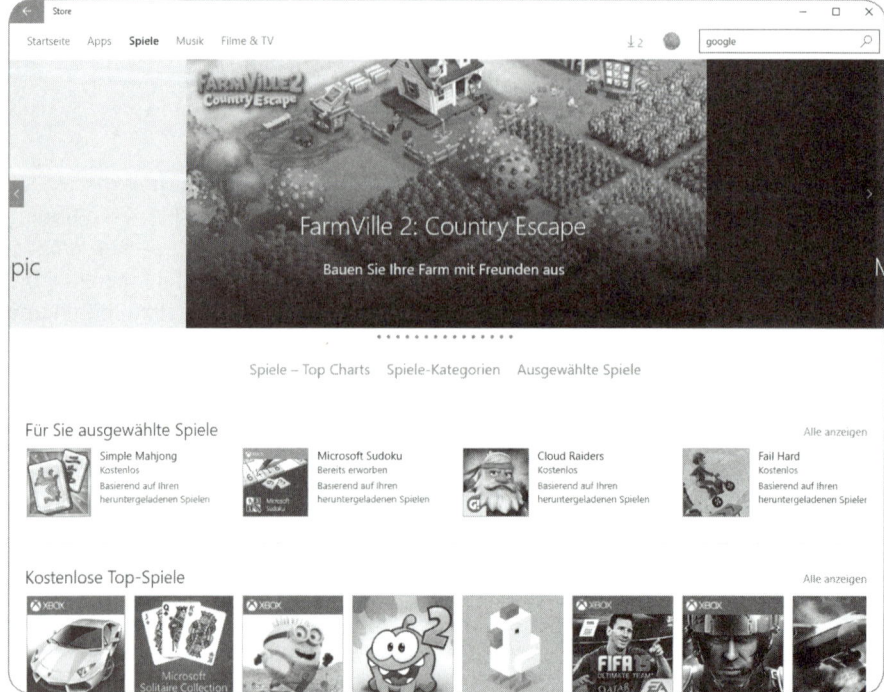

Bild 5.55: Neue Spiele im Windows Store.

5.17.1 Mein persönliches Xbox-Spielerprofil

Windows 10 integriert Microsofts Spieleplattform *Xbox*, die auch auf der Spielkonsole Xbox und auf Windows Phones genutzt werden kann. Bei der Anmeldung an Microsofts Onlineplattform *Xbox.com* bekommt man sein persönliches Spielerprofil, das mit dem eigenen Microsoft-Konto verknüpft ist.

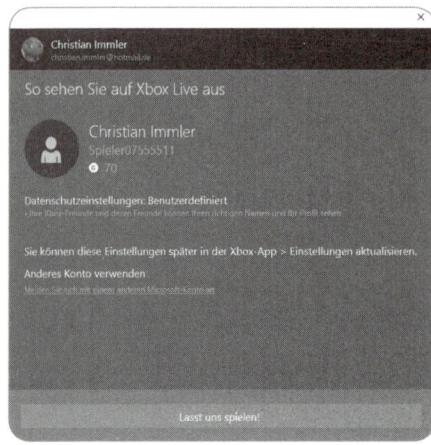

Bild 5.56: Das automatisch aus dem Microsoft-Konto erzeugte Spielerprofil.

Über dieses Profil können Sie in den Spielen Erfolge sammeln und andere Spieler zu Gemeinschaftsspielen einladen. Zum eigenen Spielerprofil gehören ein Gamertag, der persönliche Spielername sowie ein Avatar, die persönliche Figur, mit der man im Spielernetzwerk auftritt.

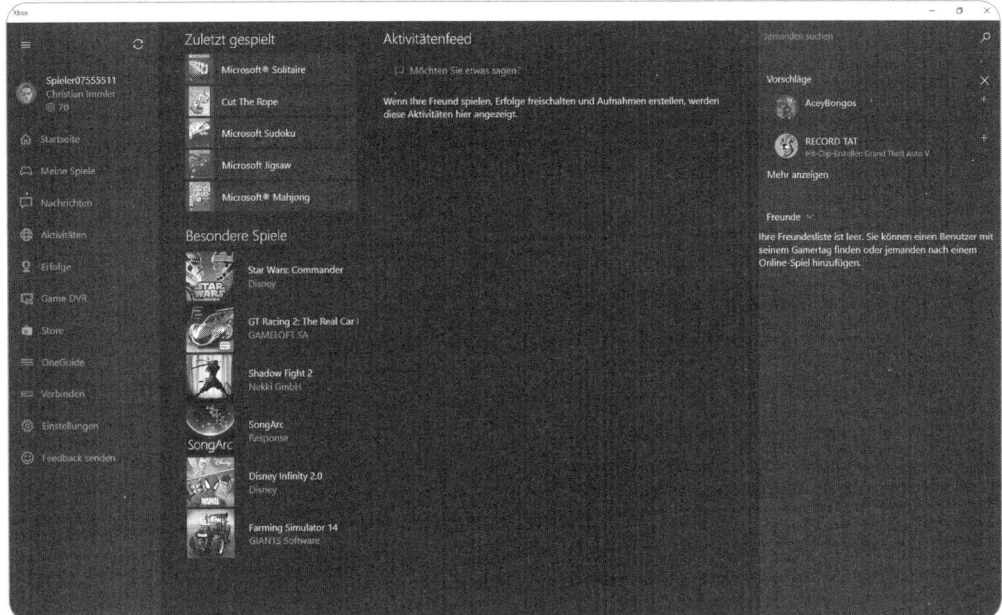

Bild 5.57: Die persönliche Seite in der Xbox-App.

5.17.2 Wunderbar, Solitär ist wieder da

 Solitär, das beliebte Kartenspiel, das bis jetzt in jeder Windows-Version dabei war, wurde zum Ärger von Millionen Windows-Nutzern bei Windows 8 erstmals nicht mehr vorinstalliert mitgeliefert.

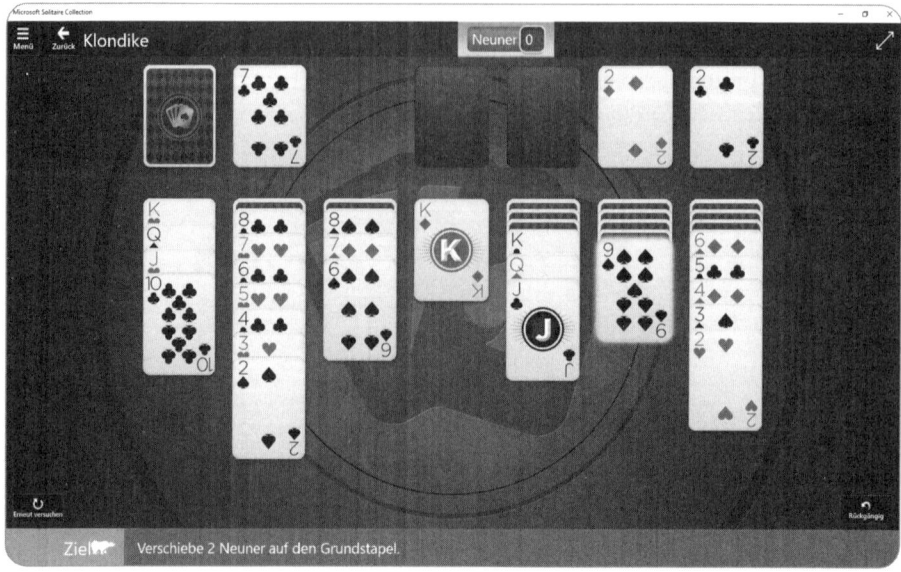

Bild 5.58: Solitaire in Windows 10.

Zum 25. Geburtstag von Windows Solitär liefert Windows 10 das Spiel wieder in einer komplett überarbeiteten Neuauflage, die deutlich mehr bietet als nur ein einfaches Kartenspiel. Stattdessen stellt sie ein komplettes Spielsystem mit Anbindung an die Xbox-Plattform dar. Hier können Sie Erfolge sammeln und sich jeden Tag einer neuen Herausforderung stellen.

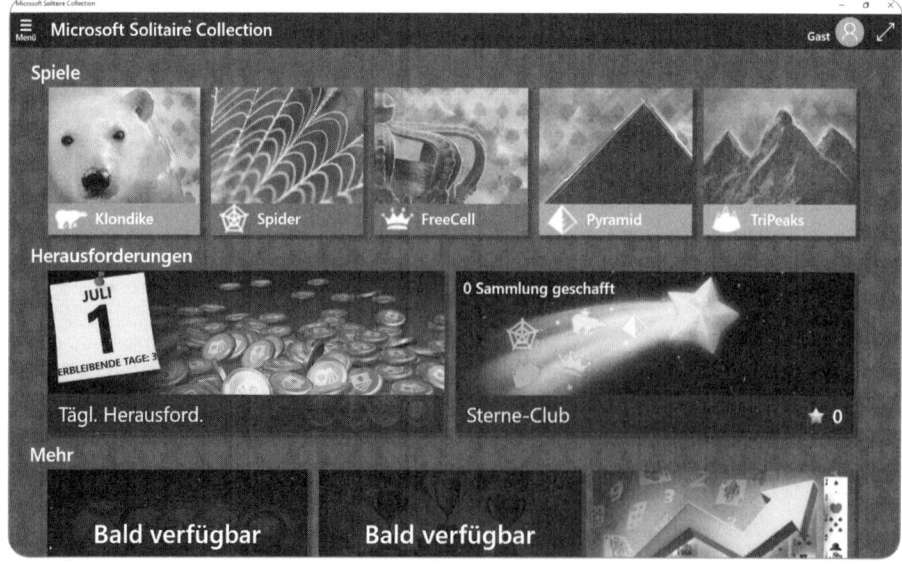

Bild 5.59: Die neue *Microsoft Solitaire Collection* in Windows 10.

6 OneDrive – kostenlos bis 15 GByte

Mit OneDrive bietet Microsoft allen Nutzern von Windows (egal welcher Version) wie auch von Windows Phones 15 GByte kostenlosen Onlinespeicher an, in dem Fotos und Dokumente in der Cloud abgelegt und auf jedem verbundenen Gerät genutzt werden können. Wer schon länger den Vorgänger SkyDrive nutzt, hat sogar 25 GByte zur Verfügung. Bei Anmeldung über folgenden Empfehlungslink erhalten Leser dieses Buchs 0,5 GByte zusätzlichen Speicherplatz bei OneDrive: *1drv.ms/1lkdeA1*. Im Zusammenhang mit einem Office 365-Abo bekommt man 1.000 GByte Speicherplatz.

6.1 Cloudspeicher und Geräte abgleichen

Im Gegensatz zu ähnlichen Diensten anderer Anbieter ist OneDrive in Windows 10 sehr gut eingebunden und bietet eine automatische Synchronisation an, um einzelne oder alle OneDrive-Ordner auch offline auf PC, Notebook oder Tablet zur Verfügung zu haben. Alle PCs, die das gleiche Microsoft-Konto nutzen, können auf diesem Weg vollautomatisch Daten miteinander abgleichen.

OneDrive legt einen speziellen Ordner lokal auf Ihrem PC an. Alle Daten in diesem Ordner werden automatisch mit Ihrem OneDrive-Cloudspeicher synchronisiert, sodass Sie sich um das Hochladen keine Gedanken mehr zu machen brauchen.

Fügen Sie auf einem Gerät dem OneDrive-Ordner eine Datei hinzu, steht diese kurz danach auf allen verbundenen Geräten zur Verfügung. Da die Daten automatisch im Hintergrund auf die lokale Festplatte kopiert werden, können Sie auch dann noch darauf zugreifen, wenn Sie mit dem Notebook oder Tablet die Internetverbindung trennen, weil Sie z. B. die Reichweite des eigenen WLAN verlassen.

6.1.1 OneDrive erstmalig einrichten

Jeder, der ein Microsoft-Konto nutzt, hat automatisch auch Speicherplatz bei OneDrive zur Verfügung, man muss nur noch festlegen, welche Ordner mit dem PC synchronisiert werden sollen.

1. Am Anfang nach der Installation erscheint am OneDrive-Symbol im Infobereich der Taskleiste ein rotes Icon. Dieses weist darauf hin, dass OneDrive noch nicht synchronisiert.

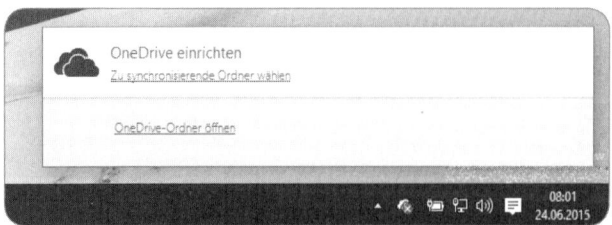

Bild 6.1: Meldung bei der Einrichtung von OneDrive.

2. Klicken Sie darauf und anschließend auf den Link *Zu synchronisierende Ordner wählen*. Im nächsten Schritt wählen Sie die OneDrive-Ordner aus, die mit diesem PC synchronisiert werden sollen. Wenn Sie OneDrive bisher nicht benutzt haben, ist die Liste noch leer.

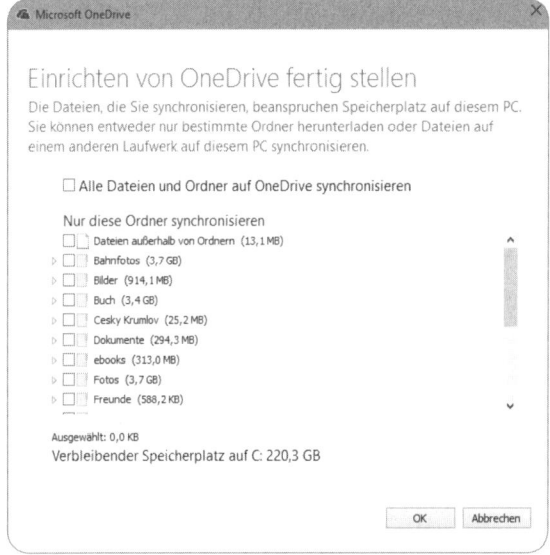

Bild 6.2: Auswahl der OneDrive-Ordner, die mit der lokalen Festplatte synchronisiert werden.

3. Jetzt beginnt der Download aller Ordner und Dateien aus dem eigenen OneDrive auf den PC. Je nach Datenvolumen und Geschwindigkeit der Internetverbindung kann das einige Zeit dauern.

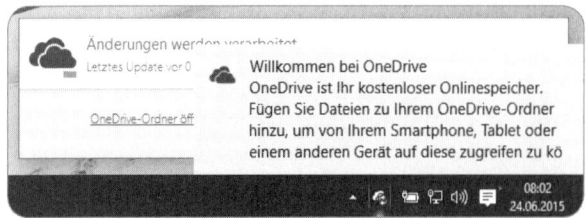

Bild 6.3: Der OneDrive-Ordner wird mit der lokalen Festplatte synchronisiert.

Unterhalb des eigenen Benutzerprofils wird bei der Installation von Windows 10 automatisch ein OneDrive-Ordner angelegt. Zum schnelleren Zugriff erscheint dieser im Explorer direkt im Navigationsbereich. Anfangs ist dieser Ordner noch leer.

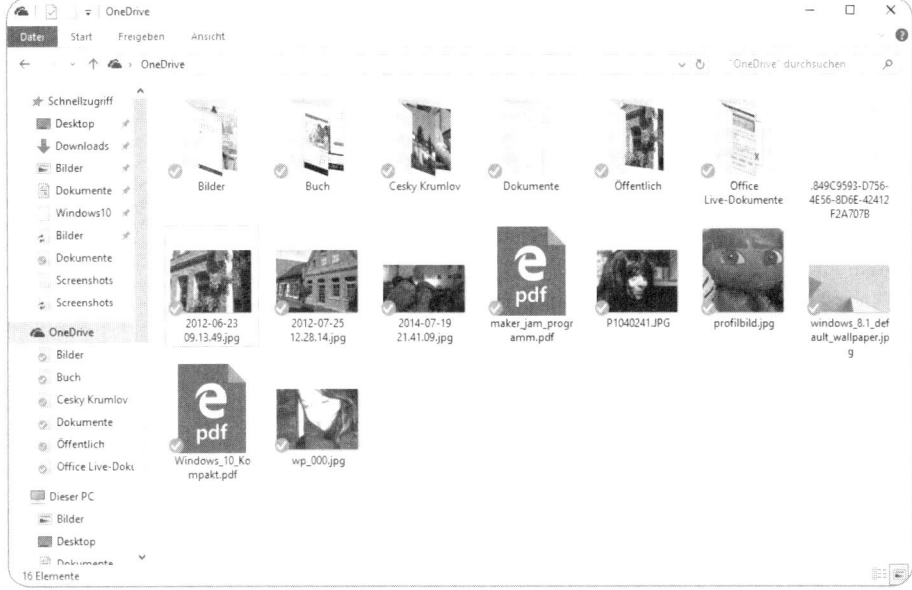

Bild 6.4: Der OneDrive-Ordner im Explorer.

Der OneDrive-Ordner auf der lokalen Festplatte spiegelt den Inhalt des persönlichen Ordners bei OneDrive. Da es bei großen oder vielen Dateien bedingt durch die Internetverbindung oder bei Offlinenutzung Dateien geben kann, die nicht synchron sind, erscheinen bei jeder Datei und bei jedem Ordner kleine Symbole, die den Synchronisierungsstatus anzeigen.

- Ein grünes Häkchen bedeutet, die Datei ist auf dem gleichen Stand wie bei OneDrive online.

- Ein graues Symbol mit zwei Pfeilen bedeutet, die Datei muss noch synchronisiert werden.

Wenn Sie Daten oder andere Ordner in den OneDrive-Ordner auf der Festplatte ziehen, werden sie automatisch auf OneDrive hochgeladen. Umgekehrt werden alle Dateien, die von anderen Computern in Ihren persönlichen OneDrive-Ordner hochgeladen wurden, automatisch auf die lokale Festplatte dieses Computers in den OneDrive-Ordner kopiert, sodass sie dann offline zur Verfügung stehen und mit jeder beliebigen Anwendung bearbeitet werden können. Kurz nach dem lokalen Speichern sind die bearbeiteten Dateien auch wieder online verfügbar.

6.1.2   Weitere Ordner nachträglich synchronisieren

Möchten Sie später nach der Ersteinrichtung weitere Ordner aus Ihrem OneDrive mit dem PC synchronisieren, klicken Sie mit der rechten Maustaste auf das One-Drive-Symbol im Infobereich der Taskleiste und wählen im Kontextmenü *Einstellungen*. Jetzt erscheint das *Einstellungen*-Dialogfeld in OneDrive. Klicken Sie auf der Registerkarte *Ordner wählen* auf den gleichnamigen Button, um Ihre voreingestellte Ordnerauswahl zu ändern.

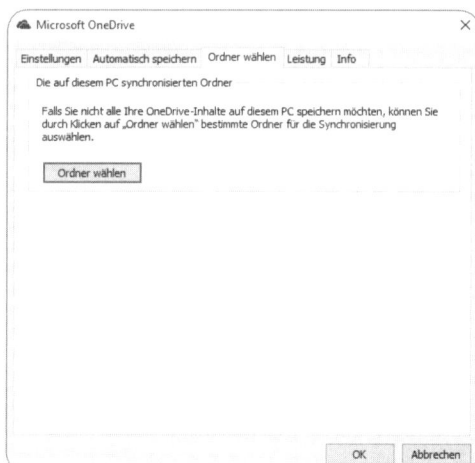

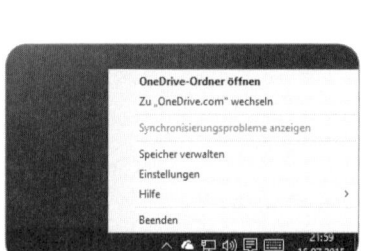

Bild 6.5: Ordnerauswahl zur Synchronisation nachträglich ändern.

Im Explorer noch schneller Ordner auswählen
Haben Sie gerade ein Explorer-Fenster geöffnet, klicken Sie mit der rechten Maustaste auf eine beliebige Datei in einem OneDrive-Ordner. Mit einem Klick auf *Zu synchronisierende OneDrive-Ordner wählen* kommen Sie noch schneller zum Ordnerauswahldialog.

6.1.3   OneDrive-Symbol immer anzeigen

Das OneDrive-Symbol im Infobereich der Taskleiste zeigt eine Bewegung, wenn Dateien synchronisiert werden. Fährt man mit der Maus darüber, erscheint eine Statusanzeige, die sagt, wie viele Daten noch kopiert werden.

Standardmäßig wird das OneDrive-Symbol aus dem Infobereich der Taskleiste ausgeblendet, sodass Sie den Synchronisierungsstatus nicht sehen. Blenden Sie dieses Symbol am besten dauerhaft ein.

1. Klicken Sie dazu mit der rechten Maustaste auf die Uhr ganz rechts unten und wählen Sie im Kontextmenü *Benachrichtigungssymbole anpassen*.

2. Klicken Sie im nächsten Dialogfeld auf *Symbole für die Anzeige auf der Taskleiste auswählen*.

3. Aktivieren Sie dann den Schalter bei *Microsoft OneDrive*. Das OneDrive-Symbol erscheint fest in der Taskleiste.

Bild 6.6: OneDrive-Symbol immer anzeigen.

- Klicken Sie mit der linken Maustaste auf das OneDrive-Symbol, erscheint eine Statusmeldung, in der Sie einen Link finden, über den Sie den lokalen OneDrive-Ordner im Explorer öffnen – was direkt im Explorer meist schneller geht.

- Klicken Sie mit der rechten Maustaste darauf, erscheint ein Menü, in dem Sie zum lokalen OneDrive-Ordner im Explorer oder zu OneDrive online im Microsoft Edge-Browser kommen. Über dieses Menü erreichen Sie auch die Einstellungen von OneDrive.

6.2   OneDrive-Daten für Freunde freigeben

Standardmäßig sind alle auf OneDrive hochgeladenen Dateien nur für Sie selbst zugänglich und für niemanden sonst freigegeben, es sei denn, Sie kopieren eine Datei in einen Ordner, der auf OneDrive bereits freigegeben ist.

So geben Sie eine Datei oder einen Ordner auf OneDrive für Freunde frei:

1. Klicken Sie mit der rechten Maustaste auf die gewünschte Datei in einem One-Drive-Ordner im Explorer.

2. Wählen Sie im Kontextmenü *Einen OneDrive-Link freigeben*.

3. Der Freigabelink wird automatisch in die Zwischenablage kopiert und kann anschließend mit der Tastenkombination Strg + V in jeder App, zum Beispiel in einer E-Mail oder in einem Dokument, eingefügt werden. Der Empfänger des Links kann sich die Datei ansehen oder herunterladen, aber nicht direkt auf OneDrive verändern.

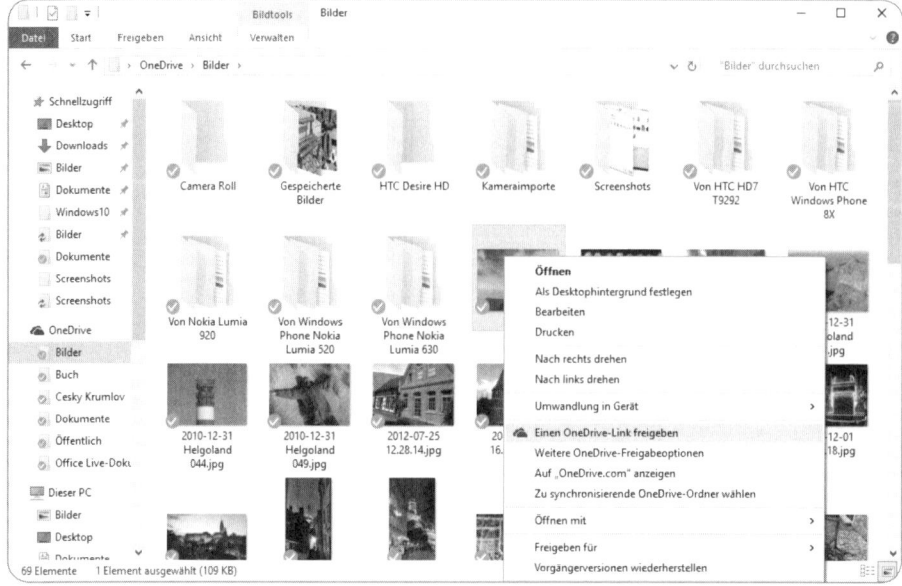

Bild 6.7: Datei per OneDrive für Freunde freigeben.

Auf diese Weise lassen sich auch große Dateien per E-Mail sehr einfach teilen. Da die E-Mail keine Anhänge braucht, bleibt sie sehr klein und auch auf dem Smartphone lesbar.

6.3 Fotos auf OneDrive hochladen

Um Fotos vom eigenen PC auf OneDrive hochzuladen, brauchen Sie sie nur im Explorer in einem OneDrive-Ordner abzulegen. Am besten legen Sie dazu auf OneDrive einen Bilderordner an und erstellen weitere Unterordner für Fotoalben, um diese bei Bedarf einzeln mit Freunden komfortabel teilen zu können.

6.3.1 Automatisches Backup aller Fotos auf OneDrive

Fotos werden besonders gern auf OneDrive abgelegt, damit man sie leicht auch außerhalb des eigenen PCs zeigen kann, z. B. durch Weitergabe von Links oder Übertragung auf ein Smartphone oder Tablet. Die Windows-Bibliotheken machen es leicht, neue und bearbeitete Bilder automatisch auf OneDrive abzulegen. Fügen Sie dazu das *Bilder*-Verzeichnis von OneDrive Ihrer *Bilder*-Bibliothek hinzu.

1. Blenden Sie im Explorer über das Menüband *Ansicht* mit einem Klick auf *Navigationsbereich* die Anzeige der Bibliotheken ein.

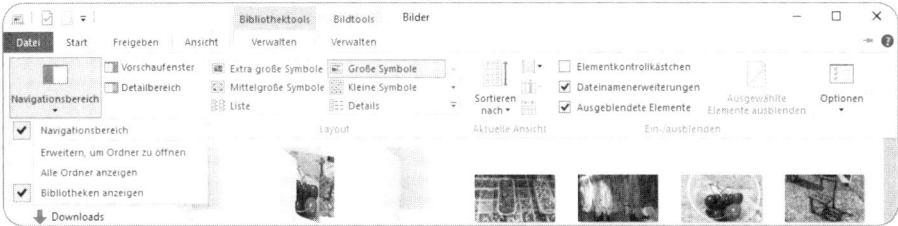

Bild 6.8: Bibliotheken im Explorer anzeigen.

2. Klicken Sie mit der rechten Maustaste auf die *Bilder*-Bibliothek im Explorer und wählen Sie im Kontextmenü *Eigenschaften*.

3. Klicken Sie im nächsten Dialogfeld auf *Hinzufügen* und wählen Sie den Ordner *Bilder* in Ihrem OneDrive-Ordner auf der Festplatte. Klicken Sie auf *Ordner aufnehmen*.

4. Markieren Sie den Ordner in der Liste und klicken Sie auf *Speicherort*. Damit wird dieser Ordner als Standardspeicherort für alle Anwendungen, die Bilder bearbeiten, sowie auch als Standardspeicherort beim Importieren von Fotos aus Digitalkameras festgelegt.

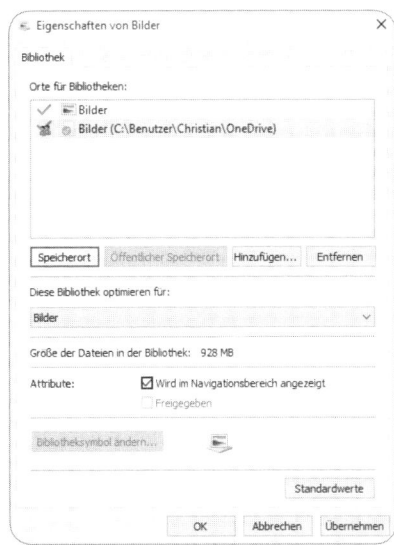

Bild 6.9: OneDrive-Ordner der Bibliothek *Bilder* hinzufügen.

Bilder, die auf anderem Weg in Ihren *Bilder*-Ordner auf OneDrive gelangen, werden so auch in der *Bilder*-Bibliothek auf dem eigenen PC angezeigt.

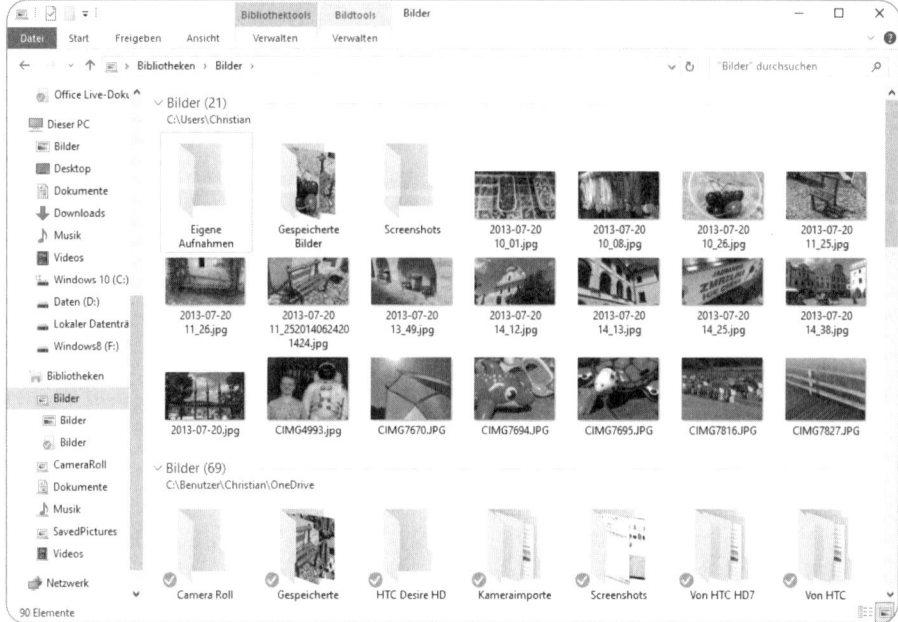

Bild 6.10: Bibliothek *Bilder* mit zwei Ordnern.

6.3.2 Vom Smartphone direkt auf die Kamerarolle

Smartphones mit Microsofts Windows Phone-Betriebssystem lassen sich automatisch mit OneDrive verbinden, sodass Sie die mit dem Handy aufgenommenen Fotos nicht erst jedes Mal auf den PC übertragen müssen.

Aktivieren Sie in den Einstellungen auf dem Windows Phone unter *Fotos & Kamera* die Option für den automatischen Upload auf OneDrive. Alle neuen Fotos von der Handykamera werden automatisch in das Onlinealbum *OneDrive-Kamerarolle* hochgeladen. Dieses Album ist nur für Sie selbst zugänglich, es ist nicht öffentlich. Haben Sie früher SkyDrive benutzt, wird dieses Verzeichnis nicht automatisch umbenannt, sondern behält seinen alten Namen, damit Verzeichnispfade in Verknüpfungen oder Batchdateien nicht beschädigt werden.

 Microsoft bietet auch für Android eine OneDrive-App an, mit der Sie vom Smartphone auf Ihre Daten zugreifen und umgekehrt Fotos automatisch auf OneDrive hochladen können. Um Mobilfunkdatenvolumen zu sparen, können Sie hier festlegen, dass das automatische Hochladen von Fotos nur über WLAN erfolgt. Manuell können Sie trotzdem jederzeit einzelne Bilder auch über Mobilfunk hochladen.

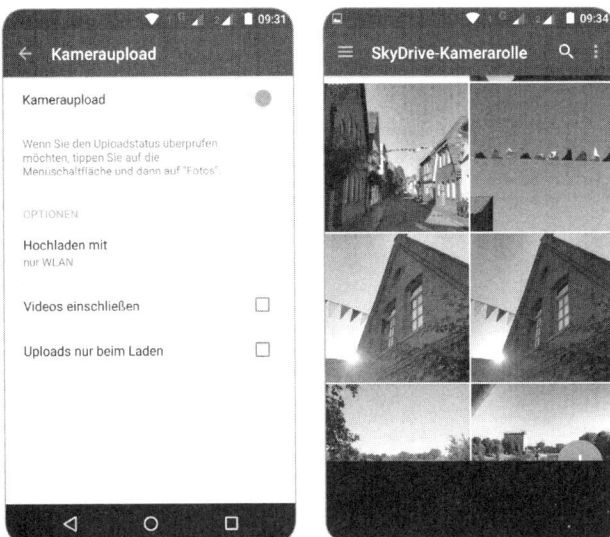

Bild 6.11: Die Android-App für OneDrive.

6.4   OneDrive ohne App im Browser nutzen

Auch ohne OneDrive-App haben Sie von jedem PC der Welt und auch mit jeder Windows-Version Zugriff auf Ihre bei OneDrive abgelegten Daten. Gehen Sie dazu mit dem Browser auf *OneDrive.com* – oder kürzer *1drv.ms* – und melden Sie sich dort mit Ihrem Microsoft-Konto an. Die Oberfläche der Webseite wurde kurz vor dem Start von Windows 10 an das Design der OneDrive-App angepasst.

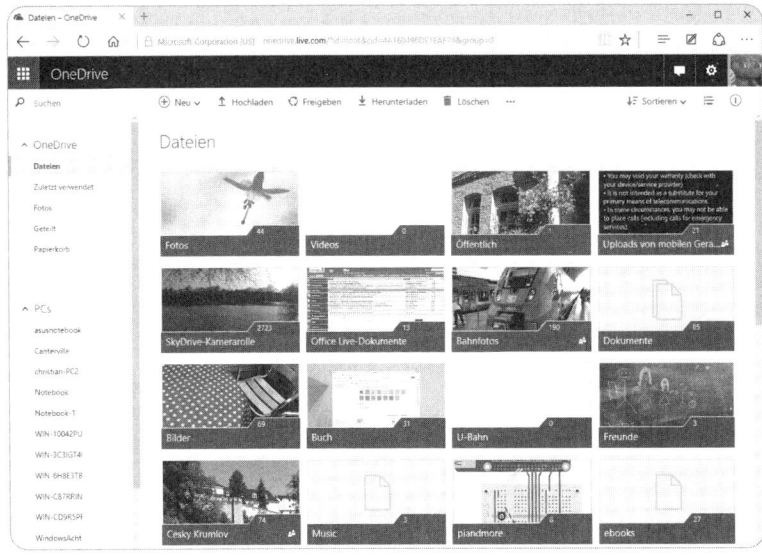

Bild 6.12: Der persönliche OneDrive-Ordner im Browser.

Sie finden Ihr persönliches OneDrive nach der Anmeldung auch auf allen Seiten von Hotmail oder Outlook.com über das Menüsymbol links oben.

6.4.1 Fotos oder ganze Bilderordner herunterladen

In der Galerieansicht von OneDrive im Browser sehen Sie mit einem Klick auf einen Ordner Vorschaubilder aller Fotos und Dateien dieses Ordners. In der Menüleiste können Sie diesen Ordner komplett als ZIP-Archiv herunterladen und anschließend auf dem PC entpacken. Auf diese Weise sparen Sie sich viele Klicks auf jede einzelne Datei.

Bild 6.13: Foto in Vollbildansicht in OneDrive.

Klicken Sie auf eine Datei, wird sie angezeigt. Die Links in der Titelleiste oben ändern sich. Sie finden jetzt unter anderem einen Link, um diese Datei auf den PC herunterzuladen oder eine Diashow des gesamten Ordners im Browser zu betrachten. Ein Klick auf das Schließen-Symbol oben rechts, umd man springt zur Ordneransicht zurück.

6.4.2 Dateien aus dem Webbrowser hochladen

OneDrive bietet auch im Browser die Möglichkeit, Fotos oder andere Dateien vom eigenen PC hochzuladen. Wechseln Sie dazu in den gewünschten Ordner und klicken Sie oben auf *Hochladen*. Jetzt können Sie eine oder mehrere lokale Dateien auswählen, die anschließend in den entsprechenden OneDrive-Ordner hochgeladen werden. Im Menü *Neu* oben links können Sie einen neuen Ordner auf OneDrive anzulegen.

6.4.3 Dateien und Ordner für andere freigeben

OneDrive kann sehr komfortabel zum Veröffentlichen von Dateien für Freunde, Geschäftspartner oder für die ganze Welt im Internet verwendet werden. Bei allen OneDrive-Ordnern können Sie deshalb einstellen, ob die Dateien nur für Sie selbst oder öffentlich sichtbar sein sollen. Zusätzlich haben Sie die Möglichkeit, bestimmten Personen zu erlauben, die Dateien zu sehen oder sogar selbst Dateien einem Ordner hinzuzufügen.

1. Mit dem *I*-Symbol ganz oben rechts blenden Sie einen Seitenbalken mit Detailinformationen zum aktuell angezeigten Ordner ein. Im Bereich *Teilen* werden bei jedem Ordner die Zugriffsberechtigungen angezeigt. Mit einem Klick darauf können Sie eine Zugriffsberechtigung auch ganz leicht wieder entfernen.

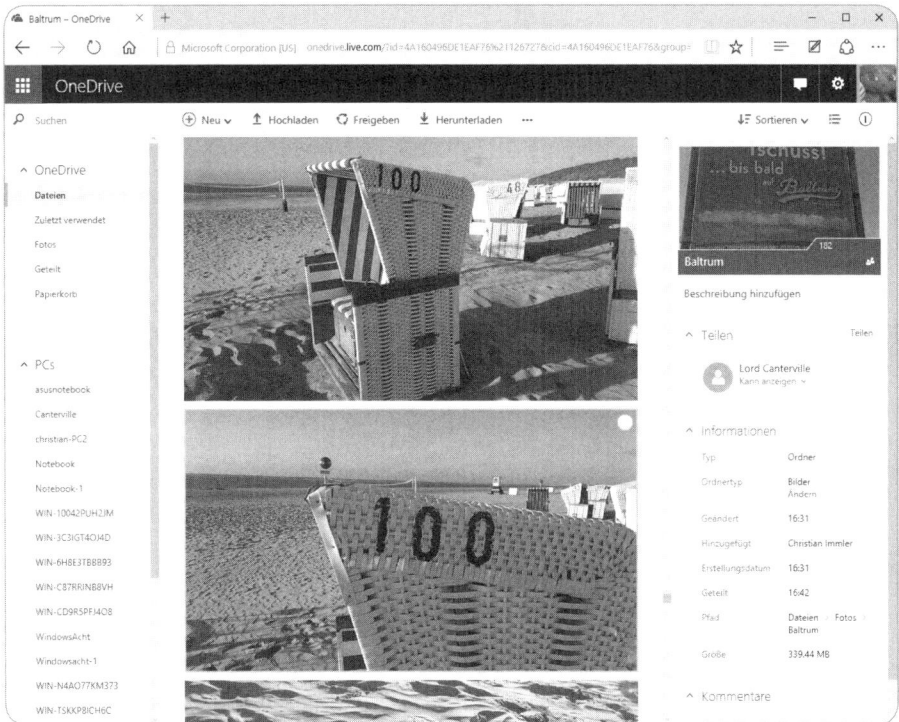

Bild 6.14: Informationsleiste zu einem OneDrive-Ordner.

2. Klicken Sie auf den Link *Teilen*, können Sie eine E-Mail an Personen schicken, die die Dateien im Ordner sehen dürfen. Dabei werden spezielle Links mit

Zugangsschlüsseln generiert, über die man an die Ordner kommt, die öffentlich nicht zu finden sind. Beim Generieren dieser Links und der E-Mail können Sie festlegen, ob die Empfänger die Elemente im OneDrive-Ordner bearbeiten und neue dazuladen dürfen.

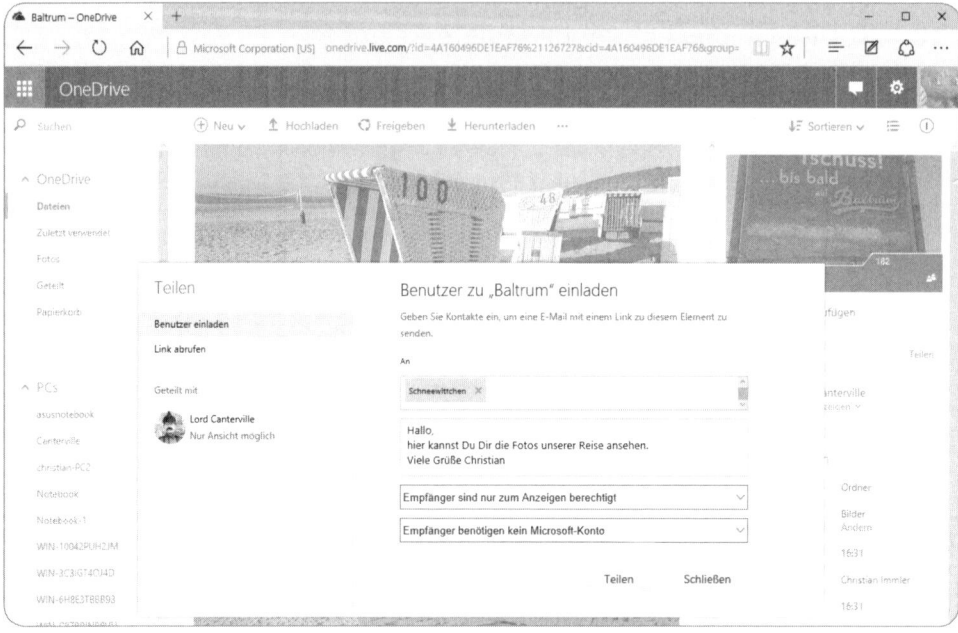

Bild 6.15: E-Mail mit Link zu einem OneDrive-Ordner erstellen.

3. Genauso einfach wie per E-Mail können Sie Links zu OneDrive-Ordnern auch über Facebook, Twitter oder andere soziale Netzwerke veröffentlichen. Unter *Link abrufen* generieren Sie verschiedene Links entweder zum Anzeigen oder zum Anzeigen und Bearbeiten eines OneDrive-Ordners. Diese Links können auf beliebigem Weg weitergegeben werden.

Bild 6.16: Link zu einem OneDrive-Ordner erstellen.

4. Da die Links durch ihre Zugangsschlüssel sehr lang werden, sind sie schwer abzuschreiben oder gar zu merken. Je nach Art der Weitergabe empfiehlt es sich, sie zu verkürzen. Ein Klick auf *Link kürzen* erstellt einen Kurzlink, der sich deutlich einfacher weitergeben lässt. Microsoft verwendet bei OneDrive den eigenen URL-Verkürzungsdienst *1drv.ms*.

5. Unter der Überschrift *Geteilt* oben links sehen Sie eine Übersicht aller Dateien und Ordner, die Sie mit anderen geteilt oder für die Sie zumindest einen Freigabelink erzeugt haben. Auf diese Weise haben Sie jederzeit einen Überblick über geteilte Inhalte.

Freigabeoptionen direkt aus dem Explorer aufrufen

Um ein Foto, eine andere Datei oder einen Ordner zum Bearbeiten freizugeben, müssen Sie nicht erst im Browser OneDrive öffnen und sich zur richtigen Datei durchklicken. Klicken Sie einfach mit der rechten Maustaste im Explorer auf die Datei und wählen Sie im Kontextmenü *Weitere OneDrive-Freigabeoptionen*. Damit öffnet sich automatisch der Microsoft Edge-Browser mit der gewählten Datei auf OneDrive. Hier haben Sie alle erweiterten Freigabeoptionen zur Verfügung.

6.5 Office-Dokumente online bearbeiten

OneDrive kann Dateien, Fotos und Dokumente nicht nur speichern und überall verfügbar halten. Ebenfalls interessant ist die Möglichkeit, Office-Dokumente auf OneDrive online zu bearbeiten, ohne dass Microsoft Office auf dem PC installiert sein muss.

Öffnen Sie OneDrive im Microsoft Edge-Browser und nicht im Explorer, werden Office-Dokumente wie auch Textdateien, PDF-Dokumente und E-Books im EPUB-Format als Symbolbilder angezeigt. Mit einem Klick werden sie in *Word Online* innerhalb des Browsers dargestellt – zunächst nur in einer reinen Leseansicht.

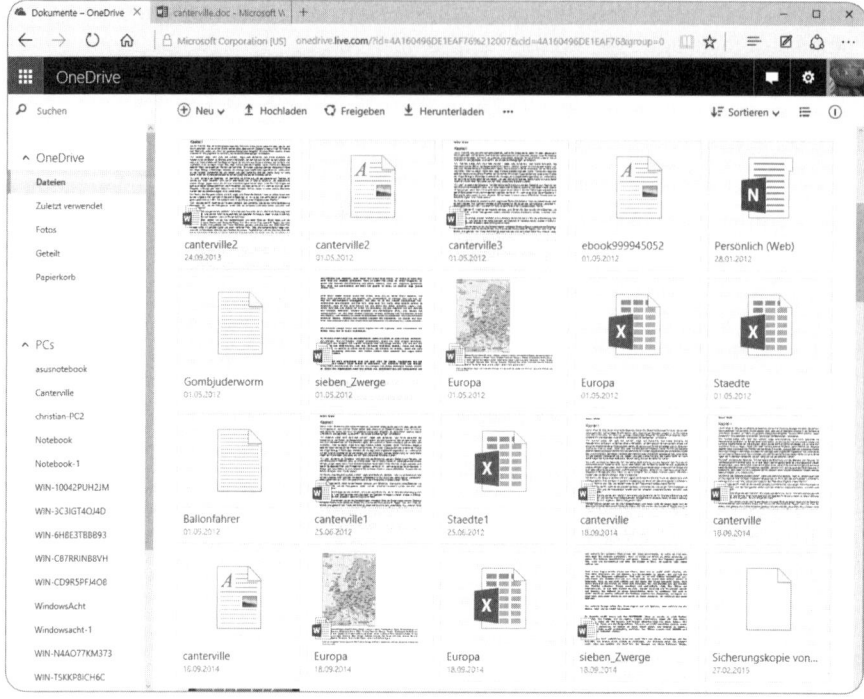

Bild 6.17: Office-Dokumente auf OneDrive in Microsoft Edge.

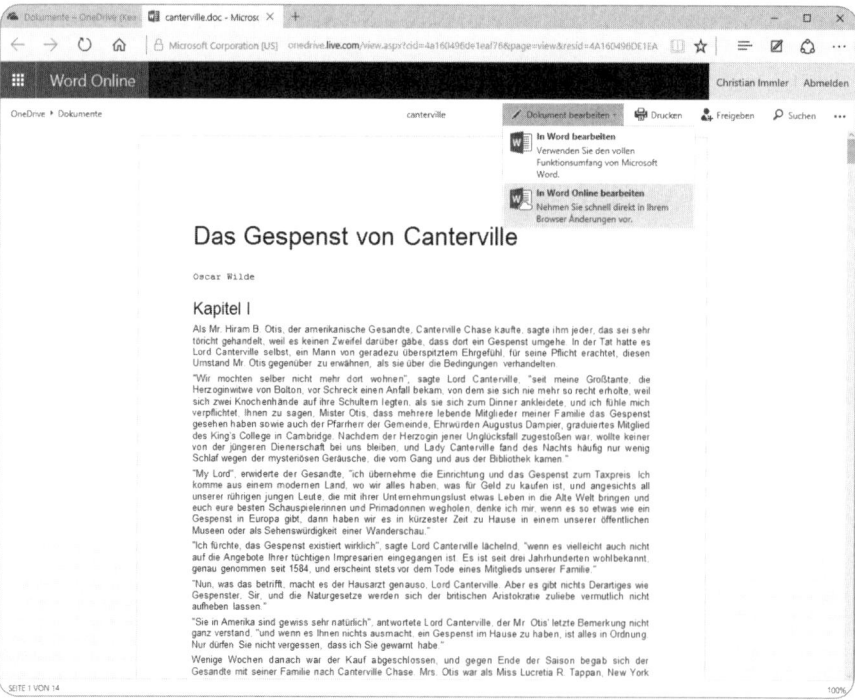

Bild 6.18: Word-Dokument in der Leseansicht von *Word Online*.

Klicken Sie dort oben links auf *Dokument bearbeiten* und wählen dann *In Word Online bearbeiten*, erscheint eine Symbolleiste, die der von Office 2013 ähnelt. Das Dokument wird im Hintergrund in ein bearbeitbares Format umgewandelt. Jetzt können Sie wie mit einem lokal installierten Office Änderungen an dem Dokument vornehmen und es danach wieder auf OneDrive speichern. Die bearbeitete Version steht automatisch in Ihrem OneDrive-Ordner zur Verfügung.

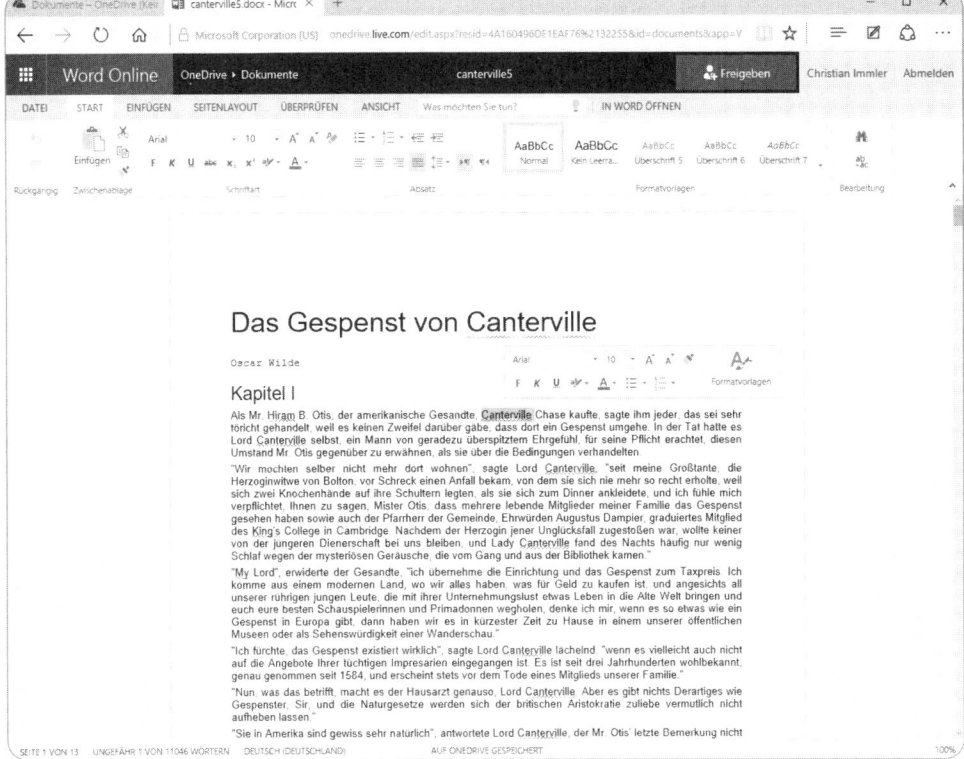

Bild 6.19: Word-Dokument in *Word Online* bearbeiten.

Auch Excel-Tabellen lassen sich via OneDrive in *Excel Online* bearbeiten, sogar mithilfe aller wichtigen Funktionen und Formate von Excel.

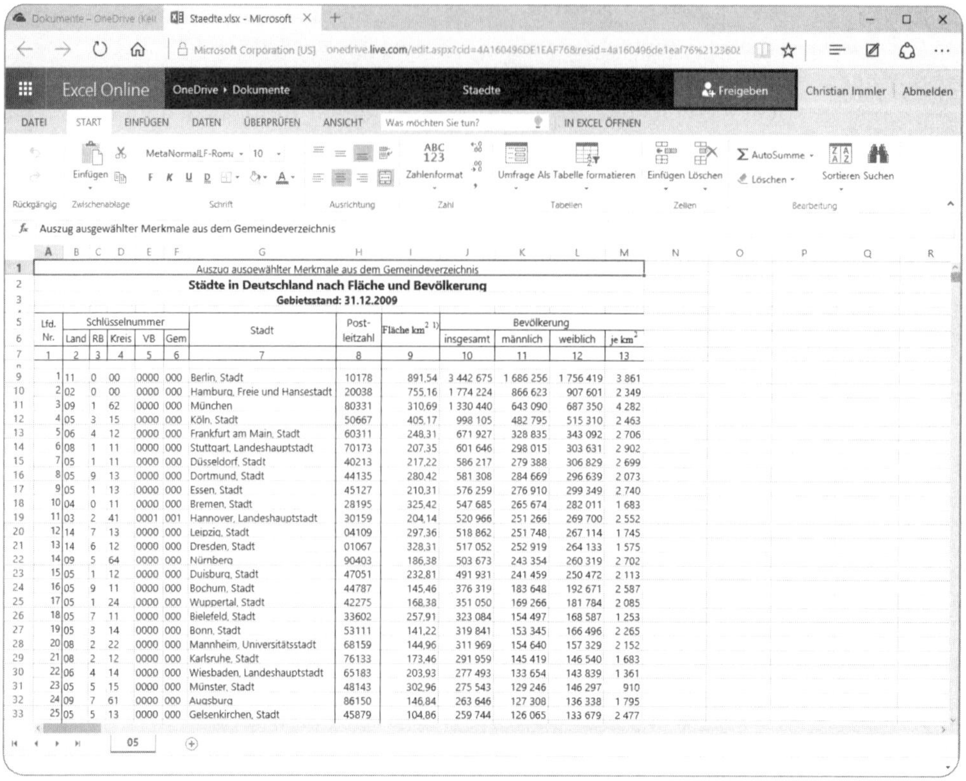

Dokumente – OneDrive (Kei | Staedte.xlsx - Microsoft × | +

← → ○ ⌂ | 🔒 Microsoft Corporation [US] onedrive.live.com/edit.aspx?cid=4A160496DE1EAF76&resid=4a160496de1eaf76%2123602 □ ☆ | ≡ ◿ ◔ ⋯

⊞ Excel Online | OneDrive ▸ Dokumente | Staedte | 👤 Freigeben | Christian Immler | Abmelden

DATEI | START | EINFÜGEN | DATEN | ÜBERPRÜFEN | ANSICHT | Was möchten Sie tun? | 💡 | IN EXCEL ÖFFNEN

Einfügen | MetaNormalLF-Rom; ▾ 10 ▾ | F K U | A ▾ A ▾ | ≡ ≡ ≡ | ☰ | ABC 123 Zahlenformat | Umfrage Als Tabelle formatieren | Einfügen Löschen | Σ AutoSumme ▾ | Z/A A/Z | Sortieren Suchen | Löschen ▾

Rückgängig | Zwischenablage | Schrift | Ausrichtung | Zahl | Tabellen | Zellen | Bearbeitung

fx | Auszug ausgewählter Merkmale aus dem Gemeindeverzeichnis

	Lfd. Nr.	Schlüsselnummer					Stadt	Post-leitzahl	Fläche km^2 [1]	Bevölkerung			
		Land	RB	Kreis	VB	Gem				insgesamt	männlich	weiblich	je km^2
	1	2	3	4	5	6	7	8	9	10	11	12	13
	1	11	0	00	0000	000	Berlin, Stadt	10178	891,54	3 442 675	1 686 256	1 756 419	3 861
	2	02	0	00	0000	000	Hamburg, Freie und Hansestadt	20038	755,16	1 774 224	866 623	907 601	2 349
	3	09	1	62	0000	000	München	80331	310,69	1 330 440	643 090	687 350	4 282
	4	05	3	15	0000	000	Köln, Stadt	50667	405,17	998 105	482 795	515 310	2 463
	5	06	4	12	0000	000	Frankfurt am Main, Stadt	60311	248,31	671 927	328 835	343 092	2 706
	6	08	1	11	0000	000	Stuttgart, Landeshauptstadt	70173	207,35	601 646	298 015	303 631	2 902
	7	05	1	11	0000	000	Düsseldorf, Stadt	40213	217,22	586 217	279 388	306 829	2 699
	8	05	9	13	0000	000	Dortmund, Stadt	44135	280,42	581 308	284 669	296 639	2 073
	9	05	1	13	0000	000	Essen, Stadt	45127	210,31	576 259	276 910	299 349	2 740
	10	04	0	11	0000	000	Bremen, Stadt	28195	325,42	547 685	265 674	282 011	1 683
	11	03	2	41	0001	001	Hannover, Landeshauptstadt	30159	204,14	520 966	251 266	269 700	2 552
	12	14	7	13	0000	000	Leipzig, Stadt	04109	297,36	518 862	251 748	267 114	1 745
	13	14	6	12	0000	000	Dresden, Stadt	01067	328,31	517 052	252 919	264 133	1 575
	14	09	5	64	0000	000	Nürnberg	90403	186,38	503 673	243 354	260 319	2 702
	15	05	1	12	0000	000	Duisburg, Stadt	47051	232,81	491 931	241 459	250 472	2 113
	16	05	9	11	0000	000	Bochum, Stadt	44787	145,46	376 319	183 648	192 671	2 587
	17	05	1	24	0000	000	Wuppertal, Stadt	42275	168,38	351 050	169 266	181 784	2 085
	18	05	7	11	0000	000	Bielefeld, Stadt	33602	257,91	323 084	154 497	168 587	1 253
	19	05	3	14	0000	000	Bonn, Stadt	53111	141,22	319 841	153 345	166 496	2 265
	20	08	2	22	0000	000	Mannheim, Universitätsstadt	68159	144,96	311 969	154 640	157 329	2 152
	21	08	2	12	0000	000	Karlsruhe, Stadt	76133	173,46	291 959	145 419	146 540	1 683
	22	06	4	14	0000	000	Wiesbaden, Landeshauptstadt	65183	203,93	277 493	133 654	143 839	1 361
	23	05	5	15	0000	000	Münster, Stadt	48143	302,96	275 543	129 246	146 297	910
	24	09	7	61	0000	000	Augsburg	86150	146,84	263 646	127 308	136 338	1 795
	25	05	5	13	0000	000	Gelsenkirchen, Stadt	45879	104,86	259 744	126 065	133 679	2 477

05 ⊕

Bild 6.20: Excel-Tabelle in *Excel Online.*

6.6 Fernzugriff auf den PC zu Hause

Wenn Sie unterwegs Dateien von Ihrem PC brauchen, die im OneDrive-Ordner liegen, können Sie jederzeit direkt darauf zugreifen, da sie auch online bei OneDrive zur Verfügung stehen. OneDrive bietet sogar eine Möglichkeit, auf beliebige andere Dateien des eigenen PCs zuzugreifen. Dazu ist eine spezielle Sicherheitsüberprüfung nötig, und der PC muss natürlich eingeschaltet und online sein, da die Dateien nicht in den Cloudspeicher von OneDrive übertragen werden.

1. Aktivieren Sie dazu in den Einstellungen von OneDrive den Schalter *OneDrive zum Abrufen meiner Dateien auf diesem PC verwenden*.

2. In diesem Zustand braucht der Computer nur noch eingeschaltet zu sein, und Sie können an irgendeinen anderen Computer auf der Welt gehen.

3. Melden Sie sich dazu auf dem entfernten Computer bei *onedrive.live.com* mit Ihrem Microsoft-Konto an.

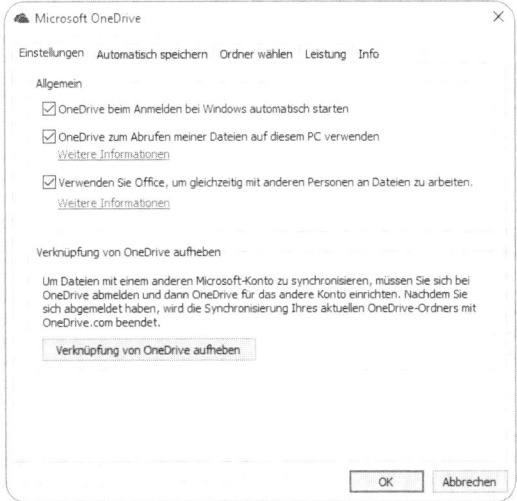

Bild 6.21: Fernzugriff
über OneDrive einschalten.

Zweite E-Mail-Adresse nötig
Um den Fernzugriff nutzen zu können, muss aus Sicherheitsgründen im eigenen Microsoft-Konto eine zweite E-Mail-Adresse hinterlegt sein. Sollten Sie das nicht bereits gemacht haben, können Sie es jetzt noch in den Sicherheitseinstellungen nachholen. Am besten verwenden Sie dazu eine E-Mail-Adresse, die Sie unterwegs auf dem Handy lesen können.

4. Im linken Seitenbalken der eigenen OneDrive-Webseite finden Sie unter *Computer* alle Computer, auf denen OneDrive mit diesem Microsoft-Konto genutzt wird. Wählen Sie den Computer aus, auf den Sie zugreifen wollen.

5. In vielen Fällen wird bei der ersten Verbindung ein Link zur Sicherheitsbestätigung angezeigt. Beim Anklicken wird ein Sicherheitscode an die zweite E-Mail-Adresse geschickt. Dies ist eine zusätzliche Sicherheitsmaßnahme. Hierbei geht man davon aus, dass derjenige, der Zugang auch zur zweiten E-Mail-Adresse hat, eine berechtigte Person sein muss und sich den Zugang zum Microsoft-Konto nicht erschlichen haben kann. Auf diese Weise ist der Fernzugang auch dann sicher, wenn man an einem Computer ist, der sich automatisch mit einem Microsoft-Konto anmeldet.

6. Geben Sie den per E-Mail erhaltenen Sicherheitscode in das Formularfeld ein. An dieser Stelle können Sie den verwendeten PC als vertrauenswürdig bestätigen, wenn Sie ihn häufiger nutzen und nicht jedes Mal einen Sicherheitscode eingeben möchten.

7. Im Browser erscheint jetzt anstelle Ihres OneDrive-Ordners eine Übersicht der Bibliotheken und Laufwerke auf dem entfernten PC. Hier können Sie jede Datei finden und auf die lokale Festplatte herunterladen oder auf Ihr persönliches OneDrive kopieren. Dateien auf dem entfernten PC zu verändern ist nicht möglich.

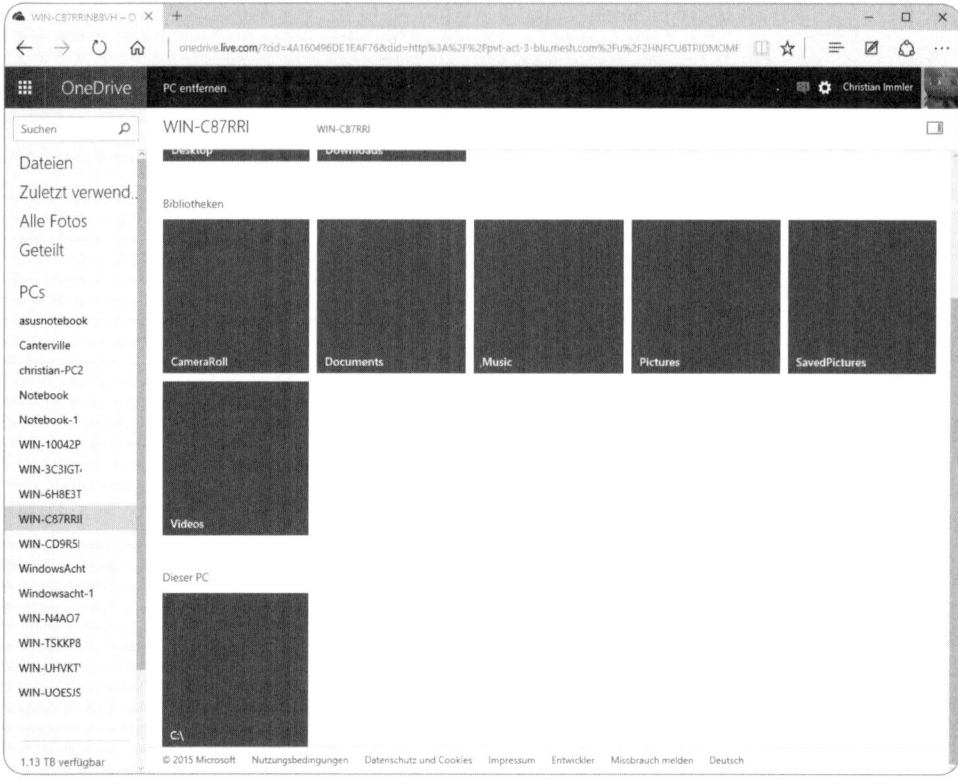

Bild 6.22: Übersicht über die Bibliotheken und Laufwerke auf dem entfernten PC.

7 Die Fotos-App in Windows 10

Die digitale Bildbearbeitung gehört zu den beliebtesten Anwendungsgebieten für Computer überhaupt. Im Zeitalter von Digitalkameras und Festplatten mit vielen GByte Kapazität hat jeder Tausende von Bildern auf seinem Computer und oft in diversen Onlinealben bei OneDrive, Flickr, Picasa oder Facebook. Natürlich bietet auch Windows 10 bemerkenswerte Möglichkeiten für die Verwaltung und Bearbeitung von Bildern.

7.1 Fotos in Sammlungen und Alben

Die *Fotos*-App zeigt neben den auf dem Computer bzw. Tablet gespeicherten Fotos auch Bilder aus eigenen Fotoverzeichnissen bei OneDrive an. Dabei wird zwischen Sammlung und Alben unterschieden. Die Sammlung enthält alle Fotos in chronologischer Reihenfolge. Die Einbindung von Fotoalben aus Facebook und Flickr wurde leider abgeschaltet.

Bild 7.1: Windows 10 bietet mit der Fotos-App einen komfortablen Bildbetrachter, der besonders für die Bedienung mit Touchscreens optimiert ist, sich mit der Maus aber auch gut auf dem PC nutzen lässt.

Durch einfaches Anklicken öffnen Sie die Alben und kommen so zu den einzelnen Bildern. Auf Touchscreens blättert man mit einer horizontalen Wischbewegung zwischen den Bildern, auf dem PC erscheinen links und rechts Pfeile zum Blättern mit der Maus. Alternativ lassen sich auch die Pfeiltasten der Tastatur nutzen. Das

Pfeilsymbol oben links springt immer wieder eine Ebene nach oben. Generell funktionieren Anzeige und Steuerung immer gleich, unabhängig davon, ob es sich um lokal gespeicherte Fotos oder um Bilder aus einem OneDrive-Album handelt.

Bild 7.2: Fotoanzeige mit eingeblendeter Symbolleiste.

Ein Klick auf ein Bild blendet am oberen Bildschirmrand eine Funktionsleiste ein, über die sich das Bild teilen, bearbeiten oder als Hintergrund für den Sperrbildschirm festlegen lässt. Hier finden Sie auch die Möglichkeit, alle Bilder des Albums als Diashow anzuzeigen.

7.2 Fotos im Handumdrehen optimiert

Die Fotos-App in Windows 10 bietet Möglichkeiten zur Bearbeitung von Fotos, um sie mit wenigen Klicks zu verbessern. Die Bearbeitungsfunktionen werden mit einem Klick auf das Stiftsymbol *Bearbeiten* rechts oben eingeblendet. Links und rechts des Fotos erscheinen neue Symbolleisten. Die Leiste links zeigt verschiedene Kategorien von Bearbeitungs- und Effektwerkzeugen. Beim Klick auf eines der Symbole links werden rechts die entsprechenden Werkzeuge eingeblendet.

Wenn es lediglich darum geht, ein Bild einfach etwas besser aussehen zu lassen, als es aufgenommen wurde, bewirkt die automatische Korrektur unter *Allgemeine Korrekturen/Verbessern* oft Wunder. Hier werden Helligkeit und Farbwerte nach automatischen Algorithmen angepasst, um dem Bild mit nur einem Klick ein besseres Aussehen zu verpassen. Mit dem Symbol *Vergleichen* in der oberen Symbolleiste können Sie den Effekt schnell sehen.

Bild 7.3: Mit nur einem Klick erhalten flaue Bilder wieder neue Frische.

Änderungen speichern
Alle Änderungen werden zunächst nicht automatisch für das Bild übernommen, sondern müssen erst gespeichert werden. Dabei haben Sie in der oberen Symbolleiste die Wahl, das Originalbild zu verändern oder eine Kopie mit den Änderungen anzulegen. Sie können auch die letzte Änderung rückgängig machen oder die Änderungen ganz abbrechen.

7.2.1 Bildzuschnitt nach Seitenverhältnis

Auf manchen Bildern ist nur ein Teilbereich wirklich interessant. Darum herum sieht man z. B. öde Landschaften oder sogar störende Objekte, die besser nicht mit fotografiert worden wären, wie zum Beispiel Personen, die ins Bild gerannt sind. Die Fotos-App in Windows 10 besitzt eine komfortable Funktion, aus einem Bild einen Teilbereich auszuschneiden.

Wählen Sie dazu unter *Allgemeine Korrekturen* das Symbol *Zuschneiden*. Es erscheint ein rechteckiger Ausschnitt, markiert mit einem Raster. Sie können die Größe des Bildausschnitts jederzeit ändern, indem Sie auf die Ecken klicken und daran ziehen. Klicken Sie in den Bildausschnitt, können Sie ihn durch Ziehen mit der Maus auf dem Bild verschieben.

Über das Symbol *Seitenverhältnis* oben rechts können Sie ein Seitenverhältnis für den neuen Bildausschnitt wählen. Diese Seitenverhältnisse orientieren sich an den gängigen Formaten für Papierbilder aus Fotolabors. Auch das Seitenverhältnis des Sperrbildschirms steht zur Auswahl, um einen Bildausschnitt dort als Hintergrund zu verwenden.

Bild 7.4: Bildausschnitt und Seitenverhältnis wählen.

7.2.2 Horizont waagerecht ausrichten

Besonders Fotos, auf denen man den Horizont am Meer sieht, wirken extrem unprofessionell, wenn dieser nicht wirklich horizontal ist. Das Werkzeug *Ausrichten* blendet ein Raster ein, an dem ein Bild durch geringfügige Drehung exakt ausgerichtet werden kann. Meistens reichen wenige Grad, um eine schief gehaltene Kamera auszugleichen.

Bild 7.5: Horizont waagerecht ausrichten.

7.2.3 Rote Augen nachträglich korrigieren

Auf Fotos, die mit Blitzlicht aufgenommen wurden, erscheinen die Pupillen in den Augen der fotografierten Personen oft leuchtend rot. Die Fotos-App bietet eine Funktion, rote Augen in Fotos nachträglich zu korrigieren. Klicken Sie dazu im Bearbeitungsbildschirm unter *Allgemeine Korrekturen* rechts auf *Rote Augen*. Bewegen Sie den blauen Kreis auf das rote Auge und klicken Sie einmal. Wenn Sie die Maustaste loslassen, ist das rote Auge bereits korrigiert.

Bild 7.6: Rote Augen einfach korrigieren.

So entsteht der Rote-Augen-Effekt
Der Rote-Augen-Effekt entsteht immer dann, wenn das Blitzlicht ungefähr in der optischen Achse des Kameraobjektivs strahlt. Das ist bei allen Kameras mit eingebautem Blitz der Fall. Verwendet man externe Blitzlichter, die schräg zur optischen Achse auf die Person leuchten, gibt es keine roten Augen. Die roten Augen entstehen durch die direkte Reflexion des Blitzlichts an der roten Netzhaut im Inneren des Auges, wenn das reflektierte Licht durch die Pupille wieder zurück auf die Kamera fällt.

7.2.4 Staub und Flecken einfach retuschieren

Immer wieder passiert es auch bei Digitalbildern, dass auf einem Bild eine kleine Unsauberkeit den Gesamteindruck stört. Das kann ein Staubkorn auf der Kameralinse sein oder ein Schmutzfleck auf dem fotografierten Objekt. Die Schaltfläche *Retuschieren* in der rechten Symbolleiste unter *Allgemeine Korrekturen* bietet die Möglichkeit, solche kleinen Fehler einfach zu korrigieren. Bewegen Sie den blauen Kreis auf den störenden Fleck, der dann automatisch mit dem Muster der direkten Umgebung auf dem Bild ausgefüllt wird.

Bild 7.7: Abgebröckelten Putz an einer Mauer retuschieren.

Der Effekt funktioniert am besten bei unregelmäßigem Hintergrund und Flecken, die sich farblich deutlich vom Hintergrund abheben. Da das Retuschieren nur bei verhältnismäßig kleinen Objekten eine gute Wirkung zeigt, sind oft mehrere Einzelschritte nötig.

> **Zoom zur genaueren Bearbeitung**
> In allen Bearbeitungsbildschirmen finden Sie unten rechts kleine Plus- und Minussymbole. Damit lässt sich in das Bild hineinzoomen, um Details zu bearbeiten. Noch bequemer zoomt es sich mit dem Mausrad und gedrückter `Strg`-Taste.

7.2.5 Fehlbelichtungen korrigieren

Gerade bei strahlendem Sonnenschein, in dem besonders helle Bilder entstehen müssten, haben Kompaktkameras oft Schwierigkeiten mit der Belichtung. Die Bilder werden trüb und dunkel. Nicht immer bringt die automatische Korrektur den gewünschten Effekt. Mehr Einfluss kann man mit den Belichtungsreglern nehmen. Diese blenden Sie mit der Schaltfläche *Licht* im Bearbeitungsbildschirm links ein. Damit lässt sich das ganze Bild stufenlos aufhellen oder abdunkeln. Mit zunehmender Helligkeit gehen Kontraste verloren. Daher ist es empfehlenswert, nach dem Aufhellen noch einmal die Kontraste zu verbessern. Die Helligkeit der sehr dunklen und der hellen Flächen im Bild lässt sich mit den Reglern *Helle Flächen* und *Schatten* gesondert anpassen, was bei Aufnahmen im hellen Tageslicht besonders wichtig ist.

Bild 7.8: Helle Flecken in sonnigen Fotos reduzieren.

7.2.6 Farbton und Farbtemperatur anpassen

Zusätzlich zur Korrektur von Helligkeit und Kontrast bietet die Fotos-App auch Funktionen zur Anpassung von Farbton und Farbtemperatur.

Bild 7.9: Farben eines Bilds anpassen.

Die Regler dazu blenden Sie mithilfe der Schaltfläche *Farbe* im Bearbeitungsbildschirm links ein.

- Der Regler *Temperatur* macht ein Bild scheinbar wärmer oder kälter. Dazu wird das gesamte Farbspektrum in Richtung Blau oder Rot verschoben. Tageslichtaufnahmen erscheinen oft zu blau, Kunstlichtaufnahmen zu gelb. Das lässt sich über die Farbtemperatur ausgleichen. Dreht man den Regler bei einer Tageslichtaufnahme auf einen sehr hohen Wert, lässt sich der Effekt eines alten Gemäldes erzielen.

- Der Regler *Farbton* verschiebt das gesamte Farbspektrum des Bilds. Wirklichkeitsnahe Werte liegen meistens im mittleren Bereich.

- Stellen Sie über den Regler *Sättigung*, je nach Farbqualität des Bilds, einen realistischen Wert ein. Die schwächste Sättigung macht aus einem Farbfoto ein Graustufenbild, die stärkste Sättigung sieht verfremdet und unrealistisch aus – wie ein amerikanisches NTSC-Fernsehbild.

- Die besten Ergebnisse erzielt man mit einer gezielten *Farbverstärkung*. Ziehen Sie die Markierung an eine Stelle auf dem Bild, an der die Farbe verbessert werden soll. Drehen Sie dann den Regler auf, werden alle Farbbereiche dieser Farbe und ähnlicher Farben verstärkt, weit entfernte Farben bleiben eher unverändert. Mit dieser Methode lässt sich die Eigenfarbe von Objekten auch bei hellem Tageslicht verbessern, ohne dass der Farbton des Himmels verfälscht wird.

7.2.7 Effekte: Vignette und Selektiver Fokus

Die Fotos-App liefert noch zwei besondere Effekte, mit denen Sie sparsam umgehen sollten. Sie wirken schnell kitschig, können aber, gezielt eingesetzt, Motive gut in Szene setzen.

Vignette ist die Windows-Bezeichnung für den typischen Instagram-Effekt, bei dem die Bildränder und besonders die Ecken abgedunkelt werden.

Bild 7.10: *Vignette* dunkelt die Ränder und Ecken eines Fotos ab.

Selektiver Fokus lässt nur einen bestimmten Bereich des Bilds scharf erscheinen. Darum herum verschwimmt das Bild zunehmend. Setzen Sie die Markierung in die Mitte des Bereichs, der scharf dargestellt werden soll, und ziehen Sie diesen mit den Griffpunkten auf die gewünschte Größe und Form. Über ein Symbol in der oberen Symbolleiste können Sie die Stärke des Effekts festlegen.

7.3 Diashow mit der Fotos-App

Für eine Diashow auf dem Bildschirm waren früher immer zusätzliche Programme nötig. Die Fotos-App in Windows 10 macht es einfach.

Die Fotos-App kann eine Diashow aller Bilder eines Albums anzeigen. Dabei spielt es keine Rolle, ob es sich um ein lokales Album auf dem PC oder um ein Onlinealbum bei OneDrive handelt. Klicken Sie in der Fotoansicht oben auf das Symbol *Diashow* oder drücken Sie die Taste F5 . Die Diashow startet automatisch und kann mit einem Mausklick oder der Leertaste jederzeit angehalten werden. Möglichkeiten zur Einstellung von Zeitintervallen oder Bildübergängen gibt es keine.

7.3.1 Diashow auch auf dem Sperrbildschirm

Windows 10 kann statt eines langweiligen statischen Bilds auf dem Sperrbildschirm eine Diashow der eigenen Lieblingsfotos anzeigen.

1. Wählen Sie in den Einstellungen *Personalisierung/Sperrbildschirm*.

2. Wählen Sie unter *Hintergrund* die Option *Diashow*.

Bild 7.11: Einstellungen für die *Diashow* auf dem *Sperrbildschirm*.

3. Standardmäßig werden Fotos aus dem *Bilder*-Ordner zufällig ausgewählt. Möchten Sie lieber bestimmte Bilder sehen, wählen Sie über *Ordner hinzufügen* einen Ordner aus, dessen Fotos auf dem Sperrbildschirm angezeigt werden sollen. Entfernen Sie dann den Standardordner *Bilder* aus den Einstellungen der Diashow.

4. Da der Bildwechsel und der damit verbundene Dateisystemzugriff viel Strom benötigen, sollte in den erweiterten Diashoweinstellungen der Schalter *Dia-*

show im Akkumodus wiedergeben deaktiviert bleiben. Dieser Schalter ist nur auf Notebooks mit Akku verfügbar.

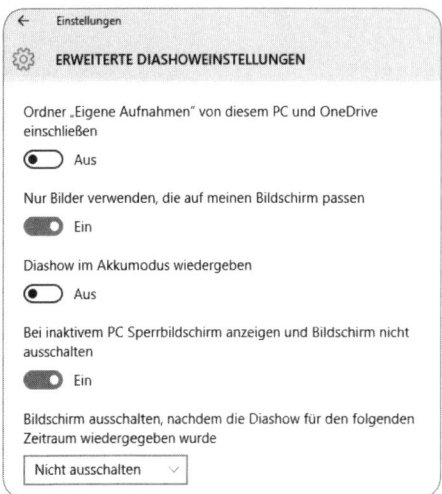

Bild 7.12: *Erweiterte Diashoweinstellungen.*

5. Legen Sie zum Schluss noch fest, nach welcher Inaktivitätszeit sich der Sperr-bildschirm trotz Diashow ganz abschalten darf.

7.4 Fotos auch im Explorer anzeigen

Bilderordner werden im Explorer auf dem klassischen Desktop standardmäßig im Anzeigemodus *Große Symbole* angezeigt. Hier sind alle Bilder als Vorschaubilder zu sehen. Auf diese Weise kann man sich schnell einen Überblick über umfangrei-che Fotosammlungen verschaffen. Dateien, die keine Bilder sind, werden in diesem Modus mit einem entsprechenden Symbol angezeigt.

Der Detailbereich rechts im Explorer-Fenster, der im Menüband unter *Ansicht* ein-geblendet werden kann, liefert zusätzliche Informationen zum ausgewählten Bild, wie *Abmessungen*, *Größe* oder *Aufnahmedatum*. Diese Schnellansicht soll nur einen ersten Eindruck vom Bild geben. Klicken Sie doppelt auf ein Bild, wird es standard-mäßig in der Fotos-App im Vollbildmodus geöffnet.

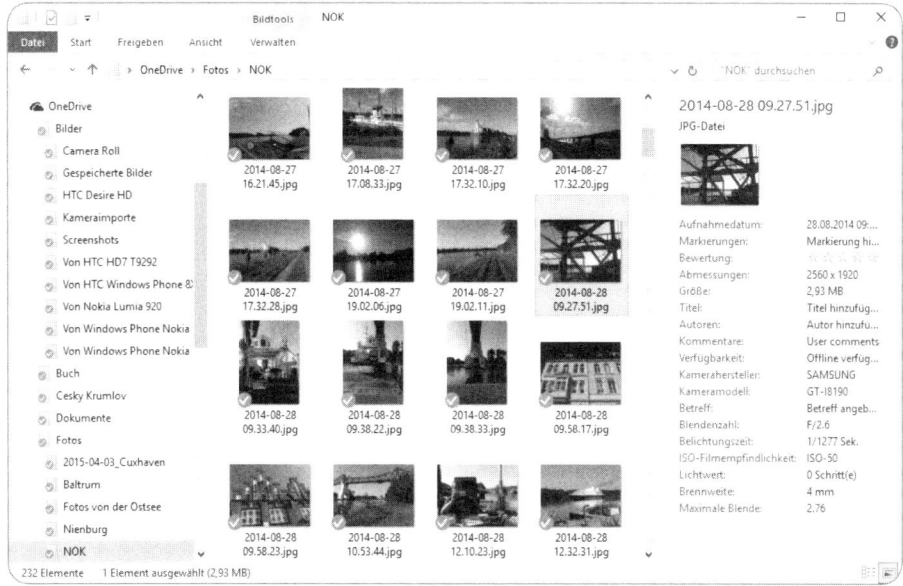

Bild 7.13: Übersicht über alle Bilder in einem Ordner mit eingeblendetem Detailbereich.

7.4.1 Standardprogramm für die Fotoanzeige

Im Windows-Explorer ist, im Wesentlichen aus Kompatibilitätsgründen, auch in Windows 10 noch die klassische Windows-Fotoanzeige integriert. Um diese zu nutzen, markieren Sie ein Foto im Explorer und klicken im Menüband unter *Start* auf das kleine Dreieck neben dem Symbol *Öffnen*. Wählen Sie hier den Menüpunkt *Standardprogramm auswählen*.

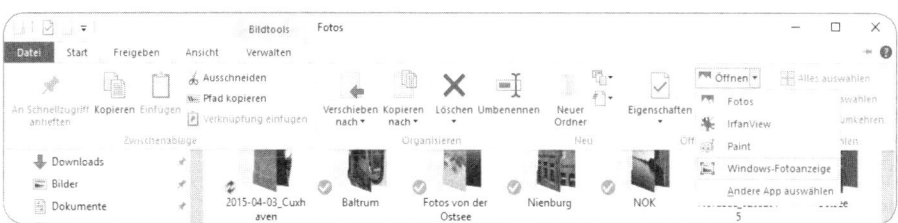

Bild 7.14: Standardprogramm zum Öffnen von Fotos im Explorer bestimmen.

Auf dem Bildschirm erscheint ein Dialogfeld mit allen Anwendungen, die sich zum Öffnen von JPEG-Dateien eignen. Neben den Standardanwendungen *Fotos*, *Paint* und *Windows-Fotoanzeige* werden auch andere vom Benutzer installierte Programme aufgelistet.

Bild 7.15: Standardprogramm zum Öffnen von JPEG-Dateien auswählen.

Wählen Sie hier *Windows-Fotoanzeige*. Wenn Sie auch *Immer diese App zum Öffnen von .jpg-Dateien verwenden* einschalten, werden in Zukunft alle JPEG-Dateien bei einem Doppelklick im Explorer mit der Windows-Fotoanzeige dargestellt.

Bild 7.16: Bild in der Windows-Fotoanzeige.

Die neue Fotos-App in Windows 10 bietet die Möglichkeit, ein angezeigtes Foto mit einem anderen Betrachter zu öffnen oder die Standardanwendung zum Öffnen von Fotos zu ändern.

Klicken Sie dazu in der Fotos-App oben rechts auf das Menüsymbol und wählen Sie dann *Öffnen mit*. Aktivieren Sie den Schalter *Immer diese App zum Öffnen von .jpg-Dateien verwenden* und wählen Sie die gewünschte Anwendung aus, mit der Fotos im JPEG-Format zukünftig standardmäßig geöffnet werden sollen.

7.4.2 EXIF-Daten anzeigen und bearbeiten

Fotos können zusätzlich zu Daten über Größe und Farbtiefe auch Informationen zur verwendeten Kamera enthalten. Diese Daten werden im »Exchangeable Image File Format« (EXIF) innerhalb der Bilddatei gespeichert. Dabei legt die Kamera bzw. ihre Software unterschiedliche Felder an, da nicht jede Kamera alle Eigenschaften unterstützt, die nach dem EXIF-Standard möglich wären.

Der Explorer zeigt die EXIF-Daten eines Fotos im Detailbereich an, der im Menüband unter *Ansicht* eingeblendet werden kann. Einige der Datenfelder lassen sich hier sogar verändern.

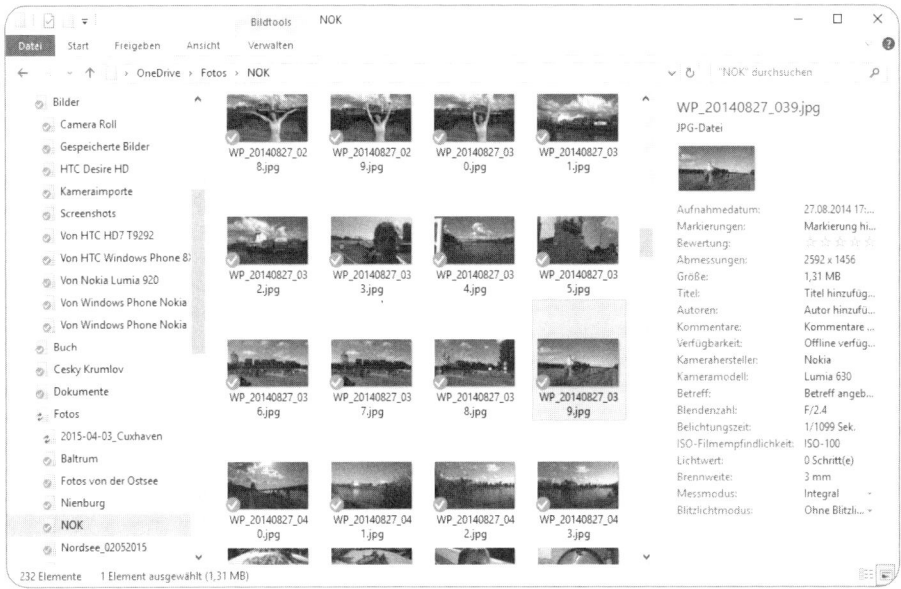

Bild 7.17: EXIF-Daten eines JPEG-Fotos im Detailbereich des Explorers.

Diese Kameradaten wurden auch schon vor Windows 10 von den Kameras in den Bilddateien abgelegt, nur konnten Windows-Versionen vor Windows XP sie nicht anzeigen. Bearbeitet man ein Foto mit einem Bildbearbeitungsprogramm, gehen die EXIF-Daten bei manchen Programmen verloren. Solange das Bild nur angezeigt wird, passiert nichts.

Möchten sie ein Foto weitergeben, fügen professionelle Fotografen in den erweiterten Daten Autor, Titel und Kommentar hinzu. Die Eingaben können Sie direkt im Detailbereich vornehmen, auch für mehrere markierte Bilder gleichzeitig. Klicken Sie danach unten auf *Speichern*. Da diese Eingaben in der Bilddatei gespeichert werden, brauchen Sie auf diese Weise keine gesonderte Datei mit Copyright und Hinweisen zum Inhalt mitzuschicken.

Umgekehrt gibt es Menschen, die allein schon im Hinweis auf die verwendete Kamera ein Datenschutzproblem sehen. Auch hier bietet Windows 10 eine passende Funktion, um alle oder nur einige der EXIF-Daten aus dem Bild zu entfernen.

Markieren Sie das Bild im Explorer und klicken Sie im Menüband *Start* auf den kleinen Pfeil unterhalb des *Eigenschaften*-Symbols. Wählen Sie hier *Eigenschaften entfernen.* Jetzt erscheint ein Dialogfeld, in dem Sie entweder eine Kopie der Bilddatei ohne die Eigenschaften anlegen oder einzelne Eigenschaften unmittelbar aus der Bilddatei entfernen können.

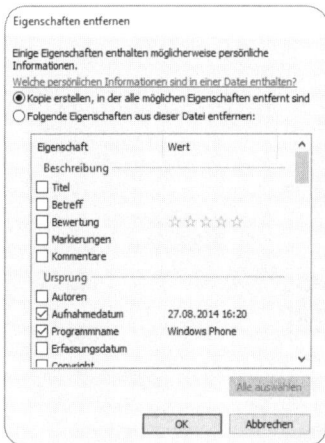

Bild 7.18: Eigenschaften aus einem Bild entfernen.

7.5 Fotos von der Kamera importieren

Schließt man die Digitalkamera an den Computer an, werden beim ersten Anschluss automatisch die passenden Treiber installiert. Danach verhalten sich die meisten Kameras wie Wechseldatenträger. Beim Anschluss einer Digitalkamera an den USB-Anschluss erscheint ein Dialogfeld mit einer Auswahl von Möglichkeiten, was mit den Bildern in der Kamera geschehen soll. Sie können sie importieren, also auf den PC kopieren, und bei Bedarf in der Kamera wieder freien Speicherplatz schaffen.

Natürlich können Sie die Bilder auch direkt von der Kamera aus betrachten, dann muss allerdings jedes Mal beim Blättern zwischen zwei Bildern das neue Bild über die vergleichsweise langsame Kabelverbindung von der Kamera übertragen werden. Sinnvoller ist es, die Bilder erst auf den PC zu übertragen und sie dann dort anzusehen.

Auf die gleiche Weise können Sie auch Fotos von Smartphones importieren, wenn diese am USB-Anschluss als Laufwerk erkannt werden, was bei fast allen Android-Smartphones der Fall ist.

Bild 7.19: Dialogfeld beim Einstecken einer Speicherkarte in den Kartenleser.

Kopieren Sie die Fotos mit dem Windows-Explorer auf die Festplatte in ein Verzeichnis unterhalb von *Eigene Bilder*, damit alle Programme, die Fotos bearbeiten, sie sofort finden. Alternativ können Sie ein Verzeichnis unterhalb von *Bilder* auf OneDrive verwenden, was den Vorteil hat, dass die Fotos auch auf anderen PCs und Tablets betrachtet werden können. Die aus Windows 7 bekannte Importfunktion für Fotos, die diese anhand frei wählbarer Muster automatisch benennt, fehlt in Windows 10.

Fotos vom Smartphone per OneDrive automatisch übertragen
Fotos von Smartphones brauchen heute nicht mehr per USB-Kabel auf den PC kopiert zu werden. Viel einfacher geht es mit der OneDrive-App, die für Android zum kostenlosen Download im Google Play Store angeboten wird. Auf Windows Phones ist OneDrive bereits vorinstalliert. Diese Apps laden alle neuen Fotos im Hintergrund in ein privates Album hoch. Auf diese Weise haben Sie die Fotos auf dem PC ohne weiteres Zutun sofort im OneDrive-Ordner zur Verfügung.

7.6 Screenshots mit dem Snipping Tool

Für Dokumentationen von Programmen auf Webseiten oder in Büchern braucht man immer wieder Screenshots, also Bildschirmfotos des gesamten Bildschirms oder einzelner Dialogfelder.

Windows 10 beinhaltet eine bequeme Screenshotfunktion. Drücken Sie einfach das Tastenkürzel Win + Druck , und Windows erstellt einen Screenshot des aktuellen Bildschirms, egal ob es sich dabei um den Startbildschirm, eine der neuen Apps oder um den klassischen Desktop handelt. Der Screenshot wird als PNG-Datei im Ordner *Screenshots* unterhalb des Ordners *Eigene Bilder* abgelegt.

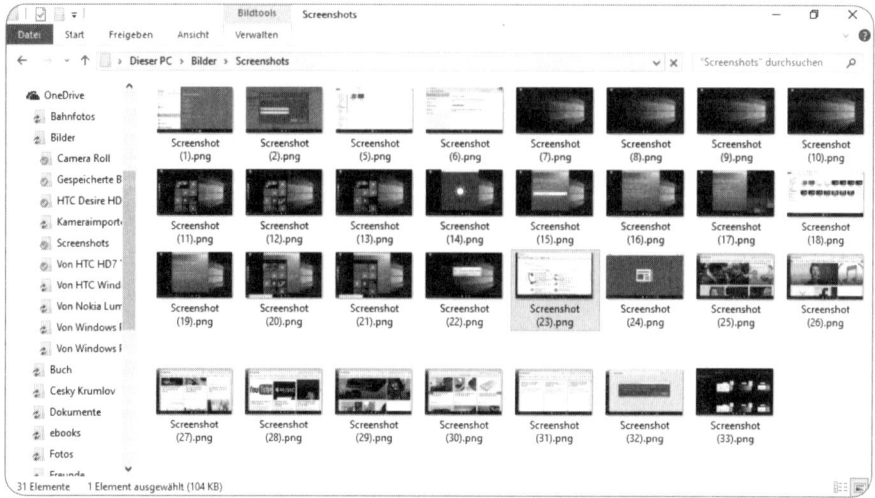

Bild 7.20: Der Ordner *Screenshots* mit den erstellten Bildschirmabbildungen.

Windows 10 beinhaltet ein weiteres Screenshotprogramm, das auch einfache Funktionen bietet, um Anmerkungen in Screenshots einzubinden oder Bildteile auszuschneiden. Sie finden das Screenshotprogramm unter dem Namen *Snipping Tool* auf dem Startbildschirm unter *Alle Apps/Windows-Zubehör*.

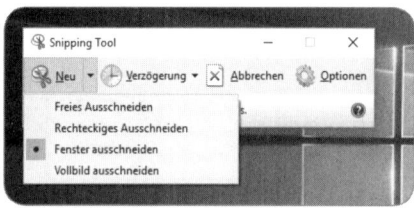

Bild 7.21: Das Snipping Tool in Windows 10.

Wählen Sie mit dem kleinen Pfeil neben der Schaltfläche *Neu* zuerst eine Ausschneidevariante. Es stehen vier Methoden zur Verfügung:

Ausschneidemethoden für das Snipping Tool	
Freies Ausschneiden	Mithilfe dieses Werkzeugs können Sie mit der Maus eine geschlossene Linie auf den Bildschirm zeichnen. Der eingeschlossene Bereich wird vom Screenshot erfasst.
Rechteckiges Ausschneiden	Damit ziehen Sie ein Rechteck auf dem Bildschirm auf. Der eingeschlossene Bereich wird vom Screenshot erfasst.
Fenster ausschneiden	Diese Methode wird meistens für Screenshots verwendet. Klicken Sie in ein Fenster, das mit einem roten Rahmen auf dem Bildschirm hervorgehoben wird. Dieses Fenster wird komplett vom Screenshot erfasst, auch wenn derzeit andere Fenster im Vordergrund sind.
Vollbild ausschneiden	Macht einen Screenshot vom ganzen Bildschirm, wobei das Snipping Tool automatisch ausgeblendet wird.

Unter *Verzögerung* legen Sie fest, wie lange das Snipping Tool warten soll, bis das gewünschte Fenster oder der Bildbereich ausgewählt wird. Auf diese Weise können aufgeklappte Menüs oder andere interaktive Elemente abgebildet werden.

Nachdem Sie den Screenshot erstellt haben, wird er im Fenster des Snipping Tools angezeigt.

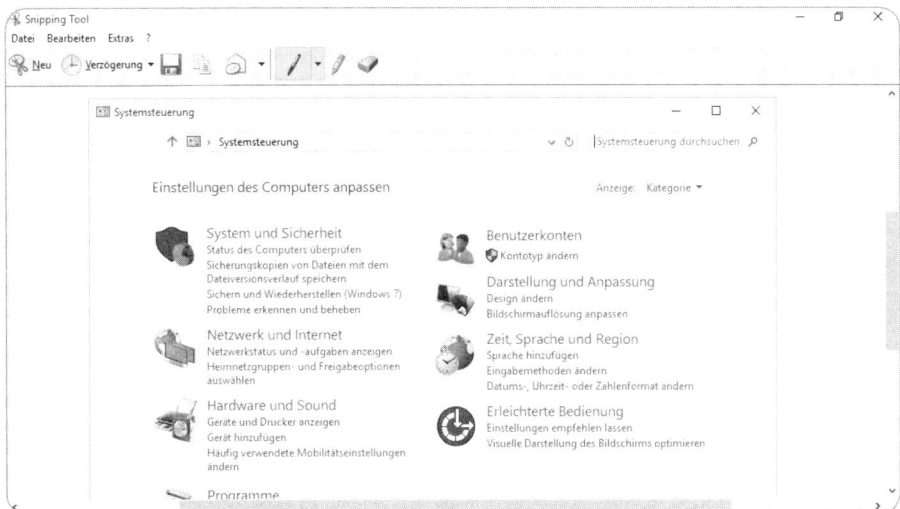

Bild 7.22: Screenshot eines Fensters (hier der Systemsteuerung) mit dem Snipping Tool.

Jetzt können Sie das Bild mit dem Diskettensymbol oder mit dem Tastenkürzel `Strg`+`S` speichern. Dabei stehen drei bekannte Grafikformate zur Verfügung: PNG, GIF und JPG. Der Screenshot kann aber auch im MHT-Format gespeichert werden. Dabei handelt es sich um eine spezielle MimeOLE-codierte HTML-Datei, bei der das Bild direkt in die Datei eingebettet wird. Allerdings ist dieses Format nur zum Internet Explorer kompatibel, jedoch zu keinem anderen Browser oder zu sonstigen Programmen, daher ist es nicht empfehlenswert. Verwenden Sie lieber eines der bekannten Bildformate.

Sie können den Screenshot auch mit dem *Kopieren*-Symbol oder dem Tastenkürzel `Strg`+`C` in die Zwischenablage kopieren, um ihn mit einem anderen Programm weiterzubearbeiten. Die Schaltfläche mit dem Briefumschlag versendet den Screenshot per E-Mail. Dabei wird das Standard-E-Mail-Programm verwendet, Sie brauchen nur noch den Empfänger anzugeben.

7.6.1   Screenshot beschriften und beschneiden

Standardmäßig ist die Schaltfläche mit dem Stift aktiv. Damit können Sie direkt in das Bild malen. Der Cursor ist innerhalb des Snipping-Tool-Fensters nur ein kleiner Punkt. Alles Gemalte wird mit dem Bild gespeichert.

Das Snipping Tool erzeugt automatisch ein größeres Fenster als das eigentliche Bild. So können Sie auch Anmerkungen außerhalb des tatsächlichen Screenshots einfügen. Beim Speichern wird das Bild immer so klein wie möglich gehalten, überflüssige Ränder fallen weg, Markierungen außerhalb des eigentlichen Screenshots bleiben aber erhalten. Das kleine Dreieck neben dem Stiftsymbol öffnet ein Menü, in dem Sie die Stiftfarbe wählen können.

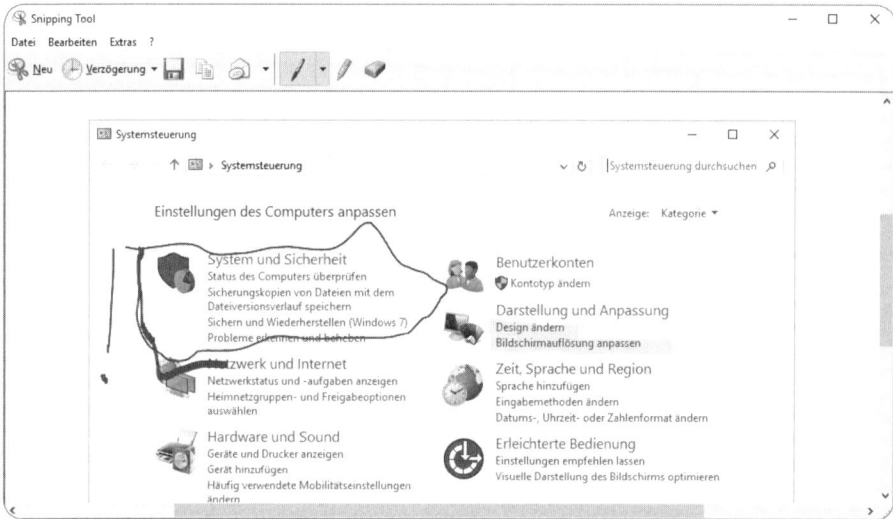

Bild 7.23: Anmerkungen in einem Screenshot.

Der Textmarker neben dem Stiftsymbol ist ein gelber, transparenter Stift, mit dem Texte oder andere Bildteile durch Überstreichen markiert werden können. Diese Markierung ist im Gegensatz zum normalen Malstift transparent, sodass der Text darunter sichtbar bleibt.

Mit dem Radiergummi lassen sich Markierungen aus dem Bild wieder entfernen. Der Radiergummi radiert nicht den Originalscreenshot weg, sondern nur die mit dem Stift oder Textmarker hinzugefügten Markierungen. Er ist auch so intelligent, eine Markierung beim einfachen Anklicken zu erkennen, man muss also nicht wie bei einem echten Radiergummi die ganze Markierung überstreichen, um sie zu beseitigen.

7.7 Fotos mit dem Laser drucken

Fotos selbst auszudrucken lohnt sich bei den extrem günstigen Preisen von Onlinefotodiensten und Fotodruckern in Elektronik- und Drogeriemärkten eigentlich nicht mehr. Jeder gute Farbdrucker zu Hause produziert mehr Kosten für Tinte und Papier. Trotzdem kommt es immer wieder vor, dass man schnell ein Foto oder auch nur einen einfachen Ausdruck auf einem kostengünstigen Schwarz-Weiß-Laserdrucker braucht. Der Windows-Explorer bietet eine komfortable Druckfunktion, mit der Sie ein oder auch mehrere Bilder auf einer Seite ausdrucken können.

7.7.1 Festlegen der Druckeinstellungen

Markieren Sie im Windows-Explorer die zu druckenden Bilder und klicken Sie dann im Menüband auf der Registerkarte *Freigeben* auf *Drucken*. Wählen Sie oben im *Bilder drucken*-Dialog den gewünschten *Drucker* sowie *Papiergröße* und *Qualität* (Druckauflösung) aus. In der rechten Spalte können Sie festlegen, wie viele Bilder auf einer Seite ausgedruckt werden sollen. Nachdem Sie das gewünschte Layout eingestellt haben, wird automatisch angezeigt, wie viele Druckseiten sich entsprechend der gewählten Anzahl von Fotos daraus ergeben.

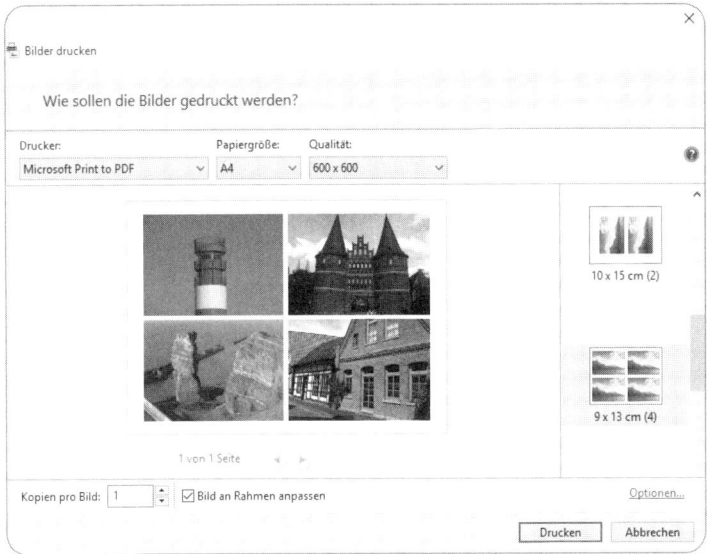

Bild 7.24: Druckeinstellungen festlegen.

Mit der entsprechenden Einstellung im Feld *Kopien pro Bild* können Sie einzelne Bilder mehrfach auf einem Blatt ausdrucken oder auch mehrfach nacheinander, wenn das Layout *Ganzseitige Fotos* gewählt wurde. Das Kontrollkästchen *Bild an Rahmen anpassen* sorgt dafür, dass das Foto den zur Verfügung stehenden Platz voll ausnutzt und keine weißen Ränder an den Seiten entstehen. Dafür muss man allerdings eine minimale Verzerrung in Kauf nehmen, wenn das Seitenverhältnis des Fotos nicht mit dem des Papiers übereinstimmt. Die Schaltfläche *Drucken* startet anschließend den Ausdruck der Bilder auf dem ausgewählten Drucker.

7.8 Fotos mit OneDrive online teilen

Natürlich kann man Urlaubsfotos an zu Hause gebliebene Freunde per E-Mail verschicken, aber auf die Dauer ist das doch sehr mühsam, besonders wenn man vielen Menschen Bilder schicken möchte. Viel einfacher ist es, die Fotos in einem eigenen Onlinefotoalbum zu veröffentlichen. Man braucht dann nur noch einen Link zu verschicken, und alle Freunde können sich die Bilder im Webbrowser ansehen. Statt einer E-Mail reicht sogar ein einfacher Hinweis per Telefon, SMS oder altmodischer Postkarte: »Alles Weitere findest Du unter www...«

Teilen

Der Begriff »teilen«, ein neues Modewort, das in jeder Software vorkommt, bedeutet sowohl »versenden« wie auch »veröffentlichen«. Teilen wird häufig im Zusammenhang mit dem Versand von Fotos auf unterschiedlichen Kommunikationswegen verwendet, beispielsweise über E-Mail, Twitter, Blogs und Facebook.

7.8.1 Fotos auf OneDrive veröffentlichen

Dank der OneDrive-Integration in Windows 10 müssen Sie, um ein Fotoalbum auf OneDrive anzulegen, nur noch die entsprechenden Fotos lokal in einen Ordner unterhalb des eigenen lokalen OneDrive-Ordners kopieren. Die Dateien werden dann automatisch mit dem eigenen OneDrive-Ordner online synchronisiert. Danach legen Sie online fest, wer die Bilder sehen darf, und verschicken Einladungen dazu.

Fotos online betrachten

Der neue Fotoordner wird auch auf der eigenen OneDrive-Webseite bei *onedrive. live.com* angezeigt. Eine Übersichtsseite präsentiert alle Bilder. Ein Klick auf ein Bild öffnet dieses im Großformat und liefert weitere Informationen. Hier können Besucher auch Kommentare hinterlassen.

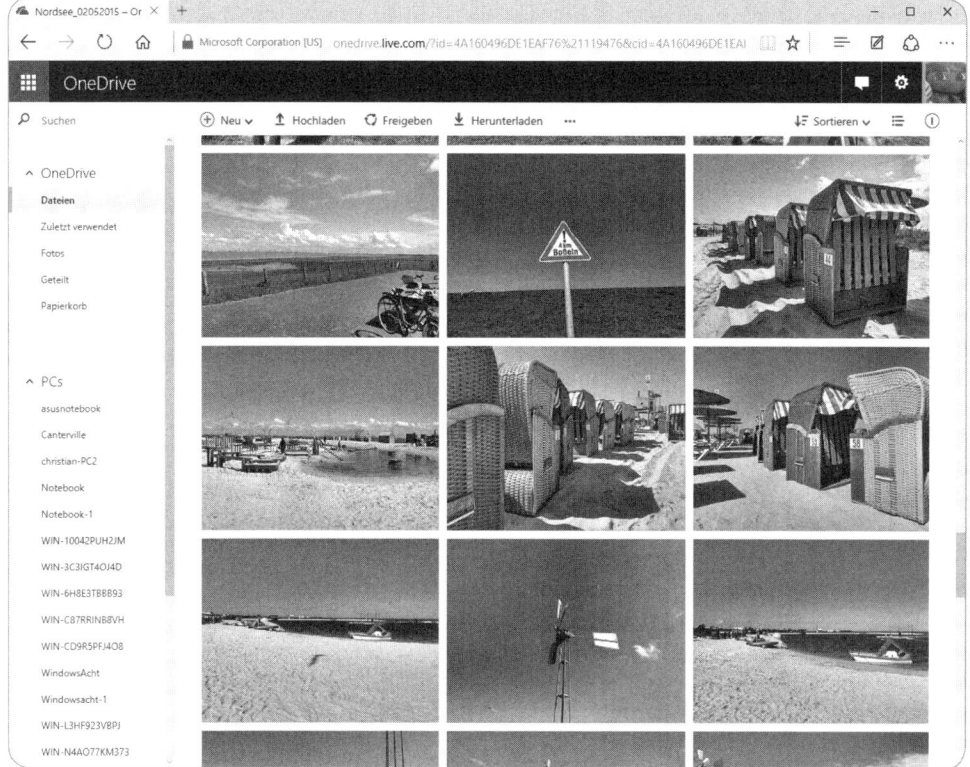

Bild 7.25: OneDrive-Fotoalbum online betrachten.

Blenden Sie rechts oben auf der Seite den Detailbereich ein, können Sie festlegen, wer das Fotoalbum sehen darf.

Diashow auf OneDrive

OneDrive bietet online eine Diashowfunktion an. Klicken Sie dazu in der Albumansicht im Browser auf ein Foto. In der Menüleiste oben finden Sie den Link *Diashow wiedergeben*.

Bild 7.26: OneDrive-Diashow im Vollbildmodus von Microsoft Edge.

Schalten Sie den Browser in den Vollbildmodus, haben Sie eine Onlinediashow ohne störende Elemente, also vergleichbar mit der Diashowfunktion der Fotos-App.

8 WLAN, Heimnetz und Hotspots

Der Zugang zum Internet ist die wichtigste Aufgabe für die meisten privat genutzten Computer. Windows 10 funktioniert zwar mit Einschränkungen auch offline, aber erst mit Internetzugang macht es wirklich Spaß. In den meisten Haushalten erfolgt der Internetzugang über einen Router, an dem einer oder mehrere Computer per Netzwerkkabel oder drahtlos über WLAN angeschlossen sind. Windows 10 erkennt eine Kabelverbindung mit dem Router automatisch. Hier brauchen Sie gar nichts weiter zu tun. Bei WLAN-Verbindungen geben Sie bereits während der Ersteinrichtung den Schlüssel ein und sind dann ebenfalls gleich mit dem Router verbunden.

8.1 Drahtlosnetze richtig absichern

Wer keine Kabel verlegen oder sich zum Beispiel mit einem Notebook oder Tablet frei im Haus bewegen möchte, kann seine Computer auch drahtlos miteinander vernetzen. Dabei ist Wireless LAN, kurz WLAN, nicht eine Art Internetzugang, wie es die großen Internetdienstanbieter werbewirksam propagieren, sondern einfach nur eine drahtlose Verbindung in ein lokales Netzwerk. Über diese Netzwerkverbindung kann man ins Internet gehen, sie kann aber genauso zum Zugriff auf andere Rechner verwendet werden, die über Netzwerkkabel miteinander verbunden sind.

Zentraler Punkt eines WLAN ist der WLAN-Router oder WLAN-Access-Point. Der Router übernimmt die Koordination des lokalen Netzwerks und stellt gleichzeitig einen Internetzugang zur Verfügung. An die meisten WLAN-Router können vier PCs per Kabel und theoretisch bis zu 250 weitere drahtlos angeschlossen werden. In der Praxis liegt die Zahl anschließbarer WLAN-PCs aufgrund der Bandbreite, die sich die Geräte teilen müssen, deutlich niedriger.

WLAN am Router ein- und ausschalten

Bei den meisten WLAN-Routern kann das WLAN-Modul getrennt ein- und ausgeschaltet werden. Bevor sich ein Benutzer per WLAN anmelden kann, muss es also von einem per Kabel angeschlossenen PC eingeschaltet werden. Einige Router besitzen auch selbst eine Taste, um WLAN ein- oder auszuschalten.

Ein Access Point hat im Gegensatz zu einem WLAN-Router keine eigene Internettechnik, sondern ist nur eine Sende- und Empfangsstation, die per Netzwerkkabel an einem Router oder Hub angeschlossen ist.

8.1.1 Standortempfehlung für den WLAN-Router

Beachten Sie beim Aufbau eines WLAN, dass Betondecken starke Dämpfungen bewirken. Wer also im Hausanschlussraum im Keller seinen DSL-Anschluss hat, sollte nicht auch dort den WLAN-Router aufstellen. Legen Sie lieber ein Kabel vom Anschluss an einen zentralen Punkt im Haus und stellen Sie dort den WLAN-Router möglichst weit oben im Raum auf, da elektrische Kabel, die üblicherweise in Fußbodennähe liegen, Störfelder verursachen können, die die WLAN-Ausbreitung einschränken. Auch größere Metallteile wie Stahlregale oder die Bewehrung in Stahlbetondecken können die Ausbreitung eines WLAN beeinträchtigen.

Störung durch benachbarte Funkkanäle vermeiden

Sollte ein WLAN-Router im Netzwerk von einem Computer nicht gefunden werden, obwohl er eingeschaltet ist und problemlos läuft, kann das am Funkkanal liegen. Für WLAN sind 13 verschiedene Funkkanäle möglich. Der Abstand der Mittenfrequenzen beträgt jeweils 5 MHz. Bedingt durch die große Bandbreite jedes einzelnen Funkkanals kommt es zu Überschneidungen der Frequenzbänder.

Befinden sich mehrere WLAN-Router in unmittelbarer Nachbarschaft, wie es in Innenstadtbereichen häufig vorkommt, sollte jeder Router seinen eigenen Funkkanal benutzen, um Störungen zu vermeiden. Stellen Sie auf dem Router einen Funkkanal ein, der von keinem anderen Router in der näheren Umgebung verwendet wird. Optimal sind mindestens fünf Kanäle Abstand zu anderen WLAN-Routern in der Umgebung.

8.1.2 WLAN unter Windows 10 konfigurieren

WLAN-Karten, USB-Sticks sowie die WLAN-Module in Notebooks und Tablets werden unter Windows 10 automatisch erkannt. Beim ersten Anschließen externer WLAN-Geräte wird man aufgefordert, einen Treiber zu installieren, was üblicherweise vollautomatisch geschieht.

1. Windows 10 zeigt beim Antippen des WLAN-Symbols im Infobereich der Taskleiste eine Liste der gefundenen drahtlosen Netzwerke sowie deren Signalstärke an.

   Tippen Sie in dieser Liste unten auf *Netzwerkeinstellungen*, wird automatisch die App *Einstellungen* geöffnet. Wählen Sie das gewünschte Netzwerk aus und klicken Sie auf *Verbinden*. Sie können, wenn Sie dieses Netzwerk öfter verwenden, auch festlegen, dass die Daten gespeichert werden sollen und dass die Verbindung wenn möglich automatisch hergestellt werden soll.

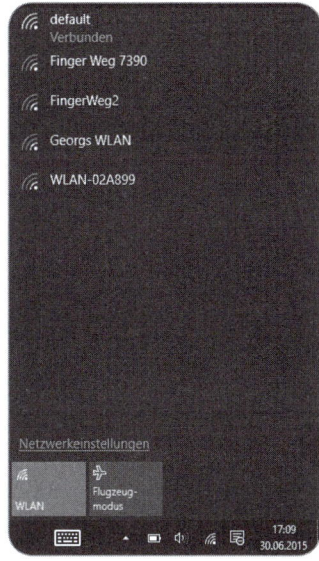

Bild 8.1: WLAN-Netzwerke in Windows 10.

2. Wird das drahtlose Netzwerk mit einem <u>Sicherheitsschlüssel</u> geschützt, geben Sie im nächsten Schritt den gültigen Schlüssel ein.

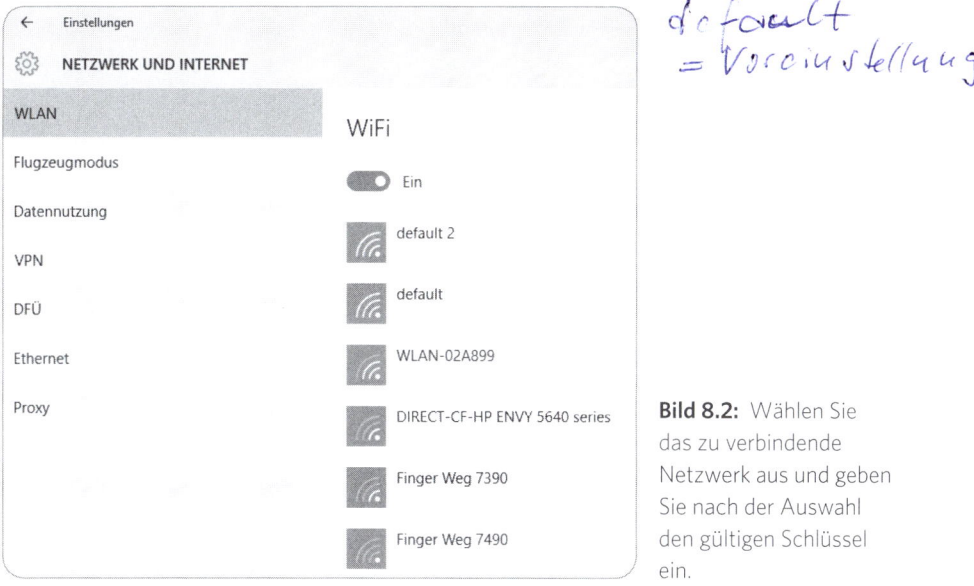

default = Voreinstellung

Bild 8.2: Wählen Sie das zu verbindende Netzwerk aus und geben Sie nach der Auswahl den gültigen Schlüssel ein.

3. Windows 10 bietet an dieser Stelle die Möglichkeit, das WLAN-Modul in Notebook oder Tablet abzuschalten, was im Akkubetrieb deutlich Strom spart, wenn kein WLAN in der Nähe ist.

4. WLAN-Verbindungen zum lokalen Router werden, ähnlich wie kabelgebundene Netzwerkverbindungen, in der klassischen Systemsteuerung bei den *Netzwerk-*

verbindungen eingetragen. Diese Anzeige finden Sie im Systemmenü mit einem Rechtsklick auf das Windows-Logo unten links. Die drahtlose Verbindung kann auch abwechselnd mit einer Kabelverbindung genutzt werden, wenn man ein Notebook zum Beispiel im Büro am Netzwerk betreibt und unterwegs an WLAN-Hotspots.

Bild 8.3: Drahtlose Netzwerkverbindung im Ordner *Netzwerkverbindungen.*

5. Windows 10 zeigt *Übertragungsrate* und *Signalqualität* des WLAN direkt in der Statusanzeige der Netzwerkverbindung an. Diese Anzeige erreichen Sie mit einem Doppelklick auf den Namen der Drahtlosnetzwerkverbindung in der Liste der Netzwerkverbindungen.

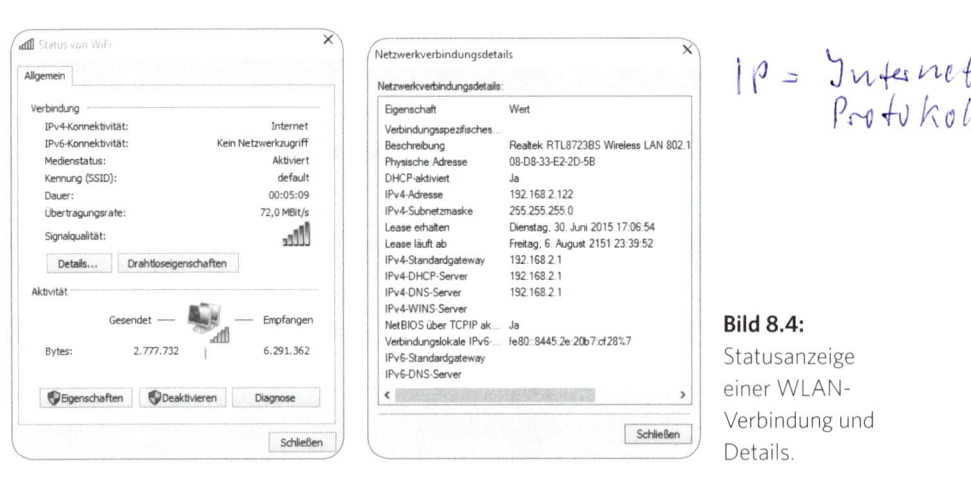

Bild 8.4: Statusanzeige einer WLAN-Verbindung und Details.

8.1.3 Sicherheitsregeln für Drahtlosnetzwerke

Was jahrelang von Fall zu Fall unterschiedlich ausgelegt wurde, ist vom Bundesgerichtshof mittlerweile offiziell geregelt worden. Jedes private WLAN muss »... *durch angemessene Sicherungsmaßnahmen vor der Gefahr geschützt sein, von unberechtigten Dritten zur Begehung von Urheberrechtsverletzungen missbraucht zu werden*«.

Dazu zählt neben einer Verschlüsselung auch, dass das vom Hersteller vorgegebene Standardpasswort des Routers durch ein eigenes ersetzt wird. Neue Router verwenden kein Standardpasswort mehr, sondern ein individuelles, das bei jedem Gerät anders ist. Sie finden es meist auf einem Aufkleber direkt auf dem Router. Bei diesen Geräten muss der Betreiber des Anschlusses das Passwort nicht mehr ändern. Viele Router bieten auch die Möglichkeit, den Zugang zur Konfigurationsoberfläche auf Kabelverbindungen zu beschränken. Mit dieser Option haben Unbefugte auf der Straße keine Chance mehr, den Router umzukonfigurieren, um Netzwerkschlüssel zu ändern oder andere Einstellungen zu manipulieren.

Neben möglichen Betrugsgeschäften mit fremden Bank- oder eBay-Daten ist auch die Gefahr anderer krimineller Aktivitäten nicht zu unterschätzen. Lädt sich jemand über Ihr WLAN z. B. urheberrechtlich geschütztes oder illegales Material herunter, wird die IP-Adresse Ihres Internetanschlusses übermittelt. Die Strafverfolgungsbehörden stellen also Sie persönlich zur Rede. Dann wird es schwer, die eigene Unschuld zu beweisen.

So schützen Sie Ihr WLAN

Schalten Sie das WLAN-Modul im Router ab, wenn Sie es längere Zeit nicht benutzen. Das verringert das Risiko eines unbemerkten Angriffs, wenn Sie nicht zu Hause sind. Richten Sie den Router nach den lokalen Gegebenheiten aus. Für eine Etagenwohnung ist ein Router mit Zusatzantennen und mehreren Hundert Metern Reichweite völlig überdimensioniert und stellt ein hohes Sicherheitsrisiko dar. In großen Büros verwendet man sinnvollerweise mehrere kleine Access Points anstelle eines großen, um das Netzwerk an die lokalen Ausbreitungsbedingungen besser anpassen zu können.

Verändern Sie das Standardpasswort zur Routerkonfiguration, damit sich niemand an Ihrem Router zu schaffen machen, sich selbst Zugang verschaffen oder einen anderen (teuren) Internetzugang einrichten kann.

Bei drahtlosen Netzwerken ist die Verschlüsselung besonders wichtig, da man anders als in einem kabelgebundenen Netzwerk nicht merkt, wenn sich ein fremder Computer unautorisiert mit dem Netzwerk verbindet. Aktivieren Sie, wenn möglich, die WPA2-Verschlüsselung. Dazu muss am Router und auf jedem PC einmalig ein Schlüssel eingegeben werden, der auf allen Geräten gleich ist. Geräte ohne diesen Schlüssel haben keinen Zugang zum WLAN.

8.1.4 Drahtlosnetzwerke richtig verschlüsseln

Um ein Drahtlosnetzwerk zu verschlüsseln, müssen Sie nur auf dem Router und auf allen Computern im Netzwerk denselben Schlüssel eingeben und die Verschlüsselung aktivieren. Die genauen Einstellungsmöglichkeiten zur Verschlüsselung sind bei jedem Router etwas anders. Firewalls helfen hier wenig, da sich der Access Point zum WLAN innerhalb der Firewall befindet und nicht »draußen« im Internet.

Auf jedem PC muss die Verschlüsselung ebenfalls aktiviert werden. Nur wenn ein Schlüssel eingetragen ist, der auch im Router eingegeben wurde, ist eine drahtlose Verbindung möglich.

WPA2 (Wi-Fi Protected Access 2) ist eine Weiterentwicklung der WEP-Verschlüsselung. Sie bietet zusätzlichen Schutz durch dynamische Schlüssel. Nach der Initialisierung mit dem Schlüssel kommt ein Session-Key zum Einsatz. Alle aktuellen WLAN-Router unterstützen alternativ zu WEP auch WPA2. Wenn Ihr Router WPA2 anbietet und alle Geräte im Netz dieses Verfahren unterstützen, sollten Sie es auch aktivieren. WEP gilt mittlerweile als veraltet und unsicher.

WEP = wireless equivalent privacy

WEP-Schlüssel knacken?

Immer wieder veröffentlichen Computerzeitschriften Workshops zum Knacken von WEP-Schlüsseln. Das Knacken eines Schlüssels ist aber immer noch deutlich aufwendiger als die unberechtigte Nutzung eines unverschlüsselten WLAN und gilt zudem im Zweifelsfall als rechtswidriges Eindringen in ein Netzwerk.

8.1.5 Sicherheitsschlüssel für das WLAN vergessen?

Haben Sie den Sicherheitsschlüssel für Ihr WLAN vergessen, kommen aber mit einem Computer noch hinein, können Sie den auf diesem Computer gespeicherten WLAN-Schlüssel auslesen.

1. Öffnen Sie in der Systemsteuerung oder über einen Rechtsklick auf das WLAN-Symbol im Infobereich der Taskleiste das Netzwerk- und Freigabecenter.

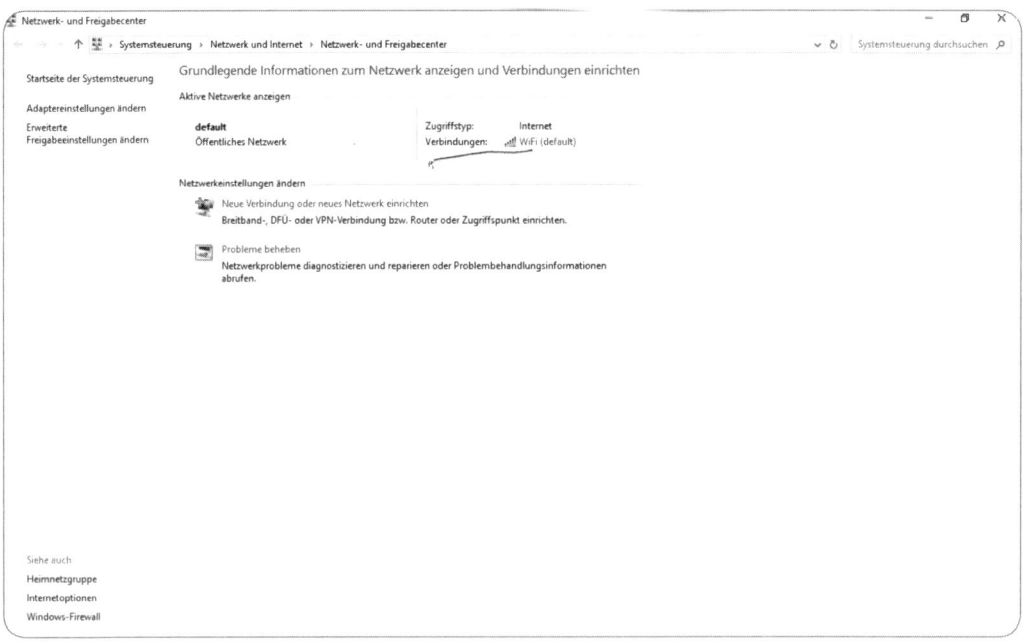

Bild 8.5: WLAN-Verbindung im Netzwerk- und Freigabecenter.

2. Klicken Sie hier auf die Wi-Fi-Verbindung und im nächsten Dialogfeld auf *Drahtloseigenschaften*.

3. Wenn Sie im nächsten Dialogfeld den Schalter *Zeichen anzeigen* aktivieren, erscheint der gespeicherte WLAN-Schlüssel im Klartext.

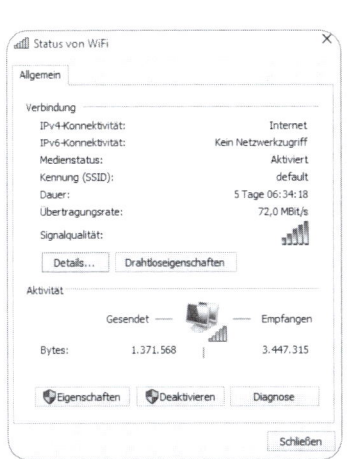

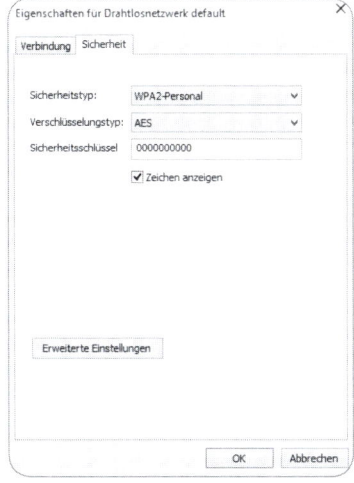

Bild 8.6: WLAN-Schlüssel im Klartext anzeigen.

8.1.6 Nur bekannte Geräte in das WLAN lassen

Einige Router bieten die Möglichkeit, nur bestimmte Geräte überhaupt per WLAN ins Netzwerk zu lassen. Zur Identifikation werden die MAC-Adressen der Geräte herangezogen. Die MAC-Adresse ist eine weltweit eindeutige Kennung jeder Netzwerkkarte. Sie ist bei vielen WLAN-Karten auf einem Aufkleber bereits dabei.

Die MAC-Adresse der im PC eingebauten Netzwerkkarte sehen Sie auch unter Windows: Klicken Sie in den Einstellungen unter *Netzwerk und Internet/WLAN* auf *Erweiterte Optionen*. Auf dem nächsten Bildschirm wird ganz unten bei *Physische Adresse* die MAC-Adresse angezeigt.

Auf jeden Fall sollten Sie regelmäßig die Statusanzeige des Routers überprüfen. Hier wird angezeigt, welche Geräte sich am Router angemeldet haben. Tauchen unbekannte Adressen auf, sollten Sie dringend Ihre Sicherheitseinstellungen anpassen.

MAC = message authentication code

Bild 8.7: Die MAC-Adresse in den Einstellungen.

Fremde MAC-Adressen erkennen

Anhand der MAC-Adresse lässt sich zwar nicht direkt der Besitzer des Computers ermitteln, aber zumindest der Hersteller der Netzwerkkarte. Geben Sie dazu die ersten drei Blöcke der unbekannten MAC-Adresse (z. B. 90-21-55) in das Suchformular *Search the Public OUI-Listing* auf der Webseite *standards.ieee.org/develop/regauth/oui/public.html* ein. Anhand des Netzwerkkartenherstellers kann man schon leichter erkennen, ob es sich um ein eigenes Gerät oder ein unbekanntes handelt, das sich im Netzwerk angemeldet hat.

8.2 Heimnetzgruppen und Dateifreigaben

Heimnetzgruppen machen es kinderleicht, persönliche Dateien anderen Computern im Netzwerk zur Verfügung zu stellen. Heimnetzgruppen funktionieren nicht mit früheren Windows-Versionen vor Windows 7. Computer mit Windows XP und Vista können nur über die klassischen Netzwerkfreigaben auf Dateien und Ordner anderer Windows-Computer zugreifen.

8.2.1 Einer bestehenden Heimnetzgruppe beitreten

Wenn in Ihrem Netzwerk bereits eine Heimnetzgruppe existiert, können Sie ihr über die Systemsteuerung unter *Netzwerk und Internet/Heimnetzgruppe* beitreten. Dazu brauchen Sie das Kennwort der Heimnetzgruppe.

1. Das Kennwort finden Sie auf jedem Computer, der bereits in der Heimnetzgruppe ist, in der Systemsteuerung unter *Netzwerk und Internet/Heimnetzgruppe/ Kennwort der Heimnetzgruppe anzeigen und drucken*.

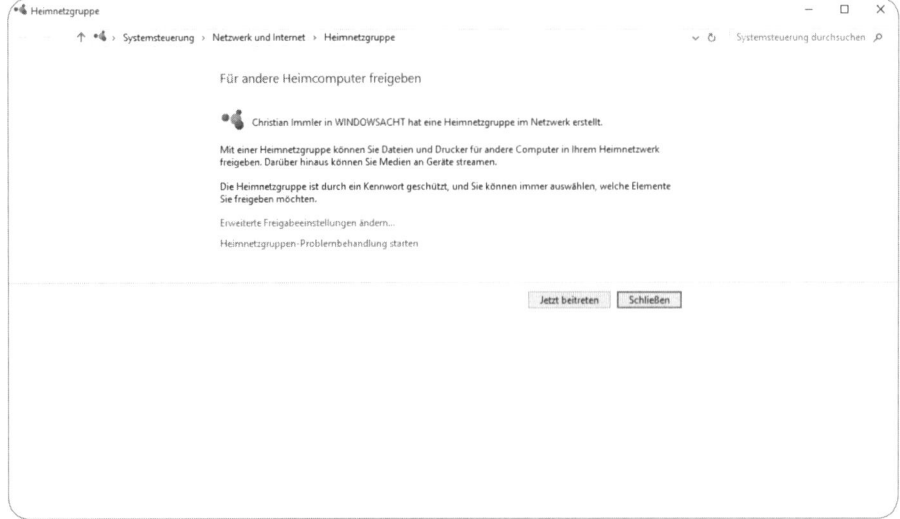

Bild 8.8: Mit dem Windows 10-PC der Heimnetzgruppe beitreten.

2. Klicken Sie auf dem Windows 10-PC in der Systemsteuerung unter *Netzwerk und Internet/Heimnetzgruppe* auf die Schaltfläche *Jetzt beitreten*.

3. Nun können Sie festlegen, welche eigenen Inhalte für die anderen Computer der Heimnetzgruppe freigegeben werden sollen. Diese können dann darauf zugreifen, aber nichts ändern. Der Schreibzugriff auf eigene Dateien funktioniert auch in Windows 10 nur über die klassischen Netzwerkfreigaben.

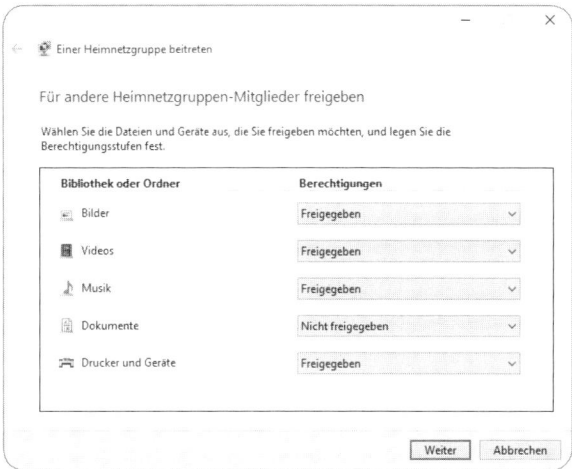

Bild 8.9: Daten für die Heimnetzgruppe freigeben.

4. Nach Eingabe des Kennworts dauert es nur noch wenige Sekunden, bis der neue PC in die Heimnetzgruppe aufgenommen ist.

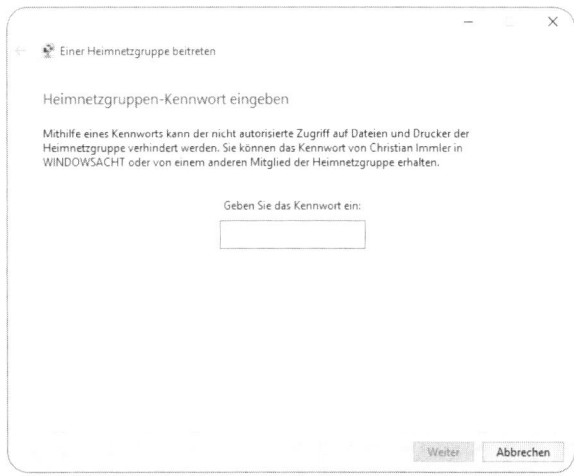

Bild 8.10: Kennwort für die Heimnetzgruppe eingeben.

8.2.2 Es kann keine Heimnetzgruppe angelegt werden?

Sollte die Fehlermeldung *Auf diesem Computer kann keine Heimnetzgruppe ange-legt werden* erscheinen, ist in den meisten Fällen das IPv6-Protokoll nicht aktiviert. Natürlich muss der Router IPv6 ebenfalls unterstützen.

1. Klicken Sie mit der rechten Maustaste auf das Windows-Logo unten links und wählen Sie im Systemmenü *Netzwerkverbindungen*.

2. Klicken Sie doppelt auf die verwendete Netzwerkverbindung und im nächsten Dialogfeld auf *Eigenschaften*.

3. Aktivieren Sie hier den Schalter *Internetprotokoll Version 8 (TCP/IPv6)* und starten Sie den PC neu.

Das IPv6-Protokoll

Die insgesamt 4.294.967.296 theoretisch verfügbaren IP-Adressen sind weltweit längst knapp geworden. Am 3. Februar 2011 vergab die IANA (Internet Assigned Numbers Authority – *www.iana.org*) die letzten IPv4-Adressen. Bereits vor acht Jahren beim Endspiel der Fußballweltmeisterschaft 2006 konnten nicht alle, die das Spielergebnis online sehen wollten, ins Internet. Das für Deutschland vorgesehene Kontingent an IP-Adressen war bereits vor dem Abpfiff aufgebraucht. Das Internet war »überfüllt«, viele mussten draußen bleiben.

Da dieses Problem bereits seit einiger Zeit absehbar ist und immer mehr Geräte ins Internet gehen, wurde ein neuer Standard für IP-Adressen entwickelt, IP Version 6 oder kurz IPv6. Durch eine neue Adressierungsmethode sind erheblich mehr Adressen möglich. Windows 10 ist bereits auf IPv6 vorbereitet, obwohl es im Internet bis jetzt noch kaum genutzt wird. In den Netzwerkverbindungsdetails wird eine IPv6-Adresse angezeigt. Diese ist weltweit eindeutig und fest an den Computer gebunden. Der verwendete Router muss IPv6 unterstützen, um die Konfiguration brauchen Sie sich keine Gedanken zu machen, da jede IPv6-Adresse nur einmal existiert.

8.2.3 Wie man eine neue Heimnetzgruppe anlegt

Haben Sie bisher noch keine Heimnetzgruppe, können Sie auf dem Windows 10-PC auch leicht eine Heimnetzgruppe neu anlegen.

1. Klicken Sie im Navigationsbereich des Explorers auf *Heimnetzgruppe* und dann auf *Heimnetzgruppe erstellen*.

2. Es erscheint ein Assistent, in dem Sie festlegen, welche der Bibliotheken auf Ihrem Computer Sie im Netzwerk freigeben wollen.

3. Standardmäßig sind die *Dokumente* ausgeschaltet. Sie können sie aber ebenfalls im Netzwerk freigeben. Haben Sie an diesem Computer einen Drucker angeschlossen, kann auch der im Netzwerk freigeben werden.

Bild 8.11: Noch keine Heimnetzgruppe vorhanden.

4. Nach einem Klick auf *Weiter* erscheint ein zufällig generiertes Kennwort, das Sie auf den anderen Computern benötigen, um die neue Heimnetzgruppe nutzen zu können.

5. Mit einem Klick auf *Fertig stellen* wird die Heimnetzgruppe angelegt. Bis die Daten der anderen Computer angezeigt werden, können ein paar Minuten vergehen.

Jetzt können Sie im Windows-Explorer auf die Daten der anderen Computer der Heimnetzgruppe zugreifen. Wenn Sie mit einem neuen Computer der Heimnetzgruppe beitreten möchten und das Kennwort nicht mehr wissen, brauchen Sie auf einem Computer, der sich bereits in der Heimnetzgruppe befindet, im Explorer unter *Heimnetzgruppe* im Menüband nur auf *Kennwort anzeigen* zu klicken. Dort wird das Heimnetzgruppenkennwort angezeigt und kann auch ausgedruckt werden.

8.2.4 Basiseinstellungen im lokalen Netzwerk

Befindet sich der Computer in einem lokalen Netzwerk, wird bei der Installation von Windows 10 automatisch eine Netzwerkverbindung angelegt. Der bei der Installation eingetragene Computername wird für das Netzwerk übernommen. In den meisten Fällen brauchen Sie sich um nichts weiter zu kümmern. Eine Übersicht aller Geräte im Windows-Netzwerk sehen Sie mit einem Klick auf *Netzwerk* im Navigationsbereich des Explorers.

Die Netzwerkverbindung erscheint im *Netzwerk- und Freigabecenter*. Dieses erreichen Sie mit einem Rechtsklick auf das Netzwerksymbol im Infobereich der Taskleiste. Sie können auch in der Netzwerkansicht des Explorers im Menüband unter *Netzwerk* auf das Symbol *Netzwerk- und Freigabecenter* klicken.

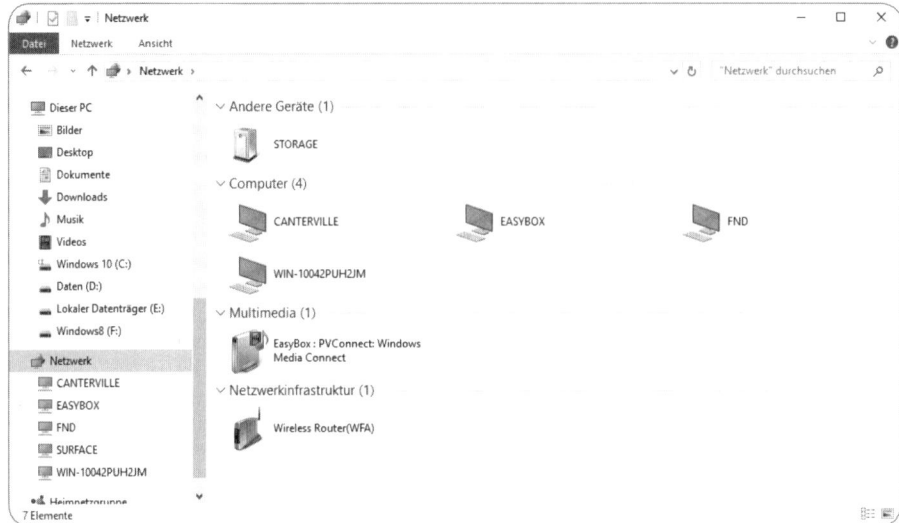

Bild 8.12: Eine Übersicht über alle Geräte im Netzwerk.

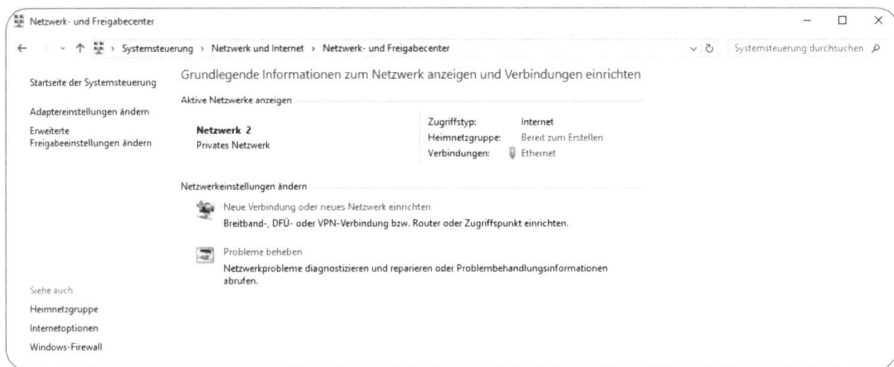

Bild 8.13: Das Netzwerk- und Freigabecenter in Windows 8.

Wenn unter *Verbindungen* keine Verbindung eingetragen ist, erstellen Sie über den Link *Neue Verbindung oder neues Netzwerk einrichten* eine neue Verbindung.

8.2.5 Unterstützung klassischer Netzwerkfreigaben

Da Heimnetzgruppen nur mit Windows 7 und höher funktionieren, IPv6 benötigen und bei projektorientierten Ordnerstrukturen nicht immer zweckmäßig sind, unterstützt Windows 10 auch weiterhin die klassische Netzwerkfreigabe früherer Windows-Versionen.

Ein anderer Computer im Netz kann auf den eigenen Windows-PC nur zugreifen, wenn dort Freigaben existieren. Jedes Laufwerk, das im Netzwerk verwendet werden soll, muss explizit freigegeben werden. Ob Freigaben auf dem Computer überhaupt genutzt werden sollen, können Sie in Windows 10 jederzeit ein- und ausschalten, beispielsweise um zu Hause Freigaben zu verwenden, diese aber komplett abzuschalten, sobald Sie mit dem Notebook oder Tablet in ein fremdes WLAN gehen.

1. Klicken Sie in den Einstellungen unter *Netzwerk und Internet/Ethernet* auf die *Ethernet*-Verbindung.

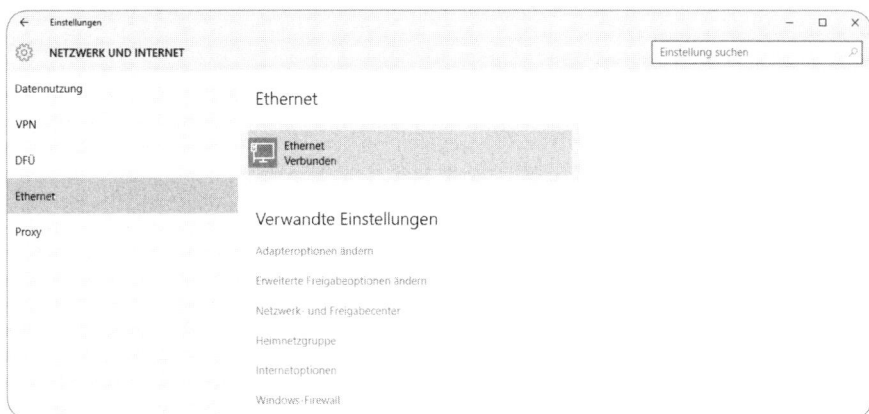

Bild 8.14: Netzwerkverbindung in den Einstellungen.

2. Auf dem nächsten Bildschirm schalten Sie unter *Geräte und Inhalte suchen* die Freigaben sowie die Netzwerkerkennung gleichzeitig ein oder aus.

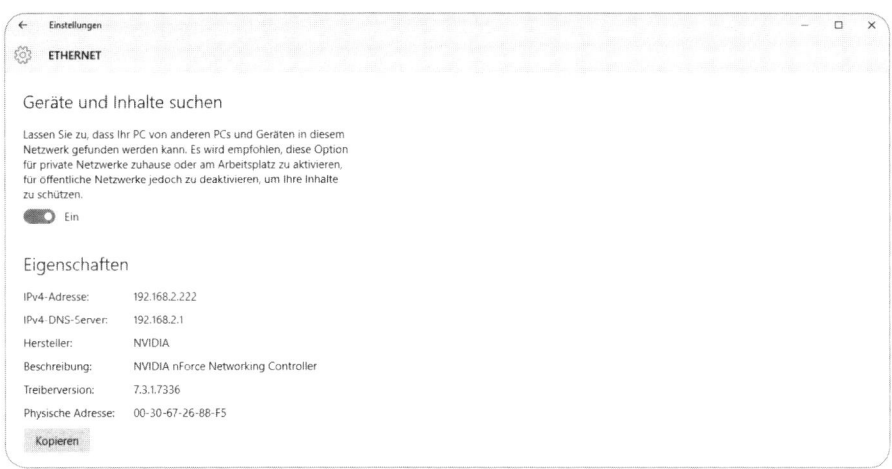

Bild 8.15: Freigaben und Netzwerkerkennung in den Einstellungen ein- und ausschalten.

8.2.6 Freigegebene Netzwerklaufwerke nutzen

Gehen Sie im Explorer auf den Ordner *Netzwerk*. Hier werden alle Freigaben angezeigt, die im Netzwerk gefunden wurden. Im Navigationsbereich des Explorers sehen Sie alle Freigaben, geordnet nach Computernamen.

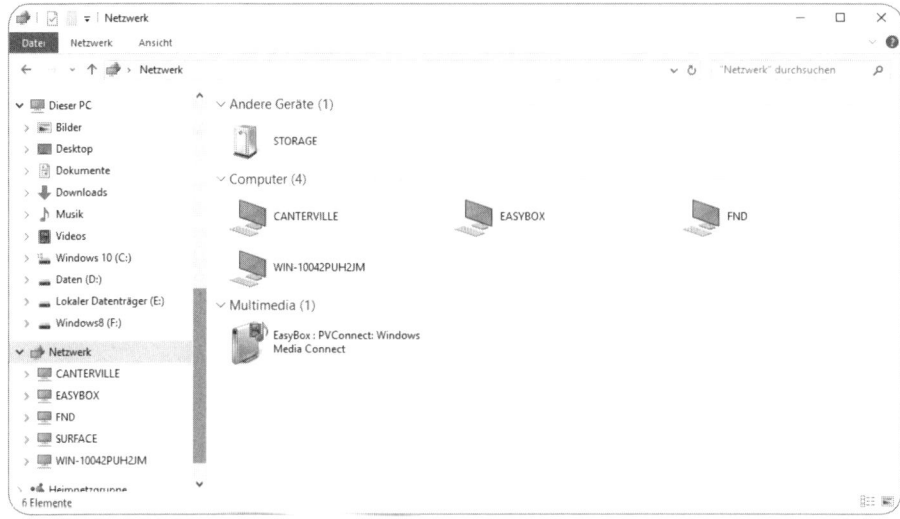

Bild 8.16: Freigegebene Laufwerke im Netzwerk.

Über den Ordner *Netzwerk* kann man auf freigegebene Ordner im Netzwerk genau so zugreifen wie auf lokale Ordner. Um sich die mühsame Navigation durch die verzweigten Äste zu ersparen, können Sie den Laufwerken im Netzwerk auch Laufwerkbuchstaben zuweisen und sie dann wie lokale Laufwerke nutzen.

1. Klicken Sie im Explorer mit der rechten Maustaste auf eine Netzwerkfreigabe und wählen Sie im Kontextmenü *Netzlaufwerk verbinden*.

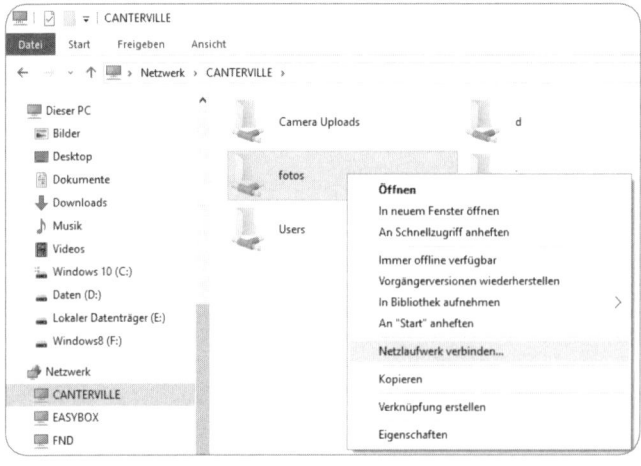

Bild 8.17: Netzlaufwerk über das Kontextmenü verbinden.

2. Wenn auf dem anderen Computer im Netzwerk Ihr Benutzername nicht existiert, weil er möglicherweise noch mit einem lokalen Benutzerkonto und auch nicht mit einem Microsoft-Konto läuft, können Sie sich dort mit einem anderen Namen anmelden, um Zugriff auf die freigegebenen Laufwerke zu bekommen.

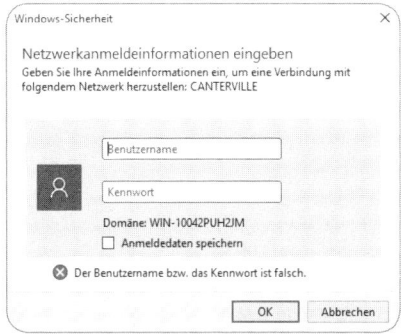

Bild 8.18: Benutzername für die Netzwerkanmeldung auf dem anderen Computer angeben.

3. Im Dialogfeld *Netzlaufwerk verbinden* wählen Sie einen Laufwerkbuchstaben, unter dem das Netzwerkverzeichnis erscheinen soll. Die Auswahlliste zeigt nur die Laufwerkbuchstaben an, die noch nicht von vorhandenen Laufwerken belegt sind.

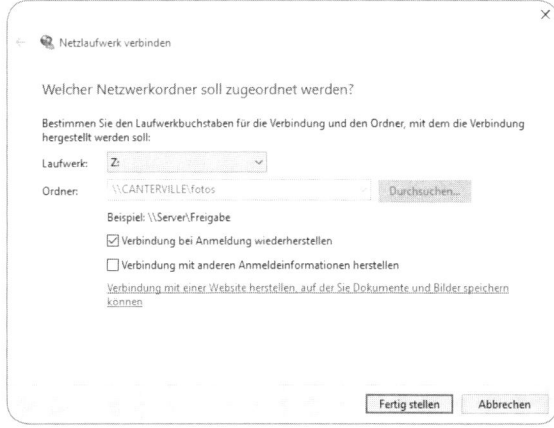

Bild 8.19: Laufwerkbuchstaben für das Netzlaufwerk festlegen.

4. Aktivieren Sie das Kontrollkästchen *Verbindung bei Anmeldung wiederherstellen*, wird der Laufwerkbuchstabe automatisch beim nächsten Windows-Start wieder zugewiesen.

5. Schalten Sie dazu das Kontrollkästchen *Verbindung mit anderen Anmeldeinformationen herstellen* ein und geben Sie nach einem Klick auf *Fertig stellen* den Benutzernamen und das Passwort an. Wenn Sie hier die Anmeldedaten speichern, brauchen Sie sie nicht bei jeder Netzwerkverbindung neu einzugeben.

6. Das Netzlaufwerk wird im Explorer unter *Dieser PC* bei den Laufwerken angezeigt. Hier können Sie es wie ein lokales Laufwerk nutzen.

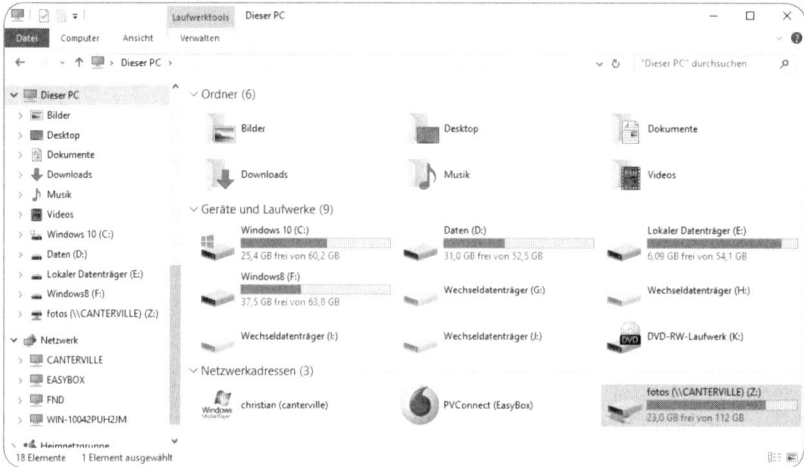

Bild 8.20: Das Netzlaufwerk in der Anzeige *Dieser PC* im Explorer.

Netzlaufwerk wieder trennen

Möchten Sie ein solches Netzlaufwerk nicht mehr ständig anzeigen, weil Sie zum Beispiel den Laufwerkbuchstaben für ein anderes Laufwerk brauchen oder weil das Laufwerk im Netzwerk nicht mehr zur Verfügung steht, klicken Sie mit der rechten Maustaste darauf und wählen im Kontextmenü *Trennen*. Die gleiche Funktion finden Sie auch
im Menüband unter *Computer* mit einem Klick auf den kleinen Pfeil unter dem Symbol
Netzlaufwerk verbinden.

8.2.7 Dateien für andere im Netzwerk freigeben

1. Damit andere Benutzer im Netzwerk auf Dateien auf dem eigenen Computer zugreifen können, müssen Freigaben angelegt werden. Außerdem müssen
   Netzwerkerkennung und Dateifreigabe eingeschaltet sein. Sind auf dem eigenen Computer keine Freigaben eingeschaltet, erscheint im Explorer-Fenster
   unter *Netzwerk* eine Meldung.

Bild 8.21: Meldung bei ausgeschalteter Netzwerkerkennung und Dateifreigabe.

2. Mit einem Klick auf diese Meldung können Netzwerkerkennung und Dateifreigabe aktiviert werden. Dazu muss je nach Einstellung eine Abfrage der Benutzerkontensteuerung bestätigt werden.

3. Standardmäßig sind Netzwerkerkennung und Dateifreigabe nur für private Netzwerke aktiv. Wenn das derzeit verwendete Netzwerk öffentlich ist, erscheint die Nachfrage, ob es zu einem privaten Netzwerk gemacht werden soll oder ob Netzwerkerkennung und Dateifreigabe für alle öffentlichen Netzwerke aktiviert werden sollen. In den meisten Fällen ist es sinnvoll, das aktuelle Netzwerk zu einem privaten Netzwerk zu machen und die Netzwerkerkennung und die Dateifreigabe für die öffentlichen Netzwerke ausgeschaltet zu lassen.

4. Ohne weitere Einstellungen wird nur die Freigabe von Dateien generell aktiviert. Solange keine Ordner oder Laufwerke explizit freigegeben sind, können andere Benutzer immer noch nicht auf den Computer zugreifen.

5. Das Netzwerk- und Freigabecenter in der Systemsteuerung unter *Netzwerk und Internet* zeigt mit einem Klick auf *Erweiterte Freigabeeinstellungen ändern* an, dass die Netzwerkerkennung und die Datei- und Druckerfreigabe eingeschaltet sind. Die Netzwerkerkennung wird benötigt, um andere Computer im Netzwerk zu finden.

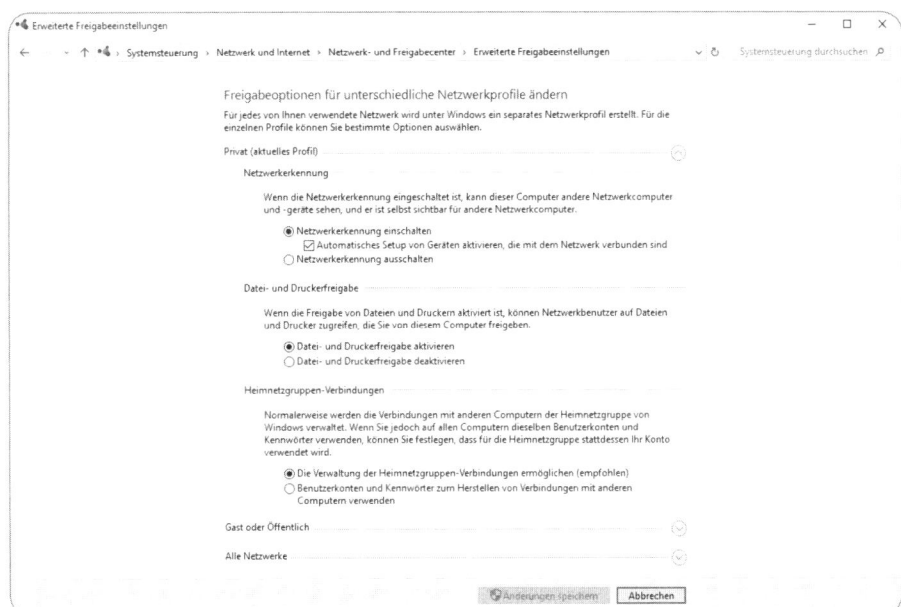

Bild 8.22: *Erweiterte Freigabeeinstellungen* im Netzwerk- und Freigabecenter.

6. Diese Einstellungen gelten für das private Netzwerkprofil. Sollten Sie auch in Netzwerken, in denen Sie ein öffentliches oder Gastprofil verwenden, Dateien freigeben wollen, scrollen Sie in diesem Dialogfeld ganz nach unten. Dort sind die gleichen Einstellungen noch einmal für das Gast- oder öffentliche Profil zu finden.

8.2.8 Ordner mit dem Freigabe-Assistenten freigeben

Mit dem Freigabe-Assistenten kann man beliebige Ordner auf dem eigenen PC für das Netzwerk freigeben. Dazu muss im Netzwerk- und Freigabecenter die Datei- und Druckerfreigabe aktiviert sein. Solange sie ausgeschaltet ist, können keine Dateien freigegeben werden.

1. Markieren Sie den Ordner im Explorer, klicken Sie mit der rechten Maustaste darauf und wählen Sie im Kontextmenü unter *Freigeben für* die Option *Bestimmte Personen*.

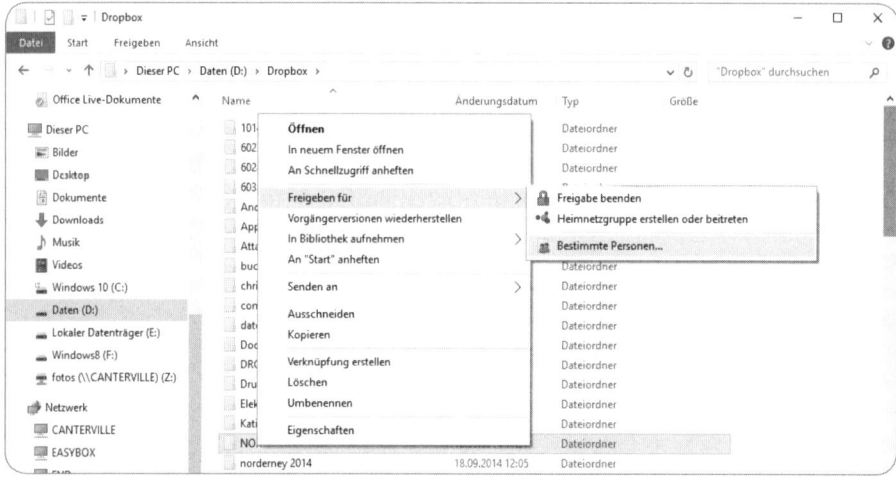

Bild 8.23: Beliebige Ordner im Netzwerk freigeben.

2. Der Freigabe-Assistent startet. Wenn Sie kennwortgeschütztes Freigeben aktiviert haben, müssen Sie jetzt Benutzer auswählen, die über das Netzwerk auf die neue Freigabe zugreifen dürfen. Diese müssen ein Benutzerkonto auf diesem PC haben. Alternativ können Sie eine Freigabe für alle Benutzer oder für Benutzer der Heimnetzgruppe einrichten.

3. Für jeden Benutzer bzw. jede Benutzergruppe können Sie eine Berechtigungsebene festlegen. Diese regelt, ob der Benutzer im freigegebenen Ordner nur lesen oder auch Daten verändern darf.

4. Klicken Sie danach auf die Schaltfläche *Freigabe*. Damit wird die Freigabe erstellt und angezeigt. Die berechtigten Benutzer können ab sofort über das Netzwerk auf den freigegebenen Ordner zugreifen. Aus dem nächsten Dialogfeld heraus können Sie den Benutzern im lokalen Netzwerk direkt einen Link auf den freigegebenen Ordner schicken.

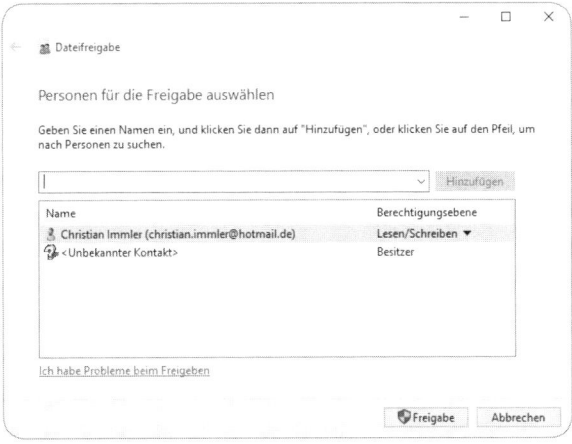

Bild 8.24: Berechtigte Personen auswählen.

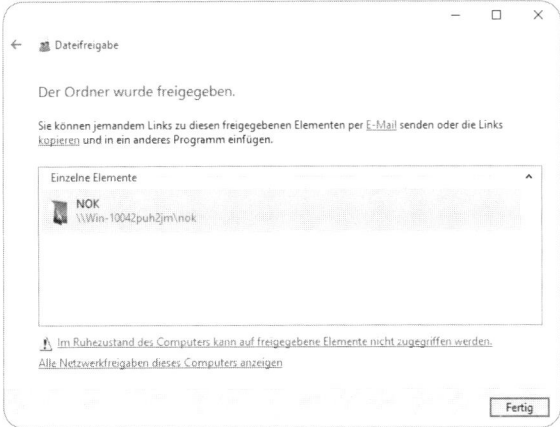

Bild 8.25: Der Ordner wurde freigegeben.

Freigaben für die Heimnetzgruppe

Besonders einfach ist die Freigabe eines Ordners für die Heimnetzgruppe. Markieren Sie den Ordner und wählen Sie im Menüband unter *Freigeben* nur noch aus, ob Benutzer der Heimnetzgruppe auf anderen Computern die Dateien in diesem Ordner nur anzeigen oder auch bearbeiten dürfen.

Mit dem Symbol *Freigabe beenden* im Menüband des Explorers unter *Freigeben* können Sie jederzeit alle Freigaben für den markierten Ordner zurücknehmen.

Bild 8.26: Das Menüband *Freigeben* im Explorer.

Bild 8.27: Freigabe beenden oder Berechtigungen ändern.

Es erscheint noch ein Auswahldialog, in dem Sie entweder die Freigabe komplett beenden oder nur die Freigabeberechtigungen verändern bzw. die berechtigten Personen ändern.

8.2.9 Überblick über alle Freigaben verschaffen

Im Explorer können Sie sich auf einfache Weise einen Überblick über die Freigaben auf dem eigenen Computer verschaffen. Springen Sie im Navigationsbereich auf *Netzwerk* und wählen Sie hier den eigenen Computernamen aus.

Bild 8.28: Freigaben auf dem eigenen Computer.

An dieser Stelle sehen Sie nicht wie im Ordner *Computer* alle lokalen Laufwerke, stattdessen werden alle Freigaben für das Netzwerk angezeigt.

8.3 Schutz vor Gefahren aus dem Internet

Eine Firewall schützt den eigenen Computer vor Gefahren aus dem Internet, indem nicht autorisierte Datenübertragungen blockiert werden. Windows 10 enthält standardmäßig eine Firewall. Außerdem ist in fast allen modernen DSL-Routern eine Firewall eingebaut.

Firewall gleich Brandschutzmauer

Firewall heißt übersetzt nicht etwa »Feuerwand« oder »Feuerwall«, wie manch schlecht informierte Webseite schreibt, sondern »Brandschutzmauer«. Sie dient dazu, einen privaten Bereich, hier einen Computer oder ein Netzwerk, vor Gefahren von außen zu schützen.

8.3.1 Einstellungen für die Windows-Firewall

Eine Firewall im Router ist immer sicherer als eine Softwarelösung auf dem PC und stört im Alltag auch weniger. Angreifer kommen gar nicht erst auf dem PC an, und Router lassen sich nicht so leicht von außen durch Malware manipulieren. Die Firewall im Router lässt normalerweise standardmäßig allen eingehenden Datenverkehr zu, ausgehender Datenverkehr wird blockiert. Wenn besondere Anwendungen laufen, die zum Beispiel Serverfunktionen zur Verfügung stellen, können Sie in der Router-Firewall entsprechende Regeln definieren, die auch diesen Datenverkehr zulassen.

Die Windows-Firewall ist nichts grundlegend Neues, sie gibt es bereits seit der ersten Windows XP-Version. Doch warum hat niemand diese Firewall benutzt? Nach einem Whitepaper von Microsoft lag es daran, dass sie für den Anwender zu schwer zu finden war. Gesagt, getan! Seit dem Windows XP Service Pack 2 ist die Firewall nicht mehr auf einer der hinteren Registerkarten für jede Internetverbindung getrennt zu konfigurieren, sondern befindet sich an auffälliger Stelle in der Systemsteuerung und gilt nun für alle Verbindungen gleichzeitig.

In Windows 10 finden sich die Firewall-Einstellungen in der klassischen Systemsteuerung unter *System und Sicherheit*.

Bild 8.29: Die Windows-Firewall in der Systemsteuerung.

Über die Option *Windows-Firewall ein- oder ausschalten* kommt man in einen Konfigurationsdialog für die Firewall. Wer eine externe Firewall-Lösung verwendet, kann hier die Windows-Firewall deaktivieren. Alle anderen Anwender sollten sie aktiv lassen. Die Firewall wurde gegenüber früheren Windows-Versionen wesentlich verbessert, sodass es – mit Ausnahme der Verwendung einer externen Alternative – keinen Grund mehr gibt, sie abzuschalten.

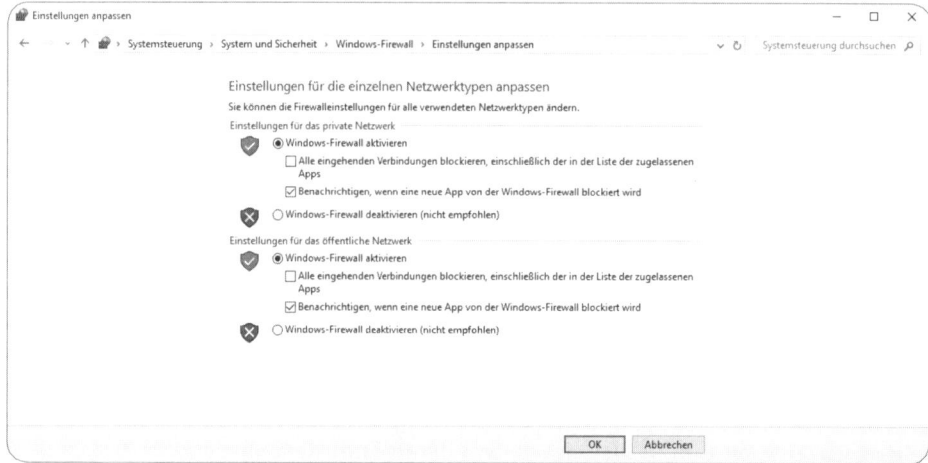

Bild 8.30: Der Konfigurationsdialog der Windows-Firewall.

Wird die Firewall dennoch durch den Benutzer oder auch durch ein Programm deaktiviert, erscheint sofort eine auffällige Meldung in der Taskleiste.

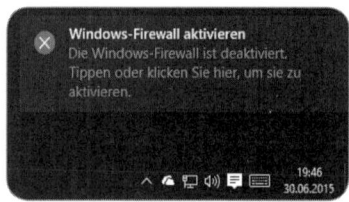

Bild 8.31: Meldung bei deaktivierter Windows-Firewall.

Ein Klick auf diese Meldung reicht, um die Windows-Firewall wieder zu aktivieren. Auch die Systemsteuerung zeigt in auffälligem Rot, wenn die Firewall inaktiv ist.

Bild 8.32: Meldung in der Systemsteuerung bei deaktivierter Windows-Firewall.

8.3.2 Regeln für die Windows-Firewall festlegen

Bemerkt die Firewall, dass ein neues Programm Daten aus dem Internet emp-
fängt, wird dieser Datenverkehr automatisch blockiert und eine Meldung angezeigt. Microsoft-Programme sowie alle gängigen Webbrowser sind automatisch für
Internetzugriffe freigegeben. Alle anderen Programme bleiben standardmäßig so
lange gesperrt, bis man sie manuell für die Internetnutzung freigibt.

Wenn ein Programm versucht, Daten aus dem Internet zu holen, erscheint eine
Sicherheitswarnung. In diesem Dialog können Sie das angezeigte Programm für
private Netzwerke oder auch öffentliche Netzwerke zulassen, bei jedem neuen
Kommunikationsversuch wird diese Meldung nicht mehr eingeblendet.

Bild 8.33: Sicherheitswarnung der
Firewall bei einem neuen Programm.

8.3.3 Automatische Softwarezugriffe unterbinden

Neue Software verfügt oft über Funktionen, um sich bei der Installation selbst in
der Firewall freizuschalten oder die Firewall sogar ganz zu deaktivieren. Daher
bot die Windows-Firewall lange Zeit nur einen begrenzten Schutz. Seit Windows 7

kann durch die Benutzerkontensteuerung der automatische Zugriff auf die Konfiguration der Firewall unterbunden werden. Ein freigegebenes Programm wird im
Konfigurationsdialog der Firewall unter *Zugelassene Apps* eingetragen. Diese Liste
erreichen Sie über den Link *Eine App oder ein Feature durch die Windows-Firewall
zulassen* in der Systemsteuerung unter *System und Sicherheit/Windows-Firewall*.

In diesem Dialog können Sie später jederzeit ein ehemals freigegebenes Programm
wieder sperren. Um hier etwas ändern zu können, müssen Sie zuerst auf *Einstellungen ändern* klicken. Mit der Schaltfläche *Andere App zulassen* werden Firewall-
Regeln für weitere Programme hinzugefügt, ohne dass man diese Programme erst
starten muss.

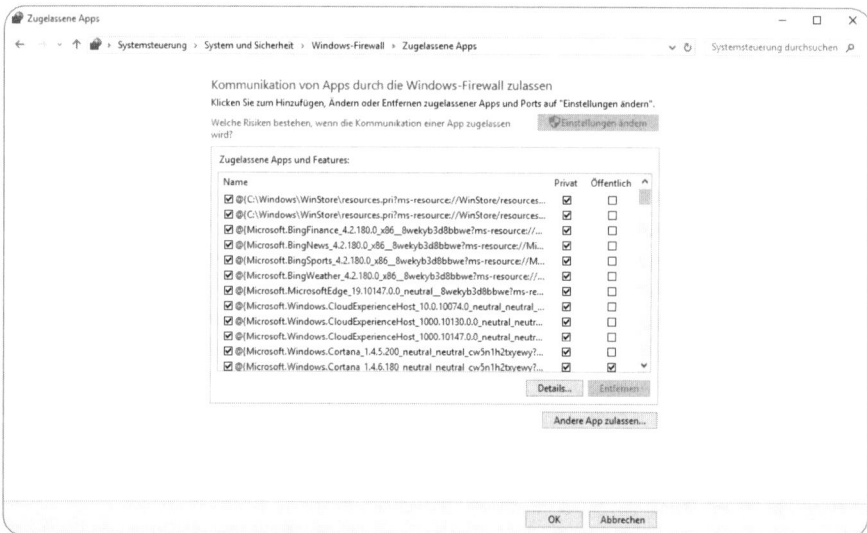

Bild 8.34: *Zugelassene Apps und Features* in der Firewall.

Deaktivieren Sie den Schalter ganz links vor einem Programm in der Liste, wird die
betreffende Regel entfernt. Wenn dieses Programm wieder Daten aus dem Internet
übertragen will, erscheint erneut die Abfrage der Firewall.

Bild 8.35: Neue App in der Firewall zulassen.

In der Liste sind nur wenige der installierten Programme und Apps aufgeführt. Programme, die nicht in der Liste erscheinen, finden Sie mit Klick auf *Durchsuchen*. Wählen Sie das gewünschte Programm aus und bestätigen Sie mit *OK*. In der Liste erscheint dann das neu zugelassene Programm. Hier kann es für private oder öffentliche Netzwerke freigegeben oder blockiert werden.

8.3.4 Verbindung bei Angriffsverdacht blockieren

Wenn Sie einen Angriffsverdacht haben oder sich mit Ihrem Notebook in einer besonders unsicheren Umgebung befinden, können Sie über den Link *Windows-Firewall ein- oder ausschalten* in den Firewall-Einstellungen mit einem Klick auf den Schalter *Alle eingehenden Verbindungen blockieren* ganz einfach alle eingestellten Firewall-Regeln auf einmal ignorieren, einschließlich der in der Liste der zugelassenen Programme, ohne die Programme jeweils einzeln sperren zu müssen. Alle Verbindungen werden dann blockiert. Deaktivieren Sie diesen Schalter wieder, gelten erneut die zuvor eingestellten Regeln.

8.4 Öffentliche Hotspots nutzen

An immer mehr öffentlichen Plätzen, Bahnhöfen, Hotels und Cafés kann man per WLAN mit dem Notebook eine Verbindung ins Internet herstellen. In einigen Ländern sind öffentliche WLAN-Hotspots kostenlos nutzbar und auffällig gekennzeichnet. Noch vor ein paar Jahren waren auch in Deutschland fast alle öffentlichen WLANs kostenlos. Mittlerweile hat sich hier ein riesiges Geschäft entwickelt. Mehrere Betreiber, allen voran die Telekom, eröffnen ständig neue WLAN-Hotspots und machen Hoteliers und Wirten, ehemaligen Betreibern kostenloser WLAN-Zugänge, kostenpflichtige Lösungen mit Gewinnbeteiligung schmackhaft.

Die Telekom rüstet in Großstädten und an touristisch interessanten Orten Telefonzellen mit Hotspots aus, über die man mit persönlicher Zugangskennung oder über direkte Bezahlung mit einem eigenen Notebook, Tablet oder Smartphone ins Internet kommt. Um an einem Hotspot surfen zu können, brauchen Sie eine Zugangskennung, die entweder über die Telefonrechnung abgerechnet wird oder, ähnlich wie bei Prepaid-Handys, vorab für einen bestimmten Zeitraum gekauft werden kann. Am einfachsten ist der Zugang an den Telekom-HotSpots, wenn man ein Handy von T-Mobile hat.

Um Zugangsdaten zu bekommen, schickt man von diesem Handy eine SMS mit dem Inhalt OPEN an die Nummer 9526 (»WLAN« auf der Buchstabentastatur). Kurz danach bekommt man eine SMS mit Benutzernamen und Passwort. Diese Daten sind für alle Telekom-HotSpots in Deutschland gültig. Wer kein Handy von T-Mobile hat, kann an HotSpot-Standorten auch Prepaid-Karten kaufen oder sich Zugangsdaten über das Internet bestellen und dabei ein Abrechnungsverfahren auswählen.

Telekom-HotSpots erscheinen in der Netzwerkliste als unsicher, da die Anmeldung über den Browser und nicht über einen Netzwerkschlüssel erfolgt. Klicken Sie hier auf *Verbinden* und starten Sie anschließend den Browser Microsoft Edge.

Wenn man den Browser an einem HotSpot startet, wird die Startseite automatisch auf eine spezielle Seite umgelenkt, auf der man seine Zugangsdaten eingeben muss. Auf dieser Startseite gibt es Informationen zu Tarifen und Standorten der HotSpots. Diese Informationen sind noch ohne Anmeldung verfügbar. Nach der Anmeldung kann man wie gewohnt im Internet surfen und auch E-Mail-Programme oder sonstige Internetanwendungen nutzen.

Nach der Anmeldung läuft im Browser eine Uhr, die die Onlinezeit zählt, nach der die Telekom die Nutzung abrechnet. Öffnen Sie zum Surfen am besten ein neues Browserfenster, um die Uhr im Blick zu behalten.

Wenn Sie die Verbindung nicht mehr benötigen, klicken Sie auf die Schaltfläche *Verbindung trennen* oder tippen in die Adresszeile des Browsers *logout* ein.

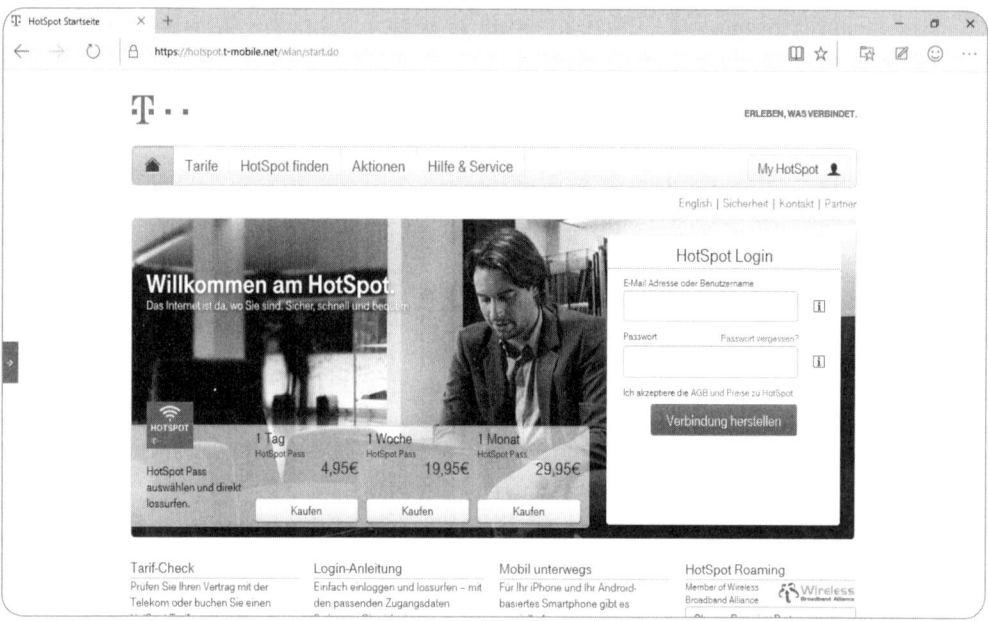

Bild 8.36: Am Telekom-HotSpot anmelden.

8.4.1 Hier findet man alle Telekom-HotSpots

Auf der Telekom-Webseite *www.hotspot.de* findet man über ein Suchformular sämtliche HotSpots der Telekom in Deutschland. Bei den meisten HotSpots gibt es Informationen zu Öffnungszeiten und zur Adresse sowie einen Kartenausschnitt. Bei den mit *Outdoor* gekennzeichneten HotSpots handelt es sich um Telefonzellen, in deren Nähe man im Freien das WLAN nutzen kann.

Kostenlose WLAN-Hotspots

Die Deutsche Bahn und die Restaurantkette McDonald's bieten in Zusammenarbeit mit der Telekom ihren Gästen kostenloses WLAN an speziell eingerichteten HotSpots an. An derzeit 105 Bahnhöfen kann man eine halbe Stunde pro Tag die Telekom-HotSpots kostenlos nutzen, in den meisten McDonald's-Restaurants sogar eine ganze Stunde pro Tag. Die Konfiguration ist sehr einfach. Der HotSpot erscheint als *Telekom* in der Liste verfügbarer Drahtlosnetzwerke. Nach dem Aufbau der Verbindung öffnet man einen Browser und wird auf eine spezielle Startseite umgelenkt. Hier gibt man seine Handynummer ein und bekommt Sekunden später per SMS eine PIN zugeschickt, die man im Browser nur noch einzugeben braucht, und schon beginnt der freie Internetzugang. Besucher der DB-Lounges können die HotSpots an vielen Bahnhöfen kostenlos und ohne Anmeldung nutzen.

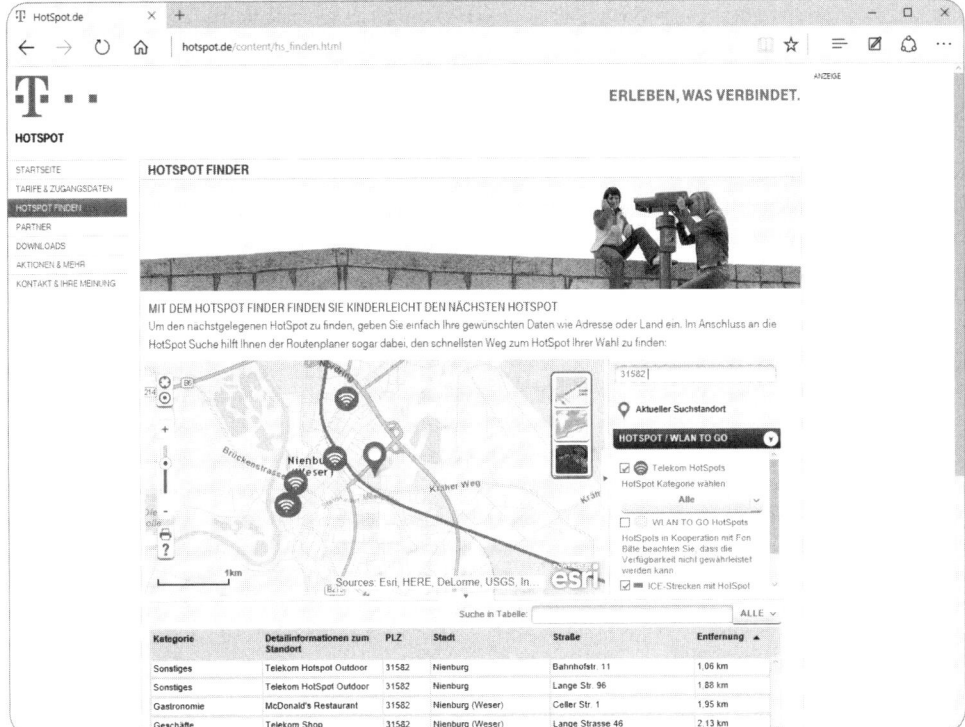

Bild 8.37: Der neue HotSpot Finder der Telekom.

Bis Ende des Jahres 2015 werden voraussichtlich alle ICE-Züge der Deutschen Bahn mit WLAN ausgestattet. Aktuelle Informationen zur Nutzung von WLAN im ICE liefert die Bahn unter *www.imICE.de*.

8.5 Geräte für alle zugänglich machen

Jedes Gerät, ob im Computer eingebaut oder extern angeschlossen, kommuniziert mit Windows über sogenannte Gerätetreiber. Windows 10 liefert für alle gängigen Hardwarekomponenten Treiber mit, sodass in vielen Fällen zusätzlich zur automatischen Geräteerkennung nichts zu tun ist. Diese funktioniert mit fast allen aktuellen Plug-and-play-fähigen Geräten.

> **Plug-and-play**
>
> Plug-and-play bedeutet »einstecken und loslegen«. Ein Gerät kann damit sofort verwendet werden, nachdem es angeschlossen wurde, ohne dass man erst aufwendig Software installieren oder gar, wie unter alten Windows-Versionen, irgendwo passende Treiber aufspüren muss. Alle Geräte, die über Plug-and-play erkannt werden, haben eine Gerätekennung, mit der das Gerät eindeutig identifiziert wird. Zudem besitzen sie meistens kompatible Kennungen für den Fall, dass kein passender Treiber vorhanden ist. Hier kann Windows anhand der kompatiblen Kennungen einen anderen Treiber vorschlagen.

1. Bei der automatischen Treiberinstallation muss nicht mehr, wie in älteren Windows-Versionen, die Original-Windows-DVD eingelegt werden. Windows 10 kopiert bei der Installation alle mitgelieferten Treiber in den Ordner *Windows\ System32\DriverStore*.

2. Windows erkennt das neu angeschlossene Gerät, versucht, einen Treiber zu finden, und installiert diesen auch gleich. Ist kein passender Treiber bei Windows dabei, wird versucht, einen Treiber automatisch aus einer Windows-Treiberdatenbank herunterzuladen und zu installieren.

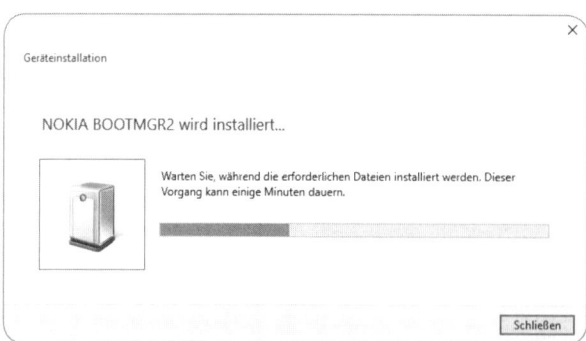

Bild 8.38: Automatische Installation eines Geräts am USB-Anschluss.

3. Sollte es nicht möglich sein, den Treiber automatisch zu installieren, erscheint eine Aufforderung, die mit der Hardware gelieferte Treiber-CD einzulegen oder den Treiber aus dem Internet herunterzuladen.

4. Zum Abschluss erscheint eine Meldung, die berichtet, dass das Gerät installiert wurde. Bei USB-Geräten erscheint diese Meldung, die es in Windows 7 noch gab, nicht mehr.

Geräte nicht einfach vom Computer trennen

Nur Geräte, die per USB, Infrarot oder Bluetooth mit dem PC verbunden sind, dürfen im laufenden Betrieb getrennt werden, solange nicht gerade Daten kopiert werden. Kommen Sie niemals auf die Idee, eine Steckkarte bei eingeschaltetem Computer herauszuziehen. Auch bei Geräten mit SCSI-Anschlüssen kommt es dabei zu Problemen.

8.5.1 Alle angeschlossenen Geräte anzeigen

Windows zeigt seit vielen Versionen ausführliche Informationen über jedes Hardwaredetail des Computers an – ein einfacher Überblick über die Geräte, die den Anwender wirklich interessieren, wurde erst in Windows 7 eingeführt: die Übersicht *Geräte und Drucker* in der Systemsteuerung unter *Hardware und Sound*. Hier sind die wichtigsten Komponenten wie PC und Monitor sowie alle eingerichteten Drucker zu sehen. Wurde bei einem Gerät ein Problem festgestellt, wird dies deutlich durch ein Warndreieck gekennzeichnet.

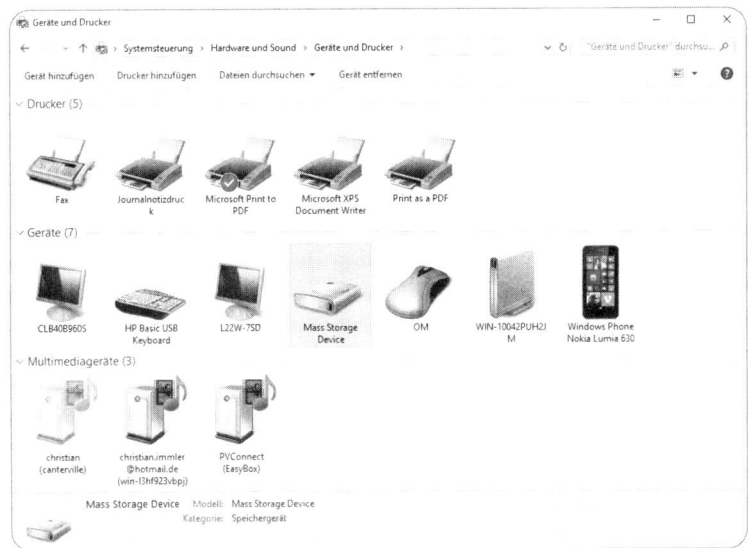

Bild 8.39: Übersicht über die angeschlossenen Geräte und Drucker in der klassischen Systemsteuerung.

Ein Klick auf ein Gerät blendet in der oberen Symbolleiste des Fensters wichtige Aufgaben für dieses Gerät ein. So lassen sich bei Computern alle Laufwerke durchsuchen oder eingelegte CDs automatisch abspielen und auswerfen.

- Ein Rechtsklick auf ein Gerät öffnet ein Kontextmenü, das einen schnellen Weg zu allen für dieses Gerät wichtigen Modulen der Systemsteuerung bietet.

- Ein Doppelklick auf ein Gerät zeigt detaillierte Geräteeigenschaften an. Hier werden fehlerhafte Komponenten gemeldet, und es lassen sich aktuelle Treiber installieren.

8.5.2 Die Geräteübersicht in den Einstellungen

Die neue App *Einstellungen* bietet unter *Geräte/Angeschlossene Geräte* ebenfalls eine Geräteübersicht. Diese zeigt allerdings keine weiteren Details zu installierten Geräten. Dafür gibt es einen nützlichen Schalter, der in der Übersicht auf dem klassischen Desktop fehlt. *Download über getaktete Verbindungen* verhindert das Herunterladen von Gerätetreibern über Mobilfunkverbindungen, da dadurch je nach Datenvolumen zum Teil sehr hohe Kosten entstehen können.

In vielen Fällen können die beiden Geräteübersichten den relativ unübersichtlichen Geräte-Manager ersetzen.

> **Drucker via USB automatisch installieren**
> Beim Anschließen eines Druckers am USB-Anschluss wird automatisch ein Treiber installiert. Bereits nach wenigen Sekunden erscheint der Drucker in der Übersicht *Geräte und Drucker* und ist betriebsbereit.

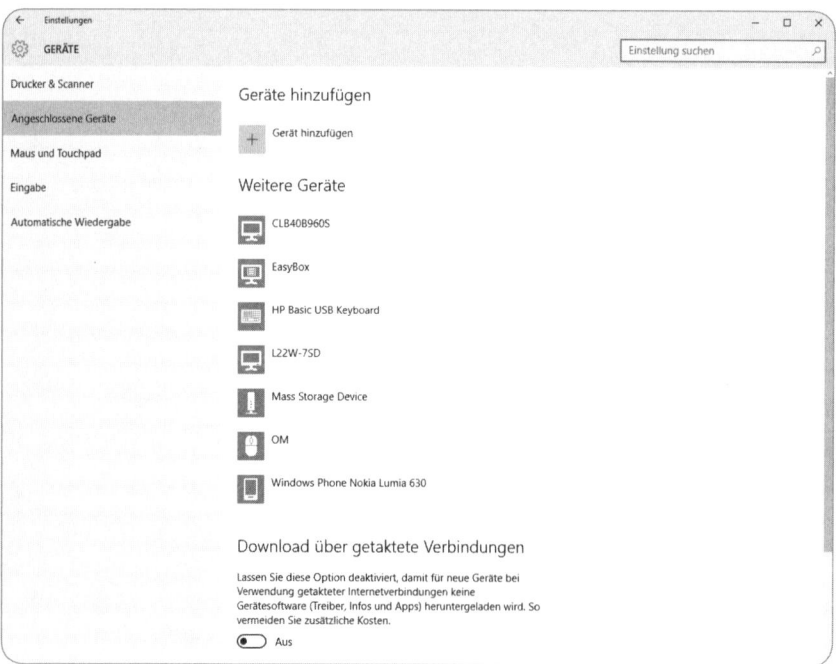

Bild 8.40: Übersicht aller Geräte in den Einstellungen.

8.5.3 Ältere Drucker manuell installieren

Wird ein Drucker nicht erkannt, was bei älteren Druckern vorkommen kann, oder soll ein Drucker mit einer besonderen Konfiguration laufen, kann er auch manuell installiert werden.

Manche Drucker bieten mehrere Druckmodi, zum Beispiel PCL und PostScript. Ein solcher Drucker wird trotzdem nur einmal automatisch erkannt. Sie können aber manuell einen zweiten logischen Drucker für den anderen Betriebsmodus installieren. Üblicherweise gibt es bei PostScript-fähigen Druckern zwei unterschiedliche Treiber. Der Treiber für den normalen Windows-Modus ist mit MS gekennzeichnet, der PostScript-Treiber mit PS.

1. Um einen neuen Drucker manuell hinzuzufügen, klicken Sie in der Übersicht *Geräte und Drucker* in der Symbolleiste auf die Schaltfläche *Drucker hinzufügen*.

2. Der Druckerinstallationsassistent von Windows startet und sucht freigegebene Drucker im Netzwerk. Zur Installation eines lokal angeschlossenen Druckers klicken Sie auf *Der gewünschte Drucker ist nicht in der Liste enthalten*.

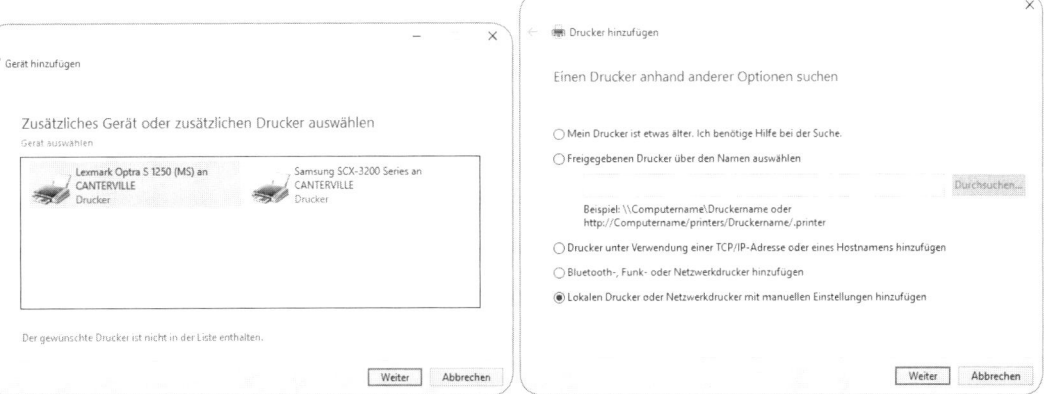

Bild 8.41: Der erste Schritt der Druckerinstallation: einen lokalen Drucker auswählen.

3. Wählen Sie im nächsten Schritt aus, ob der Drucker lokal über USB oder eine parallele Schnittstelle an diesen Computer angeschlossen oder per Bluetooth verbunden ist.

4. Danach geben Sie bei einem lokalen Drucker an, an welchem Anschluss der Drucker angeschlossen ist. Die Liste zeigt alle lokalen Schnittstellen des Computers sowie bereits von anderen Druckern definierte logische Schnittstellen an. Sollte eine Schnittstelle nicht erkannt worden sein, was vorkommen kann, wenn ein älteres Programm virtuelle Schnittstellen anlegt, müssen Sie diesen Anschluss mit der Option *Neuen Anschluss erstellen* definieren.

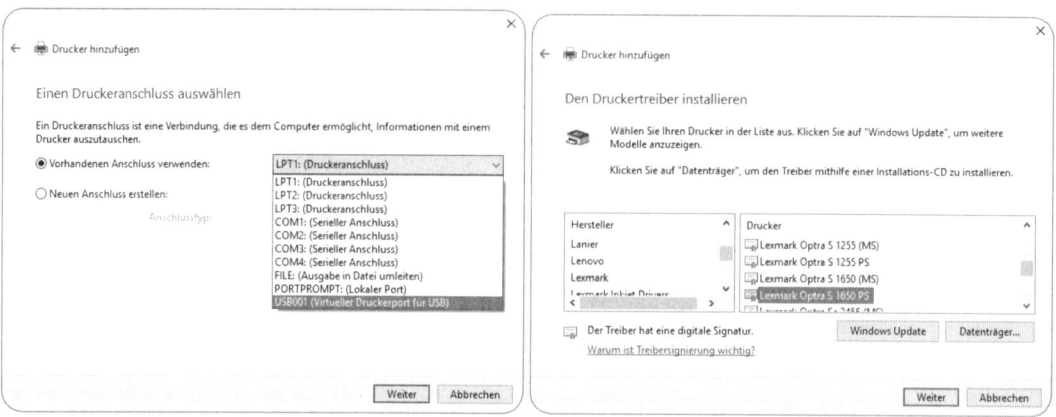

Bild 8.42: Druckeranschluss und Druckertyp auswählen.

5. Wählen Sie im nächsten Schritt das Druckermodell aus. Ist der gewünschte Drucker in der Liste nicht vorhanden, können Sie über die Schaltfläche *Datenträger* den Druckertreiber von einer CD des Herstellers installieren oder die Installation über eine Installationsdatei aus dem Internet vornehmen. Oder laden Sie sich über *Windows Update* die aktuelle Druckerliste von der Microsoft-Webseite herunter und erweitern so die Auswahl der zur Verfügung stehenden Geräte. Das kann einige Minuten dauern.

6. Danach müssen Sie dem neu installierten Drucker einen Namen geben, unter dem Windows ihn ansprechen soll. Dieser Name muss eindeutig sein und sollte nicht mehr als 31 Zeichen lang sein. In den meisten Fällen können Sie einfach den Vorgabenamen übernehmen. Wenn Sie mehrere logische Drucker für unterschiedliche Konfigurationen ein und desselben Geräts einrichten, brauchen sie auch alle unterschiedliche Namen.

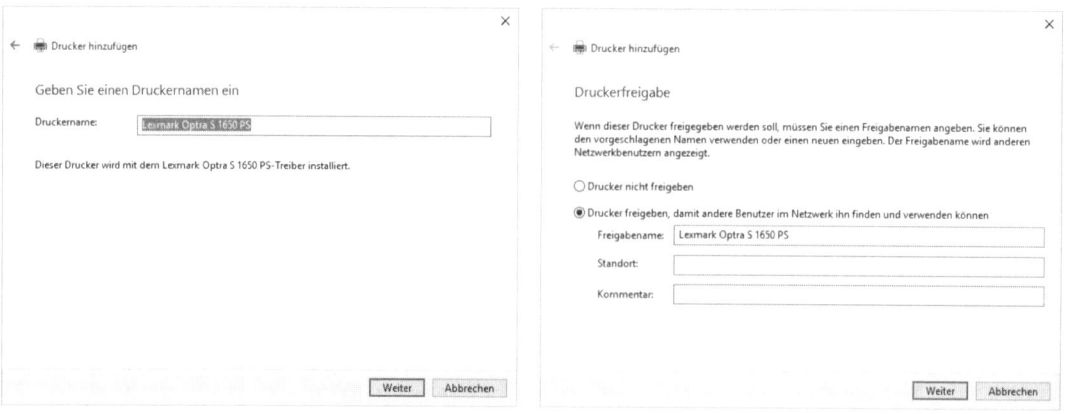

Bild 8.43: Druckernamen und Freigabenamen eintragen.

7. Im nächsten Schritt des Assistenten legen Sie fest, ob der neu installierte Drucker im Netzwerk für andere Benutzer freigegeben werden soll. Wenn ja, tragen

Sie einen Freigabenamen ein oder übernehmen die Vorgabe. Optional können noch ein *Standort* und ein *Kommentar* angegeben werden. Diese Informationen sind nur für die Benutzer bestimmt, technisch sind sie nicht notwendig.

8. Jetzt können Sie noch entscheiden, ob der neu installierte Drucker als Standarddrucker eingerichtet und ob eine Testseite gedruckt werden soll. Mit der Testseite wird nicht nur die Funktionsfähigkeit des Druckers überprüft, sie enthält auch nützliche Informationen zum installierten Druckertreiber.

9. Nach erfolgreicher Installation wird der neue Drucker in die Übersicht *Geräte und Drucker* mit aufgenommen.

Bei Problemen mit dem Drucker oder wenn Sie die Konfiguration verändert haben, können Sie per Rechtsklick auf den Drucker und Auswahl des Menüpunkts *Druckereigenschaften* jederzeit wieder eine Testseite ausdrucken.

8.5.4 Ein Drucker für alle Computer im Netzwerk

In einem lokalen Netzwerk können Sie einen Drucker für alle Computer nutzen. Bei Tablets und anderen Geräten ohne direkte Anschlussmöglichkeit eines Druckers ist das Netzwerkdrucken die einzige Methode, etwas zu Papier zu bringen.

1. Möchten Sie einen an einem anderen Computer im Netzwerk angeschlossenen Drucker nutzen, klicken Sie in der Übersicht *Geräte und Drucker* in der Symbolleiste auf *Drucker hinzufügen*.

2. Windows versucht jetzt, Drucker im Netzwerk zu finden. Wird der gewünschte Drucker gefunden, können Sie ihn einfach auswählen. Manche im Netzwerk vorhandenen Drucker werden nicht automatisch gefunden. Klicken Sie in diesem Fall auf *Der gewünschte Drucker ist nicht in der Liste enthalten*.

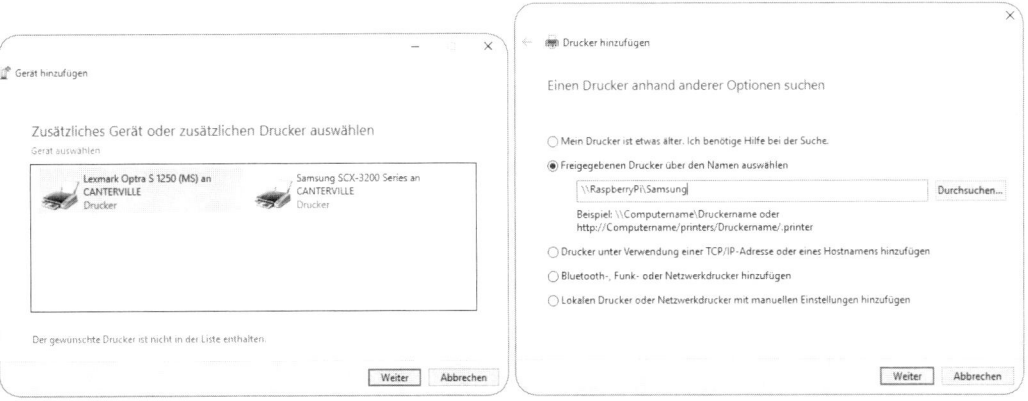

Bild 8.44: Automatisch gefundene Drucker im Netzwerk und Netzwerkdrucker suchen.

3. Im nächsten Schritt tragen Sie den Drucker über Computername und Freigabename oder über seine IP-Adresse ein. Die einfachste Methode ist in den meisten

Fällen die Option *Durchsuchen*. Hier bekommen Sie alle Computer im Netzwerk angezeigt und können den gewünschten Drucker leicht finden.

4. Zum Schluss müssen Sie, wie bei einem lokalen Drucker, einen Druckernamen angeben und festlegen, ob der neue Drucker als Standarddrucker verwendet werden soll. Ist der Drucker an einem Computer mit einer älteren Windows-Version angeschlossen, wird versucht, von diesem Computer einen passenden Treiber zu installieren. Sollte das nicht funktionieren, wird Windows Update automatisch nach einem geeigneten Windows 10-Treiber durchsucht.

Danach wird der Drucker in der Geräteübersicht eingetragen und kann wie ein lokaler Drucker verwendet werden. Natürlich muss zum Drucken über das Netzwerk der Computer, an dem der Drucker lokal angeschlossen ist, eingeschaltet sein.

8.5.5 Vom klassischen Desktop aus drucken

Windows 10 verwendet das bereits in Windows 8 eingeführte neue System für Druckertreiber, bei dem man kaum noch Treiber manuell installieren muss. Die meisten Neuerungen betreffen jedoch eher technische Interna. Für den Anwender ändert sich beim Drucken kaum etwas.

1. Windows 10 zeigt in der Übersicht *Geräte und Drucker* eine Liste aller installierten Drucker an. Standardmäßig sind das der Faxdrucker, der neue PDF-Drucker, der Microsoft XPS Document Writer sowie nach erstmaliger Nutzung auch der Journalnotizdruck. Freigegebene Drucker im Netzwerk werden ebenfalls automatisch erkannt.

PDF = portable document forma

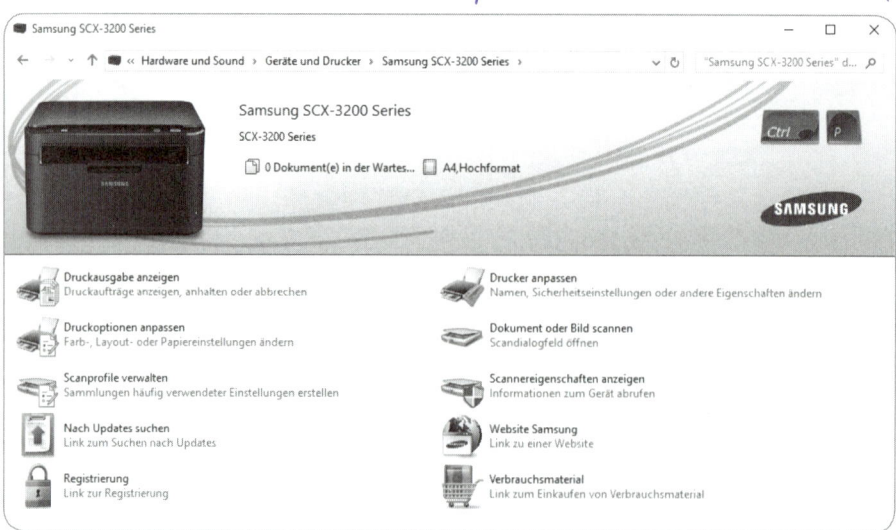

Bild 8.45: Statusfenster eines angeschlossenen Druckers.

2. Ein Doppelklick auf einen Drucker zeigt alle aktuell anstehenden Druckaufträge. Sollte ein Drucker nicht funktionieren, können Sie in diesem Fenster

die Druckaufträge abbrechen. Wenn der Druckertreiber diese neue Funktion bereits unterstützt, blendet ein Doppelklick ein Statusfenster ein, in dem neben der Anzeige der Druckerwarteschlange direkt auch wichtige Einstellungen angeboten werden.

Windows 10 bietet diverse Methoden zum Drucken eines Dokuments:

- Der am häufigsten verwendete Weg führt über das Menü *Datei/Drucken* oder die *Drucken*-Schaltfläche, die in fast jedem Programm vorhanden ist.

- Dateien, die als Standarddateityp einem Programm zugeordnet sind, haben im Explorer-Kontextmenü eine Option *Drucken*. Damit wird das jeweilige Programm gestartet und die Datei gedruckt.

- Das Menüband in Explorer-Fenstern enthält, wenn eine Datei eines registrierten druckfähigen Typs markiert ist, unter *Freigeben* eine Schaltfläche *Drucken*.

3. Die meisten klassischen Programme öffnen beim Klick auf das Druckersymbol ein Dialogfeld, in dem im oberen Bereich der gewünschte Drucker ausgewählt werden kann. Dazu sind je nach Programm weitere Einstellungen möglich. So kann zum Beispiel bei mehrseitigen Dokumenten festgelegt werden, welche Seiten gedruckt werden sollen.

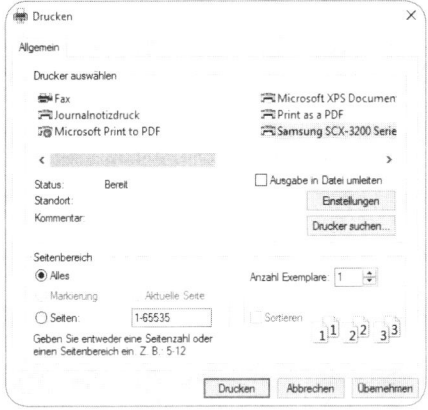

Bild 8.46: Standarddialog zum Drucken.

4. Wollen Sie von einem Dokument gleich mehrere Exemplare ausdrucken, geben Sie dies bei *Anzahl Exemplare* an. Mit der Option *Sortieren* können Sie festlegen, ob nacheinander jedes Dokument von Anfang bis Ende gedruckt werden soll oder zuerst alle ersten Seiten, dann alle zweiten und so weiter.

5. Klicken Sie auf die Schaltfläche *Einstellungen*, um das Papierformat und die Druckreihenfolge der Seiten auszuwählen. Die ist wichtig, da manche Drucker die zweite Seite im Stapel auf die Rückseite der ersten legen, andere auf die Vorderseite, und damit den Stapel in unterschiedlicher Reihenfolge sortieren. Diese Option wird nur von Druckern unterstützt, die auf einzelne Blätter drucken. Bei Endlospapier und beim Druck in Dateien kann die Sortierreihenfolge nicht geändert werden.

6. Besonders Readme-Dateien und textlastige Webseiten erscheinen beim Ausdruck viel zu groß. Hier kann man an Übersicht gewinnen und Papier sparen, wenn man die Seiten kleiner und zwei, vier oder noch mehr Seiten auf ein Blatt druckt.

7. Manche Drucker verwenden anstelle des Windows-Standarddialogs zur Druckerkonfiguration eigene Dialogfelder mit noch mehr Einstellungsmöglichkeiten. Ein Klick auf die Schaltfläche *Erweitert* oder weitere Registerkarten zeigt unter anderem gerätespezifische Einstellungen, wie zum Beispiel *Papiergröße* und *Druckqualität*.

8. Sie können diese Druckeinstellungen für jeden Drucker auch standardmäßig vorgeben, sodass Sie häufig verwendete Einstellungen nicht mehr bei jedem Druck festlegen müssen. Dazu gibt es zwei spezielle Menüpunkte im Kontextmenü eines Druckers in der Übersicht *Geräte und Drucker*.

9. Die *Druckeinstellungen* bewirken dasselbe wie die Einstellungen im Druckdialog. Hier lassen sich Vorgaben zur Sortierreihenfolge, zum Papierformat und zur Anzahl der Seiten pro Blatt vornehmen.

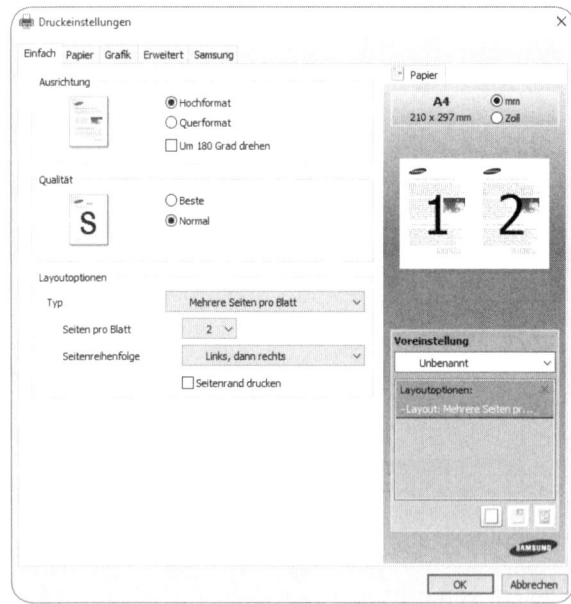

Bild 8.47: Festlegen der *Druckeinstellungen.*

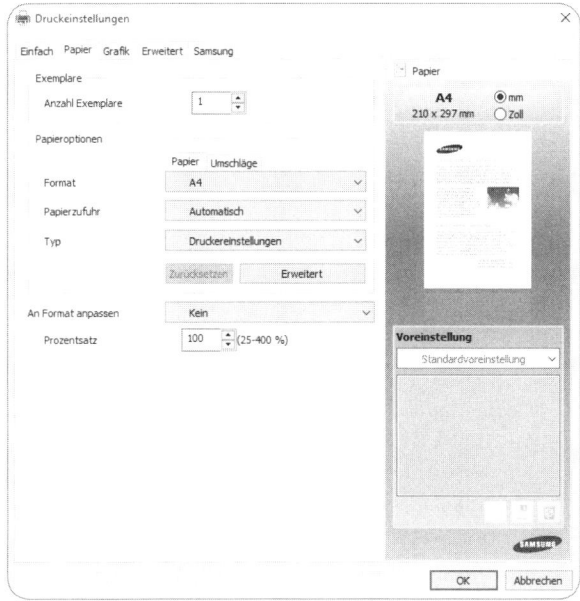

Bild 8.48:
Papiergröße auswählen.

10. Wählen Sie den Papiereinzug, den der Drucker verwenden soll. Die meisten modernen Drucker haben mindestens zwei Einzüge, einen für Einzelblätter und einen für Papierstapel. Welches Papier in welchem Einzug liegt, muss zuvor in den Druckereigenschaften in den *Geräteeinstellungen* festgelegt werden. Je nach Druckertyp stehen verschiedene weitere Einstellungsmöglichkeiten und teilweise auch ganz andere Konfigurationsdialoge zur Verfügung.

11. Die Druckereigenschaften bieten Zugriff auf verschiedene technische Einstellungen des Druckers. Diese werden üblicherweise automatisch richtig festgelegt, müssen aber bei Netzwerkdruckern oft noch angepasst werden.

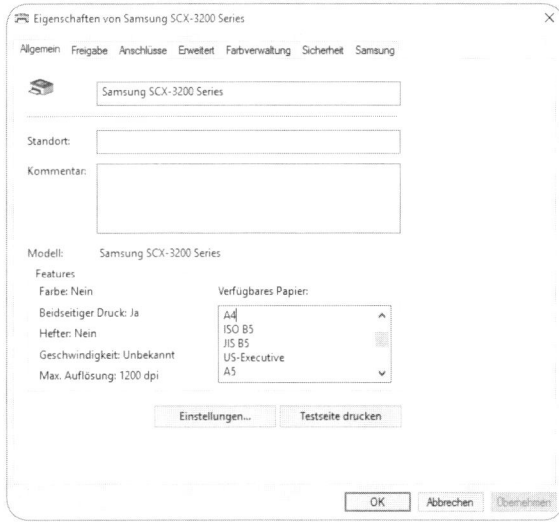

Bild 8.49: In den Druckereigenschaften kann unter anderem auch eine Testseite gedruckt werden.

8.5.6 Einen Standarddrucker festlegen

Die meisten Programme bieten beim Klick auf die *Drucken*-Schaltfläche eine Auswahlmöglichkeit, um festzulegen, auf welchem Drucker das Dokument gedruckt werden soll. Einige Programme, wie zum Beispiel ältere Versionen von Microsoft Word, haben diese Auswahl nicht. Hier wird immer auf dem Drucker gedruckt, der als Standarddrucker in Windows definiert ist. In Programmen, in denen eine Druckerauswahl besteht, ist der Standarddrucker immer der vorgewählte, der verwendet wird, wenn der Benutzer keinen anderen Drucker auswählt. Programme, die die neue Menübandoberfläche nutzen, haben üblicherweise im *Datei*-Menü eine Funktion *Schnelldruck*, die, ohne dass weitere Einstellungen vorgenommen werden müssen, direkt auf den Standarddrucker druckt.

Dieser Standarddrucker ist mit einem grünen Häkchen in der Liste der Drucker gekennzeichnet. Möchten Sie einen anderen Drucker als Standarddrucker festlegen, klicken Sie mit der rechten Maustaste auf diesen Drucker und wählen im Kontextmenü den Menüpunkt *Als Standarddrucker festlegen*.

8.5.7 Drucken mit den neuen Windows 10-Apps

Die meisten Windows 10-Apps im modernen Design unterstützen die neue systemweite Druckfunktion in Windows 10.

Um aus einer App heraus zu drucken, klicken Sie auf das Drucksymbol oder den entsprechenden Menüpunkt in der App.

Jetzt öffnet sich ein neues Fenster. Wählen Sie hier den gewünschten Drucker aus. Sie sehen eine Vorschau der Druckseite und können noch Ausrichtung und Skalierung wählen. Ein Klick auf *Drucken* druckt das Dokument.

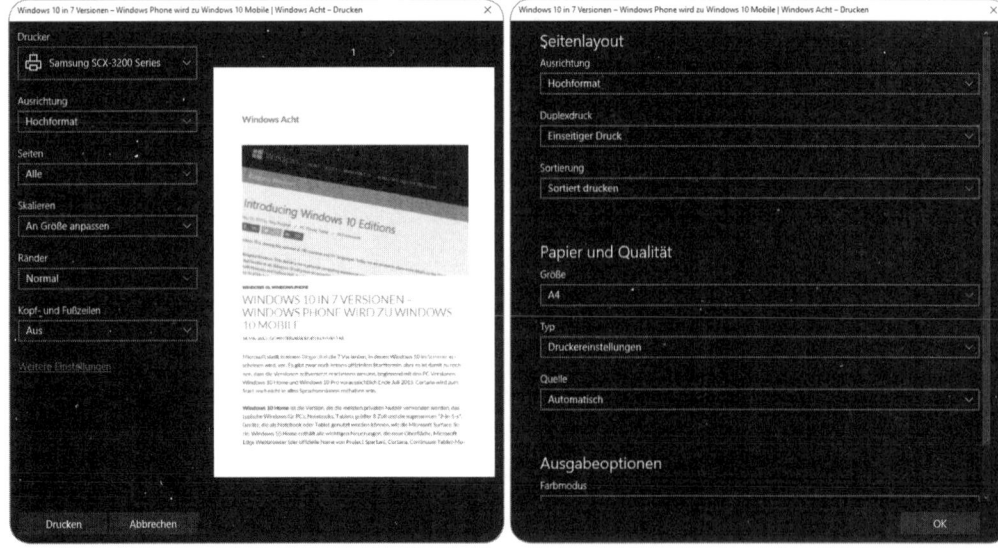

Bild 8.50: Einstellungen beim Drucken.

Ein Klick auf *Weitere Einstellungen* bietet zusätzliche Einstellungsmöglichkeiten für den Ausdruck. Diese hängen vom Drucker ab und können bei jedem Drucker anders aussehen.

8.5.8 Dokumente in eine PDF-Datei drucken

Ein Ausdruck muss nicht unbedingt auf Papier erfolgen. Microsoft liefert mit Windows 10 erstmals selbst einen Druckertreiber zur Ausgabe von PDF-Dokumenten an. Man braucht keine externe Software mehr dafür. Gegenüber einer speziellen Exportfunktion für solche Formate bietet der Druckertreiber den Vorteil, dass nur ein Programm installiert werden muss, das dann aus jeder Windows-Anwendung heraus funktioniert.

Wählt man den Drucker *Microsoft Print to PDF* beim Drucken aus, erscheint ein weiterer Dialog, in dem noch zusätzliche Einstellungen vorgenommen werden können. Die gedruckte Datei lässt sich danach mit einem geeigneten Betrachter anzeigen. Windows 10 nutzt den neuen Browser Microsoft Edge als Betrachter für PDF-Dokumente. Auch in anderen Betriebssystemen sowie auf Smartphones und E-Book-Readern gibt es Möglichkeiten, PDF-Dateien zu betrachten, was dieses Format ideal zum plattformübergreifenden Datenaustausch macht.

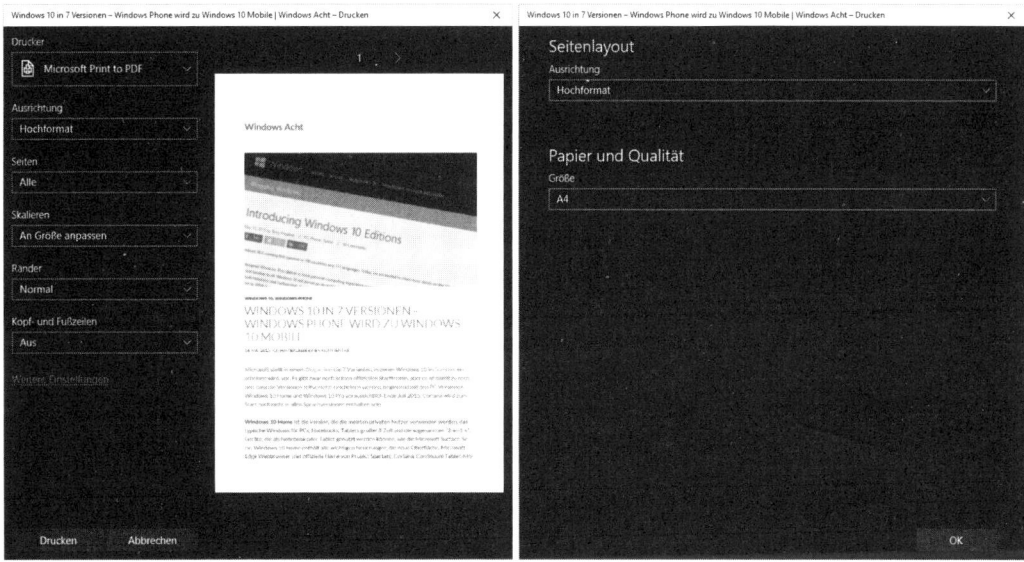

Bild 8.51: Dokument als PDF ausgeben.

8.5.9 Der XPS-Viewer in Windows 10

Microsoft führte mit Windows Vista das XPS-Dateiformat ein. Dies sollte ein plattformübergreifendes Format zur Darstellung von Dokumenten werden und war als direktes Konkurrenzprodukt zu Adobe PDF zu sehen. Das XPS-Format konnte sich gegen das weitverbreitete PDF nicht durchsetzen, der notwendige Druckertreiber ist aber aus Kompatibilitätsgründen in Windows 10 noch enthalten. Zum Betrachten von XPS-Dokumenten liefert Windows 10 einen eigenen XPS-Viewer mit.

Gedruckte Dokumente wieder finden

Die Microsoft-Treiber zum Drucken von PDF- und XPS-Dateien bieten keine Möglichkeit, einen Dateinamen auszuwählen. Die gedruckten Dokumente werden im Ordner *Dokumente* im persönlichen Benutzerprofil abgelegt und erhalten den gleichen Namen wie das Originaldokument. Ist von einem früheren Druck eine gleichnamige Datei bereits vorhanden, werden Zahlen angehängt.

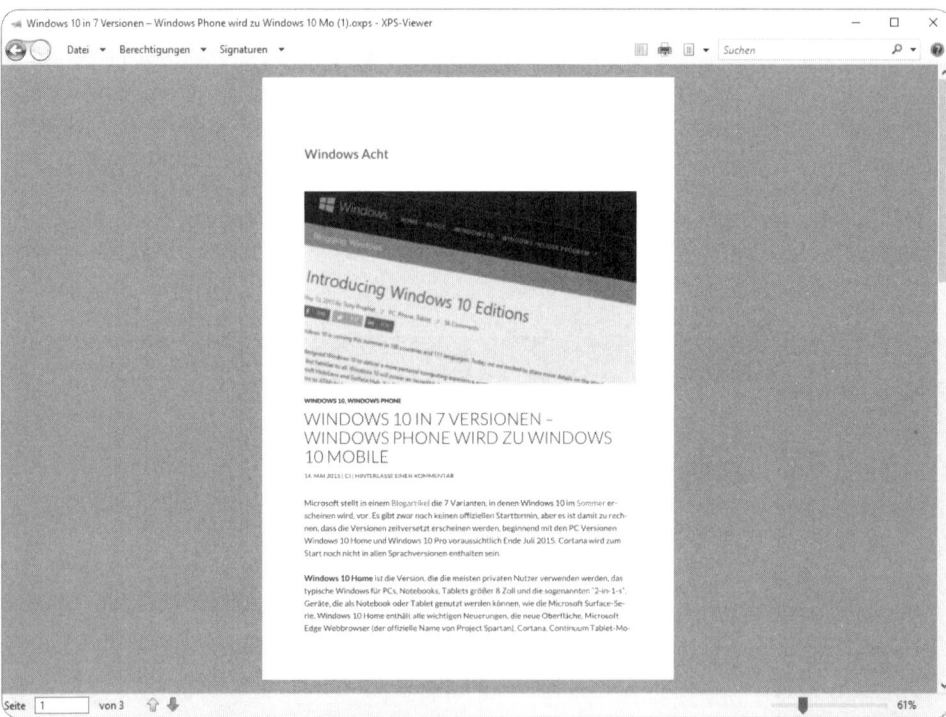

Bild 8.52: Der XPS-Viewer in Windows 10.

9 Windows 10 – technische Tricks

Nutzer früherer Windows-Versionen verbrachten einen großen Teil ihrer Zeit damit, das System zu tunen und es mithilfe mehr oder weniger versteckter Einstellungen zu optimieren. Windows 10 ist in dieser Hinsicht deutlich nutzerfreundlicher geworden, ein paar technische Tricks sollte man dennoch kennen.

9.1 Das Startmenü personalisieren

Das Startmenü ist die persönliche Übersicht über sämtliche installierten Apps sowie alle Neuigkeiten –E-Mails, Facebook-Nachrichten oder Wetterbericht –, die auf Live-Kacheln angezeigt werden. Jeder kann sich den rechten Teil seines Startmenüs so gestalten, dass die persönlich wichtigen Dinge schnell erreichbar sind. Dass sich die Kacheln beliebig im Startmenü verschieben und neu anordnen lassen, haben Sie sicher schon bemerkt. Aber haben Sie schon einmal mit der rechten Maustaste auf eine Kachel geklickt?

Bild 9.1: Kontextmenü beim Rechtsklick auf eine Live-Kachel.

Über das Kontextmenü können Sie die Kachel vom Startbildschirm entfernen oder die App komplett deinstallieren. Solange nur die Kachel entfernt wird, steht die App in der Liste *Apps* weiterhin zur Verfügung.

Die großen, rechteckigen Kacheln können an dieser Stelle auf zwei kleinere und ein größeres Quadratformat gebracht werden. Außerdem kann man bei Bedarf die automatische Aktualisierung der angezeigten Daten deaktivieren. Die Kachel zeigt dann stattdessen nur noch das App-Symbol.

9.1.1 Startmenü im Vollbildmodus verwenden

Windows 8.1 zeigte den Startbildschirm im Vollbildmodus und bot damit deutlich mehr Platz für die Kacheln und die Liste installierter Programme. Eine ähnliche Darstellung ist auch in Windows 10 möglich, nur auf PCs nicht standardmäßig eingestellt. Im Tablet-Modus wird das Startmenü immer als Vollbild angezeigt. Wählen Sie in den Einstellungen *Personalisierung/Start* und aktivieren Sie dort *Menü »Start« im Vollbildmodus verwenden*. An dieser Stelle können Sie bei Bedarf auch die an sich sehr nützlichen Startmenülisten *Meistverwendete Apps* und *Zuletzt hinzugefügte Apps* ausblenden.

Bild 9.2: Startmenü im Vollbildmodus darstellen.

Bild 9.3: Das Startmenü im Vollbildmodus mit der Apps-Liste.

Beim nächsten Klick auf das Windows-Logo öffnet sich das Startmenü in einem übersichtlichen Vollbildmodus, der viel Platz für selbst angelegte Kachelgruppen bietet. Ein Klick auf den Hamburger-Button oben links öffnet die Liste der Apps, die jetzt auch wesentlich mehr Apps gleichzeitig anzeigen kann.

9.1.2 Neue Ordner an das Startmenü andocken

Zusätzlich zu den standardmäßig vorhandenen Verknüpfungen für Explorer und Einstellungen können unten links im Startmenü weitere Ordnerverknüpfungen angezeigt werden. Klicken Sie dazu in den Einstellungen *Personalisierung/Start* auf den Link *Ordner auswählen, die im Menü »Start« angezeigt werden*. Auf dem nächsten Bildschirm schalten Sie die gewünschten Ordner ein.

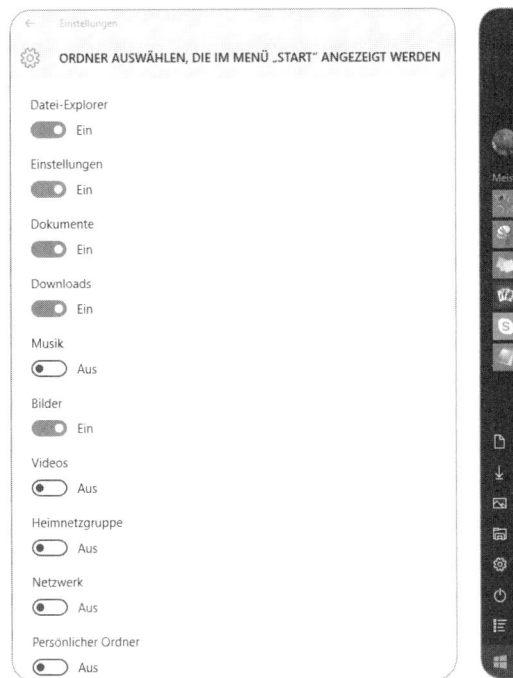

Bild 9.4: Weitere Ordner im Startmenü anzeigen.

9.2 Den Desktop personalisieren

Bei der Gestaltung des Windows-Desktops können Sie Ihrer Fantasie freien Lauf lassen. Das Aussehen kann je nach Einstellung sehr förderlich für Ihre Arbeit sein, es kann Sie aber auch ablenken und beeinträchtigen. Klicken Sie mit der rechten Maustaste auf eine leere Stelle des Desktops und wählen Sie im Kontextmenü *Anpassen*. Jetzt öffnet sich die neue Einstellungen-App, die gegenüber der klassischen Systemsteuerung deutlich weniger Möglichkeiten zur Desktopanpassung bietet.

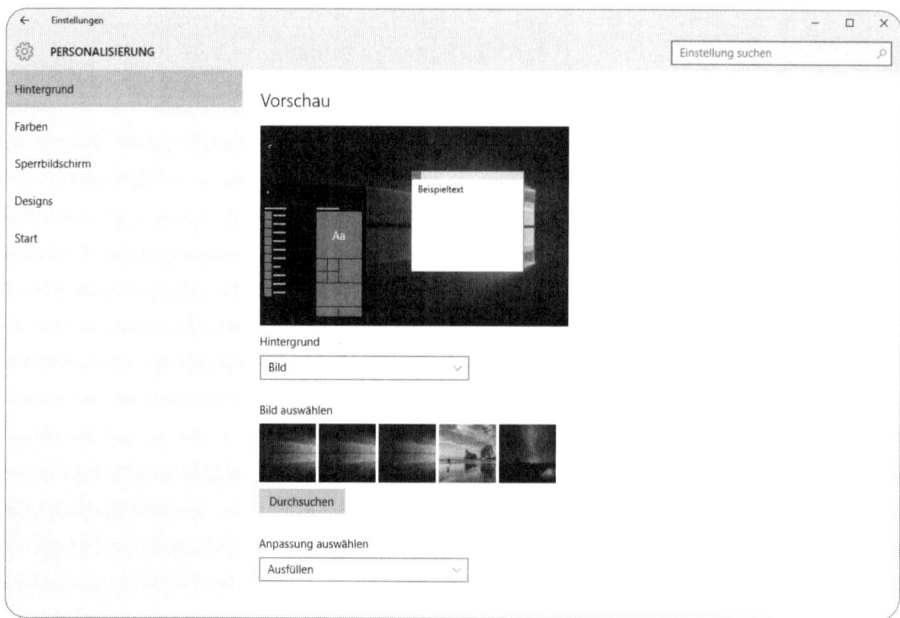

Bild 9.5: Die neuen Einstellungen für Hintergrundbilder.

9.2.1 Hintergrundbilder für den Desktop

Windows 10 liefert nur noch sehr wenige Motive für den Desktophintergrund mit, Sie können aber auch eigene Bilder verwenden. Mit der Schaltfläche *Durchsuchen* wählen Sie Ihren Desktophintergrund aus.

Windows 10 zeigt wie frühere Windows-Versionen entweder ein statisches Hintergrundbild an oder eine Diashow einer ganzen Bilderserie, bei der in bestimmten Zeitabständen das Hintergrundbild wechselt. Wählen Sie dazu in der Liste *Hintergrund* die Option *Diashow* und dann ein Verzeichnis, aus dem die Bilder angezeigt werden sollen. Geben Sie unter *Bildänderungsintervall* den Zeitraum an, nach dem ein neues Bild angezeigt werden soll.

Unter *Anpassung auswählen* finden Sie verschiedene Optionen zur Darstellung des Hintergrundbilds auf dem Desktop:

Option	Auswirkung
Ausfüllen	Zeigt das Bild formatfüllend auf dem Bildschirm an. Dabei wird es so weit wie möglich vergrößert, um ohne schwarze Balken auf den Bildschirm zu passen. Je nach Seitenverhältnis können oben und unten oder rechts und links Bildteile abgeschnitten werden.
Anpassen	Zeigt das Bild formatfüllend auf dem Bildschirm an. Dabei wird es so weit wie möglich vergrößert, um im Ganzen auf den Bildschirm zu passen. Je nach Seitenverhältnis ergeben sich oben und unten oder rechts und links schwarze Balken.

Option	Auswirkung
Dehnen	Zeigt das Bild formatfüllend auf dem Bildschirm an. Dabei wird es in beide Richtungen so weit wie möglich vergrößert, um im Ganzen auf den Bildschirm zu passen. Je nach Seitenverhältnis kann das Bild auf dem Bildschirm verzerrt erscheinen.
Kachel	Wiederholt das Bild in einem regelmäßigen Raster und füllt so den Bildschirm aus. Jedes einzelne Bild bleibt dabei in seiner Originalauflösung.
Zentriert	Stellt das Bild in Originalgröße und Originalseitenverhältnis in der Mitte des Bildschirms dar.
Strecken	Ähnlich wie *Ausfüllen*, aber etwas andere Verzerrung.

Ressourcen sparen bei Hintergrundbildern

Um Speicherplatz und Rechenleistung zu sparen, sollten Sie das Bild, das Sie als Hintergrund verwenden wollen, mit einem Bildbearbeitungsprogramm genau auf die Maße des Bildschirms skalieren und so speichern. Es ergibt keinen Sinn, ein 12-Megapixel-Foto von einer Digitalkamera jedes Mal vom System wieder auf die Bildschirmauflösung herunterrechnen zu lassen. Legen Sie die Hintergrundbilder auch immer auf der Festplatte ab und verwenden Sie keine Bilder von CD-ROMs oder Netzlaufwerken.

Der Windows-Explorer bietet eine einfache Methode, ein eigenes Bild als Desktophintergrund festzulegen. Klicken Sie mit der rechten Maustaste auf eine Bilddatei und wählen Sie im Kontextmenü *Als Desktophintergrund festlegen*.

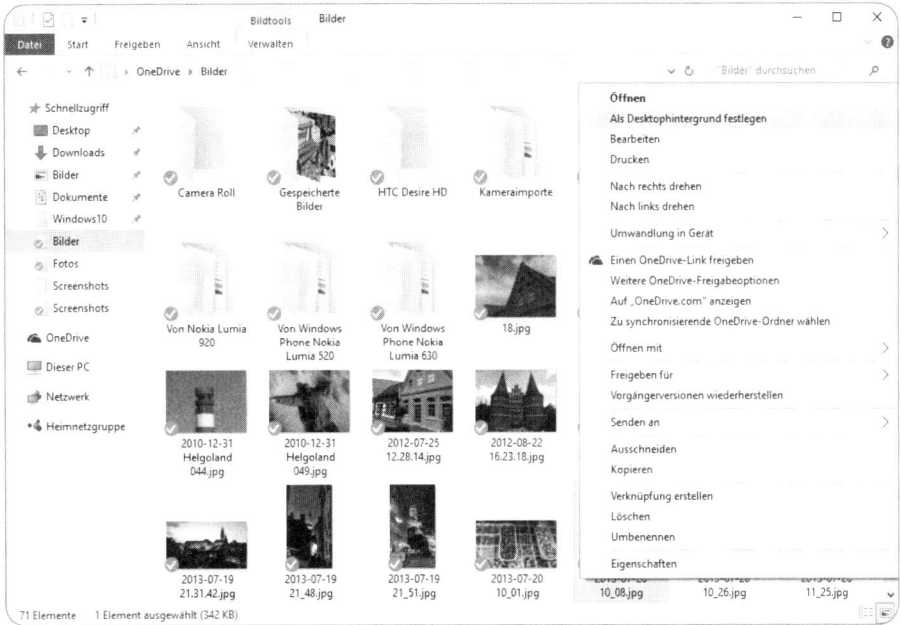

Bild 9.6: Hintergrundbild im Explorer wählen.

9.2.2 Automatische Akzentfarben einsetzen

Zum Stil der neuen Windows-Apps, wie unter anderem der Einstellungen, gehört ein schlichtes Design in Schwarz auf Weiß mit einer zusätzlichen Akzentfarbe. Diese Farbe wird, wie schon aus Windows Phone bekannt, auch für alle Kacheln verwendet, die keine festgelegte Farbe haben. Diese Farbe kann in den Einstellungen unter *Personalisierung/Farben* aus einer Palette ausgewählt werden.

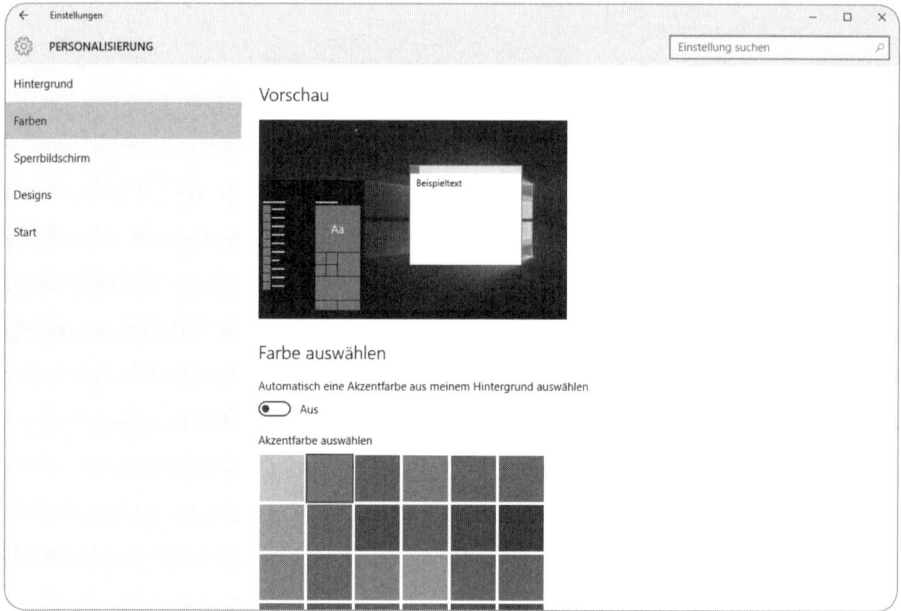

Bild 9.7: *Akzentfarbe* aus einer Palette auswählen.

Schalten Sie *Automatisch eine Akzentfarbe aus meinem Hintergrund auswählen* ein, wird die Akzentfarbe passend zum Hintergrund gewählt. Dies muss nicht unbedingt die vorherrschende Farbe auf dem Hintergrundbild sein. Besonders bei einer Diashow als Hintergrund wird es so nie langweilig, da bei jedem Bild auch die Akzentfarbe wechselt.

Der Schalter *Farbe auf Menü »Start«, Taskleiste und Info-Center anzeigen* verwendet die Akzentfarbe zur Darstellung dieser Bedienelemente. Die Elemente erscheinen dann also nicht mehr in Schwarz. Deaktivieren Sie den Schalter *Menü »Start«, Taskleiste und Info-Center transparent gestalten*, fällt der leichte Transparenzeffekt dieser Bedienelemente weg, und sie werden vollflächig in Schwarz oder in der Akzentfarbe dargestellt.

9.2.3 Symboleinstellungen auf dem Desktop

Trotz moderner Kacheltechnik, Taskleistensymbolen und neuem Startmenü sind Desktopsymbole auch in Windows 10 noch eine beliebte Methode, um wichtige

Programme ohne Umweg zu starten. Daher sollte ein gutes Hintergrundbild am Bildrand eine möglichst einfarbige, dunkle Fläche haben, auf der man die Desktopsymbole anordnen kann. Symbole in bunten Bildbereichen sind schwer zu erkennen und stören die Optik des Bilds.

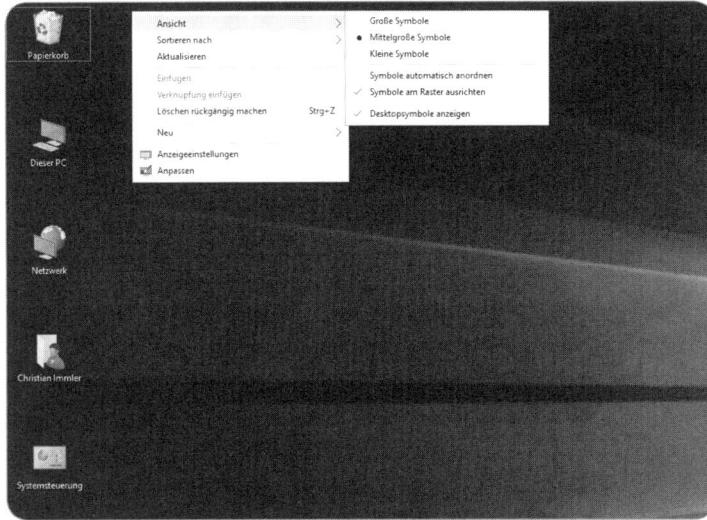

Bild 9.8: Der Windows 10-Desktop mit großen Symbolen und geöffnetem Kontextmenü.

Wer während der Arbeit zwischendurch sein schönes Hintergrundbild sehen möchte, braucht nicht alle Fenster einzeln zu minimieren. Das Tastenkürzel $\boxed{\text{Win}}$ + $\boxed{\text{D}}$ gibt jederzeit den Blick auf das Hintergrundbild frei. Mit denselben Tasten lassen sich alle Fenster wieder auf ihre ursprüngliche Größe und Position bringen. Sie können statt des Tastenkürzels auch in die rechte untere Bildschirmecke klicken.

1. Möchten Sie die Symbole für eine Weile verschwinden lassen, klicken Sie mit der rechten Maustaste auf den Desktop und deaktivieren im Kontextmenü *Ansicht/Desktopsymbole anzeigen*. Dabei werden die Symbole nicht gelöscht, sondern nur versteckt. Sie können auf dieselbe Weise wieder eingeschaltet werden.

2. Im gleichen Menü können Sie drei unterschiedliche Größen für die Desktopsymbole einstellen. Noch einfacher ist es, die Größe der Symbole mit dem Mausrad zu verändern. Klicken Sie dazu einmal auf den Desktop und drehen Sie dann bei gedrückter $\boxed{\text{Strg}}$-Taste am Mausrad. Alle Desktopsymbole, die diese Technik unterstützen, verändern gleichzeitig ihre Größe. Die Symbole einiger vor allem älterer Programme behalten ihre Größe jedoch, wenn sie nicht skalierbar sind.

3. Um die Anordnung der Desktopsymbole in übersichtlichen Reihen zu erleichtern, sollten Sie im Kontextmenü den Schalter *Ansicht/Symbole am Raster ausrichten* aktivieren. Damit verhindern Sie Chaos auf dem Desktop.

4. Die Funktion *Ansicht/Symbole automatisch anordnen* sollte immer ausgeschaltet bleiben, andernfalls wird Ihre schöne persönliche Ordnung zerstört, und die Symbole werden von oben links beginnend untereinander angeordnet. Das

Gleiche gilt für die Sortierung von Symbolen auf dem Desktop. Im Kontextmenü *Sortieren nach* können Sie verschiedene Sortierkriterien auswählen. Auf jeden Fall wird aber die eigene Ordnung aufgehoben, und alle Symbole werden von oben links beginnend automatisch angeordnet.

5. Windows zeigte in historischen Zeiten ein paar Standardsymbole immer auf dem Desktop an. Bereits in Windows XP waren diese nicht mehr standardmäßig aktiv, aber selbst in Windows 10 sind sie noch vorhanden. Welche der Windows-Standardsymbole *Computer*, *Benutzerdateien*, *Netzwerk*, *Papierkorb* und *Systemsteuerung* auf dem Desktop angezeigt werden sollen, legen Sie über den Link *Desktopsymboleinstellungen* in den Einstellungen unter *Personalisierung/ Designs* fest.

Bild 9.9: Standarddesktopsymbole anzeigen und ändern.

6. In diesem Dialog können Sie über die Schaltfläche *Anderes Symbol* andere Bildchen für die Standarddesktopsymbole auswählen. Nur wenn das Kontrollkästchen *Zulassen, dass Desktopsymbole durch Designs geändert werden* eingeschaltet ist, können spezielle Windows-Designs die Standarddesktopsymbole verändern. Ist dieser Schalter deaktiviert, werden immer die Standardsymbole angezeigt und die Designvorgaben ignoriert.

9.3 Die neuen Windows 10-Einstellungen

Seit vielen Windows-Generationen ist die Systemsteuerung die Zentrale für allerlei Einstellungen, Konfigurationen und das Tuning in Windows. In Windows 8 sollten die neuen PC-Einstellungen mehr Übersicht bringen. In Windows 10 wurde die neue, moderne Einstellungen-App nochmals erweitert. Sie soll nach und nach die alte Systemsteuerung ablösen. Fast alle Einstellungen, die in der neuen App bereits verfügbar sind, wurden aus der klassischen Systemsteuerung entfernt. Zusätzlich bietet die neue App an vielen Stellen Links auf die Systemsteuerung, wenn eine Einstellung noch nicht in das neue Design übernommen wurde.

Klicken Sie im Startmenü unten links auf *Einstellungen* oder nutzen Sie das Tasten-kürzel `Win`+`I`, um die neue Einstellungen-App zu öffnen. Leider ist gegenüber Windows 8.1 die Ansicht *Zuletzt verwendete Einstellungen* verloren gegangen.

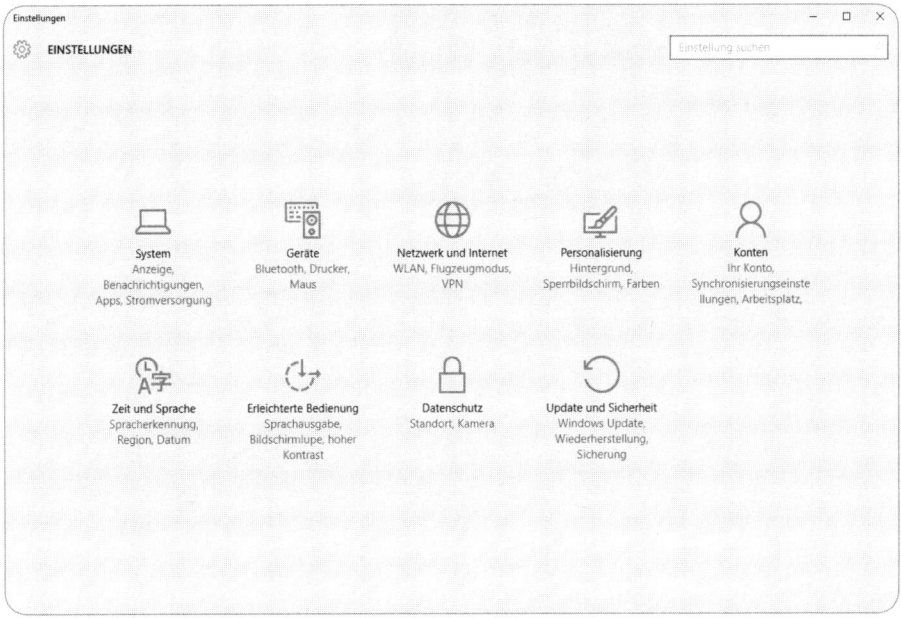

Bild 9.10: Die neuen Einstellungen in Windows 10.

9.3.1 Sperrbildschirmeinstellungen festlegen

Unter *Personalisierung/Sperrbildschirm* legen Sie unter anderem das Bild fest, das auf dem Sperrbildschirm erscheinen soll. Neben den vorgegebenen Bildern kön-nen Sie natürlich eigene Bilder oder auch eine Diashow aus der *Bilder*-Bibliothek verwenden. Weiter unten im Fenster legen Sie fest, welche Apps auf dem Sperrbild-schirm Meldungen einblenden dürfen, beispielsweise die Anzahl neuer E-Mails. Dabei kann eine App, standardmäßig der Kalender, ausführliche Infos anzeigen. Weitere Apps zeigen nur kurze Statusmeldungen.

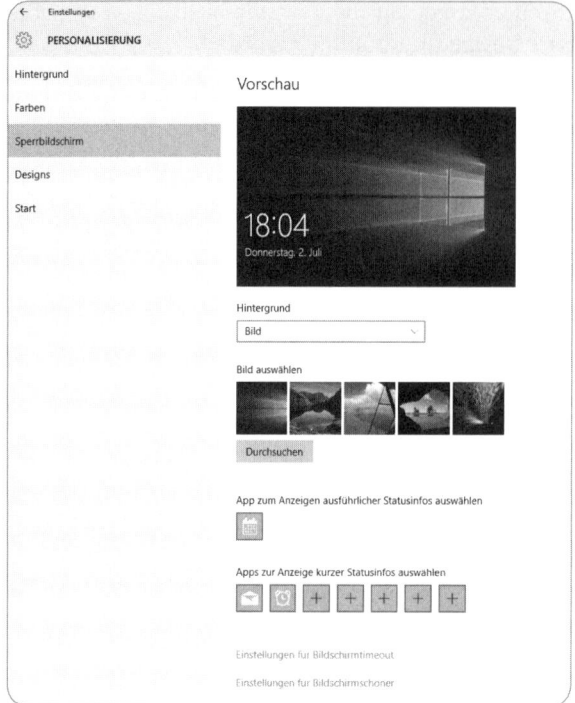

Bild 9.11: Einstellungen für den *Sperrbildschirm*.

9.3.2 Benutzeranmeldung online und lokal

In Windows 10 kann man sich mit einem Microsoft-Konto online und gleichzeitig am lokalen PC anmelden, was diverse Vorteile hat, wie z. B. die Synchronisation von Einstellungen zwischen mehreren Computern. Alternativ besteht aber auch wie in früheren Windows-Versionen die Möglichkeit, lokale Benutzerkonten zu verwenden. Unter *Konten/Ihr Konto* in den Einstellungen können Sie sich ein Profilbild für Ihr Konto anlegen.

Auf der Seite *Anmeldeoptionen* können Sie neben der Passworteingabe noch zwischen anderen Anmeldevarianten umschalten.

Unter *Kennwort* ändern Sie das Kennwort des Microsoft-Kontos oder des lokalen Benutzerkontos. Sie brauchen sich also nicht mehr wie früher mit dem Browser bei *account.microsoft.com* anzumelden, um Ihr Passwort zu ändern.

Kennworteingabe nach Bildschirmsperre abschalten

Wird der Computer eine Weile nicht benutzt, zeigt Windows 10 automatisch den Sperrbildschirm, der mit der Enter-Taste oder auf Touchscreens mit einer Wischbewegung nach oben ausgeblendet wird. Allerdings fragt Windows 10 in der Grundeinstellung nach dem Benutzerpasswort, was sehr lästig sein kann. Schalten Sie unter *Anmeldung erforderlich* auf *Nie*, um diese Kennwortabfrage abzuschalten.

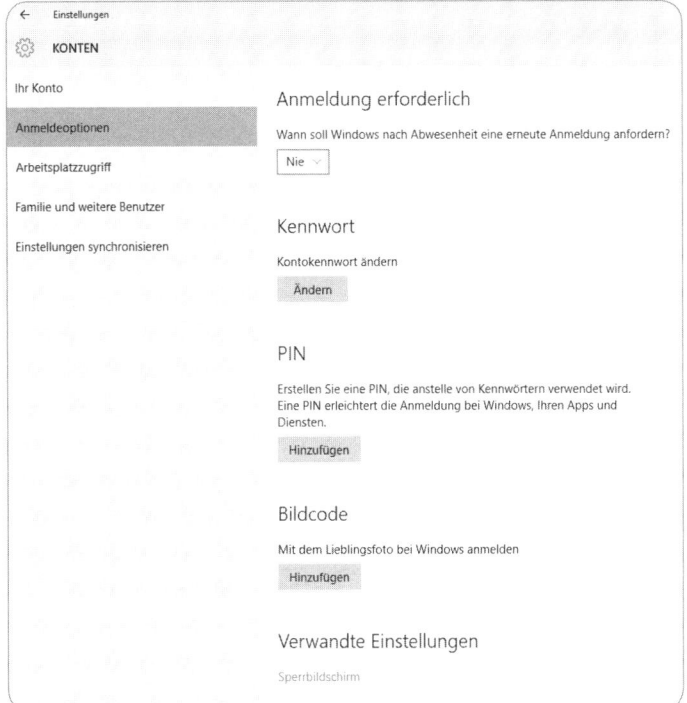

Bild 9.12:
Einstellungen
zur Benutzer-
anmeldung.

9.3.3 Benutzeranmeldung mit einer PIN

Wem das Passwort zu lang oder zu umständlich einzugeben ist, der kann stattdessen eine vierstellige PIN (persönliche Identifikationsnummer) festlegen, die zur Anmeldung auf diesem Computer dient. Das Passwort des Microsoft-Kontos bleibt erhalten und gilt online und auf anderen PCs bei der Anmeldung weiterhin. Die PIN soll die Anmeldung an einem privaten PC erleichtern, ohne dass man generell ein kurzes, unsicheres Passwort verwendet.

Über die Schaltfläche *Hinzufügen* unter *PIN* legen Sie eine solche PIN fest. Zur Sicherheit müssen Sie noch einmal das Passwort Ihres Benutzerkontos eingeben. Die neue PIN kann bei der nächsten Anmeldung bereits genutzt werden.

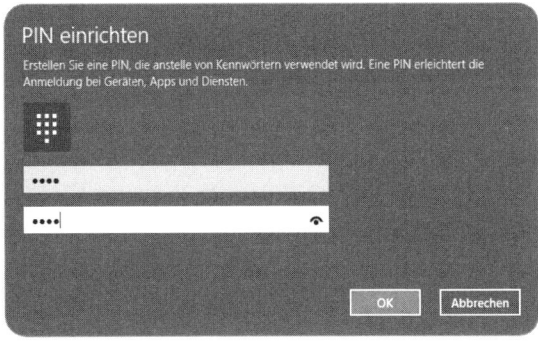

Bild 9.13: PIN zur Anmeldung
erstellen und bestätigen.

9.3.4 Benutzeranmeldung mit einem Bildcode

Auf Geräten mit Touchscreen ist die Anmeldung über ein Passwort mühsam und umständlich. Windows 10 bietet eine weitere, besonders Touchscreen-freundliche Art der Benutzeranmeldung, bei der Sie mit dem Finger auf einem Foto eine vorher festgelegte Geste aus Fingerstrichen, Kreisen und Punkten zeichnen, anstatt ein Kennwort einzutippen. Diese Art der Benutzeranmeldung funktioniert zwar auch mit der Maus, auf einem PC mit Tastatur ist die Passworteingabe aber deutlich schneller.

1. Klicken Sie unter *Bildcode* auf *Hinzufügen* und geben Sie danach zur Sicherheit noch einmal Ihr Passwort für die Anmeldung ein.

2. Windows 10 schlägt Ihnen ein Foto aus Ihrer Sammlung vor, Sie können aber auch direkt ein anderes auswählen. Danach erscheint eine kurze Erklärung, wie die Anmeldung über Touchscreen-Gesten funktioniert.

3. Jetzt zeichnen Sie auf dem Hintergrundbild einen sogenannten Bildcode, der aus drei Touchscreen-Gesten oder Mausbewegungen besteht. Jede davon kann ein Strich, ein Kreis oder ein Punkt sein, wobei Lage und Größe entscheidend sind.

Bild 9.14: Bildcode für die Anmeldung festlegen.

4. Sicherheitshalber müssen Sie die gleiche Geste noch ein zweites Mal zeichnen, wobei Windows geringe Ungenauigkeiten natürlich zulässt. Zu groß dürfen die Abweichungen aber nicht sein. Nutzen Sie deshalb markante Punkte auf dem Hintergrundbild.

5. Zum Schluss bestätigen Sie den Bildcode mit einem Klick auf *Fertig stellen*.

Bei der nächsten Anmeldung erscheint das Foto auf dem Anmeldebildschirm. Zeichnen Sie jetzt auf dem Touchscreen die gespeicherten Gesten nach, um sich anzumelden. Alternativ können Sie mit einem Klick auf *Anmeldeoptionen* auch Ihr gewohntes Passwort oder eine PIN eintippen.

9.3.5 Bildschirmauflösung und -anzeige anpassen

Die neuen *Einstellungen* in Windows 10 bieten unter *Geräte* die wichtigsten Hardwareeinstellungen, ohne dass dafür die klassische Systemsteuerung aufgerufen werden müsste. Diese Einstellungen finden Sie deutlich ausführlicher aber immer noch in der Systemsteuerung.

Normalerweise wird die optimale Auflösung eines angeschlossenen Monitors von Windows automatisch erkannt. Sollte das einmal nicht funktionieren, sind die *Einstellungen* eine große Hilfe. Unter *System/Bildschirm* erkennen und identifizieren Sie angeschlossene Bildschirme und stellen mit einem großflächigen Regler die Auflösung ein, der auch bei unscharf eingestelltem Bildschirm noch bedienbar ist.

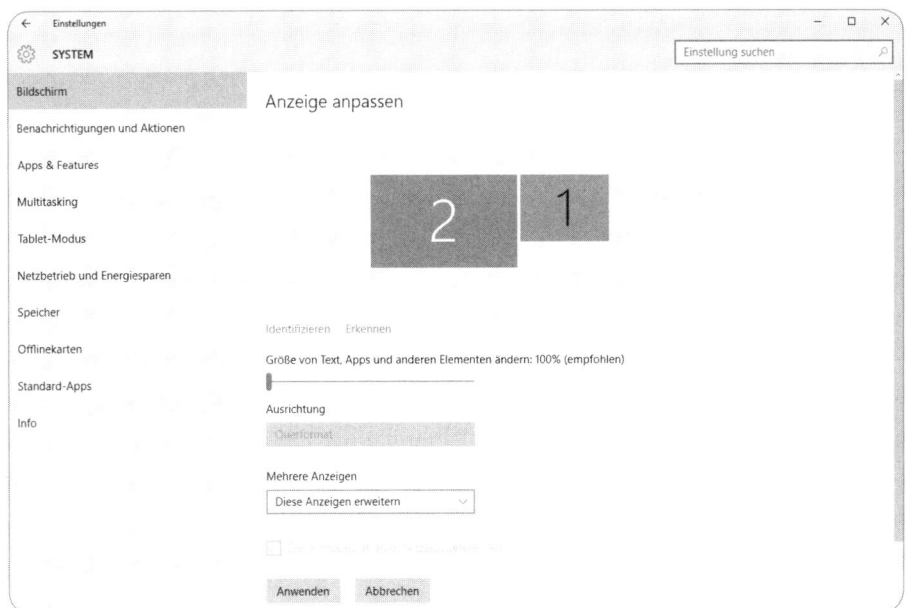

Bild 9.15: Bildschirmauflösung in den Einstellungen anpassen.

9.3.6 Programmereignisse und Sounds

Möchten Sie, dass sich Windows ruhig verhält, ohne aber gleich den Lautsprecher abschalten zu müssen, den Sie vielleicht zum Musikhören oder für Videos noch brauchen, wählen Sie das Soundschema *Keine Sounds*. Klicken Sie dazu mit der rechten Maustaste auf das Lautsprechersymbol im Infobereich der Taskleiste und wählen Sie im Kontextmenü *Sounds*.

Damit werden alle Systemklänge deaktiviert. Windows verhält sich komplett geräuschlos, alle Multimedia-Anwendungen können aber ganz normal mit Sound genutzt werden.

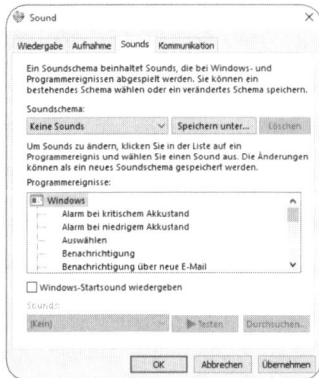

Bild 9.16: *Soundschema* auswählen – hier *Keine Sounds.*

9.3.7 Anschlussverhalten bekannter Gerätetypen

Wurde ein USB-Stick oder ein Smartphone am USB-Kabel angeschlossen, fragte Windows früher jedes Mal nach, was geschehen soll. Danach konnte man Fotos importieren, ein Explorer-Fenster öffnen oder ein spezielles Programm starten. Windows 10 bietet in den Einstellungen unter *Geräte/Automatische Wiedergabe* die Möglichkeit, für jeden bekannten Gerätetyp eigene Standardwerte anzugeben, die festlegen, wie das System reagieren soll, wenn das Gerät angeschlossen wird.

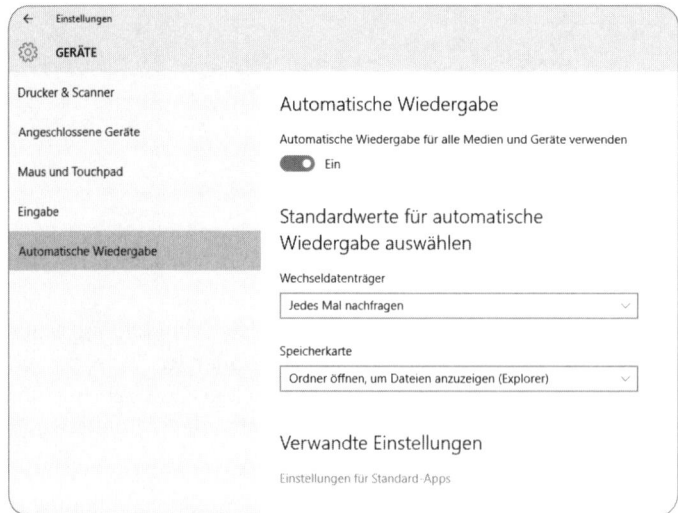

Bild 9.17: Einstellungen zur automatischen Wiedergabe beim Anschluss eines USB-Geräts.

9.3.8 Laufwerke und ihre Speicherbelegung

Die Anzeige *Speicher* in den Einstellungen unter *System* liefert einen Überblick über freien und belegten Speicherplatz auf dem PC.

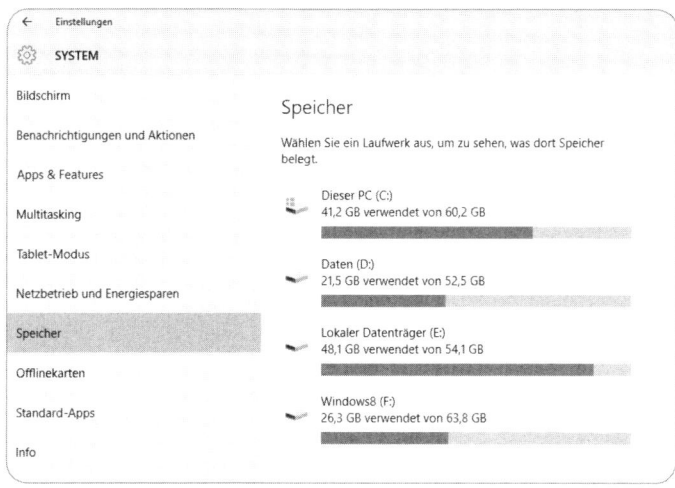

Bild 9.18: Die Speicherplatzanzeige der Laufwerke in den Einstellungen.

Diese Anzeige wurde gegenüber Windows 8.1 deutlich verbessert und zeigt jetzt den verwendeten Speicherplatz auf allen Festplatten an. Der Explorer liefert unter *Dieser PC* eine ähnliche Übersicht. Allerdings wird dort der freie Speicherplatz auf den Laufwerken angezeigt, in den Einstellungen der belegte.

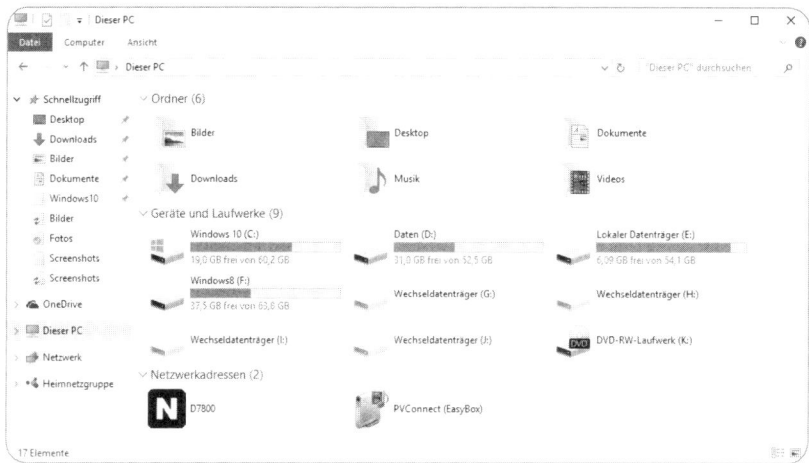

Bild 9.19: Die Speicherplatzanzeige der Laufwerke im Explorer.

9.3.9 Installierte Apps und ihr Speicherbedarf

Die Liste *Apps & Features* in den Einstellungen unter *System* zeigt den Speicherbedarf aller installierten Apps an. Wenn der Speicherplatz auf Ihrer Festplatte knapp wird, können Sie hier die größten Speicherfresser finden und deinstallieren. In Windows 10 werden sowohl die modernen Windows Store Apps wie auch die Anwendungen auf dem klassischen Desktop angezeigt, unabhängig davon, auf welchem Laufwerk sie installiert sind.

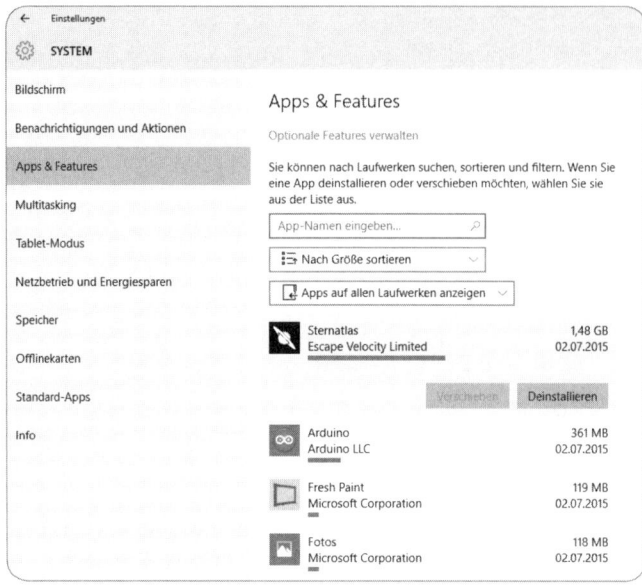

Bild 9.20: Durch einfaches Anklicken lassen sich nicht mehr benötigte Apps direkt aus dieser Liste heraus deinstallieren.

9.3.10 Standard-Apps nach Dateityp auswählen

Unter der Überschrift *Standard-Apps* enthalten die Einstellungen im Bereich *System* übersichtliche Listen, um für bestimmte Inhalte oder Dateitypen Anwendungen festzulegen. Auch hierfür braucht man nicht mehr die klassische Systemsteuerung aufzurufen.

Bild 9.21: Standard-Apps in den PC-Einstellungen auswählen.

Über den Link *Standard-Apps nach Dateityp auswählen* legen Sie fest, welche Dateitypen beim Doppelklick im Explorer mit welchen Anwendungen standardmäßig geöffnet werden sollen.

Hier fällt auf, dass Windows 10 standardmäßig keine Anwendung zum Öffnen klassischer DOC-Dateien mitliefert, sondern versucht, diese mit dem Editor zu öffnen, was natürlich nicht funktioniert. In früheren Windows-Versionen konnte Word-Pad mit diesem Dateiformat umgehen. Diese Funktion wurde abgeschaltet, da Microsoft sein neues DOCX-Format weiter vorantreiben möchte.

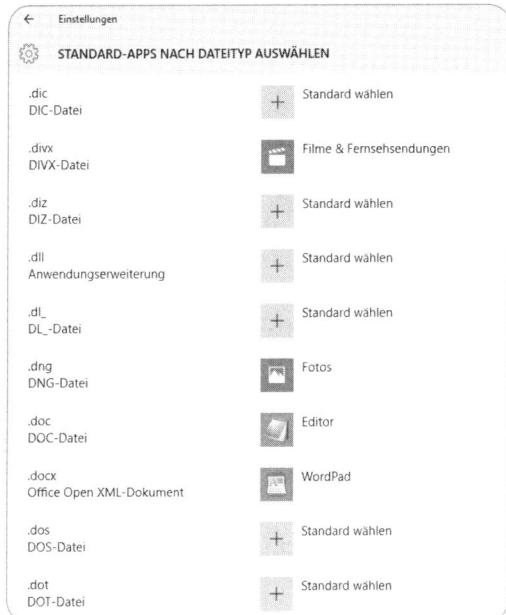

Bild 9.22: Standard-Apps nach Dateityp auswählen.

9.3.11 Globale Rechtschreibprüfung für Store-Apps

Windows 10 beinhaltet eine globale Rechtschreibprüfung, die allerdings nur für die neuen Windows Store Apps, nicht für klassische Anwendungen genutzt wird. Letztere verwenden eigene Methoden zur Rechtschreibprüfung. Die automatische Korrektur und Hervorhebung der Rechtschreibfehler kann in den Einstellungen unter *Geräte/Eingabe* auf Wunsch abgeschaltet werden, was allerdings nur in wenigen Fällen Sinn ergibt – so zum Beispiel, wenn Sie, ohne die Eingabesprache zu verändern, häufig fremdsprachige Texte schreiben.

9.3.12 Benachrichtigungen und Aktionen festlegen

Im Bereich *Benachrichtigungen und Aktionen* in den Einstellungen unter *System* wird festgelegt, welche Apps Benachrichtigungen über bestimmte Ereignisse anzeigen dürfen und welche nicht. Außerdem können Sie einstellen, ob App-Benachrichtigungen auf dem Sperrbildschirm erscheinen und ob Benachrichtigungsbanner und Alarmtöne verwendet werden sollen.

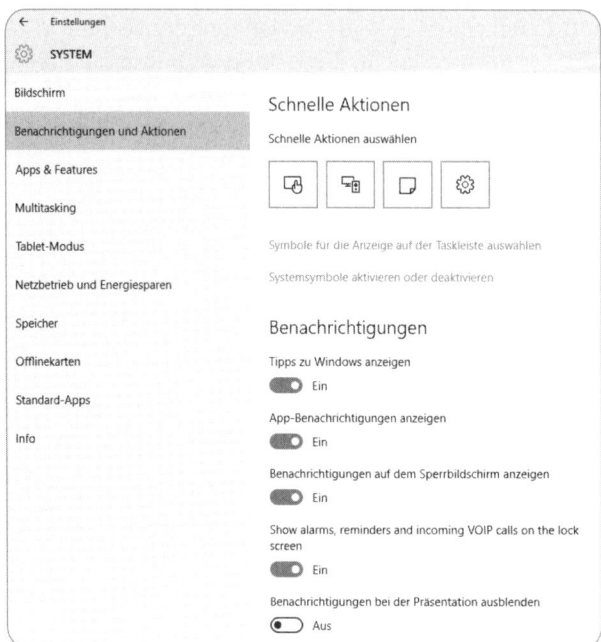

Bild 9.23: Einstellungen für App-Benachrichtigungen.

Gerade bei Tablets, die, ohne wirklich ausgeschaltet zu werden, 24 Stunden am Tag laufen, können die Benachrichtigungen mitten in der Nacht lästig sein. Leider sind in Windows 10 die aus Windows 8.1 bekannten Ruhezeiten, in denen Apps keine Benachrichtigungen melden dürfen, in den Einstellungen verloren gegangen.

9.3.13 Zeitzone, Sprache und Datumsformate

Im Bereich *Zeit und Sprache* der Einstellungen stellen Sie unter anderem die Uhrzeit ein, was nur noch selten nötig ist, da Windows 10 diese in der Standardeinstellung automatisch mit einem Zeitserver im Internet synchronisiert. Wichtig ist aber die Auswahl der richtigen Zeitzone, damit das Zeitsignal auch der tatsächlichen lokalen Uhrzeit entspricht. Lassen Sie den Schalter *Automatisch an Sommerzeit anpassen* am besten aktiviert und schalten Sie dafür im BIOS des PCs die entsprechende Einstellung ab. Windows reagiert über Updates regelmäßig auf mögliche Änderungen der Sommerzeiteinstellungen, die allerdings in Deutschland noch nie vorgekommen sind.

Im Bereich *Formate* legen Sie fest, wie Datum und Uhrzeit dargestellt werden sollen. Diese Formate werden standardmäßig aus der eingestellten Sprache übernommen und brauchen deshalb in den meisten Fällen nicht verändert zu werden.

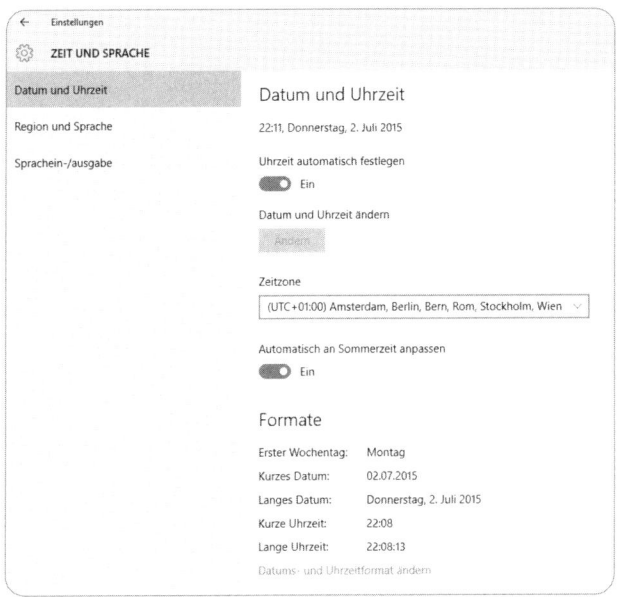

Bild 9.24: Der Bereich *Zeit und Sprache* in den Einstellungen.

In den Einstellungen von Windows 10 können Sie zusätzliche fremdsprachige Tastaturlayouts auch ohne den Umweg über die klassische Systemsteuerung einrichten. Klicken Sie auf das voreingestellte deutsche Layout, um bei Bedarf alternative Tastaturlayouts für Deutsch auszuwählen. Ein Klick auf *Sprache hinzufügen* öffnet eine Liste der von Windows unterstützten Sprachen.

Bild 9.25: Ausschnitt aus der Sprachenliste in Windows 10.

Sprachenvielfalt auf der Erde
Windows 10 erscheint laut Werbung in 111 Sprachen, Windows 8.1 unterstützte dagegen noch 139 Sprachen. Weltweit sind etwa 6.500 Sprachen bekannt, wobei allerdings 80 % der Menschheit die 50 wichtigsten Sprachen als Muttersprache sprechen.

9.4 Die alte Systemsteuerung ist noch da

In der Systemsteuerung verwaltet Windows wichtige Informationen und Einstellungen zum Betriebssystem, zu Geräten und Diensten. Diese Systemsteuerung war in früheren Windows-Versionen an prägnanter Stelle im Startmenü zu finden. In Windows 10 erreichen Sie die Systemsteuerung mit einem Rechtsklick auf das Windows-Logo unten links. Hier erscheint das Systemmenü, in dem Sie die Systemsteuerung finden.

Bild 9.26: Die Startseite der klassischen *Systemsteuerung* in Windows 10.

Einige Module der Systemsteuerung sind auch an anderen Stellen der Windows-Oberfläche direkt und leichter zugänglich verlinkt. So öffnet z. B. ein Rechtsklick auf das Netzwerksymbol im Infobereich der Taskleiste das Systemsteuerungsmodul *Netzwerk- und Freigabecenter*. Auch im Kontextmenü des Lautstärkereglers sind einige Module der klassischen Systemsteuerung verlinkt.

Wenn Sie nicht genau wissen, wo sich eine bestimmte Einstellung in der Systemsteuerung verbirgt, tippen Sie einfach im Cortana-Suchfeld ein Stichwort ein. Ganz oben oberhalb der Bing-Suchvorschläge erscheinen passende Apps und auch Systemsteuerungsmodule, die Sie direkt aus dieser Liste heraus aufrufen können.

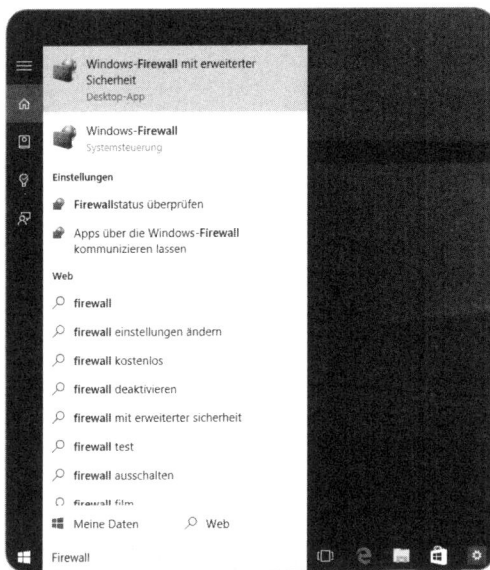

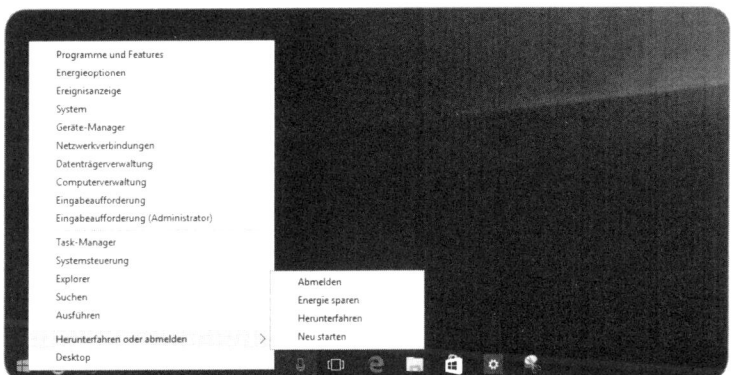

Bild 9.27: Systemsteuerungsmodule mit Cortana finden.

9.5 Zugriff auf das Systemmenü

Zusätzlich zum wiederbelebten klassischen Startmenü enthält Windows 10 das aus Windows 8.1 bekannte Systemmenü, das über die Tastenkombination Win + X oder einen Rechtsklick auf das Windows-Logo unten links eingeblendet wird. Es bietet schnellen Zugriff auf wichtige Einstellungen und Systemanwendungen.

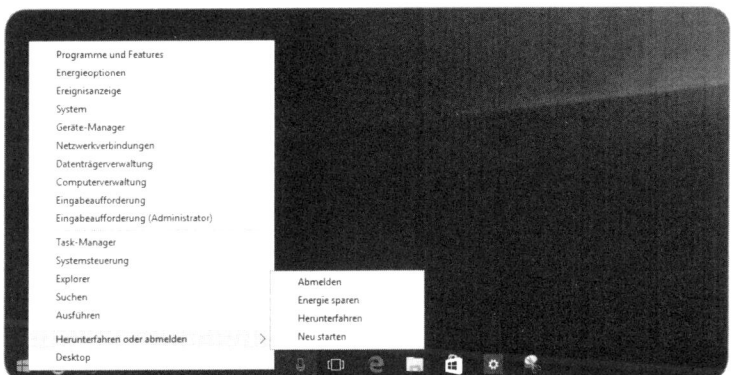

Bild 9.28: Das Systemmenü auf dem Windows 10-Desktop.

9.5.1 Mobilitätscenter

Auf Notebooks mit Akkubetrieb erscheint ein zusätzlicher Menüpunkt *Mobilitätscenter*. Hier finden Sie an einer Stelle zusammengefasst wichtige Tools für die mobile Windows-Nutzung.

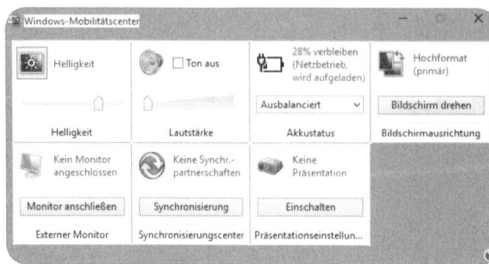

Bild 9.29: Das *Windows-Mobilitätscenter* auf Notebooks und Tablets.

9.5.2 Eingabeaufforderung

Der Menüpunkt *Eingabeaufforderung* öffnet ein Fenster, in dem Kommandozeilen-befehle, ähnlich den früheren DOS-Befehlen, eingegeben werden können.

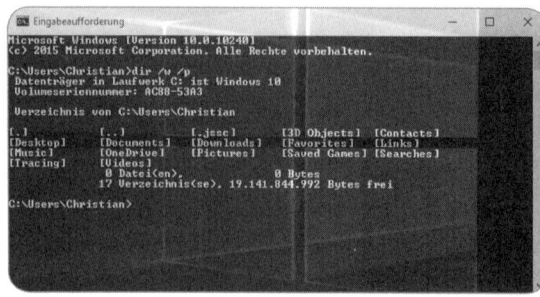

Bild 9.30: Die neue transparente *Eingabeaufforderung.*

Linux kann es schon lange – jetzt lässt sich auch das Eingabeaufforderungsfens-ter von Windows transparent machen. Drücken Sie dazu die Tastenkombinationen Strg + Umschalt + + oder Strg + Umschalt + - . Sollte das nicht funktionieren, schalten Sie in den Einstellungen des Eingabeaufforderungsfensters auf der Regis-terkarte *Optionen* den Schalter *Legacykonsole verwenden* aus.

Bild 9.31: Die neuen Einstellungen der Eingabeaufforderung.

Im Eingabeaufforderungsfenster können nun auch die Tastenkombinationen `Strg` + `C` und `Strg` + `V` verwendet werden, wenn der Schalter *STRG-Tastenkombinationen aktivieren* eingeschaltet ist. Als weitere Neuerung kann das Eingabeaufforderungsfenster jetzt wie jedes andere Fenster beliebig in der Größe verändert werden. In den Eigenschaften der Taskleiste können Sie auf der Registerkarte *Navigation* festlegen, dass anstelle der klassischen Eingabeaufforderung im Systemmenü die Windows PowerShell angezeigt wird, eine erweiterte Eingabeaufforderung, die wesentlich mehr Funktionen bietet.

9.5.3 Eingabeaufforderung (Administrator)

Dieser Menüpunkt öffnet ein Eingabeaufforderungsfenster mit vollen Administratorrechten. Mit den entsprechenden Kommandozeilenbefehlen können Sie Dateien verändern, die normalerweise aus Sicherheitsgründen vor unbefugtem Zugriff geschützt sind.

9.5.4 Task-Manager

Dieser Menüpunkt ruft den *Task-Manager* auf, eine Übersicht aller laufenden Anwendungen. Hier sehen Sie die Systemauslastung und können nicht mehr funktionierende Anwendungen beenden. Der Task-Manager wurde in Windows 8 gegenüber früheren Windows-Versionen deutlich erweitert und wird auch in dieser Form in Windows 10 verwendet. Erst ein Klick auf *Mehr Details* zeigt ausführliche Informationen.

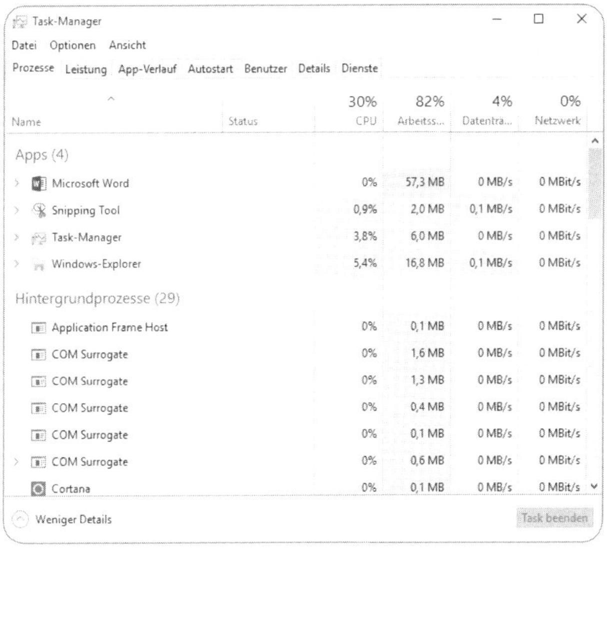

Bild 9.32: Der *Task-Manager* in Windows 10.

9.6 Fenster auf Beamer projizieren

Die meisten Notebooks haben einen Anschluss für einen externen Monitor. Dieser zweite Monitoranschluss wird gern für Präsentationen genutzt. Dabei kann auf dem zweiten Monitor oder Beamer das gleiche Bild zu sehen sein wie auf dem Notebook-Bildschirm, oder man erweitert den Windows-Desktop auf beide Bildschirme. In dem Fall können einzelne Fenster auf den Beamer geschoben werden, sodass die Zuschauer sie sehen, andere Fenster, z. B. mit persönlichen Notizen, bleiben auf dem Notebook-Bildschirm.

Das Tastenkürzel Win + P blendet rechts auf dem Bildschirm eine Seitenleiste mit vier Symbolen für die verschiedenen Konfigurationen von Computermonitor und Projektor (Beamer oder zweitem Monitor) ein. Hier können Sie die gewünschte Konfiguration auswählen. Die Symbolgrafiken erklären eindeutig, was die jeweiligen Anzeigevarianten bewirken.

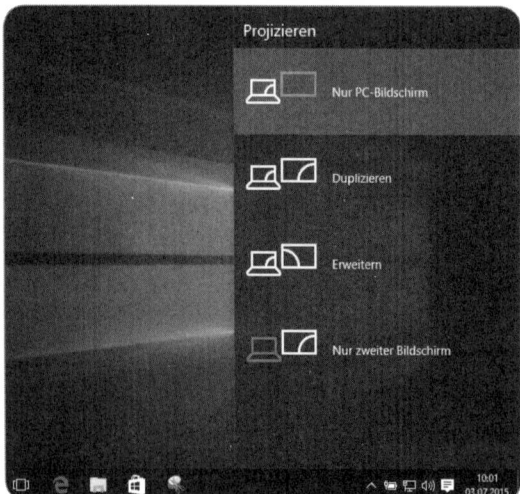

Bild 9.33: Vier Varianten zur Anzeige auf einem zusätzlichen Bildschirm.

9.7 Stromverbrauch deutlich reduzieren

Jeder Computer braucht Strom. Mit entsprechenden Einstellungen lässt sich der Stromverbrauch aber deutlich reduzieren. Diese Einstellungen sind besonders für Notebooks mit immer zu schwachen Akkus wichtig.

1. Der Infobereich der Taskleiste enthält auf Notebooks ein Batterie- oder Netzstromsymbol. Ein Klick darauf zeigt den aktuellen Batteriezustand an. An dieser Stelle können Sie bei Batteriebetrieb direkt in den Stromsparmodus wechseln und auch die Bildschirmhelligkeit einstellen. Standardmäßig bringt der Bildschirm im Netzbetrieb volle Helligkeit und wird im Akkubetrieb etwa auf die Hälfte abgedunkelt

Bild 9.34: Klick auf das Batterie-symbol bei Batterie- und Netzbetrieb.

2. Ein Klick auf den Link *Einstellungen für Netzbetrieb und Energiesparen* öffnet die neuen Einstellungen. Hier können Sie auswählen, nach welcher Inaktivitäts-zeit der Bildschirm ausgeschaltet wird und wann der PC in den Energiesparmo-dus wechselt.

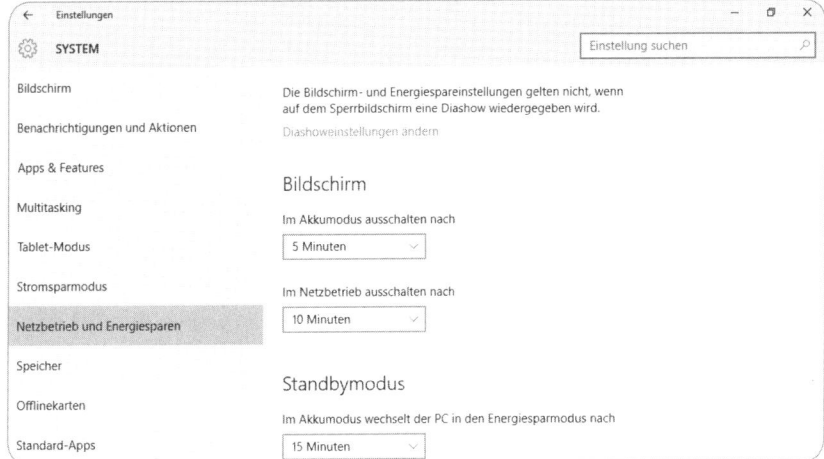

Bild 9.35: Auswahl eines Energiesparplans.

9.7.1 Energiesparpläne sind ein erster Schritt

Windows 10 gibt verschiedene sogenannte Energiesparpläne vor, die allerdings noch nicht in die neue Einstellungen-App übernommen wurden. Hier können Sie zwischen dem normalen Modus *Ausbalanciert*, einem speziellen *Energiesparmodus* und einem Modus *Höchstleistung*, der nur wenig Energie spart, wählen.

1. Ein Klick auf *Zusätzliche Energieeinstellungen* öffnet die klassische Systemsteu-erung.

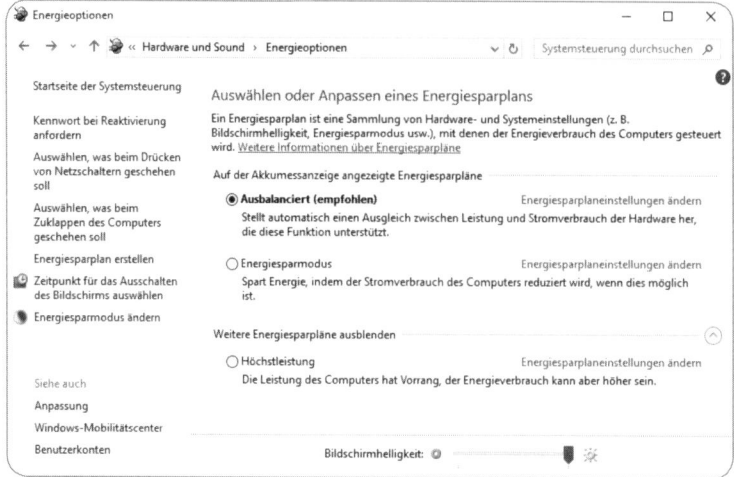

Bild 9.36: Energiesparpläne in der Systemsteuerung.

2. Mit einem Klick auf den Link *Energiesparplaneinstellungen ändern* legen Sie für jeden Energiesparplan individuelle Einstellungen fest. Dabei können Sie festlegen, nach welcher Inaktivitätszeit der Bildschirm ausgeschaltet werden und wann der Computer automatisch in den Energiesparmodus gehen soll.

3. Hier stellen Sie auch die Bildschirmhelligkeit für den Akku- und Netzbetrieb ein. Viele Notebooks haben zusätzlich Tasten zur Regelung der Bildschirmhelligkeit. Diese haben keinen Einfluss auf die in den Energieoptionen eingestellten Helligkeitswerte.

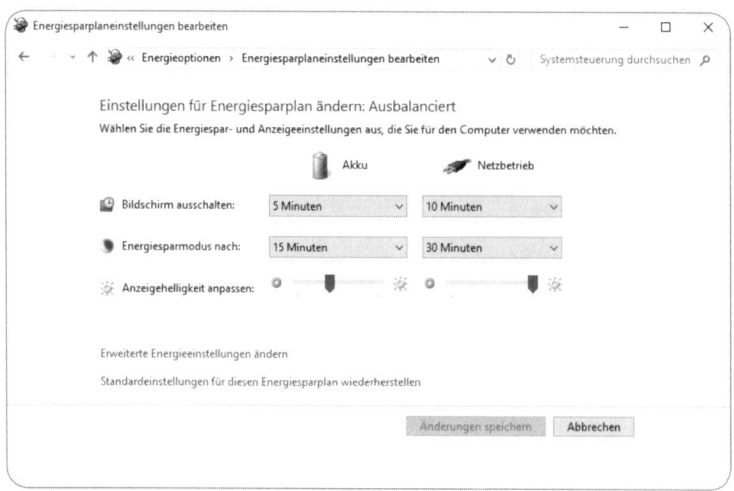

Bild 9.37: Einstellungen für den Energiesparplan ändern.

4. Noch detaillierter lassen sich die Energiespareinstellungen konfigurieren, wenn Sie auf den Link *Erweiterte Energieeinstellungen ändern* klicken. Im fol-

genden Dialog stehen weitere Möglichkeiten zur Verfügung, die Sie je nach verwendeter Hardware entsprechend anpassen sollten.

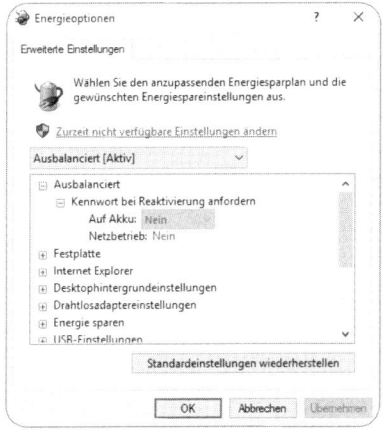
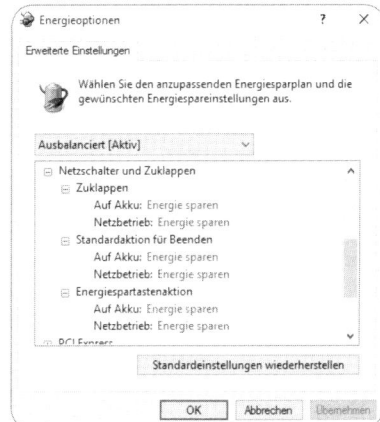

Bild 9.38: Erweiterte Energieeinstellungen.

5. Einige Einstellungen werden zwar angezeigt, können standardmäßig aber nicht verändert werden. Dazu müssen Sie zuerst auf den Link *Zurzeit nicht verfügbare Einstellungen ändern* klicken und je nach Einstellung eine Anfrage der Benutzerkontensteuerung bestätigen. Auf Notebooks kann jede Einstellung für Akkubetrieb und Netzbetrieb unabhängig voneinander festgelegt werden.

9.7.2 Viel Energie im Ruhezustand sparen

Am meisten Energie lässt sich im sogenannten Ruhezustand sparen. Hier wird der komplette Inhalt des Arbeitsspeichers auf die Festplatte gespeichert und der Computer ausgeschaltet. Wird er wieder eingeschaltet, wird der Arbeitsspeicherinhalt wiederhergestellt, sodass man sich an der gleichen Stelle wie vor dem Ruhezustand befindet. Das dauert im Vergleich zum normalen Windows-Start nur wenige Sekunden.

Was passiert beim Ruhezustand?
Für den Ruhezustand wird auf der Festplatte genauso viel freier Speicherplatz benötigt, wie RAM installiert ist. Das Speicherabbild wird in der Datei *hiberfil.sys* auf dem Systemlaufwerk abgelegt. Diese Datei hat die Attribute *Versteckt* und *System*, kann also nicht auf eine andere Partition oder ein anderes Verzeichnis verschoben und auch nicht defragmentiert werden. Sie wird bei der Windows-Installation automatisch in der vollen Größe des RAM angelegt, sodass der Speicherplatz reserviert ist und die Gefahr der Fragmentierung verringert wird. Sie sollten die Datei *hiberfil.sys* auf keinen Fall löschen, da Sie sie sonst meistens nicht mehr unfragmentiert anlegen können.

Energie sparen ist ein mit Windows 7 eingeführter neuer Energiesparmodus, der wie beim Ruhezustand eine aktuelle Kopie des Arbeitsspeicherinhalts auf der Festplatte ablegt, dies aber nur aus Sicherheitsgründen, falls der Akku zwischenzeitlich vollständig leer ist. Um den Computer schneller wieder aufzuwecken, wird der Speicher weiterhin mit Strom versorgt. Bei dieser Methode reicht ein einfacher Tastendruck auf eine beliebige Taste der Tastatur, um den Computer aus seinem sehr energiesparenden Zustand wieder zu voller Funktionalität zu bewegen.

In den erweiterten Energieeinstellungen legen Sie fest, nach welcher Zeit ein Computer vom Energiesparmodus automatisch in den Ruhezustand versetzt werden soll. Im Ruhezustand ist der Computer komplett stromlos und kann nur durch Drücken der Einschalttaste wieder aufgeweckt werden.

Beim Aufwecken aus dem Energiesparmodus muss der Benutzer in der Grundeinstellung jedes Mal sein Passwort angeben. Die Voreinstellung hat Sicherheitsgründe. Verlässt jemand seinen PC für eine bestimmte Zeit, könnte sich ein Unbefugter daran vergreifen. Dieses Verhalten können Sie aber jederzeit abschalten. Die entsprechende Einstellung finden Sie in den erweiterten Energieeinstellungen unter *Kennwort bei Reaktivierung anfordern*.

 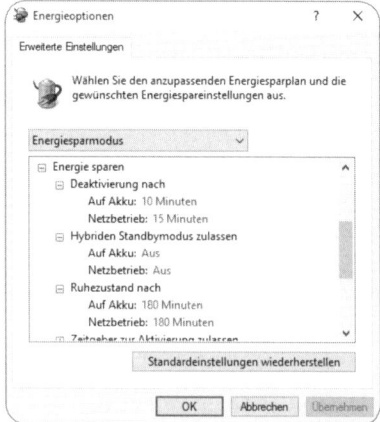

Bild 9.39: Einstellungen zum Aufwecken aus dem Energiesparmodus und zum automatischen Umschalten in den Ruhezustand bei verschiedenen Energiesparplänen.

9.7.3 Niedrige und kritische Akkukapazität

Was passiert, wenn der Akku eines Notebooks im laufenden Betrieb wirklich leer wird? Der Benutzer wird in der Regel vorher gewarnt und muss anschließend das System sauber herunterfahren, um keine Daten zu verlieren. In den erweiterten Energieeinstellungen bietet Windows 10 für jeden Energiesparplan eigene Einstellungen an, wie sich das System bei schwacher Batterie verhalten soll. Diese finden Sie ganz unten in der Liste unter *Akku*.

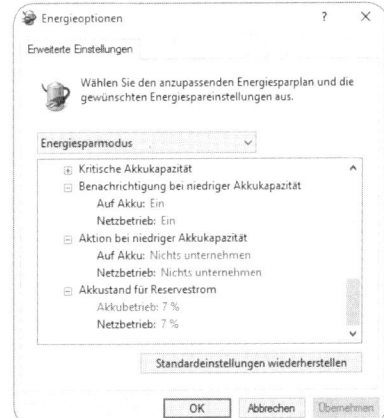

Bild 9.40: Einstellungen zum Verhalten bei niedriger Akkukapazität.

Alle Parameter lassen sich für Akkubetrieb und Netzbetrieb getrennt einstellen. Bei Netzbetrieb können Sie sich Warnungen anzeigen lassen, sollte der Akku schwach sein, es brauchen aber keine speziellen Aktionen unternommen zu werden. Die Warnungen erinnern den Benutzer daran, das Notebook noch eine Zeit lang am Netzteil angeschlossen zu lassen, um den Akku wieder aufzuladen.

Windows 10 unterscheidet zwischen niedriger Akkukapazität und kritischer Akkukapazität. Bei niedriger Akkukapazität wird üblicherweise nur eine Warnung angezeigt, erst bei kritischer Akkukapazität sollte das System in den Ruhezustand versetzt werden. Alternativ kann man den Computer auch ganz herunterfahren lassen, wobei aber alle Programme beendet werden.

Werte für alte Akkus höher setzen

In der Grundeinstellung gelten 10 % der Akkuleistung als niedrige Kapazität, 5 % als kritisch. Diese Werte sind für moderne und fabrikneue Akkus ausgelegt. Bei älteren Akkus kann es notwendig werden, die Werte etwas zu erhöhen, damit genügend Zeit bleibt, die geöffneten Dateien zu sichern oder den Computer in den Ruhezustand zu versetzen. Ältere Akkus verlieren die letzten paar Prozent ihrer Kapazität deutlich schneller als neue Akkus.

9.7.4 Energiespartaste und andere Aktionen

Bestimmte Schalter am Computer oder an der Tastatur sowie das Zuklappen eines Notebooks lösen bestimmte Aktionen aus. Welche Aktion bei welchem Ereignis ausgelöst wird, können Sie in den Energieeinstellungen festlegen. Klicken Sie dazu unter *Energieoptionen* links auf *Auswählen was beim Drücken von Netzschaltern geschehen soll.* Je nachdem, welche Schalter der Computer verwendet, werden hier entsprechende Auswahllisten angezeigt.

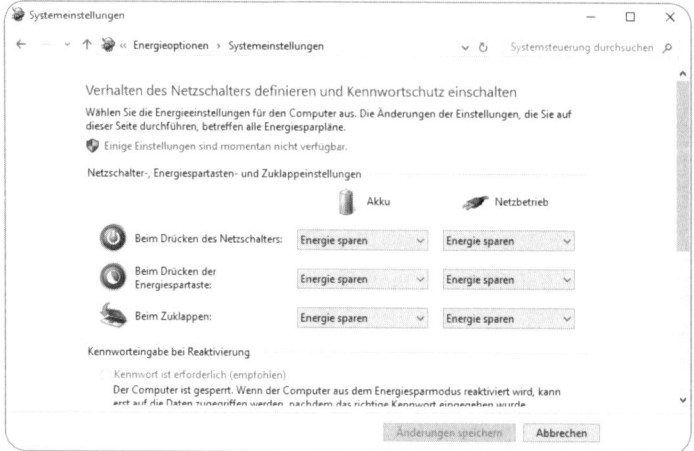

Bild 9.41: Aktionen beim Drücken des Netzschalters oder beim Zuklappen des Notebooks.

Das Zuklappen eines Notebooks kann ebenfalls eine Aktion auslösen. Dabei ist es nicht unbedingt erforderlich, eine Taste zu drücken. Standardmäßig wird beim Zuklappen die Funktion *Energie sparen* aufgerufen.

9.8   Express-Einstellungen wieder ändern

Viele Benutzer installieren Windows 10 zunächst mit den von Microsoft vorgegebenen Express-Einstellungen. Einige dieser Vorgaben sind besonders hinsichtlich des Datenschutzes nicht optimal. Nachdem Sie sich eine Weile mit Windows 10 beschäftigt haben, möchten Sie vielleicht das eine oder andere ändern.

9.8.1   Schutz vor unsicheren Dateien und Websites

Der Windows SmartScreen-Filter soll in Windows 10 den PC vor unbekannten aus dem Internet heruntergeladenen Programmen wie auch vor als gefährlich eingestuften Webseiten schützen. Dieser SmartScreen-Filter liefert häufig Fehlalarme bei harmloser Software und nervt daher viele Anwender mehr, als er nutzt.

Der SmartScreen-Filter taucht in Windows 10 an drei Stellen auf, wo er getrennt abgeschaltet werden kann.

Schalten Sie den SmartScreen-Filter für heruntergeladene klassische Programme in der Systemsteuerung unter *System und Sicherheit/Sicherheit und Wartung* ab. Klicken Sie dazu auf *Windows SmartScreen-Einstellungen ändern*.

In den Einstellungen unter *Datenschutz/Allgemein* schalten Sie den SmartScreen-Filter für die Windows Store Apps aus. Die Apps selbst sind von Microsoft auf gefährliche Inhalte geprüft, allerdings laden die meisten Apps weitere Daten aus dem Internet nach, die in Echtzeit vom SmartScreen-Filter geprüft werden können.

Bild 9.42: Den Windows SmartScreen-Filter für heruntergeladene Programme abschalten.

Den Schalter für den SmartScreen-Filter für Webseiten finden Sie im Microsoft Edge-Browser in den erweiterten Einstellungen ganz unten.

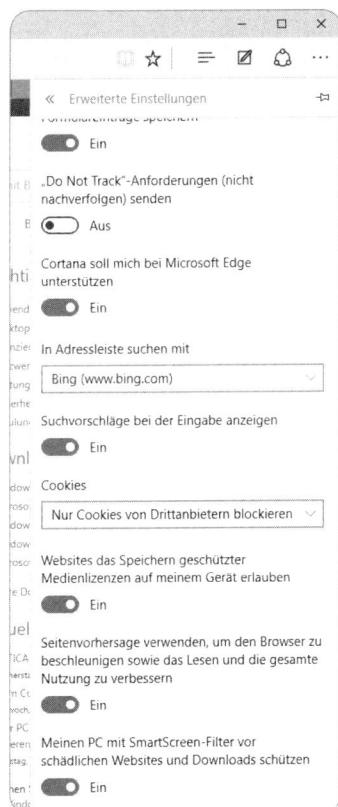

Bild 9.43: SmartScreen-Filter für Webseiten.

9.8.2 Datenschutzeinstellungen vornehmen

Die neuen Windows Store Apps haben die Möglichkeit, den eigenen Standort, den Namen und das Profilbild zu nutzen, um z. B. standortabhängige Informationen zu liefern oder das eigene Profilbild in einer Kommunikation mit Freunden zu übertragen. In den Einstellungen können Sie dieses Verhalten unter *Datenschutz* beeinflussen. Bedenken Sie dabei, dass die meisten Einstellungen auch nützlich sein können, um die Ergebnisse, die die Apps liefern, zu verbessern. Lediglich die Verwendung der Werbungs-ID kann ohne Komfortverlust abgeschaltet werden.

Im Bereich *Datenschutz/Allgemein* der Einstellungen können Sie den installierten Windows Store Apps weiterhin nützliche Berechtigungen gewähren oder entziehen, wenn Sie in diesen eine Gefahr für Ihre Privatsphäre sehen. Das gilt nicht für klassische Programme.

• Wenn Sie den SmartScreen-Filter ausschalten, besteht die Gefahr, dass ein Link in einer Nachricht, die von einer App dargestellt wird, zu schädlichen Inhalten führt.

• Wenn Sie *Websites den Zugriff auf die eigene Sprachliste gestatten* ausschalten, werden möglicherweise einige Webseiten in fremden Sprachen angezeigt, obwohl eine deutsche Version vorhanden ist.

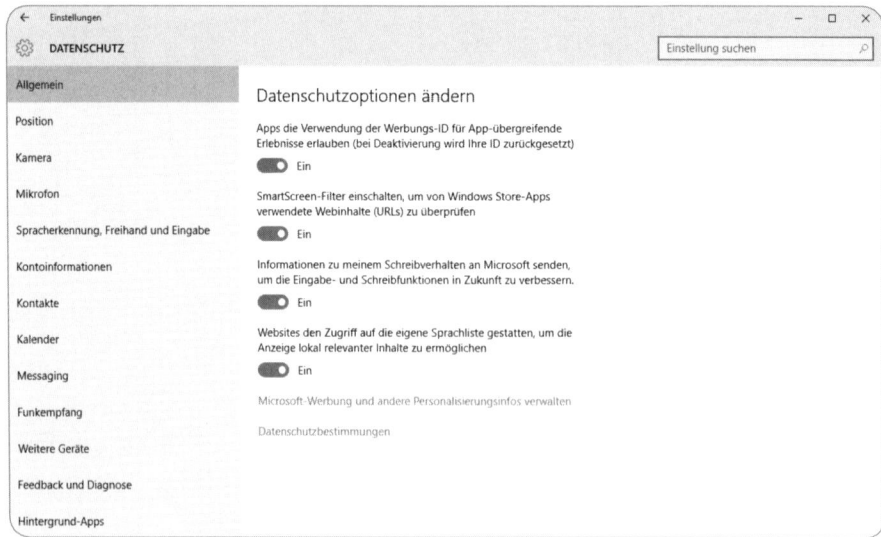

Bild 9.44: *Datenschutz* in den Einstellungen.

Weiter unten legen Sie noch fest, welche Apps Standortdaten, Kamera, Mikrofon, Kontakte, Kalenderdaten und andere Systeminformationen verwenden dürfen.

• Im Bereich *Position* legen Sie fest, welche Apps die eigenen Standortinformationen nutzen dürfen. Wenn Sie diese Schalter deaktivieren, leidet die Qualität der Suchergebnisse, da diese nicht mehr auf die eigene Umgebung optimiert werden können. Tablet-Nutzer mit GPS können ohne Standortdaten auch die Routingfunktion nicht mehr verwenden.

- Wenn Sie den Schalter *Apps den Zugriff auf meinen Namen, mein Bild und andere Kontaktinfos erlauben* deaktivieren, funktionieren einige Kommunikationsfunktionen nicht mehr sinnvoll, da der Empfänger nicht mehr so leicht mitbekommt, woher eine Nachricht stammt.

Datenschutz in den Medien

Der Datenschutz ist immer wieder ein Thema, das Benutzer – und noch mehr die Sensationsmedien – im Zusammenhang mit Internet und Apps interessiert. Natürlich gibt es diverse Software, die das Verwenden und Verbreiten persönlicher Daten unterbindet. Allerdings nutzen viele Apps wie auch Webseiten persönliche Daten, wie z.B. den eigenen Standort, weniger aus mutmaßlichen Spionagegründen, sondern eher zur Erhöhung des Werts für den Benutzer, um z.B. lokal relevante Informationen anzubieten.

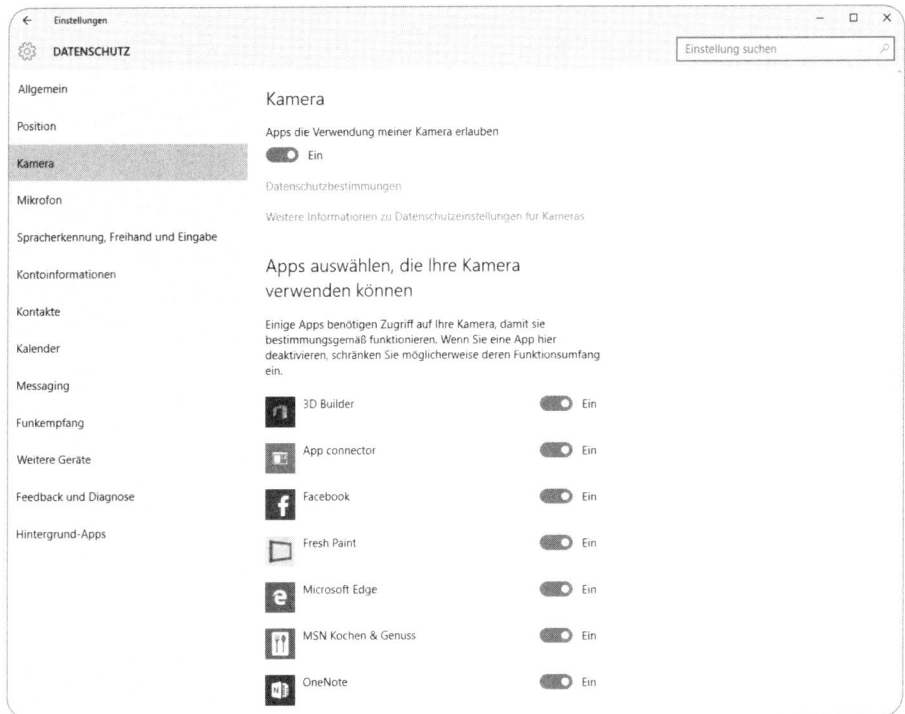

Bild 9.45: Apps Zugriff auf die Kamera gewähren.

9.8.3 Medienstreamoptionen aktivieren

Diese Einstellung macht Remoteverbindungen und Medienstreaming im lokalen Netzwerk innerhalb der Heimnetzgruppe möglich. Solange es sich um ein privates Netzwerk einer Einzelperson oder einer Familie handelt, ist diese Einstellung nützlich und sinnvoll. In Firmennetzen kann man sie bei Bedenken wegen bestimmter Inhalte ausschalten. Das Medienstreaming wird in der Systemsteuerung unter

Netzwerk und Internet/Netzwerk- und Freigabecenter/Medienstreamingoptionen
aktiviert oder deaktiviert.

Bild 9.46: Medienstreaming im lokalen Netzwerk aktivieren oder nicht.

9.9 Info-Center meldet Handlungsbedarf

Windows 10 informiert den Benutzer über das neue Info-Center automatisch,
sollte es zu technischen oder sicherheitsrelevanten Problemen kommen. Immer
wenn es neue ungelesene Mitteilungen gibt, erscheint das Symbol des Info-Centers
in der Taskleiste weiß.

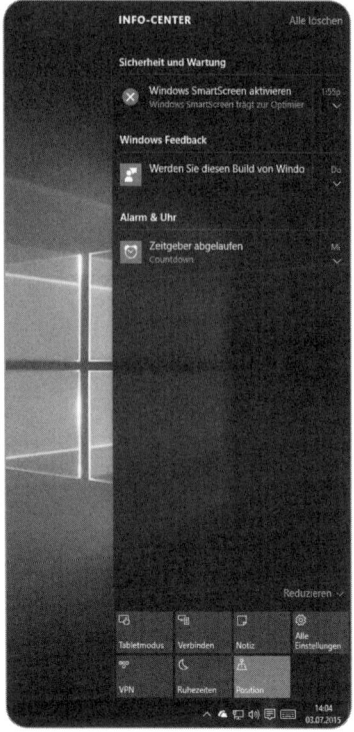

Bild 9.47: Windows-Sicherheitsmeldung
im Info-Center.

Mit einem Klick auf eine derartige Meldung öffnen Sie das Systemsteuerungsmodul *Sicherheit und Wartung*. Dieses zeigt den Status aller wichtigen Sicherheitskomponenten an. Sollte hier etwas nicht in Ordnung sein, wird eine auffällig rote oder gelbe Meldung angezeigt. Diese Meldungen geben auch direkt Hinweise dazu, wie das jeweilige Problem behoben werden kann.

Bild 9.48: Meldung bei einem Sicherheits- oder Wartungsproblem.

9.9.1   Welche Meldungen sind wirklich wichtig?

Nicht alle Meldungen, die Windows für wichtig erachtet, möchten Sie auch unbedingt sehen. Klicken Sie in der Systemsteuerung unter *System und Sicherheit/Sicherheit und Wartung* links auf *Einstellungen für »Sicherheit und Wartung« ändern* und wählen Sie aus, welche Arten von Meldungen im Info-Center angezeigt werden sollen.

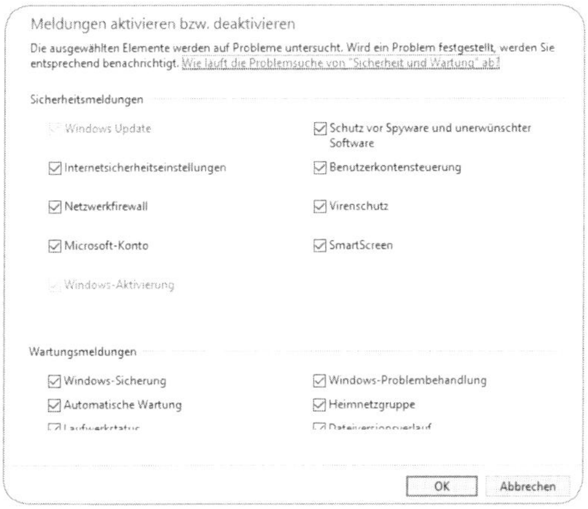

Bild 9.49: Meldungen über *Sicherheit und Wartung* auswählen.

9.10 Wirksamer Schutz gegen Schadsoftware

Der Windows Defender schützt den Computer vor Spyware, die mit Software installiert oder aus dem Internet heruntergeladen wurde. Das Programm ist seit einiger Zeit in Windows integriert und wurde für Windows 8/8.1 zusätzlich zum Spywareschutz um einen Virenschutz erweitert, der in Windows 10 ebenfalls verwendet wird. Der Windows Defender ersetzt damit die aus früheren Windows-Versionen bekannte Sicherheitslösung Microsoft Security Essentials. Der Virenschutz des Windows Defender ist nur aktiv, wenn auf dem Computer keine andere Virenschutzsoftware gefunden wird.

Da der Windows Defender in Windows 10 automatisch im Hintergrund läuft, ist ein manueller Aufruf nicht mehr so wichtig. Sie finden das Programm aber trotzdem im Startmenü unter *Alle Apps* im Ordner *Windows-System*.

Updates der Virendefinitionen

Da ständig neue Schadsoftware auftaucht, ist es absolut notwendig, dass ein Virenscanner regelmäßig aktualisiert wird. Dabei sind nur selten Updates des Programms erforderlich. Die Hersteller von Virenscannern liefern teilweise mehrmals täglich aktuelle Virendefinitionsdateien. Diese Virendefinitionen enthalten die typischen Erkennungsmerkmale der neuesten Schadsoftware, damit der Virenscanner diese auch finden kann. So läuft ein ständiges Wettrennen zwischen Virenprogrammierern und Herstellern von Virenscannern. Manche Viren scheinen sogar nur den einzigen Sinn zu haben, dieses Rennen anzuheizen, da sie keinerlei schädliche Funktionen enthalten, sich aber möglichst schnell und über noch wenig ausgetretene Wege verbreiten.

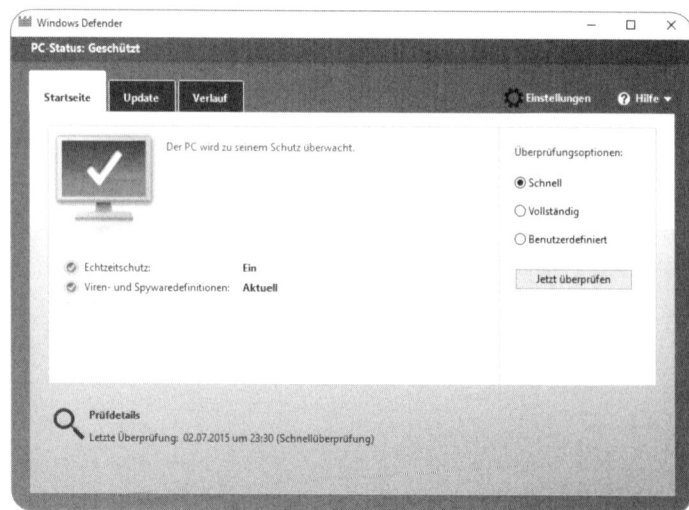

Bild 9.50: Der Windows Defender hat die Überprüfung des PCs abgeschlossen.

Der Windows Defender lädt automatisch über Windows Update aktuelle Virendefinitionen herunter. Zusätzlich können Sie jederzeit mit der Schaltfläche *Aktualisieren* auf der Registerkarte *Update* die neuesten Virendefinitionen herunterladen.

Jede ausführbare Datei kann theoretisch einen Virus enthalten. Deshalb prüft der Windows Defender diese Dateien automatisch im Hintergrund, bevor sie ausgeführt werden. Achten Sie darauf, dass in den Einstellungen unter *Update und Sicherheit/Windows Defender* der Echtzeitschutz aktiv ist. Auf der Startseite können Sie auch jederzeit eine manuelle Überprüfung starten.

Bild 9.51: Die Empfehlung lautet: *Echtzeitschutz aktivieren.*

9.10.1 Verschiedene Überprüfungsmethoden

Bei der Systemüberprüfung bietet der Windows Defender die Wahl zwischen einer schnellen Überprüfung, die meist in wenigen Minuten erledigt ist, und einer vollständigen Überprüfung, die mehrere Stunden dauern kann.

- Bei der schnellen Überprüfung werden nur die Systembereiche geprüft, die mit hoher Wahrscheinlichkeit von Schadsoftware befallen werden, wie unter anderem die persönlichen Verzeichnisse und das Windows-Verzeichnis.

- Bei der vollständigen Überprüfung werden alle Dateien auf lokalen Festplatten einer Überprüfung unterzogen.

Neben der schnellen und vollständigen Überprüfung können Sie mit der Einstellung *Benutzerdefiniert* auch beliebige Laufwerke oder Verzeichnisse auswählen, die überprüft werden sollen.

9.10.2 Was tun bei einem Virusfund?

Wenn Sie eine Datei, die einen Virus enthält, herunterladen, öffnen oder kopieren wollen, versucht der Windows Defender, dieses Problem selbstständig zu beheben. Sollte das nicht funktionieren, schlägt er sofort Alarm. In den meisten Fällen ist nur eine kurze Meldung zu sehen, und der Windows Defender verschiebt die gefährliche Datei in Quarantäne. Danach wird gemeldet, dass die Bedrohung erfolgreich beseitigt wurde

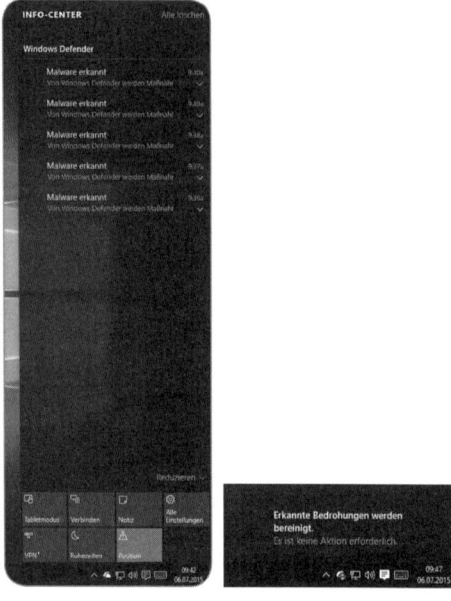

Bild 9.52: Meldung bei erkannter Malware.

Der Versuch, die gefährliche Datei auf der Festplatte zu speichern, schlägt fehl, da der Windows Defender den Zugriff auf diese Datei verweigert.

Bild 9.53: Gefährliche Dateien können nicht gespeichert werden.

Zwischendurch sollten Sie immer mal wieder in das Protokoll des Windows Defender sehen, um den Überblick darüber zu behalten, was auf Ihrem Computer an gefährlichen Dateien gefunden wurde. Klicken Sie dazu auf der Registerkarte *Verlauf* auf *Details einblenden*. Die Liste zeigt alle Aktionen des Windows Defender.

Fehlalarme kommen bei allen Virenscannern immer wieder vor. Wenn Sie sich ganz sicher sind, was es mit einer gemeldeten Datei auf sich hat, können Sie die

Datei aus der Quarantäne holen und die Verwendung der Datei in Zukunft sogar zulassen. Der Windows Defender meldet in diesem Fall die gleiche Datei in Zukunft nie wieder als gefährlich. Schalten Sie dazu das Kontrollkästchen vor dem erkannten Element ein und klicken Sie dann unten rechts auf *Element zulassen*. Anschließend muss nur noch ein Sicherheitshinweis bestätigt werden.

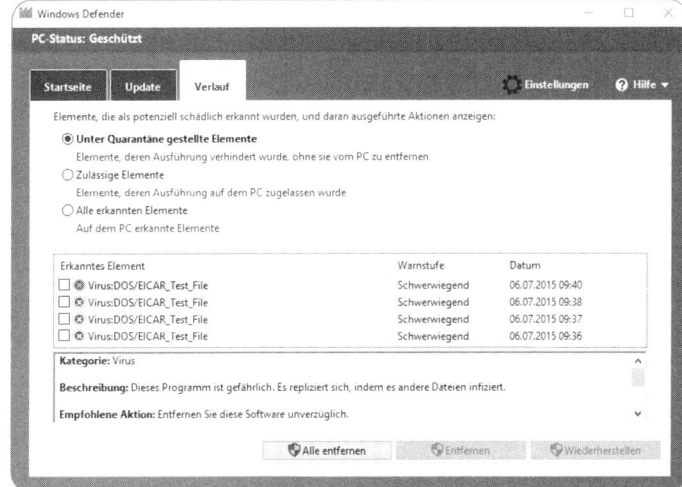

Bild 9.54: Entwarnung bei erfolgreicher Entfernung der gefährlichen Datei.

Virenscanner auf Zuverlässigkeit prüfen

Wenn Sie einen Virenscanner installiert haben, wollen Sie natürlich wie bei jedem anderen Programm wissen, ob er zuverlässig funktioniert. Besonders wichtig ist zum Beispiel, ob die im Hintergrund laufenden Funktionen beim Öffnen oder Kopieren einer infizierten Datei sofort Alarm schlagen. Um das nicht mit einem wirklichen Virus auszuprobieren zu müssen, hat das »European Institute for Computer Antivirus Research« (EICAR – *www.eicar.org*) einen Teststring veröffentlicht, der sich gegenüber Antivirenprogrammen wie ein Virus verhält, aber keinerlei Wirkung hat.

Ist Ihr Virenscanner richtig installiert, muss er die Datei als infiziert erkennen, was auch bedeutet, dass Sie schon Schwierigkeiten haben müssten, überhaupt eine COM-Datei mit diesem Inhalt herunterzuladen oder zu kopieren. Der darin enthaltene Virus vervielfältigt sich aber nicht und hat auch sonst keine nachteilige Wirkung auf Ihr System. Sie können die Datei nach dem Test einfach wieder löschen oder von Ihrem Virenscanner automatisch löschen lassen.

Bild 9.55: Der Download wird vom SmartScreen-Filter im Browser blockiert.

9.11 Windows 10-Updates vollautomatisch

Das Windows Update ist ein Onlinedienst von Microsoft, über den Sie immer die neuesten Betriebssystemupdates, Sicherheitspatches und Updates für Microsoft-Softwarekomponenten wie Internet Explorer oder Windows Defender bekommen können. Diese Funktion ist seit Windows 98 vorhanden, aber erst seit Windows XP fest ins System integriert.

In Windows 10 wurde die Updatefunktion weiter optimiert. Der Benutzer braucht sich kaum mehr selbst darum zu kümmern, sein System aktuell und sicher zu halten.

Microsoft bemüht sich, für bekannt gewordene Sicherheitslücken so schnell wie möglich ein Patch zu entwickeln, das die Lücke schließt. Diese Patches werden über die Windows Update-Funktion heruntergeladen. Windows 10 Home lädt alle sicherheitsrelevanten Updates automatisch herunter und installiert sie. Nur in den Versionen Professional und Enterprise können Sie in den Einstellungen unter *Update und Sicherheit/Windows Update/Erweiterte Optionen* noch auswählen, ob Updates installiert werden sollen.

Systemauslastung durch die Updatefunktion
Windows 10 bietet ein intelligentes Updatesystem an, das die Updates nur dann herunterlädt, wenn die Internetverbindung nicht von einer anderen Anwendung benötigt wird. So bemerken Sie also kaum noch Geschwindigkeitsverluste durch Updates. Wenn Sie einen Router und ein Netzwerk verwenden, geht die vom Update belegte Bandbreite den anderen Computern im Netz trotzdem verloren. Sollte es zu spürbaren Geschwindigkeitseinbußen kommen, wählen Sie für die Downloadzeit für automatische Updates einen Zeitraum geringer Nutzung, zum Beispiel, wie voreingestellt, nachts um 3:00 Uhr.

Gerätetreiber-Updates
Die Windows Update-Funktion bietet auch Gerätetreiberupdates zum Download an. Diese sind allerdings oftmals nicht so aktuell wie die von den Herstellern angebotenen Treiber, da sie erst eine zeitraubende Qualitätskontrolle bei Microsoft durchlaufen müssen. Die Treiberupdates gelten als optionale Updates. Das System durchsucht automatisch die Treiberdatenbank nach passenden Treibern für angeschlossene Hardwarekomponenten. Diese werden aber nicht automatisch installiert. Sie müssen jeden Treiber manuell markieren und können ihn dann herunterladen und installieren.

9.11.1 Updateverlauf anzeigen und prüfen

Die installierten Updates können in der Liste *Updateverlauf anzeigen* unter *Erweiterte Optionen* aufgelistet werden. Hier sehen Sie auch eventuelle Fehler bei einer Updateinstallation.

Bild 9.56: Installierte Updates im *Updateverlauf.*

In der Systemsteuerung gibt es unter *Programme und Features/Installierte Updates* eine weitere Updateliste. Diese Liste zeigt nur wirkliche Systempatches, keine Updates für Treiber und auch keine Definitionsupdates für den Windows Defender. Dafür können an dieser Stelle fehlerhafte Updates einzeln deinstalliert werden. Diese Liste ist auch über den Link *Updates deinstallieren* oben im Fenster *Updateverlauf anzeigen* zu erreichen.

9.11.2 Ein Update für alle im Heimnetzwerk

Windows 10 bietet eine einfache Möglichkeit, Updates im lokalen Netzwerk nur einmal herunterzuladen und sie dann auf alle Computer zu verteilen. Klicken Sie dazu in den Einstellungen unter *Update und Sicherheit/Windows Update/Erweiterte Optionen* auf *Übermittlung von Updates auswählen.* Schalten Sie hier *Updates von mehr als einem Ort* ein. Dann lädt der Computer Updates auch von anderen PCs herunter und stellt heruntergeladene Updates und auch Teile davon selbst im Netzwerk zur Verfügung. Das Ganze funktioniert ähnlich wie klassische Filesharing-Systeme.

Aus Sicherheitsgründen sollten Sie diese Art von Updates nur für PCs im eigenen lokalen Netzwerk zulassen und keine Updates an andere PCs im Internet senden oder von dort herunterladen.

Bild 9.57: Updates von anderen PCs herunterladen.

9.11.3 Updatepatches in der Supportdatenbank

Microsoft gibt jedem Updatepatch eine Nummer, unter der es in der Microsoft-Supportdatenbank zu finden ist. Diese Nummern werden bei den installierten Updates im Updateverlauf sowie auch in der Systemsteuerung unter *Programme und Features/Installierte Updates* angezeigt. Zur genauen Beschreibung des Updates gelangen Sie über die Internetadresse *support.microsoft.com/kb/xxxxxx*. Ersetzen Sie dabei das *xxxxxx* am Ende durch die jeweilige Nummer des Updates. Leider sind diese Links in der Systemsteuerung nicht direkt anklickbar.

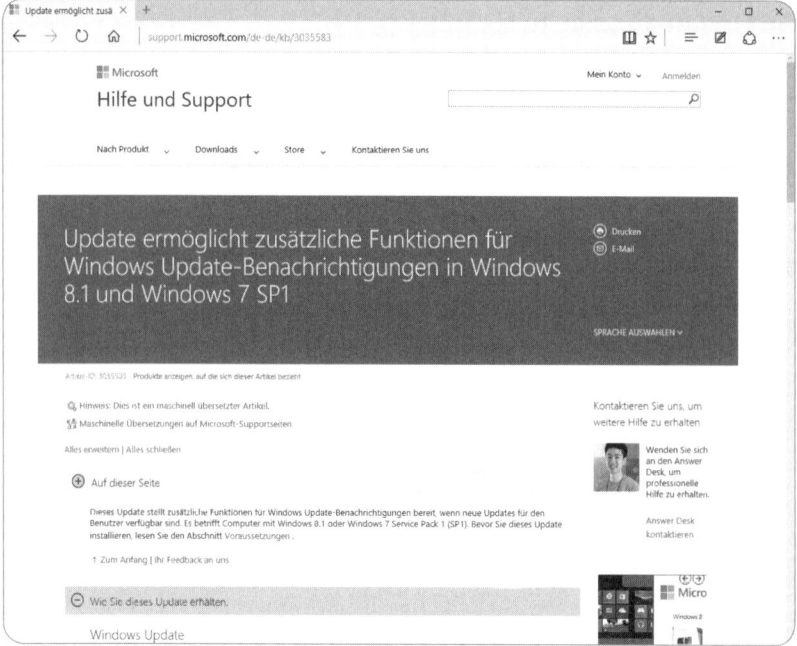

Bild 9.58: Die Microsoft-Supportdatenbank zeigt Informationen zu allen Updates.

9.12   Datensicherung ohne großen Aufwand

Datensicherung ist heute nicht mehr nur ein Thema für große Firmen oder Behörden. Private Anwender speichern ihr ganzes Leben auf riesigen Festplatten. Schriftwechsel, Dokumente, Verträge, aber auch Zigtausende von Fotos mit unwiederbringlichen Erinnerungen liegen heute nicht mehr in Papierform, sondern nur noch digital vor. Man mag es sich gar nicht vorstellen – aber was wäre, wenn?

Keine Festplatte lebt ewig, und kein Computer ist fehlerfrei. Dazu kommen äußere Einflüsse, gegen die man sich nur schwer schützen kann, die aber für Daten wie auch für anderes Hab und Gut tödlich sein können. Zerstört ein Blitzschlag, Feuer, ein Wasserschaden oder Frost den Raum, in dem der Computer steht, ist nicht nur die Hardware kaputt, sondern die Daten sind ebenfalls weg. Seit die eigene Fotosammlung nicht mehr ganze Regalmeter belegt, sondern auf einem Notebook oder einer handlichen USB-Festplatte liegt, kann sie auch schnell Opfer eines Diebs werden. Kaum ein Einbrecher wird Schrankwände nach Erinnerungsstücken durchsuchen, die sich schwer zu Geld machen lassen. Dagegen ist das Formatieren der Festplatte eines geklauten Notebooks sehr schnell erledigt, um den Verkauf bei eBay unauffälliger zu gestalten.

Die regelmäßige Datensicherung ist aus diversen Gründen wichtig, allerdings haben viele Benutzer sie bisher aus Bequemlichkeit ignoriert. Microsoft hat anhand von Telemetriedaten ermittelt, dass auf weniger als 5 % aller Windows-PCs die bisher im Betriebssystem mitgelieferte Datensicherung aktiv ist.

Microsoft liefert in Windows 10 mit dem *Dateiversionsverlauf* eine neuartige Datensicherung, die ohne jeden Aufwand im Hintergrund läuft und sich auch bei Bedienungsfehlern als nützlich erweist. Dazu wurde nicht nur das Sichern, sondern auch das Wiederherstellen von Daten aus der Sicherung deutlich verbessert.

9.12.1 Dateiversionsverlauf einrichten

Der neue Dateiversionsverlauf speichert in regelmäßigen Abständen und bei Veränderungen alle Dateien in den eigenen Bibliotheken sowie auf dem Desktop in den Favoriten und Kontakten auf ein externes Laufwerk. Dies schützt nicht nur vor Verlusten durch Festplattenfehler oder Viren, sondern auch bei Bedienungsfehlern, da man später immer noch Zugriff auf ältere Dateiversionen und frühere Änderungen hat. Für die Sicherung ist ein externes USB-Laufwerk oder ein Netzlaufwerk erforderlich. Eine Sicherung auf der lokalen Festplatte wäre bei einem Hardwareausfall natürlich sinnlos.

Wählen Sie in der klassischen Systemsteuerung unter *System und Sicherheit* das Modul *Dateiversionsverlauf*. Ist eine externe Festplatte oder ein Netzwerklaufwerk verfügbar, das für den Dateiversionsverlauf geeignet ist, wird dieses Laufwerk automatisch angeboten.

Möchten Sie das angebotene Laufwerk als Sicherungslaufwerk für den Dateiversionsverlauf nutzen, brauchen Sie nur noch auf *Einschalten* zu klicken. Wurden auf dem Laufwerk vorhandene Sicherungen gefunden, wählen Sie, ob Sie diese verwenden möchten. Diesen Schalter sollten Sie immer dann aktivieren, wenn das Laufwerk früher schon einmal am gleichen PC für den Dateiversionsverlauf genutzt wurde.

Um ein anderes Laufwerk für den Dateiversionsverlauf einzusetzen, klicken Sie links auf *Laufwerk auswählen*. Daraufhin erscheint eine Liste aller geeigneten Laufwerke.

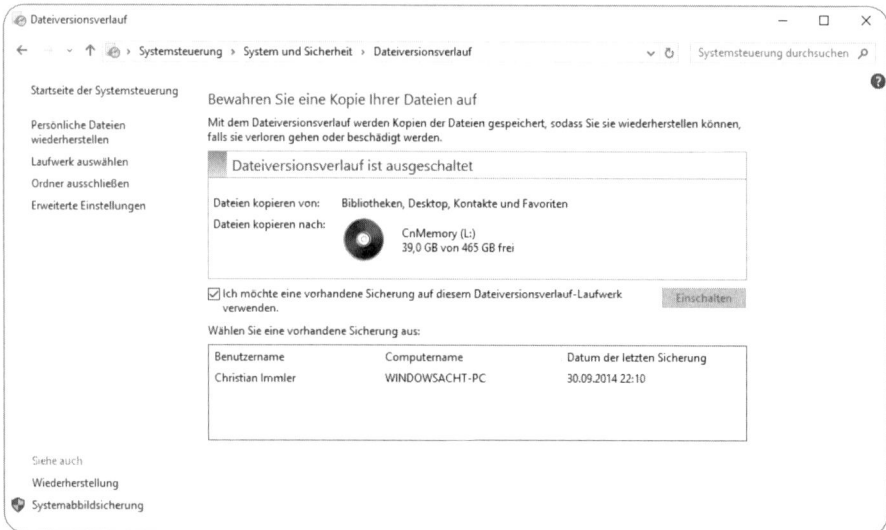

Bild 9.59: Anzeige einer externen Festplatte im *Dateiversionsverlauf*.

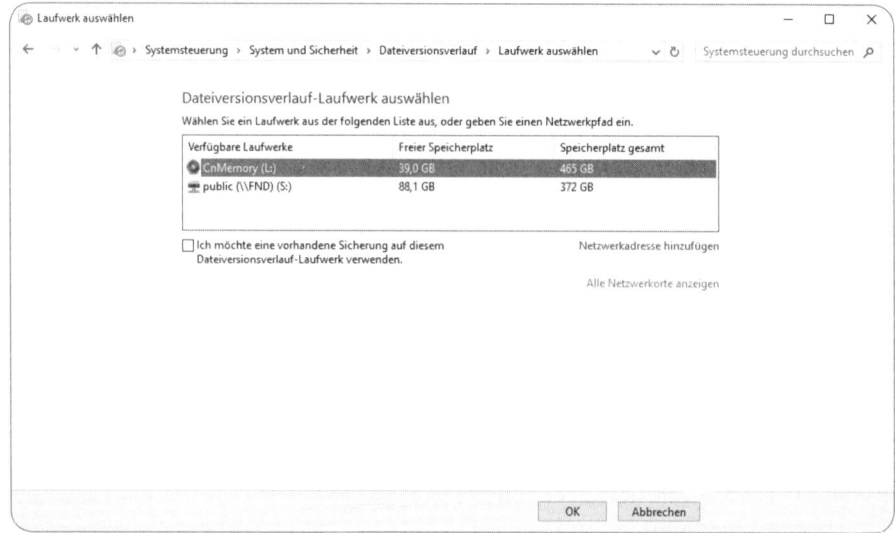

Bild 9.60: Anderes Laufwerk für den *Dateiversionsverlauf* auswählen.

Nach dem Einschalten wird der Dateiversionsverlauf im Hintergrund aktiviert. Klicken Sie auf *Jetzt ausführen*, um sofort mit dem Kopieren vorhandener Daten auf das Sicherungslaufwerk zu beginnen. Andernfalls würden Daten erst bei der ersten Änderung kopiert. Um die Sicherung der Daten in persönlichen Benutzerverzeichnissen, Kontakten, Favoriten und auf dem Desktop brauchen Sie sich nun nicht weiter zu kümmern.

Sie können den Dateiversionsverlauf auch in den Einstellungen unter *Update und Sicherheit/Sicherung* einschalten. Hier finden Sie auch weitere Optionen, um die zu sichernden Ordner auszuwählen.

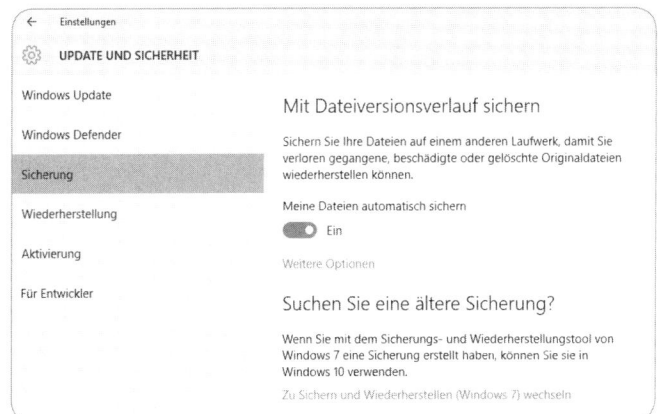

Bild 9.61:
Einstellungen zum *Dateiversionsverlauf* in den Einstellungen.

9.12.2 Bestimmte Ordner sichern oder auch nicht

Der Dateiversionsverlauf sichert ganz gezielt die wertvollen eigenen Dateien, die bei einem Verlust nicht wiederherzustellen wären, aber keine Programme oder Betriebssystemdateien.

Auch in den Bibliotheken und persönlichen Verzeichnissen liegen auf vielen Computern Dateien, die nur dorthin kopiert und nicht selbst erstellt wurden, aber sehr viel Speicherplatz benötigen. Im Besonderen gilt das für Musik und Videos, die sich im Falle eines Falles von den Originaldatenträgern wiederherstellen ließen. Solche Ordner lassen sich vom Dateiversionsverlauf ausschließen, um Speicherplatz auf dem Sicherungslaufwerk zu sparen. Bedenken Sie, dass Dateien auch schon beim Umbenennen im Dateiversionsverlauf erneut gesichert werden, was bei großen Foto-, Video- und Musikbibliotheken schnell zu enormen Datenmengen führen kann.

Klicken Sie in den Einstellungen zum Dateiversionsverlauf auf *Weitere Optionen*. Hier werden alle Ordner angezeigt, die automatisch über den Dateiversionsverlauf gesichert werden. Sie können nun einzelne Ordner anklicken und aus dem Dateiversionsverlauf herausnehmen. Über *Diese Ordner ausschließen* weiter unten schließen Sie einzelne Ordner aus, die nicht gesichert werden sollen, wenn diese Unterordner eines zu sichernden Ordners sind und daher nicht einfach in der Liste der Ordner abgeschaltet werden können.

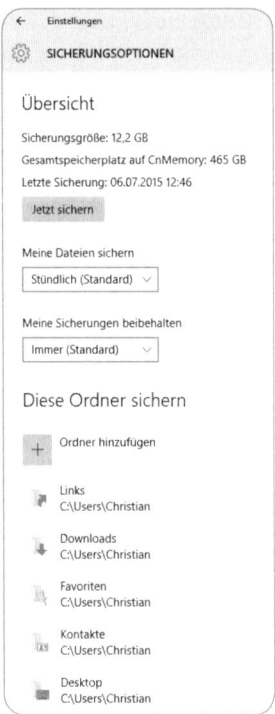

Bild 9.62: Zu sichernde Ordner anzeigen.

Der Dateiversionsverlauf in Windows 10 bietet im Gegensatz zu Windows 8.1 eine einfache Möglichkeit, gezielt zusätzliche Ordner zu sichern. Klicken Sie einfach auf *Ordner hinzufügen* und wählen Sie die gewünschten Ordner aus. Im gleichen Fenster *Sicherungsoptionen* legen Sie auch fest, wie oft veränderte Dateien gesichert und wie lange diese Sicherungskopien gespeichert werden sollen.

9.12.3 Ältere Versionen einfach wiederherstellen

Frühere Versionen automatisch gesicherter Dateien über den Dateiversionsverlauf wiederherzustellen ist einfacher als bei jedem Windows-Datensicherungsprogramm zuvor.

1. Markieren Sie im Explorer die Datei, von der Sie ältere Versionen suchen möchten, und klicken Sie im Menüband unter *Start* auf das Symbol *Verlauf*.

2. Es öffnet sich ein neues Fenster, das die zuletzt gesicherte Version dieser Datei anzeigt. Mit den Pfeilsymbolen nach links und rechts am unteren Fensterrand können Sie zwischen älteren Dateiversionen hin- und herblättern. Auf diese Weise finden Sie leicht den gewünschten Änderungsstand der Datei.

3. Ein Klick auf das Symbol mit dem runden Pfeil unten in der Mitte stellt diese Version der Datei wieder her. Dabei wird die aktuell vorhandene Dateiversion überschrieben.

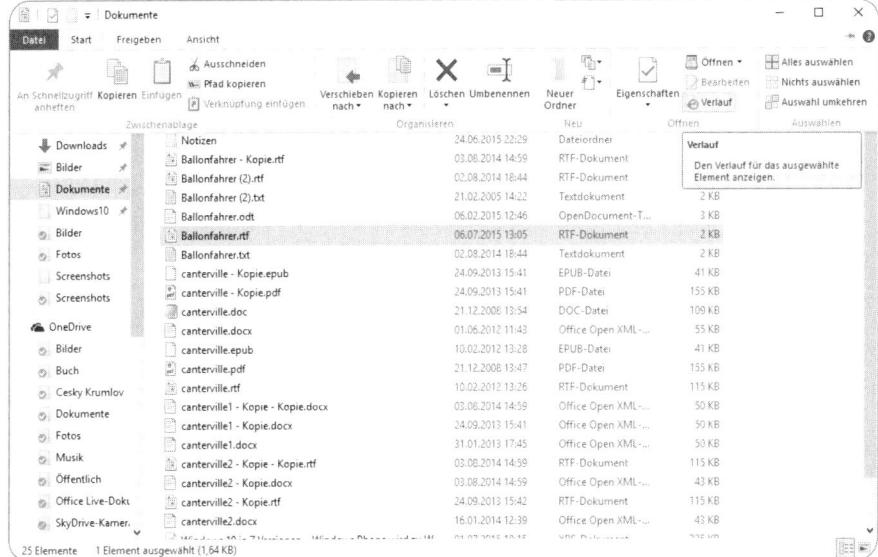

Bild 9.63: Hinter diesem Symbol im Menüband versteckt sich der Dateiversionsverlauf.

Bild 9.64: Ältere Versionen einer Datei suchen.

9.12.4 Dateien an einem anderen Ort wiederherstellen

Manchmal möchten Sie die vorhandene Datei aber nicht unbedingt durch eine ältere Version überschreiben, sondern lieber zwei Versionen miteinander vergleichen, um z. B. nur eine bestimmte Änderung in die neueste Version zu übernehmen.

In solchen Fällen können Sie die alte Dateiversion in ein anderes Verzeichnis zurücksichern, um dann beide Dateien öffnen zu können.

1. Klicken Sie anstatt unten auf das Symbol mit dem runden Pfeil oben rechts in der Ecke auf das Zahnrad und wählen Sie im Menü *Wiederherstellen in*.

2. Jetzt können Sie ein beliebiges Verzeichnis auswählen, in das die alte Dateiversion kopiert werden soll. Ist in diesem Verzeichnis bereits eine gleichnamige Datei vorhanden, zeigt Windows eine Abfrage an, in der Sie auswählen können, ob die vorhandene Datei ersetzt werden soll.

3. Die gesicherte Datei wird kopiert, die Originaldatei, über die Sie den Dateiversionsverlauf aufgerufen haben, bleibt erhalten.

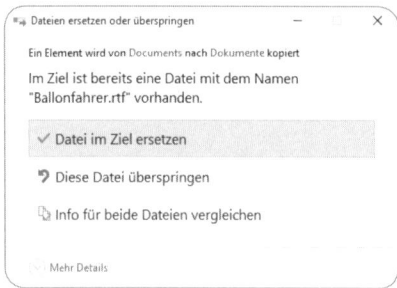

Bild 9.65: Vorhandene Datei ersetzen?

9.12.5 Längst gelöschte Dateien wiederherstellen

Der Dateiversionsverlauf speichert auch Dateien, deren Originale längst gelöscht wurden. Allerdings können Sie auf diese Dateien nicht ganz so leicht zugreifen, da Sie nicht einfach im Explorer wie bei einer vorhandenen Datei auf *Verlauf* klicken können.

Bild 9.66: Startseite im *Dateiversionsverlauf*.

Markieren Sie im Navigationsbereich des Explorers den Ordner, in dem Sie die gesuchte Datei oder den Unterordner vermuten. Wählen Sie aber keine Datei aus, sondern klicken Sie auf *Verlauf*. Das Fenster *Dateiversionsverlauf* zeigt alle gesicherten Unterordner. Wenn Sie in der Zeit zurückgehen, tauchen auch Ordner auf, die früher gesichert wurden, jetzt aber schon nicht mehr vorhanden sind.

Wechseln Sie in den gewünschten Ordner und suchen Sie die Datei. Stellen Sie diese mithilfe des Symbols mit dem runden Pfeil wieder her. Der entsprechende Ordner wird, falls er nicht mehr vorhanden ist, an der Originalposition im Dateisystem der Festplatte erneut angelegt und in Zukunft auch wieder über den Dateiversionsverlauf gesichert.

9.12.6 Umzug auf eine neues Sicherungslaufwerk

Ist das Sicherungslaufwerk irgendwann voll oder brauchen Sie die externe Festplatte für andere Zwecke, können Sie mit der Sicherung auf ein anderes Laufwerk umziehen. Dabei werden die gesicherten Daten vom alten Sicherungslaufwerk auf das neue übertragen, sodass sie wie gewohnt weiterverwendet werden können.

Klicken Sie dazu in der Systemsteuerung unter *System und Sicherheit/Dateiversionsverlauf* links auf *Laufwerk auswählen*. Jetzt können Sie ein anderes externes Laufwerk oder einen freigegebenen Netzwerkordner hinzufügen.

Schalten Sie danach auf das neue Sicherungslaufwerk um und beantworten Sie die nächste Frage mit *Ja*. Damit werden die bereits gesicherten Dateien auf das neue Laufwerk verschoben. Der Dateiversionsverlauf kann genutzt werden wie bisher. Alle neu gesicherten Dateien kommen ebenfalls auf das neue Laufwerk. Das ehemalige Sicherungslaufwerk wird vom Dateiversionsverlauf abgemeldet und kann anderweitig verwendet werden.

9.12.7 Speicherplatz alter Sicherungen freigeben

Die Sicherungen des Dateiversionsverlaufs belegen mit der Zeit einiges an Speicherplatz auf dem Sicherungslaufwerk. Üblicherweise brauchen Sie alte Dateiversionen aber nicht ewig. Deshalb sollten Sie von Zeit zu Zeit aufräumen, entweder automatisch oder manuell. Dazu können Sie in den erweiterten Einstellungen festlegen, wie lange die Dateikopien des Dateiversionsverlaufs aufbewahrt werden sollen. In der Grundeinstellung bleiben sie für immer auf dem Sicherungslaufwerk, was aber meistens nicht nötig ist. In der Regel braucht man alte Datensicherungen spätestens nach ein paar Monaten nicht mehr, besonders wenn es bis dahin neuere Sicherungen gibt.

Über den Link *Versionen bereinigen* in den erweiterten Einstellungen des Dateiversionsverlaufs in der Systemsteuerung können Sie manuell Dateiversionen, die ein bestimmtes Alter überschritten haben, aus dem Dateiversionsverlauf entfernen. Die Dateien und Ordner werden auf dem Sicherungslaufwerk gelöscht.

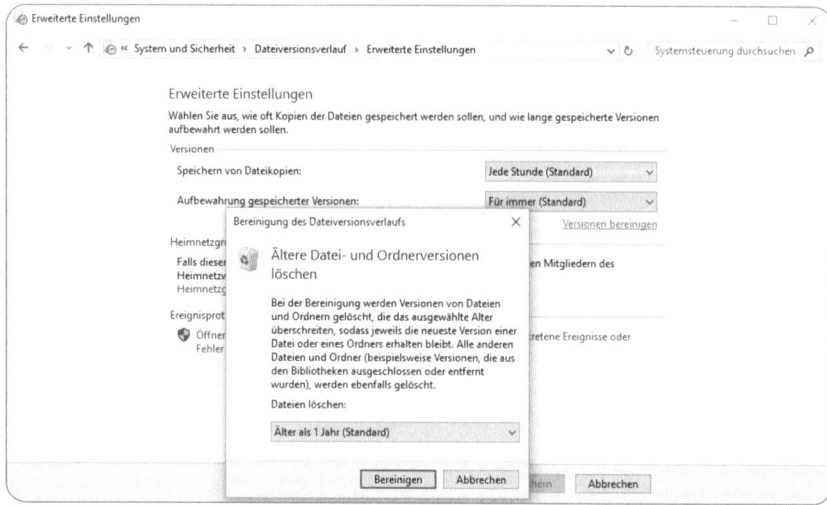

Bild 9.67: Bereinigen älterer Dateiversionen.

Beim Bereinigen älterer Dateiversionen ist nur zu bedenken, dass im Dateiversionsverlauf auch Dateien enthalten sein können, deren Originale mittlerweile von der Festplatte gelöscht wurden. Diese gehen beim Bereinigen natürlich ebenfalls verloren.

9.12.8 Dateiversionsverlauf und Heimnetzgruppe

Wenn Sie ein Sicherungslaufwerk für den Dateiversionsverlauf einmal eingerichtet haben, können Sie es auch auf anderen Computern der Heimnetzgruppe für den Dateiversionsverlauf nutzen.

1. Aktivieren Sie in den erweiterten Einstellungen für den Dateiversionsverlauf auf dem Computer, an dem das Laufwerk angeschlossen ist, unter *Heimnetzgruppe* das Kontrollkästchen *Dieses Laufwerk empfehlen*. Wenn Sie die Empfehlung bereits beim Einrichten des Dateiversionsverlaufs eingeschaltet haben, ist das Kästchen schon aktiviert.

2. Öffnen Sie jetzt auf einem zweiten Computer der Heimnetzgruppe in der Systemsteuerung unter *System und Sicherheit* das Modul *Dateiversionsverlauf*.

3. Im unteren Teil des Fensters sehen Sie die vorhandene Sicherung auf dem ersten PC. Wählen Sie sie aus, aktivieren Sie *Ich möchte eine vorhandene Sicherung auf diesem Dateiversionsverlauf-Laufwerk verwenden* und klicken Sie auf *Aktivieren*.

4. Der Dateiversionsverlauf wird auf diesem zweiten Computer ebenfalls aktiviert. Zur Sicherung der Dateikopien wird das Sicherungslaufwerk des ersten Computers verwendet. Die Dateien der beiden Computer werden aber unabhängig voneinander gesichert. Auf die gleiche Weise können noch weitere Computer der Heimnetzgruppe ein gemeinsames Sicherungslaufwerk nutzen.

10 Der Einsatz spezieller Systemtools

Windows wird mit jeder Version benutzerfreundlicher. Bei der täglichen Arbeit mit Windows 10 muss man kaum mehr besondere Einstellungen vornehmen und braucht nur noch in seltenen Fällen spezielle Systemtools. Dennoch gibt es auch in Windows 10 einige Situationen, in denen man auf die Hilfe spezieller für den Fall der Fälle vorinstallierter Werkzeuge, sprich Tools, angewiesen ist.

10.1 Programme als Administrator ausführen

Programme, die über das Startmenü bzw. über die Taskleiste oder eine Desktopverknüpfung aufgerufen werden, haben normalerweise keine Möglichkeit, systemkritische Änderungen vorzunehmen. Möchten Sie ein Programm mit vollen Administratorrechten starten, sodass Sie damit jede (auch noch so gefährliche) Änderung am System durchführen können, klicken Sie mit der rechten Maustaste auf das Programmsymbol und wählen dann im Kontextmenü die Option *Als Administrator ausführen.*

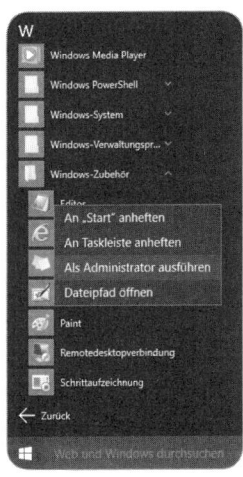

Bild 10.1: App als Administrator ausführen.

Noch einfacher geht es mit einem Tastenkürzel. Halten Sie die Tasten `Strg` + `Umschalt` gedrückt, während Sie auf das Programmsymbol auf dem Desktop klicken, starten Sie das Programm ebenfalls als Administrator. Dabei verdunkelt sich der Bildschirm, und eine Abfrage der Benutzerkontensteuerung erscheint. Sogar wenn Sie selbst als Administrator auf dem Computer angemeldet sind, müssen Sie diese Abfrage bestätigen. Als eingeschränkter Benutzer müssen Sie ein Administratorkennwort eingeben, um das Programm in diesem Modus starten zu können.

10.2   Eine neues Kennwort für Windows 10

Windows 10 bietet einen einfachen Weg, das eigene Kennwort zu ändern. Das funktioniert sowohl bei Microsoft-Konten, die zur Anmeldung verwendet werden, wie auch bei lokalen Benutzerkonten.

Klicken Sie in den Einstellungen im Bereich *Konten* unter *Anmeldeoptionen/Kennwort* auf *Ändern*. Sie werden aufgefordert, Ihr bestehendes Kennwort einzugeben. Dazu ist eine Internetverbindung erforderlich. Danach können Sie ein neues Kennwort festlegen und müssen es, um Tippfehler zu vermeiden, noch einmal bestätigen.

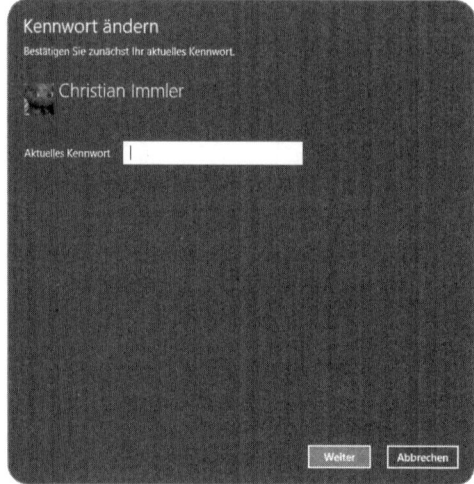

Bild 10.2: Kennwort für ein Microsoft-Konto ändern.

Neues Kennwort für Microsoft-Konten
Bedenken Sie, dass ein geändertes Kennwort eines Microsoft-Kontos automatisch für alle Onlinedienste und auch alle PCs gilt, die sich mit diesem Microsoft-Konto anmelden. Verwenden Sie ein Microsoft-Konto auf mehreren eigenen PCs, Notebooks oder Tablets und gerät eines der mobilen Geräte in fremde Hände, brauchen Sie nur auf einem der anderen Geräte das Kennwort des Microsoft-Kontos zu ändern, und ein Dieb, der möglicherweise das Kennwort herausgefunden hat, kann sich auf dem gestohlenen Gerät nicht mehr anmelden. Kennwörter lokaler Benutzerkonten gelten immer nur für das jeweilige Gerät.

10.2.1 Kennwort für das Microsoft-Konto vergessen?

Wenn Sie ein Microsoft-Konto zur Anmeldung verwenden und das Kennwort vergessen haben, können Sie mithilfe eines anderen Computers oder eines anderen Benutzers auf dem gleichen Computer das Kennwort zurücksetzen.

Die Informationen zum Zurücksetzen des Kennworts werden aus Sicherheitsgründen nicht direkt an die E-Mail-Adresse des Microsoft-Kontos geschickt, da ein

Unbefugter darauf möglicherweise Zugriff haben könnte. Für solche Fälle sollten Sie rechtzeitig – am besten sofort – im Microsoft-Konto eine zweite E-Mail-Adresse oder/und eine Handynummer hinterlegen.

Klicken Sie dazu in den Einstellungen unter *Konten/Ihr Konto* auf den Link *Mein Microsoft-Konto verwalten*. Es öffnet sich ein Browserfenster, in dem Sie unter *Sicherheit und Datenschutz/Erweiterte Sicherheit verwalten* eine alternative E-Mail-Adresse und eine Handynummer hinterlegen können.

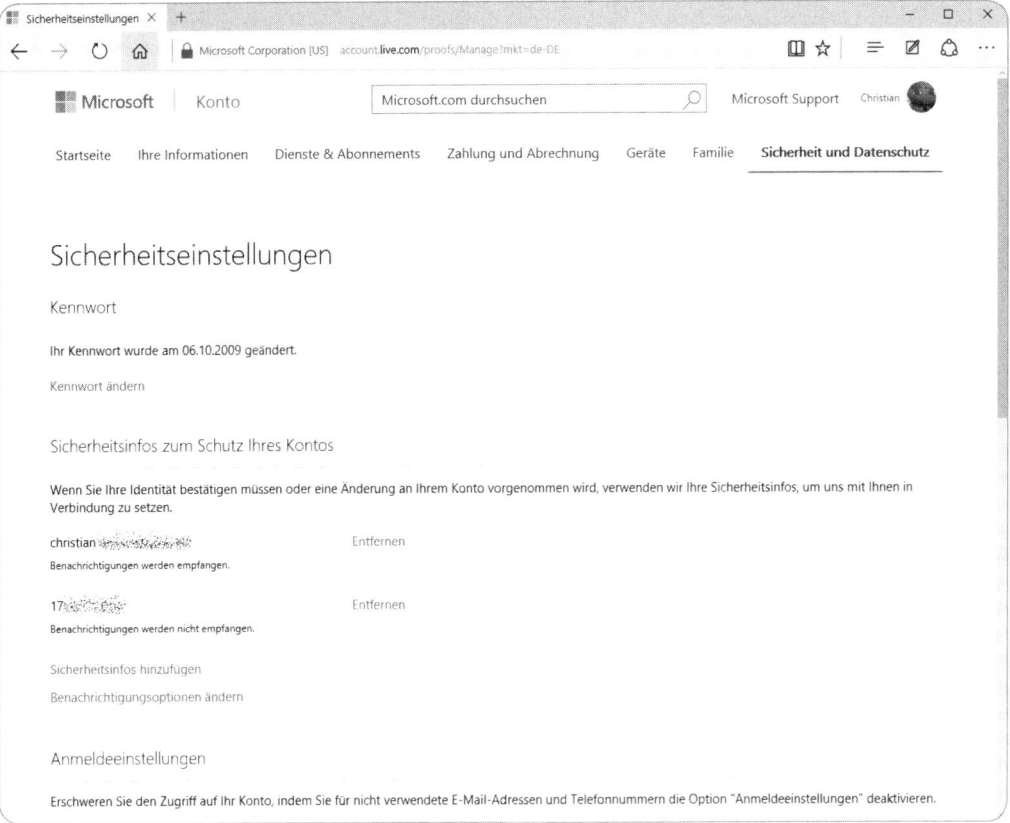

Bild 10.3: Sicherheitseinstellungen für das Microsoft-Konto online bearbeiten.

1. Haben Sie das Kennwort für Ihr Microsoft-Konto vergessen, brauchen Sie nur einen Computer mit Internetzugang. Dies kann auch derselbe PC sein, aber angemeldet unter einem anderen Benutzerkonto.

2. Geben Sie auf der Webseite *account.live.com* den Namen Ihres Microsoft-Kontos ein und klicken Sie auf den Link *Können Sie nicht auf Ihr Konto zugreifen?*.

3. Wählen Sie im nächsten Schritt die Option *Ich habe mein Kennwort vergessen*. Hier können Sie das Kennwort dann zurücksetzen.

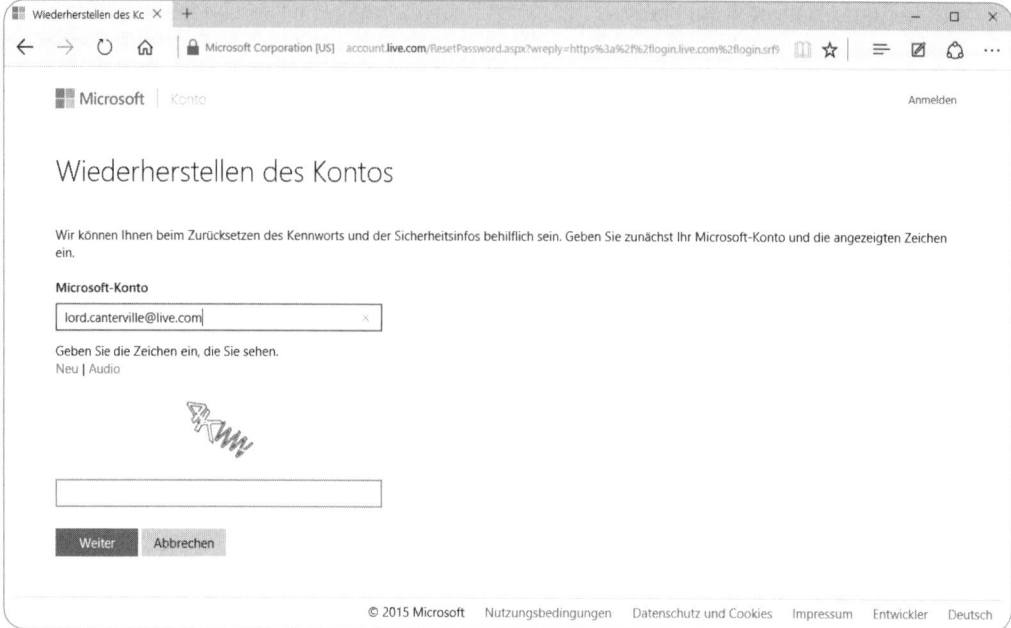

Bild 10.4: Vergessenes Kennwort zurücksetzen.

4. Auf der folgenden Seite müssen Sie noch einmal Ihr Microsoft-Konto eintragen und anschließend einen Sicherheitscode abtippen zur Bestätigung, dass Sie ein Mensch und kein automatisch ablaufendes Skript sind.

5. Bestimmen Sie, ob der Code zum Zurücksetzen des Kennworts an eine im Microsoft-Konto gespeicherte alternative E-Mail-Adresse oder per SMS an eine gespeicherte Handynummer gesendet werden soll.

6. Innerhalb von Sekunden erhalten Sie einen Code, den Sie auf dieser Seite eingeben müssen. Danach können Sie selbst ein neues Kennwort festlegen, das ab sofort gültig ist. Mit diesem Kennwort melden Sie sich mit Ihrem Microsoft-Konto auf dem PC wieder an.

10.3 Die Windows 10-Systemwiederherstellung

Zu DOS-Zeiten wusste jeder Anwender noch genau, welche Dateien betroffen waren, wenn er etwas am System verändert hatte. Ist irgendetwas nicht mehr gelaufen, konnte man den vorherigen Zustand manuell leicht wiederherstellen. Diese Zeiten sind lange vorbei. Niemand kennt mehr alle Dateien auf seinem Computer, noch weiß man deren Aufgaben auswendig aufzusagen. Bei vielen schwer erklärbaren Fehlern ist es die einfachste Lösung, den Systemstatus vom Tag zuvor wiederherzustellen. Auch diverse Gerätetreiber lassen sich nicht sauber deinstallieren. Spult man aber sozusagen die Zeit zurück vor den Zeitpunkt der Treiberinstallation, sollte alles wieder laufen.

Windows 10 enthält ein Programm zur Systemwiederherstellung. Damit lässt sich das System auf einen früheren Zeitpunkt zurücksetzen, vorausgesetzt, dieser wurde damals gespeichert.

Keine Gefahr für eigene Dateien

Die Systemwiederherstellung betrifft nur Systemeinstellungen. Eigene Dateien, die in der Zwischenzeit angelegt oder gelöscht wurden, werden nicht verändert.

Sie finden das Tool zur Systemwiederherstellung in der klassischen Systemsteuerung unter *System und Sicherheit/Sicherheit und Wartung* ganz unten rechts unter *Wiederherstellung*.

Bild 10.5: *Erweiterte Wiederherstellungstools* in der Systemsteuerung.

10.3.1 System auf früheren Zeitpunkt zurücksetzen

1. Um das System auf einen früheren Zeitpunkt zurückzusetzen, klicken Sie auf *Systemwiederherstellung öffnen*. Hier wird der letzte Systemwiederherstellungspunkt für die Wiederherstellung empfohlen. Wenn Sie die Option *Anderen Wiederherstellungspunkt auswählen* markieren, können Sie das System auch auf einen früheren Wiederherstellungspunkt zurücksetzen.

2. Das nächste Dialogfeld zeigt eine Liste von Wiederherstellungspunkten, auf die das System zurückgesetzt werden kann. Wiederherstellungspunkte werden unmittelbar vor der Installation von Software oder Treibern automatisch angelegt. Leider unterstützen nicht alle Programme diese Option. Außerdem kann der Benutzer zu einem beliebigen Zeitpunkt selbst manuelle Wiederherstel-

lungspunkte anlegen. Wählen Sie hier den gewünschten Wiederherstellungspunkt aus.

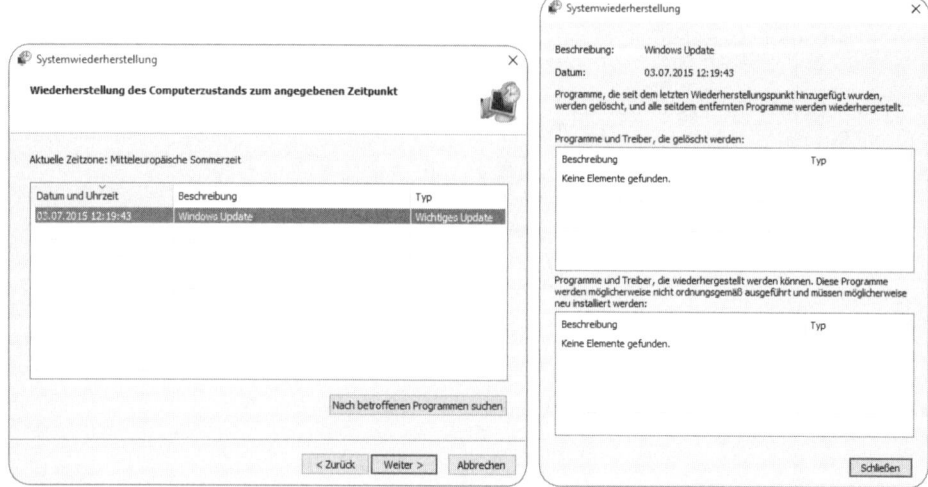

Bild 10.6: Auswahl eines Systemwiederherstellungspunkts und Anzeige der betroffenen
Programme.

3. Klicken Sie auf *Nach betroffenen Programmen suchen*. Die Systemwiederherstellung zeigt an, welche Programme und Treiber seit dem ausgewählten Wiederherstellungspunkt neu installiert wurden. Diese gehen bei der Wiederherstellung des Computerzustands auf diesen Zeitpunkt verloren.

4. Wenn Sie sich sicher sind, das System auf diesen Zustand zurücksetzen zu wollen, klicken Sie auf *Weiter*. Spätestens jetzt sollten Sie alle anderen Programme
   beenden und offene Dateien speichern.

5. Nach einer Warnmeldung wird der Computer heruntergefahren und mit den
   alten, wiederhergestellten Systemeinstellungen neu gestartet, was etwas länger dauert als ein normaler Neustart.

6. Sollte die Systemwiederherstellung nicht zum gewünschten Ergebnis führen,
   können Sie die letzte Wiederherstellung natürlich wieder zurücknehmen, Windows legt auch dazu einen speziellen Wiederherstellungspunkt an.

10.3.2 Wiederherstellungspunkte selbst anlegen

Bevor Sie größere Installationen oder Umbauten an Ihrem System vornehmen,
sollten Sie, solange noch alles läuft, selbst einen Wiederherstellungspunkt anlegen.

1. Klicken Sie in der Systemsteuerung unter *Erweiterte Wiederherstellungstools*
   auf *Systemwiederherstellung konfigurieren*.

2. Im nächsten Dialogfeld sehen Sie für jede Festplatte den Status der Systemwiederherstellung. Hier werden nur NTFS-Festplatten angezeigt. Auf anderen Dateisystemen lassen sich keine Wiederherstellungspunkte anlegen. Außerdem müssen Festplatten, auf denen die Systemwiederherstellung verwendet wird, größer als 1 GByte sein und mindestens 300 MByte freien Speicherplatz haben.

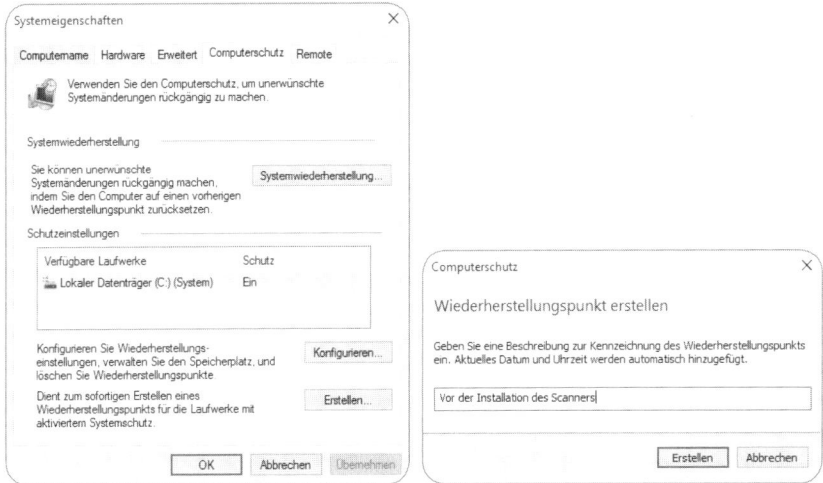

Bild 10.7: Neuen Systemwiederherstellungspunkt erstellen.

3. Klicken Sie auf die Schaltfläche *Erstellen*, wird ein Systemwiederherstellungspunkt für alle Festplatten angelegt, die in der Liste eingeschaltet sind. Geben Sie dem neuen Wiederherstellungspunkt einen eindeutigen Namen. Das Anlegen kann je nach Datenmenge einige Minuten dauern. Der Systemwiederherstellungspunkt wird anschließend automatisch in die Liste eingetragen, sodass Sie später den Computer auf diesen Zustand zurücksetzen können.

10.4   PC auf Originalzustand zurücksetzen

Soll ein PC verkauft oder für einen ganz anderen Zweck als vorher benutzt werden, setzt man ihn am besten auf den Originalzustand zurück, wobei alle persönlichen Daten und Einstellungen entfernt werden. Dieser Vorgang entspricht dem Formatieren der Festplatte und einer anschließenden Neuinstallation des Betriebssystems. In Windows 10 wurden diese Schritte zu einem Schritt zusammengefasst, den Sie in den Einstellungen unter *Update und Sicherheit/Wiederherstellung* unter der Überschrift *Diesen PC zurücksetzen* finden.

Bevor der PC endgültig und unwiderruflich auf seine Originaleinstellungen zurückgesetzt wird, muss der Benutzer noch eine weitere Sicherheitsabfrage bestätigen. Die Festplatte wird formatiert und Windows 10 neu installiert. Dazu sind der Originalinstallationsdatenträger und auch der Produktschlüssel erforderlich, da Windows neu lizenziert und aktiviert werden muss.

Vor dem Zurücksetzen können Sie noch wählen, ob die Festplatte einfach nur formatiert oder zusätzlich mit Zufallswerten überschrieben werden soll. Dieses gründliche Löschen ist nur erforderlich, wenn der Computer streng vertrauliche Unternehmensdaten enthält, und kann viele Stunden dauern. Im Normalfall reicht das einfache Formatieren völlig aus.

Index